孟宪承文集

卷一

孟宪承 著

论文选

主编 瞿葆奎
副主编 杜成宪

华东师范大学出版社

孟宪承毕业于上海圣约翰大学(1916 年)

孟宪承的父亲孟鑫

孟宪承的母亲杨氏

孟宪承的大伯父孟森

孟宪承的二伯父孟昭常一家

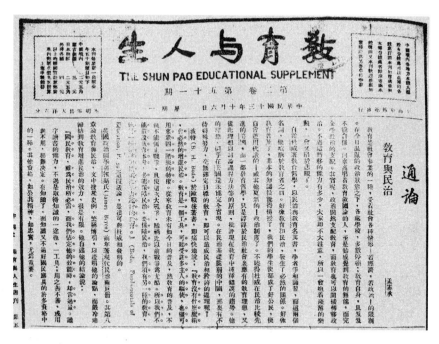

孟宪承的论文《教育与民治》，刊于《申报》"教育与人生"专栏（1924年）

第三张　　查特斯论编制师范课程的原理　　1

查特斯論編制師範課程的原理

孟憲承

查特斯博士(W.W.Charters)，近著課程編制(Curriculum Construction一書)，是美國現在一派科學的、分析的課程研究專家。他在教育行政月刊 (Educational Administration and Supervision, Vol. X, No.6) 發表一篇編制師範課程原理的論文，雖然很簡短，却很可代表他們那一派研究的方法，所以我特地給他翻譯介紹於讀者。

* * * *

關於課程編制，向來有兩種不同的觀念。有人把課程的目的看作是知識的傳授；有人把他看作是行爲的變換。如採取知識說，師範課程只須搜羅了教師應有的知識，便完事了。如果採取行爲說，那末師範課程便須包括教師效能上所需的各種因素，纔能完成。作者自己是採後一說的。

孟宪承的译文《查特斯论编制师范课程的原理》，刊于《教育杂志》17卷3号（1925年）

回須得順從民意，對於這「喪權辱國，莫此爲甚！」的事體根本加以否認。同時國人也仍要鼓舞起來作爲後應。這並不是把一切責任都放在政府身上；乃是把話放這裏，以觀後効，敎育界和一般國人的努力，仍舊歸他們的努力！

小學讀經也成問題麼？ 孟憲承

一個月前，北京報上登載一段奇異的新聞，說：敎育部開部務會議，討論小學讀經問題。當時「有謂讀本爲良心上所不贊成者，有謂添設此科不過對付舊社會者，有謂宜依前次黎錦熙根本解決辦法，將可採之經訓，分納入公民國語歷史等科者。討論結果，讀經已成定局，即「初小四年讀起，每週一時，至高小畢業止」，惟中學課程表不列讀經一門云。」（十一月三日《晨報》接着報上又載黎先生反對讀經的一封意見書。好像小學讀經真的要復活了。還幸而那個讀經案，敎育部至今沒有公布。

孟宪承的论文《小学读经也成问题么?》,刊于《新教育评论》1卷2期(1926年)

黑格爾的教育哲學

孟憲承

一

在哲學上人們對於黑格爾的新的典趣是這樣引起的:一方面新唯心主義(註)雖已不承認一個自存自足的「絕對」卻退是固執著他的「思維卽實在」之說它方面新唯物主義者雖說已經把「以頭頂地的黑格爾的辯證法重復以腳立在地上了」但對於他的形上的邏輯卻依然不肯有所捨棄。

要了解一點唯心主義的教育哲學我們不得不說到黑格爾要說一點黑格爾的教育哲學我們不得不先從他的整個的哲學體系說起。

(一)思維與實在 像一切唯心主義者一樣黑格爾認精神或心(spirit or mind)爲宇宙之根本的實在(reality)但他和所謂主觀的唯心主義者不同,他不安於以一個抽象的概念說能說明具體的實在——具體的自然社會(制度歷史)和文化他要具體地來說明這些的絕對的合理性必然什思維的必然的法則或邏輯他認爲卽是自然社會文化的邏輯也卽是宇宙的邏輯同一合理的過程在思維裏蓮動著的本來就在宇宙裏運動著

思維的邏輯是什麼這合理的過程是怎樣的過程呢他以爲一個概念必然地孕育著而轉化爲它的相反的概念這矛盾又是爲第三個綜合的概念所就一了的而每一較高的綜合自身又內含著矛盾而又仍然爲另一綜合所替代這樣的演變稱爲辯證的過程這種正反合的過程是永恆地運動著的矛盾是推進一切的沒有矛盾就沒有思維的發展思維的邏輯便是這矛盾中統一的法則。

怎樣說思維的邏輯卽是宇宙的邏輯呢創造萬有者是一個理性(reason)或絕對(absolute)理性非尋常心理學上推理作用之稱它是宇宙之本體或爲對實在理性之創造宇宙並不是在宇宙以外而就是在宇宙之中永恆地創造著發展著的宇宙只是理性之具體的表現理性自身必然地轉化爲自然在自然界中之人類由發展的過程於精神中又意識著了理性到這階段理性可以說是達到了自我意識或自我實現了所以理性是轉化爲相反的自然而又於人類精神中逐漸復歸於理性的自我意識以達到其最高的綜合在這發展的過程中一個階段到另一個階段都是合理的必然的把每一階段隔彷了孤立了來看若常然只看到矛盾可是從其發展的全過程來看便看到它的合理性了宇宙旣然是理性

孟宪承的论文《黑格尔的教育哲学》，重刊于《教育杂志》25卷2号(1935年)

序

俞立中

经过瞿葆奎教授、杜成宪教授率领的研究团队三年的辛勤工作,首任校长孟宪承教授的文集即将由华东师范大学出版社出版了。这是一件值得祝贺和记取的大事。文集的出版,保存了我国现当代教育历史上的一份重要学术遗产,无论对于华东师范大学的学术和文化积淀,还是对于我们国家的教育理论建设,都有着极其重要的意义。

孟校长的学术研究活动历时半个世纪,几乎涉及教育学科当时的主要领域,他的学术活动最为活跃、创作最为鼎盛的时期是在上个世纪的 20—40 年代。在差不多 30 年时间里,他一直处身于中国一流教育理论家的行列,引领着中国教育改革实践和理论探索的潮流。所以,在 1942 年国民政府教育部公布的首批 29 位部聘教授名单中,孟校长是全国教育学科唯一入选者;1956 年华东师范大学第一次职称评定工作结束,孟校长与著名历史学家吕思勉教授一起被评为学校的一级教授。

作为一位大学校长,他对大学有着深刻而独到的认识,他关于大学理想的概括和表述——"智慧的创获"、"品性的陶熔"、"民族和社会的发展",不仅精辟,而且含义深远,至今对我们都是富有启示的。他的大学教育实践也可称贡献卓著。中华人民共和国成立后,为了大力发展人民的教育事业,中央人民政府决定在华东地区新办一所社会主义师范大学。1951 年,时任华东军政委员会教育部长的孟老,以他非凡的远见卓识,将校址选定在丽娃河畔现华东师范大学中山北路校区的地址,为我校准备了半个世纪持续稳定发展的空间。从1952年起任华东师范大学校长直至去世,鞠躬尽瘁,为华东师范大学置身于中国著名大学之林,成为我国一所具有代表性的师范大学作出了不朽贡献。所以,2006年他入选中国高等教育学会认定、教育部党组同意的"共和国老一辈教育家"名单,我认为是实至名归,当之无愧。

我们今天编纂《孟宪承文集》,当然是为了缅怀和纪念孟校长,但是我觉得,尤为重要的是,我们应当重视孟校长留下的这份宝贵的学术遗产,去发现其中的现代意义。60年前,孟校长对如何办好一所师范大学有很多思考,这些思考已经转化为华东师范大学的办学传统。60年过去了,无论从社会背景考察,还是从办学内涵分析,都已与过去有很大差异。那么,孟校长思想的价值究竟何在?我觉得,孟校长关于师范大学办学方向的有关论述,对于我们今天在新的时代背景下,办好华东师范大学仍旧很有启示。

1950年代中期,曾经有过一场师范大学办学方向的大讨论,争论的焦点问题实际上就是如何处理师范院校的师范性和学术性关系。作为华东师范大学校长,孟校长的态度十分受人关注。他以教育理论家的眼光,通过分析旧中国高等师范教育的历史,考察国外师范教育的改革趋势,明确提出:师范教育是社会主义文化事业建设的基础;从提高教学质量和提高科学水平的角度而言,师范大学应当向综合性大学看齐;师范大学是培养具有继续独立钻研能力的中学教师,因此需要赢得一切时间来加强专业的基本训练;为了保证毕业生具备足够的专业素质和教育技能,可以考虑在中文、数学、物理等基本学科开设五年制师范专业;适应教育发展需要,还可以开设文史、史地、生化等复合专业……这些观点是多么富有前瞻性啊!50多年过去了,仍不觉得过时。在孟校长的思想引导下,当时的华东师范大学办学体现了师范性和学术性并重,教师的教学和科研并重,因此办学成效显著。1959年,华东师范大学成为全国16所重点大学之一,确立了学校在新中国高等教育体系中的地位。

重温孟校长的教育思想和实践,在感到亲切的同时,也激发起我们更多的办学思考。

胡锦涛总书记在 2007 年 8 月召开的全国教师代表座谈会上曾指出:"推动教育事业又好又快发展,培养高素质人才,教师是关键。没有高水平的教师队伍,就没有高质量的教育。""要高度重视教师培养和培训,加大对师范教育支持力度,积极推进教师教育创新,提高教师整体素质和业务水平。"可见,充分发挥师范大学在教师教育发展中的中坚作用,积极推进教师教育创新,培养能够肩负国家与民族未来发展使命的创新型教师,是培养创新人才的根本保证,也是师范大学义不容辞的使命和责任。

20 世纪 80 年代以来,随着中国高等教育事业的发展,师范大学在学科、专业、人才培养结构等方面逐步扩张,已经不再是传统意义上的师资专门培训机构,而是普遍发展成为以基础学科为主体的综合性或多科性大学。在高等教育飞速发展的大环境中,不少师范大学长期在学术性和师范性这两个看似矛盾的发展方向上徘徊犹豫,丧失了不少发展机遇。同时,在教师教育体系逐步开放的过程中,师范大学在教师教育方面的传统优势和主导地位,也面临诸多的挑战和冲击。

众所周知,一流大学的显著标志之一,就是要具有鲜明的办学特色。中国高等教育的持续健康发展,需要大学之间形成不同的办学模式和多样化的办学定位。我们认为,无论如何发展,教师教育始终应该是师范大学的办学特色和竞争优势。师范大学应该坚持"不求面面俱到,但求办出特色"和"欲求学校地位提升,必须主动服务国家战略"的发展思路,通过培养和造就优秀教师和教育家,为自身的全面发展提供最大可能的支持,争取到更多的国家和社会发展资源。

从华东师范大学的发展情况看,建校近 60 年来,学校一直把教育学科建设放在重要位置,教师教育始终是学校的特色和竞争优势,拥有教育学一级学科国家重点学科,基础教育改革与发展研究所和课程与教学研究所两个教育部人文社会科学重点研究基地,构建了"教师教育理论与实践"985 工程创新基地,形成了高水平的教育科学研究体系,在中国教师教育和基础教育改革发展中发挥着引领和示范作用。华东师大在坚持强化教师教育特色的同时,学校的人才培养、科学研究、学科建设、师资队伍水平等各个方面都取得了长足发展,综合办学实力不断提升。

由此,我们得到了三点启示:关于"学术性"与"师范性"这个曾经困扰着不少师范大学发展、看似矛盾的问题,其实是一个假命题,学术性和师范性是相辅相成、相互促进和相互统一的,是师范大学综合实力与办学特色两个方面的体现;师范大学在坚持和弘扬教师教育核心价值的同时,加强学科建设,提升科研水平,提高师资队伍水平,拓展国际交流合作既是促进师范大学教育教育发展的必要条件,又是师范大学提高竞争力和社会影响的根本条件;推进教师教育创新、培养大批优秀教师和教育家,服务国家和地方的教育发展,是国家最希望师范大学承担的任务,也是师范大学发展的题中应有之义。

2006年初,华东师范大学确定了"建设世界知名的高水平研究型大学"的中长期发展目标。在推进高水平大学建设的过程中,学校把"引领中国教师教育发展"作为重中之重。我们坚持了以下三个基本思路:第一,把推进教师教育创新作为学校服务国家教育改革与发展的首要任务。一方面,学校充分利用教育学科群的团队优势,加大教师教育理论创新力度。另一方面,学校充分整合基础教育资源和学科专家优势,推进教师教育实践创新。第二,把健全教师教育机构、推进教师教育一体化作为学校推进教师教育改革与发展的重要保障。第三,把创新教师教育培养模式,作为学校培养高水平教师人才的必由之路。

实施科教兴国主战略和建设创新型国家,教育是基础,人才是关键,师范大学是中坚力量。我们认为,凸显教师教育办学特色,推进教师教育创新,服务国家发展战略是师范大学义不容辞的历史使命,只有大力培养和造就一大批优秀教师和教育家,推进中国教育的全面发展,师范大学才能为自身的持续发展赢得机会,才能为国家和民族的长远发展贡献更大的力量!

抚今追昔,我感到今天学校的发展道路,与孟校长当年开创的华东师范大学的办学传统是一脉相承的。我们既为拥有这样一位德高望重、享誉海内外的前辈教育家而感到分外的骄傲和自豪,也为我们作为他的后辈而感到责任重大,可谓任重道远!但是我想,我们是可以从《孟宪承文集》中汲取帮助和支持我们继续前行的智慧和动力的。

是为序。

前言

一

孟宪承(1894—1967),字伯如(一作百如),又字伯洪,中国现当代著名教育家,华东师范大学首任校长。

孟宪承 1894 年 9 月 21 日出生于江苏省武进县,早岁失怙。1900 年入私塾,后毕业于常州府小学堂,考入南洋公学中院;毕业后考入清华学校,后因母病南归,改入圣约翰大学外文系;毕业后任清华学校英语教员。1918 年考取公费留学,入美国乔治·华盛顿大学主修教育学,获教育学硕士学位,旋赴英国伦敦大学教育学院深造。1921 年回国后,历任东南大学、圣约翰大学、清华大学、第四中山大学(中央大学前身)、中央大学、浙江大学、江苏教育学院、北平师范大学、光华大学、国立师范学院教授;先后任第四中山大学秘书长、浙江省立民众教育实验学校校长、中央大学教育学院院长、浙江大学校务委员会委员和文学院院长等;并曾主持江苏省北夏区(在今无锡市辖内)民众教育实验区工作。1933 年中国教育学会成立,被选为理事。1942 年被国民政府教育部聘为第一批部聘教授。

中华人民共和国成立后,先后被任命为华东军政委员会文化教育委员会委员、浙江省人民政府委员、华东军政委员会委员、华东军政委员会教育部长、华东行政委员会委员、华东行政委员会教育局长等;1951 年主持华东师范大学建校,1952 年起任华东师范大学校长直至去世。1956 年被评为一级教授;

在华东师大首开中国教育史专业研究生班,亲自任教并为导师。当年,上海市教育学会成立,为首任会长。从 1954 年起,连任第一、二、三届全国人民代表大会代表;从 1962 年起,连任第三、四届上海市政协副主席。因"文革"开始后连遭迫害,于 1967 年 7 月 19 日夜病逝。1978 年,中共华东师范大学委员会为其恢复名誉,次年,骨灰安放仪式在上海龙华革命公墓举行。2006 年入选由中国高等教育学会认定、教育部党组同意的"共和国老一辈教育家"名单。

孟宪承一生出版著、编、译二十多种,发表各种论文及通信约 170 篇,涉及文、史、哲、教等学科领域。现今所见他发表最早的论文,是在圣约翰大学求学时作为校刊《约翰声》的主笔而撰写的《伍子胥申包胥合论》(《约翰声》第 23 卷第 9 号,1912 年 12 月),所见发表最早的教育论文则为《民国教育制度概念》(《约翰声》第 24 卷第 8 号,1913 年 10 月),所见最早的讲义是《教育社会学讲义》(1923 年在江苏全省师范讲习所联合会上的讲义),所见最早出版的译著是詹姆斯的《实用主义》(商务印书馆 1924 年 1 月版),所见最早出版的编著是《民众教育辞汇》(江苏省立教育学院 1929 年 12 月印行),生前最后正式出版的成果是为《中国古代教育史资料》(人民教育出版社 1961 年 3 月版),其学术著述活动长达半世纪之久;而其遗作发表最晚近者是为《教育哲学三论》(《华东师范大学学报(教育科学版)》2007 年第 3 期),著述发表更是跨越近一个世纪!

孟宪承在大学任教超过半个世纪,担任大学教育专业的教授也近 50 年,在教育领域的涉猎很广,在教育学、教育哲学、教育社会学、教育心理学、教学法、教育史、比较教育、大学教育、师范教育、民众教育、乡村教育等方面都有研究,但其贡献最著者,是在教育学(教育哲学)、基础教育(国文教育)、大学教育(高师教育)、民众教育、教育史等方面。

二

1918 年孟宪承入美国乔治·华盛顿大学主修教育学,开始了他探索教育的学术生涯。1921 年孟宪承回国后任东南大学教育学教授,到 1933 年他的

《教育概论》问世,期间,对教育学的研究始终是他学术探究的重心所在,不仅他关于教育和教育理论的认识逐渐成熟,而且还推动了当时中国教育学的发展和转型。孟宪承对中国教育学发展的主要贡献表现在以下方面:

第一,针对从概念出发、以演绎为特征的形式主义教育哲学,倡导从实际出发、以问题解决为特征的功能主义教育哲学。

1922 年 7 月,范寿康发表《教育哲学的体系》,次年以《教育哲学大纲》[1]为名出版。他认为,教育哲学有两种研究取向,即对教育的根本观念和原则进行哲学的探讨和"将哲学的规范来应用于教育学上面",他认为正确的路径应当是后者。因此,他吸取康德哲学和纳托普的观点,论述了由教育论理学、教育伦理学和教育美学三部分组成的教育哲学体系,并认为以杜威为代表的教育哲学"轻系统,重实利","肤浅杂驳"。

针对此,孟宪承发表《教育哲学之一解》,指出:教育哲学的研究是拿现成的、固定的哲学系统加在教育系统上,强纳教育的事实于哲学的范畴呢?还是依据哲学的观点去分析教育过程在人生经验上的关系,去批评现实教育进而指出其应有的价值呢?后者才是可取的。理由是:教育哲学是一种应用哲学,其应用的对象是教育;教育哲学的研究是导源于实际的教育需要,是对现实教育的反思与批评,而其结论也需要经过社会生活的检验。然而,教育哲学研究教育问题又与教育科学有着根本不同,它更多的是关于教育问题的一种"理想上"的研究,是价值的研究,它是一种"价值的科学"。准此,孟宪承认为,不仅范寿康对杜威教育哲学的批判并不平允,而且他所提出的以教育论理学、教育伦理学和教育美学三者构成的教育哲学,并不能体现教育哲学作为"价值的科学"的特性,反而与作为教育学科基础的论理学、伦理学和美学在叙述方式上没有区别。

为了说明教育哲学应有的理论属性和在教育学科中的地位,孟宪承进而

---

[1]《教育哲学的体系》连载于《学艺》第 4 卷第 1 号—第 7 号;《教育哲学大纲》,商务印书馆 1923 年版。

说明了教育哲学、教育科学、教育学之间的关系。

首先，教育科学与教育哲学各有各的研究领域、作用和方法，两者虽无冲突，却也不能相混淆。从现实教育的既定事实出发，用科学的方法，以改善和增进其效能为目的的研究，如有关学校组织、学校行政、教学、训育等问题的研究，属于教育科学；而"超乎现实教育之外，从人生经验的全体上，用哲学的眼光，作统合的研究"，属于教育哲学。概括地说："哲学是教育的理论，而教育是哲学的实践。"孟宪承认为，强调这一点很重要。那是因为，教育不仅反映了学校行政人员、教师和学生之间的关系，而且还反映了整个社会的"全人群生活"的关系。所以教育既有合乎科学规律的问题，更应有合乎一定的价值理想的问题，前者是教育科学能够解决的问题，后者则必须要由教育哲学来解决了。历史上存在这样的事例：教育科学方面无可非议，而教育哲学方面却出了大问题，如第一次世界大战前的德国。所以，研究教育，除了将教育作为一个特定的事实来研究外，"不能不从可能的理想上来研究"。

其次，关于教育学。孟宪承认为，"教育学"是一个"混合的名词"，它与教育科学、教育哲学等概念存在着交叉重合的关系：就其探索教育对人发生影响的机制，以及相应的教材、教法的运用，可以将其视为"教育原理"；如果进而用精确的科学方法分析其中的教育要素，寻求增进效能的一般法则，那就进而成为"教育科学"；如果用统合的眼光，超越教育事实之外，对其作人生经验的整体思考，那就进入"教育哲学"了。

尽管孟宪承后来并未出版过教育哲学的专著，但他关于教育哲学的论述对 20 世纪二三十年代中国教育学和教育理论的发展，意义重要。其一，倡导了以实际教育问题为出发点的教育哲学，丰富了初创时期的中国教育哲学学科的发展，引导教育理论研究关注现实教育的改善；其二，倡导了以杜威为代表的美国实验主义教育哲学，对中国教育理念和教育理论的转型，即转向关注社会、关注生活、关注儿童，产生了重要影响；其三，论证了教育哲学学科的地位、性质、价值，说明了正确的教育哲学对于教育理论和实践发展的重要意义，并辨析了教育学、教育科学和教育哲学之间的关系。

第二,顺应中国教育学理论的转向,倡导以儿童发展为起点与核心的教育学理论。

中国自 20 世纪初从日本引进教育学之后的最初 20 年里,教育学著作表现出强调体系化学科知识的特点,也即所谓"德国模式"。其理论体系的展开,通常是循着"教育的定义"、"教育的目的"、"教育的方法"、"教育者"、"教育的场所"……这样的逻辑。进入 1920 年代后,中国的教育学开始摆脱对从日本转手的"德国模式"的依赖,直接取法美国,尤其是以杜威为代表的教育学说,形成不刻意追求体系化知识而以问题或专题研究为主、从儿童发展出发思考教育问题的特点。其代表作即为 1933 年 9 月出版的孟宪承所编著的《教育概论》。

在《教育概论》中,第一、第二两章分别为"儿童的发展"和"社会的适应",破除了从解释教育和教育学概念出发的教育学理论体系,力图在讨论儿童发展和社会适应过程中去归纳出关于教育和教育学的认识,由此展开对整个教育问题的讨论。这不仅仅是个教育学理论体系的改造问题,更是在理论上确立了以儿童发展为中心的教育立场。在中国,以儿童发展为教育学理论的起点,其首倡者很可能就是孟宪承。[1]

应当看到,依据以杜威为代表的美国教育学说作为蓝本建构教育学内容体系,孟宪承未必是第一个。在孟的《教育概论》出版之前,1925 年中华书局出版余家菊的《教育原理》,"其主旨当是来于杜威的教育思想";1932 年中华书局出版庄泽宣的《教育概论》,也是"以杜威学说为基"。[2] 这两种很有影响的教育学著作的第二章,谈的都是儿童及其发展问题,表现出与当时其他教育学著作显著有别的理论取向。然而,比较起来,在坚持以儿童发展为中心的理论取向方面,孟宪承显然更为明确、更为彻底。孟宪承的《教育概论》出版后,1935 年吴俊升、王西征的《教育概论》由正中书局出版,其书首章也是"儿童的

---

〔1〕 叶志坚:《中国近代教育原理的知识演进——以文本为线索》,浙江大学 2010 年博士学位论文,第 176 页。
〔2〕 郑金洲、瞿葆奎:《中国教育学百年》,教育科学出版社 2002 年版,第 29、27 页。

发展"。全书体系基本依据了 1934 年 9 月教育部颁布的《师范学校课程标准》中教育概论课程的"教材大纲",而这份"教材大纲"的内容和体系与孟宪承的《教育概论》十分相近。试见下表:

孟宪承《教育概论》、部颁《师范学校课程标准》、
吴俊升、王西征《教育概论》目录对照〔1〕

孟宪承《教育概论》目录(1933)	《师范学校课程标准》教育概论课程"教材大纲"(1934)	吴俊升、王西征《教育概论》目录(1935)
第一章　儿童的发展 第二章　社会的适应	(壹)教育之意义及目的 　(一)个人之发展 　(二)社会之适应 　(三)教育之职能与必要	第一篇　教育之意义及目的 　第一章　儿童的发展 　第二章　学习的功能 　第三章　社会的适应 　第四章　教育的意义 　第五章　教育的目的
第三章　教育机关 第四章　学校系统 第五章　教育行政 第六章　小学组织	(贰)教育之组织 　(一)社会组织及教育社会组织 　(二)各类教育 　(三)学校系统 　(四)教育行政	第二篇　教育之组织 　第六章　教育机关(上) 　第七章　教育机关(下) 　第八章　学校系统 　第九章　教育行政
第七章　课程	(叁)课程	第三篇　课程 　第十章　课程
第八章　教学 第九章　教学(续)	(肆)教学	第四篇　教学 　第十一章　教学
第十章　教师的专业	(伍)教员	第五篇　教员 　第十二章　教员

比较上表,可以看出三者之间的渊源关系。而吴俊升、王西征依据《师范学校课

〔1〕 引自叶志坚上文第 177—178 页,删节了章之下的目标题。

程标准》教育概论课程"教材大纲"编写的《教育概论》,其书从初版至 1946 年共印行 50 版,是 1949 年前中国发行量最大的教育学教科书之一。所有这些,直接、间接地反映了孟宪承的《教育概论》及其教育学思想对中国教育学理论转型和教育学学科建设、课程建设、理论研究和教育专业人才培养的实际影响。

三

20 世纪 20 年代,孟宪承在关注着教育哲学和教育学的理论建设问题时,也关注着基础教育改革问题,尤其是被认为"发生问题最多而又最利害"的国文教育问题,投身于中学国文教育实践,并于二三十年代发表了诸多有关国文教育的论文和演讲,涉及教材(教学)和教学法等方面。孟宪承对中小学校国文教育方面的探索与贡献,当时曾经广为人知,但后来因其更多以大学教授和教育理论家知名于世,以致其早年的国文教育改革贡献知者渐少。

孟宪承投入中学国文教育探索,是从 1923 年回母校圣约翰大学担任国文部主任时开始的。当时的圣约翰大学重英文轻中文,黄炎培率专家考察的结论是"中文改进之计,事不容缓!"同时,自"五四"新文化运动倡导白话文以来,中小学校国文教学中的很多理论和实践问题并未得到澄清和解决。孟宪承出任国文部主任,提高圣约翰大学的国文水平,除了加强大学国文教育之外,工作重点放在附中,以期从本源上解决问题。他首先从制度建设入手,作出一系列规定:实行统一的中西文学级,中学毕业生达到新定的国文程度方可升学;加强日常教学的管理,实行教学效果测试;组织国文教学研讨会,探讨教学原理、制定课程标准、研究教材教法、实施学力测验、进行经验总结;编纂出版面对学生的国文出版物。这些改革举措效果显著,不仅圣约翰大学和附中的学生对国文和国学产生了兴趣,国文水平大有提高,而且《申报》等上海报纸也经常介绍改革进展,产生了不小的社会影响。当时一些中学也常邀请孟宪承和他的合作伙伴们前去讲学和指导。附中校长在呈交圣约翰大学校长卜舫济的 1923—1924 年度附中工作报告中,称赞在孟宪承的领导下国文教育取得了"重大的变化"。

作为圣约翰大学国文教育的组织者、领导者的孟宪承,同时也是一位探索者。他所提出的中学国文教育主张,在当时的中小学国文教育界独树一帜,不仅推进了中国的国文教育在由文言向白话转型过程中的重建,而且还坚持了新教育建设和实施过程中的中国文化立场。

关于国文学科的性质。

针对有人将国文教育的失败,归咎于教师不能引起学生兴趣、不能启发学生思想的观点,孟宪承指出:首先,时下一些流行的语体文国文教材,已经破除了先生讲、学生听的保守局面,有的可以讲解,有的可以讨论,有的还可以表演,"兴趣论"在国文教学中已经奏效。然而,兴趣论也存在着危险,即在教材教法上流于迎合学生的趣味,而不顾学生学习国文的长远需要和国文教学自身的目的。其次,出于"启发论"的国文教学和教材编写,内容上破除了旧式教学偏重记忆,忽视理解,很少与学生生活的时代、社会相联系的局限,方法上也废除了逐字逐句的讲解,更注意问题讨论,堪称国文教学的大解放。然而,启发论也存在着危险。有人认为,与其读庄子、墨子、荀子,不如读《胡适文存》、《独秀文存》。这种"以国语文为形式,社会问题为内容的教材",专重于社会问题的讨论,忽视了形式训练,不免喧宾夺主,丢失国文学科的主要目的。何况,对儿童少年宣传各种政治上的主义不仅是拔苗助长,而且易造成偏见和武断,反不易培养他们的判断力。

孟宪承并不反对国文教学中对学生兴趣的激发和对学生思想的启发,他的意见是:激发兴趣也好,启发思想也好,均非国文教学的根本目的。国文学科的根本目的是什么?那是讨论国文教育成败必须首先要回答的问题,而回答此问题又必须首先明确国文学科的性质。他认为,国文学科是一门工具学科,作为工具学科,它的功能和主要目的就在于给学生提供"形式上的训练",以满足学生未来发展"永久的需要"。因此,国文教学除了需要有兴趣,还要有"严正的工作";除了需要讲启发思想,还要与各其他学科发生联络,成为各科内容的载体,"帮助人得到见解"。

孟宪承关于国文学科性质的观点,在众说纷纭的国文教育界,具有理清思想、澄清认识的作用。倡导激发学生兴趣、启发学生思想的国文教学，相对于不顾学生兴趣、不顾时代发展的国文教学是一种进步，然而它也有局限性。在孟宪承看来，国文教学中的兴趣与启发是必须服从于国文学科的学科性质和根本目的的。这是更为深刻的认识。

关于国文教材。

1923年，《新学制初中国语课程纲要》提出国文教学的三个目标，即：使学生有自由发表思想的能力，使学生能看平易的古书，引起学生研究中国文学的兴趣。对这个有层次的、比较全面的教学目标设计，孟宪承表示"很觉圆满"，但考察教材编写实践却发现存在着"很严重的问题"：一，用什么教材达到让学生自由发表思想的目标？几乎没有这样的教材；二，用什么教材达到让学生阅读古书欣赏文学的目标？甚至《纲要》中的阅读书目也只是列举了十多种小说、几个剧本和梁启超、章士钊、胡适等几家散文；三，语体文和文言文在教材中如何兼顾？不少教材思想杂乱，读物混淆，有类于让人"左手画圆右手画方"；四，语体文教学与文言文教学如何衔接？有的教材采取原文与译文并出的办法，实非良策。

针对这些问题，孟宪承指出：《纲要》所提出的三个目标其实是两件事：自由发表思想是技能的事，阅读古文、研究文学是欣赏的事；技能的教学重在熟练，欣赏的教学重在享受。两件事是两种不同的目标，无法用一种教材达到，于是提出初中国文教材应分为两种：混合文典；文学读本和补充读物。

混合文典的目的在于训练学生表达思想和感情的能力，其内容就当包括文法和修辞、各种范文、各种作文和练习，为了小学与中学语文的过渡与衔接，特别要有语法和文法的比较与联系，以使从小学偏重语体文向中学偏重文言文顺利过渡。

文学读本和补充读物的目的在于涵养学生对文学的欣赏能力，培育学生阅读古书的爱好和能力。文学读本其内容就当以中国文言文学为主体，因为两千年来它已积累了许多精深的思想和优美的作品，而语体文的发展还处在幼稚时期，可用作教材的作品不多；补充读物的内容除小说、戏剧、散文外，应加入诗歌。尤其是必须选入《论语》、《孟子》、《左传》、《史记》等经典。

在当时中国的语言文学界和国文教育界,"文""白"之争并未消退,有主张完全采用白话文的,也有仍旧坚持文言文的,还有主张文白混合的,而孟宪承与他们都不相同。在国文教材编写问题上,他实际上提出了依据需要,分别对待,注意联系,有分有合的主张,可以看成是一种融合的主张。这是一种更切合实际的主张,我们看到后来的国语和语文教材编纂,实际上体现了他上述思想中如混合文典、经典阅读等主张。

此外,孟宪承对国文识字教学、阅读教学和作文教学问题,对小学教育和实验学校问题,也有丰富而有启示的论述。

四

从1921年任教东南大学起至1967年去世,孟宪承近半个世纪的教育生涯几乎都与大学相联,除担任各级大学行政负责人之外,基本上担任的是教育学教授。因此,对大学教育的理论和实践问题的思考,成为他学术研究的另一重要领域,他在大学教育、高师教育等方面提出了具有深远意义的思想。

首先,提出并论述"大学三理想",表达了对中国大学发展方向的思考。

1934年1月,上海商务印书馆出版了孟宪承所著《大学教育》,书中集中探讨了三个问题:现代大学的理想和组织、中国大学的发展、大学教育的问题。全书开首即回答了"什么是大学"的问题:"大学是最高的学府:这不仅仅因为在教育的制度上,它达到了最高的一个阶段;尤其因为在人类运用他的智慧于真善美的探求上,在以这探求所获来谋文化和社会的向上发展上,它代表了人们最高的努力了。大学的理想,实在就含孕着人们关于文化和社会的最高的理想。"大学是教育制度发展的最高阶段,大学是人类智慧探索文化和社会发展的最高努力,因此大学的理想就代表着人类的最高理想。现代大学的理想是什么?孟宪承概括为三方面:"智慧的创获"、"品性的陶熔"、"民族和社会的发展"。此即为著名的"大学三理想"。与三理想相应,他进而论述了大学的三项任务,即:研究(research)、教学(teaching)和推广(extension)。

　　孟宪承认为,"智慧的创获"是大学的最高理想。既以"智慧的创获"为大学的最高理想,当然就以"研究"为大学的最高任务。通过对现代大学与中古大学的比较,他归纳出现代大学的若干本质性特点,即:发现、发明、创造;大胆地批评,自由地探索;研究的精神。他认为,大学的特点就在于"创",而"创"应当是包含了教师与学生两个方面,还没有哪一个国家的现代大学,教师是不竞于创造的学问、学生是不勉于独创的研究的。

　　"品性的陶熔"是大学的又一理想,而"教学"则主要承担着这一理想的实现。孟宪承指出,大学是一个学校,是师生共同生活的场所,大学师生这些社会的知识精英代表着社会的道德理想,他们就是在大学这样的场所中,共同生活、娱乐、学习、研究,教师与学生之间、学生与学生之间,实现着理想、道德、品性的陶冶,让老成的与少壮的谋求成熟的知识与生命的融合。所以,大学是熔炉,大学的生活意味着陶熔,它强调的是活动过程,强调的是环境的影响。

　　"民族和社会的发展"是大学的另一理想,而"推广"则主要承担着这一理想的实现。孟宪承认为,现代人是有意识地用文化来推进社会进步,而大学义不容辞地承担着这一使命。大学对于社会的贡献就在于它的研究和教学,但大学还须"到民间去",将其创获的知识推广于学校围墙之外,由此实现对民族发展、对社会进步的推动作用。

　　孟宪承的"大学三理想"说的指向性十分明显,即希望为现实中的中国大学发展提出理想、目标和任务,然而"大学三理想"的概括,则是立足于对中国传统大学思想的继承,并广泛吸收了西方从欧洲到美国的大学精神传统,因此带着强烈的时代感、使命感和道德、人文色彩。"大学三理想"言简意赅,对现代大学精神的把握精确,时至今日依旧能够感受到它的生命力。

　　其次,肯定专业教育"高师向综合大学看齐",表达了对师范大学办学方向的思考。

　　1951年10月16日,中华人民共和国新建的第一所师范大学在上海正式诞生,孟宪承主持了建校,并被任命为首任校长。社会主义建设事业需要大批优秀的中学教师,师范大学理所当然要承担起这一责任。华东师范大学的创办,实际上是个信号,意味着在新中国高等教育中独立的师范大学体制的被认定,并且它还是中学师资培养的主要承担者。然而,质疑和争议依然存在。从1956年起,"师范大学的方向有没有问题"成为讨论的热点。争议的焦点实际上就是:师范院校如何兼顾师范性和学术性?事实上,独立的高师教育体制的困难在于:当时师范院校的教学计划分为四块,即政治学科、教育学科、专业学科和教育实习,课时比例不易兼顾,造成教师、学生负担过重,而专业教育质量却不能与综合性大学相提并论。所以,就有人提出,为提高专业教育水平,师范院校须向综合性大学看齐,归并政治学科,减少教育学科和简化教育实习,以保障专业教育的课时数。而另一种观点则强调,建国后几年的师范教育实践已与旧中国有本质不同,不能缩小专业课程以外任何一个部分,以危害对新型的人民教师的培养。争论的本质反映了在师范大学的教育中,如何处理专业学科(学术性)与教育学科(师范性)的矛盾,政治学科(思想性)与专业学科、教育学科(业务性)的矛盾。于是,华东师范大学作为新中国第一所新建的社会主义师范大学,它的做法、它的校长的态度就显得格外重要。

对此,孟宪承表达了明确的态度。首先,综合性大学是最高学府,由它来培养中学师资本来很合适。但是,出于目前国家迫切需要中学师资的实际情况,在大学之外不得不另设高师院校。就完成培养师资的任务而言,高师与综合性大学的大部分,并无绝对区别,但在修业年限、专业设置、科学研究等方面,却存在显著不同。其次,"高师向综合大学看齐",如果是指提高教学质量和科研水平而言,就不能认为是迷失高师院校的发展方向。第三,具体改革措施就是:增加专业课(包括基础课)的比重;适当减少教育学科和教育实习的时数是迫不得已之举;简化教学过程,强化书面作业。由此赢得一切时间来加强专业基本训练。第四,可以在必要时考虑设置若干五年制专业,如在中文、数学、物理等基本学科,或适应中学教育发展方向设置若干复合专业,如文史、史地、生化等。

孟宪承十分了解欧美国家中学教师培养的变革趋势,但他也看到了中国基础教育发展的国情,所以提出了他对中国师范大学发展方向的意见:保留独立的师范教育体制,以保证基础教育对中学师资的基本需求;在达到最基本的师范性要求的前提下,最大可能地追求专业性,保证师范大学的教学和学术水准,又由此保证中学师资的质量。孟宪承的主张至今都有着很大的现实意义。

第三,阐述教育学科在大学教育中的地位,捍卫教育学科的尊严。

1926年,科学家胡先骕撰文批评师范大学体制,认为教师的养成,只须经过一般大学的训练,再加某些特殊训练就可,这样的体制还可以提高师范教育的水平,另外设立师范大学完全是多余。他进一步认为,在欧洲的英、德、法各国,教育学只是文科中的附属课程,甚至无法成为一个系。即使在将教育作为专门学科并取得深入研究的美国,教育虽成为文理科中的一个系,然而在美国大学中最不受同僚尊重的就是教育学与社会学教授了。所有这一切的原因,是由于教育学在欧美各先进国家尚是一个幼稚而远未成熟的学科。这样的观点颇有代表性,这是以教育学科不成熟为由否定教育学科在大学中的地位,进而否定独立的师范教育体制。对此,孟宪承撰写《教育学科在大学课程上的地位》一文予以反驳。

孟宪承指出,首先,最早以教育为专门学科开展研究始于德国,即1810年赫尔巴特在柯尼斯堡开设教育研究院。之后,赫尔巴特学派的学者先后在其他大学效法为之。1879年英国剑桥大学、1883年法国巴黎大学也先后开设了教育学讲座。所以,教育学科的历史,在欧洲国家已超过百年。其次,法国在19世纪的百年间通过专门的高等师范学校培养师资;英国则有专门培养师资而与大学同等程度的训练学院;美国的师范大学多由州政府所办,但现在连那些著名的私立大学也开始以培养教师为己任,而开设了教育研究院,如哈佛大学。其三,既如此,一所大学如要承担教师培养的职责,就需要让学生在专业教育之外,懂得中等教育问题、教学法问题、青少年心理问题……那就必须设一个专门的教育学的讲座甚或教育系来实施这些课程;如果大学在培养中学各科教师之外,还要进一步培养办学者、教育研究者、学务指导者、行政管理者,那就必须设一个教育学院;如果一个国家一个地区要普遍改进中学教育,急需大量师资,那么,既可以由现有大学开设教育学院,也可以成立独立的师范大学。由此,孟宪承以充分的事实根据和严密的逻辑论证了教育学科在大学中的地位。

除此之外,孟宪承对大学的教学、研究、教师、大学与社会发展等问题也都有自己独到的见解。

五

受新文化运动时期"民主"精神的启发和推动,有鉴于中国实施新式教育20年而社会发展状况、民众生存状况依旧不如人愿,20世纪二三十年代,不少学者纷纷走出象牙之塔,去到城市和乡村开展了一场持续20年之久的教育运动。这场运动从最初的城市平民教育运动逐渐演变为轰轰烈烈的乡村教育运动。以往撰写的中国教育史记录了晏阳初、梁漱溟、黄炎培、俞庆棠、高阳、雷沛鸿等教育家的业绩,事实上,孟宪承的民众教育探索也值得一书。

孟宪承虽没有毕生从事民众教育,但从1929年9月起到1937年7月抗日战争爆发,陆续进行城市和乡村的民众教育理论研究和实践探索也前后跨时8年。1929年秋,他应俞庆棠之邀,赴无锡担任中国第一所培养民众教育师资的学校——江苏省立民众教育院暨劳农学院(后改为江苏省立教育学院)的研究部主任兼教务部主任;1930年夏,他应浙江省教育厅长陈布雷之邀,在杭州创办浙江省第一所培养民众教育师资的学校——浙江省立民众教育实验学校,担任校长;1936年,他前往江苏无锡主持北夏普及民众教育实验区,开展以一个自治的区域为单位的民众教育实验。从担任民众教育院的部门负责人,到担任民众教育实验学校校长,再到主持一个农村地区民众教育实验的全面工作,孟宪承的民众教育探索是从办理民众教育学校、培养民众教育师资开始,而以亲自主持实验区开展乡村建设告终。期间,他编写《民众教育辞汇》,译介欧美国家的民众教育著作,研究制定民众教育实施方案,撰写专著《民众教育》。他参与民众教育运动自有其独到的方式,也作出了独特的贡献。

其一,提出完全从民众生活出发的民众教育。

对所谓民众教育之"民众"所指何人,民众教育界各言其是。担任江苏省立教育学院院长的高阳(践四)认为是指"社会全体之成年人"。而孟宪承认为，民众教育是对大多数人民的教育，也应当包含失学儿童，但重点则是"年长失学者"，理由是年长失学者过多，影响社会安宁和个人生计极大。孟宪承的这一民众教育对象观与其对教育的基本理解有关。在孟宪承看来，教育的基本原理都是通适的。教育上有一条很简单的定义，即"生活需要之适应"，无论什么教育都不能脱此定义，民众教育也不能例外。据此定义，民众教育就是"使民众能适应其继续不断的生活"的教育。在《民众教育》中他这样说道："怎样教？怎样学？这决定于心理的过程。教什么？学什么？便该适合社会的需要。"所以说，民众教育必须从民众出发，从民众的生活需要出发，无论是目标的确立、内容的确定、方法的选择，都是如此。这样的认识，成为孟宪承民众教育理论和实践的出发点。

其二，提出培养民众的基本力量进而实现民族复兴的民众教育目标。

与一些将教育带给民众的学者不同，孟宪承主张，民众教育不是从外部给予民众的，而应是与民众的内在需要相贴切的。他认为，确立民众教育的目标必须首先分析、研究民众的全部生活，明确哪些技能、习惯、态度、知识是他们所需要的，据此确定的目标才不致走入歧途。他分析说，由于经济的活动是人生基本的活动，教育如要与人生发生密切关系的话，就必须以发展经济为其第一目标。所以，所谓培养民众的几种基本力量，首先就是生产和组织的力量，使民众能凭借自己的力量改善自己的生活，进而以乡村为起点，使整个民族能以自身的力量实现民族复兴。

进而，孟宪承分析说，民众是绝大多数的直接生产劳动者，他们每天的生活，大部分时间是劳动，小部分时间是休闲。他们劳动，为的是维持生计；他们休闲，要的是一点娱乐。如果让他们选择他们最需要的教育是什么，他们一定会选择"增高生计的技能"和"满足娱乐的兴趣"这两项。所以，民众自身感觉的需要就应当成为民众教育的出发点，民众教育要以增进民众生计和满足民众娱乐为具体目的。出于对现代社会的理解，对在民众教育中倡导公民教育，孟宪承也是支持的，但他实际上认为，对民众至少要有最低限度的教育，然后才有更高层次的教育可言。

表面上看，孟宪承以生计和娱乐为民众教育的两个具体目标，显得不够崇高。然而，生计与娱乐，分别代表了民众的物质生活和精神生活，而这两方面，作为民众教育的研究者、实践者，似乎又是理所当然要首先加以注意并使之改善的。这样的民众教育主张与当时诸多实践者大为异趣。

其三，提出民众所需要的以生计和娱乐为中心的民众教育内容。

生计教育。孟宪承认为，民众教育中的识字教育固然重要，但民众生活中最要紧的事是维持生计，所以生计教育是必须首先要考虑的。如何开展生计教育？孟宪承的办法是走职业教育的路，更多地举办范围或大或小、时间或长或短的"民众职业补习学校"，"乡村注重农业补习，县市注重商业补习"。农业补习、工业补习、商业补习的科目，都按照生产劳动的实际情况进行分类设置。在主持北夏实验区时，则通过开办农场进行农业推广、农事指导和组织农业合作社。

娱乐教育。孟宪承指出，当时民众闲暇生活中普遍缺乏正当娱乐，不正当的娱乐不仅有损个人名誉和生命财产，还会危害社会稳定。他认为，人的生活、恋爱、人生观念都可以在娱乐中受到熏陶渐染，得到展现。所以娱乐是个教育问题，其重要性"实在超过生计问题"。娱乐教育的开展须遵循"含教育于娱乐中"的原则，"用艺术的手腕"引导民众的娱乐。在北夏实验区，设立民众茶园和俱乐部，工余都会组织各种艺术、娱乐活动，如戏剧、曲艺、国技和民众音乐会，以及图书阅览室、巡回电影放映等。

孟宪承在北夏实验区，围绕着上述方面开展了学校教育、农业改良、农村金融、地方自治与自卫、卫生保健、移风易俗等方面的民众教育试验和社会推广。

其四，提出行政机关、学校和其他社会团体结合的民众教育组织。

孟宪承认识到，民众教育要普及于二亿失学成年人，而其影响更至于全民族，如此伟大的一项事业断非任何小组织所能够承担。因此，民众教育的实施和取得成效，必须要集合教育、建设、民政等行政机关，民众学校、职业学校、民众教育学院,教育和建设团体,"携手进行"。

孟宪承所设计的民众教育实施的机构和组织包含:(1) 学校式民众教育,含以识字、学文化为主的民众学校和补习学校,以提高生计能力为主的职业补习学校,以发展职业能力为主的职业学校。(2) 社会式民众教育,含民众教育馆、俱乐部、图书馆、体育场等公共活动场所,儿童学园、青年学园、青年服务团等教育组织,演剧、歌咏、展览、游艺等活动,合作社、保甲、村庄、农场的生计合作活动。

民众教育是孟宪承"着力最著"的领域之一,理论和实践成果都可以说十分丰富。然而孟宪承的民众教育(乡村教育)探索,既不同于晏阳初用科学研究的理念开展的定县实验,也不同于梁漱溟用文化建设的方法进行的邹平改造,他的探索是循着他对教育的理解而进行的,是他教育思想的一部分。他的民众教育实践既体现了包含孔子"有教无类"、孟子"制民之产"主张在内的中国传统民本思想,也体现了以丹麦为代表的欧洲民众教育和成人补习教育的精神。他的民众教育探索可以用两个字概括,那就是"体贴"。

六

孟宪承留学回国后在诸所大学任教,教育史是他的主讲课程之一。还是在 1925 年,因"国旗事件"愤然脱离圣约翰大学后,孟宪承旋受聘为清华大学教授。行前,曾与钱基博同去无锡江苏省立第三师范晤钱穆,认真表示:"出国前国学根底未深,此去当一意通体细读《十三经注疏》。"可见作为一名研究教育理论的青年学者对中国传统文化和教育的重视。1928 年,孟宪承在中央大学任教授期间,讲授教育史课程的讲义《教育通史》(上、下卷)由中央大学出版。1931 年和 1932 年,他的《西洋古代教育》与《新中华教育史》分别由商务印书馆和中华书局出版。由此可见,他在教育史研究领域里的造诣和著述之丰。25 年后的 1956 年 9 月,孟宪承受命担任由教育部指定开设的中国教育史研究生班的导师,开始系统讲授中国古代教育史。华东师范大学的这个班是全国高校中第一个中国教育史专业的研究生班,为华东师大中国教育史专

业的未来发展奠定了学科、课程和人才基础。1961 年,人民教育出版社出版
了他与另外三位学者合编的《中国古代教育史资料》。同年,中共中央宣传部
召开全国高校文科教材会议,确定华东师大承担《中国古代教育史》和《中国古
代教育文选》两本教材,由孟宪承任主编。中国教育史的教学和研究几乎成为
晚年孟宪承学术研究的全部,他于教育史研究同样建树颇丰。

其一,在新中国是最早运用历史唯物主义研究中国教育史的学者之一。

最早运用马克思主义观点、方法研究教育史的是为中国共产党早期理论
家杨贤江,1929 年其《教育史 ABC》出版。书中,他运用上层建筑与经济基础、
社会存在与社会意识关系的观点和阶级分析的观点,重新诠释了教育的历史,
产生了相当大的影响。后来陈青之的《中国教育史》(1926 年出版第一卷,
1936 年三卷合成出版)、周予同的《中国现代教育史》(1933)也都有类似的尝
试。差不多是在 1930 年代初,孟宪承开始主动接受马克思主义,开始学习外
文版的马克思列宁主义著作,并常与已是中共党员的表侄章汉夫[1]切磋研
讨。1937 年 9 月,他任上海光华大学教授,所讲授的"教育哲学"就是按"唯物
论"、"唯心论"和"唯用论"分专题。中华人民共和国成立之初,孟宪承在浙江
大学任教,1950 年决定为教育系学生开设"马列主义名著选读",1951 年正式
开课,这也许是在新中国高校的教育系中最早开设的马列主义论著选读课程。
由于这样的经历,当 1956 年他执教华东师大中国教育史研究生班时,历史唯
物主义很自然地成为他分析、论述中国古代教育的方法论。

1956 年 9 月,孟宪承在"关于历史观"的专题讲授中,专门谈了"历史唯物
主义的学习"。他认为,历史唯物主义承认社会发展的规律性及其客观性,规
律外在于人的意识,但可以被发现、被认识,不相信这一点,历史学就不成其为
科学。进而,他指出,由于物质生活决定思想,决定人的动机,社会存在决定社
会意识就是总规律,又具体包含四方面:一,物质资料生产方式对社会结构和
发展起决定作用的规律;二,生产关系一定要适合生产力的性质发展阶段的规

---

[1] 中华人民共和国成立后,章汉夫曾任中央人民政府外交部副部长。

律;三,经济基础对社会的上层建筑起决定作用的规律;四,经济基础和上层建筑的发展和更替的规律。人类社会历史的发展总是从低级到高级,发展的根本原因是矛盾,阶级斗争是一个规律,但它是社会一定发展阶段(阶级社会)的特殊规律,并非一般规律。

在阐明上述原理前提下,孟宪承说明了社会意识形态也有其自身的发展特点,具有相对独立性,表现在:一,社会意识形态反映经济基础的间接性,思想反映存在往往是一种"折光"。意识可能落后于存在,也可能走在时代前头,提出预见,如马克思本人就是如此。二,尽管所有因素都导源于经济,但上层建筑各因素之间存在着相互联系和相互作用:如果不了解中世纪宗教的作用,就不会了解中世纪的哲学;不知道佛教神学,就不能了解宋明以来的理学。与其说理学的产生经济是直接原因,不如说思想意识是直接原因。三,意识形态的发展具有继承性,它不能白手起家,总是要吸取和改造过去的思想材料。四,意识形态具有人类性,所有先进的哲学理论、文化艺术,虽然是为各个阶级服务的,但其中也有可为全人类共同接受的内容。

孟宪承反复强调,研究历史当然要依据历史唯物主义,但必须坚持具体问题具体分析的原则。他说,不能以历史唯物主义的原理去代替各门学科的研究,如果是那样,就将导致取消历史,就是非科学的,非辩证唯物主义的。在他看来,具体问题具体分析是指"全盘的情况全面的分析","不要拿公式来套"。

所以,孟宪承对马克思主义的学习和运用是自觉的、主动的,他强调具体问题具体分析,反映了他把握了马克思主义的活的灵魂,体现了将马克思主义的普遍原理与中国教育的具体实际相结合的努力。他当时的学术研究就贯彻了上述认识。如1961年出版的《中国古代教育史资料》第一章"殷周教育",展现的是中国教育第一个加速发展期的文献资料。书中是以"生产力的发展"、"文字的创造"、"科学知识的萌芽"、"宗法制度的形成"的顺序,介绍殷周教育发展的背景,然后依次介绍"生产劳动经验的传授"、"学术的官守"、"学校教育"、"贵族的学校和教育思想"、"关于乡里学校和教学的传说",反映了他对殷周教育发展与其他因素之间关系的理解。又如讲授"殷周的教育",他首先分析了中国封建社会历史时期的"西周封建说"和"东汉封建说"的不合理,而赞同郭沫若、侯外庐的"战国封建说",但他强调"不要把奴隶制社会的阶级关系简单化",于是指出郭、侯认为周代只有贵族与奴隶的对立,士是唯一的自由民,庶人等于奴隶,既如此,学校教育为贵族独占,贵族之外无教育,这样的说法并不正确。他认为当时的阶级关系是:贵族——天子、诸侯、大夫,平民——士、部分的工商,奴隶——绝大部分的农民和工商。据此可以判断,贵族占有教育权,但士与工商农都有自己的教育。他认为,事实上每个民族的历史发展都有其特殊性,应当用有关政治、经济学的观点来分析,而不是"拿公式来套"。

其二,对中国教育史学科理论作出了系统阐述。

关于教育史学科的性质。首先,在孟宪承看来,教育史与一般史不同,与专门史也不同,而是一门"专业性质学科"。其学科的专业性质体现为教育史具有两重性,即它不仅体现为教育思想史,还体现为学校发展史,包含了学校教育的发展,而人类教育发展的高级形态即为学校教育。其次,教育史学科专业性的体现,在于它是一门教育学科,它与教育学虽有区别,却又存在着非常密切的关系。古代本没有教育学的概念,教育学是近代才产生的。他指出,在研究中应当注意两种情形:一方面,可以谈论古代教育和教育问题,这些也是教育学中的问题,但要认识到它们不是教育学,而只是教育学的要素。另一方面,用今日的教育学原则去归纳古代的教育实践和思想,就会做出或夸大或贬低的结论,都是不符合历史实际的。而正确的认识应当是:"教育史是教育学的一部分,是讲教育学的前导,而教育学是教育史发展的结果,是关于教育的全部意识的概括。"这样,孟宪承强调了教育史学科的专业属性,由此明确了教育史的教育学科地位,无论是在他的教学中,还是在他编纂《中国古代教育史资料》《中国古代教育文选》中,都体现了他的这种强烈的学科意识。

关于研究教育史的目的。如同所有历史研究领域里的学科当时所面临的问题一样,教育史研究也面临着有关目的和价值的质问,批判与继承问题的讨论也是教育学术领域的一个热点。孟宪承认为,要摆正批判与继承的关系,批判只是手段,而目的则是继承。古人已经成为历史,批判不是为了去算历史的旧账,批判的目的在于继承优良的教育传统,包括优秀的教育经验或是所揭示的教育规律。他指出,对民族文化、教育遗产要注意继承,因为学习教育学而不研究教育史,就不会知道教育学的源流,不懂得今日教育学的结论是如何产生、充实并如何经过历史的检验,缺乏历史的观念,将来会犯教条主义的错误;目前的一部世界教育史,十分缺乏中国的内容,中国学者负有义不容辞的责任去加以填补。所以说,中国优秀的教育历史遗产一定要摆到世界教育史中去,也一定要放到教育学中去。教育史研究的任务理所当然就是"研究文化历史遗产,吸取精华"。

关于教育史的学科体系。如何写出"真正专门的教育史"? 是孟宪承始终在思考的一个问题。他认为,从当时的情形看,教育史究竟是政治思想史或学术史,或是真正专门的教育史? 已经成为一个问题。而像过去那样的写法,"有点像放风筝,是在经济、政治之后,带着教育尾巴。"如何改变这种状况? 唯有"专门、详细、深入研究古代教育、教学的理论和实践",并予以充分反映。首先,他所设想的教育史学科体系,其内涵包括两大部分,即教育制度的历史和教育思想的历史,这两部分在内容上应具有相对的平衡。在他看来,20 世纪30 年代出版的陈青之与陈东原二人的同名著作《中国教育史》,在体系上都是有失平衡的:陈青之的著作是理学体系,重思想、重儒学;陈东原的著作是胡适方法论的体系,重实际、轻思想,所以都存在着缺陷。其次,教育史学科体系中的教育制度与教育思想,内容上虽要讲究平衡,但也应当体现出主次、轻重关系,应当是思想为主、理论为重。理由是:制度的内容更多地具有时代性特点,往往会随时代变迁而失去其价值,可以继承的东西并不太多;而思想、理论作为人们教育认识的结晶,有很多是反映规律的,因此有更多可以总结、借鉴之处,所以更有价值,应当更多地予以重视。

关于中国传统教育的主线。孟宪承认为,在中国历史上对教育作出贡献的人物和学派很多,但贡献突出的是儒、法、墨诸家,其中又以儒家为最,一部中国教育史贯穿始终的线索就是儒家教育。并非否认其他学派的成就和影响,但相比较而言,儒家的教育贡献最大,建树最多,撰写中国教育史不突出儒家,难以想象。他指出,肯定儒家的作用,不是从政治和其他方面考虑,而是从教育理论和实践贡献考虑。中国传统教育的基本问题(概念)是儒家提出的。《中庸》开始提出"性"、"道"、"教",成为儒家教育的最高的、纲领性概念;"师"与"学"(学校,学习)也是最基本的概念。不仅儒家的所有文献都是围绕这几个概念展开,以后历代教育家也都是围绕此展开论述,几乎没有超出这几个概念的。同时,儒家致力于教育实践,一方面,以书数为中心,讲道德品格和知识技能训练;另一方面,认为一切民众都是可教的,提出以教化代替刑罚,否定民众可教,就是否定儒家自己。说中国传统教育的主线是儒家教育,还由于儒家教育经过内部与外部的思想斗争,在不同的历史时期总是有发展、有进步,形成新的形态,形成源流。如两汉形成经学教育,经历了分与合;魏晋南北朝至隋唐,儒家是与道家、佛学展开激烈斗争,儒学地位极其危急,直至宋代学者援儒入佛,形成了新的学术和教育形态——理学,再次确立儒家地位。因此,以儒家教育为中国传统的主线是对历史的尊重,也是出于教育史学科进行专业考察的结果。

关于教育历史人物的评价。中华人民共和国成立后,以"阶级分析"的方法重新评价历史人物就是从教育领域发难的。从1951年批判电影《武训传》进而"打倒武训"开始,连带批判了陶行知、陈鹤琴,以及胡适、蔡元培、梁漱溟、晏阳初。这些教育历史人物都被用政治上是进步的还是保守的、思想上是唯物主义的还是唯心主义的标准,加以重新评判。在这样的大环境下,孟宪承提出了自己的主张:评价教育历史人物依据两点,"一是他们代表哪个阶级;另一是他们所处的时代及其所继承的文化。"据此,他以郭沫若《十批判书》中褒孔贬墨为例分析说:看不出他们二人是对立的阶级,二人的时代不同,二人所继承的文化不同,所以,似难将二人作相对立的评说。相反,在"尊贤"问题上二人都是进步的,甚至孔子反不如墨子。"孔子是一脚跨在时代前面,一脚落在时代后面,跨在前面的是尊贤的思想,落在后面的是亲亲的思想。"1961年,孟宪承在编《中国古代教育文选》时,曾明确表示:"我不赞成都用阶级分析的方法对待古人",关键是看他的活动产生了何种影响。他的选人和选文标准充分体现了他对教育历史人物评价的这一思想。他认为,选文先要选出代表人物,标准是:其思想主张特别突出且有历史贡献;对教育发生巨大影响。于是,我们看到入选《中国古代教育文选》的教育人物和教育经典,在半个世纪后都能经受得起读者和研究者的检验。

其三,十分注重第一手材料的掌握,倡导追根穷源的学风。

1956年9月,孟宪承开始他在中国教育史研究生班的讲学。在第一讲阐明学习教育史的意义之后,第二、三讲分别是谈"关于历史材料"、"关于历史观点"。这样安排教学内容,表达了他的一个基本看法:史料和史观是研究教育史的两个基础。他对学生的要求很明确:"一是能够静下心来读书,多接触前人的历史文献,……二是要读一手的文献资料,知晓中国文化的源流,只有把握源,才能理解流,才能在学术界立稳脚跟,才具备发展的潜力。"第一是读文献,第二是读一手文献,可见他对研究原始材料是如何重视,甚至他说"原始材料是头等的重要"!

孟宪承认为,真正的求学之法,就是对原著和第一手材料的阅读,而对第一手材料的掌握是为了能够溯源循流,直接了解和把握教育历史的本来面目,他所说的"不掌握原始材料不能编教育史",当是就此而言。何以必须如此?他指出:首先,历史研究十分重要的一点是具体情况具体分析,不读原著就不能接触具体情况,又如何去具体分析?其次,历史研究十分重要的又一点是历史地发展地看问题,教育思想的发展有继承、有变化(改造),不研究原著如何知晓教育思想的继承、发展和变化?其三,不经过原著的学习就不能有自己的亲身感受,"吸收别的花果,而自己没有生长活力,结果还是不行"。所以,治学术无捷径可走。

华东师大教育史专业的学风是什么?注重原始文献、基本文献;其渊源何在?即在于孟宪承的倡导。孟宪承晚年编纂出版的两种书《中国古代教育史资料》和《中国古代教育文选》,也充分体现了他对实事求是、严谨认真的治学作风的倡导。也就是在孟宪承的倡导下,华东师大成为我国中国教育史学科的重镇,理论和文献并重成为华东师大教育史学科的重要特色;也就是在孟宪承的指导下,新中国自己培养的一代中国教育史人才成长起来,成为改革开放新时期引领我国教育史学科发展的骨干力量。

七

今天我们编纂《孟宪承文集》是为了什么?

在孟宪承辞世将近半个世纪的今天,我们将他毕生心血凝聚而成的学术成果加以整理,结集出版,固然是为了纪念他,同时也是为了保存一份珍贵的文化教育遗产,然而更重要的意义却在于:立足于当今时代,面对现实中国教育的发展与变革,通过阅读这一卷卷论著这一篇篇文章,重新学习和思考孟宪承的教育实践、教育思想和教育人生,以期从中有所思考、有所启示、有所记取。

今天我们向孟宪承学习什么?

孟宪承的人生道路和学术思想都足可成为后人的借鉴,他是一位杰出教育家的典范。

由于孟宪承生活的时代去时已远,人们对他的印象通常是一位睿智的学者。然而,在孟宪承身上也体现出中国老一代学者尤其是老一代教育家的风范。生在动荡的年代、危难的中国,孟宪承与诸多同时代的教育家一样,爱国主义思想、教育救国道路和奉献教育的情怀,贯穿着他的整个人生,他一生中的诸多行迹都可以从中找到答案。

1925年"五卅"运动爆发后,在圣约翰大学任教的孟宪承等率中国籍教师坚决支持学生的正义行动。当"国旗事件"发生后,又与钱基博等人一起,愤然率大学和附中部分师生脱离圣约翰大学,表达了对校方及其背后的外国教会势力的强烈抗议。之后又参与筹备光华大学。圣约翰大学是孟宪承的母校,从那以后,他再也没有回到母校任教。在母校和祖国之间,孟宪承作出了明确而坚定的选择。发生在圣约翰大学的这一事件足可反映孟宪承的爱国主义思想,而他投身于祖国的教育事业一辈子矢志不移,也同样反映了他的爱国主义情怀。

孟宪承留美回国后任东南大学教授,积极投身于中国的教育改革和教育理论建设,很快成为一流学者中的一员,置身于胡适、陶行知等教育家的行列。1923年,黄炎培邀请孟宪承共同创办并主持《申报》教育学术专栏"教育与人生",专栏成为当时著名的教育理论园地。1929年9月孟宪承受聘为教育部教育方案编制委员会委员,负责制定《实行整顿并发展全国教育之方案》,并与刘大白等人草拟《中小学课程暂行标准》语文科的初中部分,与胡适等人草拟高中部分。1933年1月中国教育学会成立,选举常道直、郑晓沧、陈鹤琴、陶行知等15人为理事,孟宪承列名其中。1942年8月教育部公布第一批部聘教授共29人,孟宪承是教育学科唯一入选者……可以说,从20年代起的30年岁月里,在中国教育的诸多重大历史事件中,频繁可见孟宪承的活跃身影,他始终走在中国教育改革的前列,与其他教育家一起,共同引领着中国教育发展的潮流,是一位大有作为、很有贡献的教育家。他的所有作为其实都是为了一个目的——改变祖国的面貌,尽快赶超先进西方国家。

孟宪承年轻时就已显露出管理和领导才能:留美期间曾担任中国学生监督处秘书,留英期间曾担任中国驻英国公使馆书记。1926年任教清华大学期间曾担任学校第一届评议会会员、训育委员会委员、规则委员会主席。1927年任国立第四中山大学(中央大学前身)教授兼秘书长。之后,他在各大学任教,数度担任院长、系主任之职;多次受聘为教育部各种委员会成员乃至负责人,主持全国教育改革方案的制定;多次入选全国性的教育学术组织,成为核心成员。1949年6月杭州市军管会任命孟宪承为浙江大学接管小组成员,后又被任命为浙江大学校务委员会常务委员。从1950年起的几年里,孟宪承先后被中央人民政府主席毛泽东任命为华东军政委员会教育部长、政务院总理周恩来任命为华东行政委员会教育局长等。几十年间,孟宪承有的是做官机会却始终未走入仕途,而是以教书育人为乐事,最终以大学校长为其职志,甚至身处有职无权的境地也坦然相对,一丝不苟,尽心尽职,乐于做好一个研究生导师,显示了他学者的本色、教师的本色。这表明了孟宪承的志向和对教育事业的热爱,他已经不是将教育当成一门职业、当成谋生手段,而是当成自己的事业、理想和奉献所在。

作为一位教育理论家，作为一位引领现当代中国教育理论发展的学者，孟宪承的学术探究和理论思考积极地应对了他所处时代的诸多教育课题，应该说他交出了出色的答卷。然而，时代在发展，社会在进步，站在我们今天的时代高度重温孟宪承，其学术道路和教育思想是否具有现实意义？其现实意义究竟何在？综观孟宪承学术思想，可以说他的理论和思想把握了教育的精髓，表现出如下特点：

人民性。

据学生回忆，孟宪承对同时代教育家陶行知教育思想的评价十分谨慎，但对他脱下西装着中装、不穿皮鞋穿草鞋的精神却不吝赞辞。陶行知以"捧着一颗心来，不带半根草去"，"为了苦孩，甘做骆驼"的精神献身于人民大众的教育事业，孟宪承赞颂陶行知，也表达出他自己的人生追求和教育信念。孟宪承教育思想的一个重要主题就是为人民大众谋利益，使人民大众获得受教育的机会和权力。如前所述，1929年9月孟宪承到无锡江苏省立民众教育院暨劳农学院(江苏省立教育学院前身)，投身于培养民众教育师资和社会教育工作者的事业。之后，他在杭州创办浙江省民众教育实验学校并任校长，又主持江苏省北夏普及民众教育实验区，参与民众教育的程度步步深入。而他从事民众教育的指导思想也十分明确，即切合民众的实际，适合民众的需要，符合民众的利益。

不仅他的民众教育探索体现了他教育思想的人民性，可以说人民意识体现在他思想的诸多方面。如，1932年孟宪承的《新中华教育史》出版，他在书的"引论"中写道："从古不知有多少'悲天悯人'的教育家，耗尽了他们的心力，甚至贡献了他们的生命，才把我们的教育史，装点成这样的灿烂庄严。他们平生的故事，更可以净化我们浮躁的精神，鼓舞我们奋争的勇气。教育者精神的食粮，也将从这里得到了。"孟宪承是以"悲天悯人"的精神作为对历史上教育家进行评价和取舍的标准，同时也希望用这样的精神来教育年轻一代的未来教师。又如1950年代高等师范院校的办学方向、办学质量乃至整个中国师范教育体系面临严重质疑,孟宪承既看到了欧美先进国家师范教育发展趋势——实施开放的师范教育体制,也看到了中国师范大学办学和师范教育体系中所存在的困难和问题,更看到了中国的国情(幅员辽阔、地区差异、师资缺乏、发展教育的迫切需要),因此主张中国仍旧需要保持独立的师范教育体制,但必须通过师范大学内部教学改革去提高办学质量。显然,这是更切合中国教育实际的主张,也是更符合人民利益的主张。

民族性。

孟宪承教育思想的民族性,首先体现在他重视对中国传统文化的学习、继承和弘扬。作为一位外语水平很高,对西方文化和教育有精深研究的学者,孟宪承始终很重视中国传统文化的价值,注意以文化传统中的精华影响和训练年轻一代,也注意不断形成自身扎实的国学根底。1923 年孟宪承任圣约翰大学教授、国文部主任,矢志于改变教会学校普遍存在的重外文、轻中文现象,从附中入手提高学校的中国语文教学水平;1925 年 9 月孟宪承赴任清华大学教授前,向钱穆表示要认真诵读《十三经注疏》,以加强自己的国学根底;1956 年9 月他在华东师范大学教育史研究生班上,开宗明义地要求学生"为了继承古代的文化遗产,我们必须熟识古籍,同时还要运用这些材料"……这是由于他认为,学生不打好国文基础,今后要想求大的进步,几乎不可能;学者缺乏深厚的国学基础,要想做好学术研究,几乎不可能。

孟宪承教育思想的民族性,还体现在他自觉地学习和继承传统文化和教育中的合理成分,形成有民族特色的教育理论并加以实践探索。他关于大学理想的经典概括和表述:"智慧的创获"、"品性的陶熔"、"民族和社会的发展",显示了十足的民族气派,从中既可以清楚地看到西方现代大学三项任务(教学、研究、社会服务)的含义,也可以体会到中国传统儒家经典《大学》"三纲领"——"大学之道,在明明德,在亲民,在止于至善"——精神的影响。可以说,他的大学"三理想"的表述充满了道德、人文情怀,体现了德智统一、推己及人的中国特色。他关于民众教育和乡村教育的实验也同样体现了民族化的追求。他认为,民众教育包含了各个年龄段的人而不以成人为限,这当然是不错的,然而它应当首先是指对年长失学者的教育,理由是年长失学者过多,影响社会安定与个人生计者极大,所以应将民众教育的首要目标定位于生计训练而非一般地读书、识字、学文化。他希望通过生计的改善而达到民众物质生活、精神生活的改善,乃至国民经济的改善和民族的复兴。这样的主张表现出与孟子"有恒产者有恒心"思想的相通。孟宪承民众教育实验的总体特征是贴近民众,尊重民意民愿,明显可以看出中国传统民本思想的烙印。

专业性。

所谓孟宪承教育思想的专业性,是指他从事任何一个教育领域的理论研究和实践探索工作,都注意从把握这个领域的基本概念、基本问题、基本原理入手,坚持专业地思考和专业地言说;在对问题提出看法之前,先开展深入、细致的研究工作。如乡村民众教育的开展需要一个怎么样的方案? 民众教育在整个教育事业中的地位如何? 国外成人补习教育的内容与方法能否为我采用? 乡村的民众教育与之前的城市民众教育有何不同? ……所有这些就成为孟宪承最先需要思考和解决的问题。所以他首先制订了一年的工作计划,即:(1)材料的征集。搜集国内外有关民众教育、成人教育、乡村教育的理论、历史材料和最新进展。(2)问题的研究。定期举行研究会,由同人提交论文,全体讨论。(3)结果的发表。办刊物,出版译著和试验报告、研究论文集。搜集材料——研究问题——产生结果,这样的过程体现在他所有的学术研究中,早年从事教育哲学、教育学和国文教育研究是如此,晚年进行教育史研究也是如此。

1960年代初孟宪承着手选编《中国古代教育文选》,整个研究过程充分体现了他专业性的思想特点。他多次强调,研究教育史就应当历史地思考。他举例说:"学龄"概念是专门术语,产生于19世纪资本主义国家通过法律规定入学年龄的过程。古代教育没有这一概念,就不可以说有学龄、学龄前之分;中国古代历史上存在过庠序、大学、小学等教育机构,很多人往往望文生义,认为它们是多么专门的教育机构。其实,庠序等于礼堂,太学等于旅馆,府州县学等于文庙。所以,研究历史切忌"历史错觉"。对于中国教育史研究中的形式主义、教条主义,孟宪承曾经给予尖锐批评。他说,研究中国教育史必须将观点与材料结合起来,观点要从材料出来,而非用理论公式去套。如按照教育作用、教育目的、教育内容、教育制度、教育过程、教学方法、学校与社会政治的关系等题目,套用在中国古代教育之上,先有题目,然后去找材料来填充,割裂事物的有机联系,歪曲了古人的思想面貌。孟宪承的这些认识,至今都还是一针见血之论。

现实性。

孟宪承教育思想的现实性特点主要体现为:其一,作为一个教育理论家,他始终关注着教育实际问题,并积极投身于、致力于教育实际问题的解决。孟宪承涉足了教育学科的诸多领域,他在理论方面的造诣可谓广泛、深入,但他不是一个空头理论家,而是一位关注教育实际问题、将理论应用于实际问题解决的实践家。他早年在圣约翰大学开展的国文教育改革实验;在江苏无锡和浙江杭州办民众教育学校,通过培养民众教育师资和社会工作人员推行民众教育;主持江苏北夏普及民众教育实验区,致力于全面提高农民的生计能力和精神生活,都体现了孟宪承作为一个教育理论家的现实意识和实践精神。建国之初他为浙江大学与浙江省文教厅合作举办中小学教育研究班开设"教育学"课程,也体现了他对基础教育问题关注。孟宪承可以说是一位大学专业工作者与中小学教师合作的先行者。

其二,作为一个教育理论家,他始终注意用切合实际的方式方法去解决教育的问题。在从事民众教育的探索中,他曾经说过:"我们教成人识字读书,特别要看重他们动机的引起。成人的生活,大部分吸收于劳动的工作中,小部分取得一点休息的娱乐。我们教授识字,要使他们感觉需要,鼓励兴趣,最好就从工作和娱乐的活动出发。呆板的照教科书教,不如先教成年民众看洋钞票上的字,看路上布告招牌的字,教他们记账、写信、开发票,这些都是他们生活上感受的需要,教起来事半功倍。"他是这样说的,也是这样做的。从"民众自身感觉的需要"出发,成为他从事民众教育的原则;而一切从现实需要出发,也成为他从事教育研究和教育实践的特色。

世界性。

孟宪承是一位有国际视野的教育家,对外语的熟练掌握、早年的留学经历,使得他对西方主要国家的教育理论、历史与现状有广泛而深入的了解,尤其是养成了他遇事愿意探寻他山之石而折中取舍的思维习惯。早年他在圣约翰大学进行国文教育实验,就国文教材的选编,曾经认真研究过欧美国家的初中英语教科书,裴柯和桑代克合编的《日用古文》(第8册)按作品种类分单元,并配合以作者介绍、学习指导、问题思考、简要注释的编排方式,成为他提出"混合文典"的思想来源。晚年他在选编《中国古代教育文选》过程中,也曾认真研究过法国、英国、苏联的教育文选和德国、美国的教育史资料编纂先例,提出"教育文选的世界通例与我们把握的专业标准"问题。遵循世界通例,意味着遵循国际标准,追求国际水平,如注重文选与教材的配合、注重选文内容的教育原创性、选文须有序文作为导读等;把握我们的专业标准,是指:不重复教育史、不侵犯哲学史、不作考据、不作评论、学习《四库全书总目提要》作选文题解、精到的注释。如此,1960年代初编的《中国古代教育文选》成为精品之作而沿用至今就不奇怪了。

孟宪承还注重研究和借鉴当时代最先进的教育理论,反思本民族的教育传统,构建自身的思想体系。孟宪承对杜威思想深有研究,受其影响也很大,但同时又是有肯定、有批评的。他认为,杜威思想之优点在于:对于思想糊涂、拘于文字的中国人是一种针砭;思维清楚而有条理;重视试验,在方法上多所发明。而其缺点则在于:太偏于实用,而学术、文化的高境界不可专问效果;太过强调现时的社会环境,在社会理想方面会切近,不会高远。所以,结论是:对于思想糊涂、行事敷衍的国人,杜威思想是一剂良药。不能再唱培养人格、磨砺德行的高调,务须保存儒家躬行实践、人格感化的传统。

八

2006年,在由中国高等教育学会认定、教育部党组同意的"共和国老一辈教育家"宣传名单中,入选了全国21位著名大学校长,其中包括北京大学校长马寅初、周培源，中国人民大学吴玉章、成仿吾，北京师范大学陈垣，南京大学匡亚明，厦门大学王亚南，复旦大学陈望道、苏步青……华东师范大学校长孟宪承是唯一以"教育理论家"身份入选的，并与马寅初同为非党人士。由此可见，中国学术界和大学教育界对孟宪承的肯定，而孟宪承也为华东师范大学赢得了声誉和地位。

2007年6月，华东师范大学校长办公会议决定：编纂《孟宪承文集》，以此方式纪念孟宪承逝世四十周年，列入华东师大"985工程"建设项目，由华东师大出版社出版，由教育学系瞿葆奎教授担任主编。

当年9月初，华东师范大学校长俞立中、校党委副书记罗国振、校长办公室主任郭为禄访晤瞿葆奎教授，面邀其担任《孟宪承文集》主编。杜成宪任副主编。《文集》编纂工作正式启动。之后，学校领导始终关心《文集》编纂工作的进展，俞立中校长在百忙中还亲予作序。

9月底，罗国振副书记亲赴安徽合肥，往访孟宪承之孙孟蔚时、孙女孟蔚理，商谈《文集》编纂、出版授权事宜，得到他们的大力支持。10月，旅居美国的孟宪承之孙孟蔚彦博士应邀访问华东师大，也对编纂和出版其祖父的《文集》表示大力支持，并代表其兄孟蔚忠一同授权。

之后，学校领导专门与华东师大出版社社长朱杰人约谈《文集》出版工作。朱杰人社长明确表示：不计代价，全力做好老校长的《文集》出版工作。并委托出版社副总编辑阮光页主其事。

之后，时任华东师大校长助理任友群（现为副校长）先后两次约请阮光页副总编，与项目组一起商议并落实有关出版事宜。阮光页副总编还亲自出面与有关出版社商谈版权事宜。出版社并组织了由资深编辑陈锦文老师牵头的编辑团队，开展了富有专业水平和职业精神的工作。

在整个编纂过程中，华东师大的档案馆、校史室提供了很大方便，朱小怡、倪端和吴雯等同志所给予的支持尤多。华东师大图书馆、教育科学学院信息资料中心、浙江大学档案馆都给予了极大的帮助。

孟宪承当年任教浙江大学时的学生，原杭州大学副校长、浙江大学金锵教授对《文集》的编纂工作时时关心，不仅为我们提供了他当年听孟宪承讲课的笔记，而且还代为多次查寻资料、印制照片并访晤旧友，为我们提供不少宝贵信息和线索。孟宪承当年教育史研究生班的学生、华东师大孙培青教授也自始至终关心《文集》的编纂工作，尤其是《中国古代教育史资料》、《中国古代教育文选》、《孟宪承讲录》（一）（二）、《孟宪承谈话录》等几卷的整理工作。《孟宪承生平与学术年表》和前言的编写，我们曾随时请教。

浙江大学教育学院的赵卫平老师也在照片等方面给了我们帮助。华东师大中文系杨扬教授发现了孟宪承早年用英语撰写的有关中国当代文学的文章，并热心提供给我们。

《孟宪承文集》从 2007 年 6 月得到"985 工程"立项正式启动，到 2010 年 4 月，12 卷全部交稿，历时 3 年。它是在各方面的关心、帮助和支持下方得立项并完成的。我们应当记住所有为《文集》催生的人们，并感谢他们！

九

孟宪承一生著述甚丰，涉及的领域也较广泛。此次编纂《孟宪承文集》，在周谷平、赵卫平编《孟宪承教育论著选》和俞立中主编《师范之师》二书所附孟宪承主要著作目录的基础上，我们对孟宪承的著、编、译情况作了全面调查，迄今为止已查明的各种著述总数超过 200 种，可分为以下几类：（1）著、编、译共 28 种。包括译作 12 种，其中合译 1 种，独译 11 种，有 4 种非教育类；著、编 16 种，其中独著、编 13 种，合著、编 3 种，有公开出版的讲义 2 种、讲演集 2 种、从未出版的讲录 2 种、谈话录 1 种。（2）各种文章 170 篇。包括论文、译文、讲演记录、书评、通信、访谈、序言、实验方案、札记、研究工作总结，还有若干篇用英语撰写的文章。（3）讲课笔记 2 种，系尚未整理的学生当年听课笔记。

数量如此浩大的论著显然难以全数收入文集，那就需要作出选择。我们制定的选择原则是努力争取：其一，全面性：要能够充分反映孟宪承学术贡献的总体面貌；其二，代表性：要能够充分反映孟宪承在各个主要学术领域内的造诣；其三，现实性：要能够对当下人们进行教育理论与历史研究、开展教育实践探索有所助益。因此在上述论著中认真选择,最终形成 12 卷、300 多万字规模的《孟宪承文集》。

《孟宪承文集》12 卷大体上可以分为三组。第一组为第 1—4 卷,收入孟宪承有关教育学、教育哲学、国文教育、大学教育、民众教育、比较教育等方面的论著,是他教育理论研究和实践探索的成果;第二组为第 5—8 卷,收入孟宪承有关哲学、教育学等方面的译作,包括 4 本著名的国外学术著作,是他引介国外理论的成果;第三组为第 9—12 卷,收入孟宪承有关教育史研究的著作、讲课和学术谈话记录,是他对传统文化教育研究的成果。其中第 12 卷是半个世纪前他的讲课和谈话内容,是由其当年学生孙培青教授记录并整理的,代表了他晚年的学术思想,是第一次发表,弥足珍贵,也使其晚年成果甚少面世的缺憾得到一定弥补。

《文集》各卷内容和篇幅情况不完全一致。除第一卷为论文卷,全部收入论文外,其他各卷收入的均为著、编、译,有的是 1 卷书收入 1 种著作,也有 1 卷书收入 2 种、3 种著作的,原则是视内容和篇幅情况而定,不求一律,以类相从。

《文集》各卷内容形成后,我们组织队伍对所收入的论著作了编梳。这支队伍是由华东师大教育学系的教师和硕士、博士研究生组成。12 卷内容和分工如下:

第 1 卷:《论文选》,张爱勤、吴小玮、吴文华。第 2 卷:《教育概论》、《教育通论》,程亮。第 3 卷:《大学教育》,贺晓舟。第 4 卷:《民众教育》,郭军;《民众教育辞汇》,陆道坤。第 5 卷:《实用主义》,王丽佳。第 6 卷:《教育方法原论》,陈蕾。第 7 卷:《教育心理辨歧》,孙勇。第 8 卷:《思维与教学》,赵彧。第 9 卷:《新中华教育史》,郭军;《西洋古代教育》,文正东。第 10 卷:《中国古代教育史资料》,文正东。第 11 卷:《中国古代教育文选》,王红艳。第 12 卷:《孟宪承讲录》(一)(二)、《孟宪承谈话录》,张礼永。

作为《文集》的重要组成部分,我们编纂了《孟宪承生平与学术年表》和《孟宪承主要著、编、译目录》两个附录,分别由张梦倩和张爱勤主要负责。《文集》

各卷卷首的图片由张礼永负责编排和撰写文字说明。

瞿葆奎教授是以八五之龄受命主编《孟宪承文集》的。从《文集》全书设计,到各卷选目、整理要求和原则的制定,《年表》和《主要著、编、译目录》的编纂,各卷编校后记的撰写……都留下了他的心血。程亮担任了学术秘书,认真地做了大量业务、事务工作。

编纂《孟宪承文集》对于我们而言是一项艰巨而光荣的任务。我们戮力齐心,以求无愧于孟宪承校长。于今差可交代。工作必仍有差错,有待方家、同行评说。

杜成宪

2010 年 6 月于华东师大教育学系

目录

孟富永文集·卷一　｜　一

教育哲学之一解[∗]

自从杜威(J. Dewey)来华以后,教育哲学的论述,不时出没于教育的书报上。因此这类问题,如"教育哲学是什么?""它的内容和方法怎样?""在我们努力攻究教育科学的时候,为甚又讲到教育的哲学?"等等,也不时隐现于我们的意识内。只为多数人提到哲学,总当它是种空论,不肯去郑重的思索:所以我们这项知识,就很浅薄;甚至我们教育哲学的概念,也还模糊。现在若把它来当作一门学问研究,当然不能逃避上列问题的解答,虽然这解答,仍属极暂时的。

一

教育哲学是什么? 这个问题,不是几句话可答了的。惟其如此,教育哲学的著述者,往往把这问搁在书后去答;如杜威、波特(B. H. Bode),都把这章放在卷末。实以没有了解教育哲学所要处理的问题,就独断地下一个界说,也无甚意义。有人批评杜威的书,说他所论常不免溢出论题之外,"至第24章始标出一教育哲学之命题"。我们若知道杜威的原意,这实在毫不应以为异的。现在为叙说的便利,不妨暂引英国史密斯(H. Bompas Smith)教授之说,作为一个定义:

∗ 载于《新教育》第5卷第5期(1922年12月),重刊于《北京大学日刊》第1170期(1923年)。——编校者

教育哲学要显示教育过程，和人生其他的事业，和人生经验的全体（Human experience as a whole）有怎样关系，因而解释教育过程的意义。它的任务，和历史哲学或宗教哲学相同。它采用教育科学所得的结果，却从一个较统合的见地去观察这些结果。

杜威也有几句话，是和上述的不谋而合的。他说：

教育是人生这般重要的一项事业，我们当然有一个教育哲学，像我们有艺术哲学、宗教哲学一样。

我们要从经验的全体（Whole of experience）的见地上，去评判现在的教育制度和实践；这经验的全体，是现在教育目的和内容所由产生、所受支配的。我们不但要一种原理，来增加现实教育的效能；我们也要一种原理，是社会生活中一切事业所由鼓动的，是现有教育系统所由造成的。

那增加现实教育效能的一般原理，就指教育的科学而言。那鼓动社会生活中一切事业而造成现实教育的原理，指教育的哲学而言。简单地说，教育科学是就现实教育以内，用科学的方法作部分的研究；教育哲学，常要超乎现实教育以外，从人生经验的全体上，用哲学的眼光，作统合的研究。这一点，往后还要论及，希望可以更明了的。

教育哲学的任务，和历史哲学、艺术哲学、宗教哲学同，不消说，是一种应用的哲学了。但是杜威看的教育与哲学，还有更紧密的、更深刻的关系，就是哲学是教育的理论，而教育是哲学的实践。在这点上，据我所知道的，他和德国哲学者纳托普（Paul Natorp）颇同调的。要讲他怎样得到这个结论，我们只须引他自己的话：

哲学是一种思想的形式。这种思想形式，同别种思想一样，发生于经验上的疑惑,而要去探出他的困难,且设为假定,去消除这些困难——这种假定,是要在行动上去试验的。这种思想形式和别种思想的异点,就在于他所应付的疑惑在普遍的社会生活状况和目的中,在各种组织的事业和制度的抵触上。要去调和适应那互相抵触的趋向,唯一方法在变化人们感情的和智慧的禀质。所以哲学一方表述人生各种的价值,一方也要指示怎么样调和这些价值的方法。我们如果要那感情的和智慧的禀质的变化成为事实,而不徒是一种假定,就全靠教育的过程。因此我们说,哲学是教育——那种意识的指导的实践——的理论。

这番话,是实用主义者特征的说法,也无庸再加诠释了。

二

教育哲学的内容怎样呢? 依纳托普的见解,哲学里面重要的部分是以真为对象的论理学、以美为对象的美学同以善为对象的伦理学。教育哲学重要的部分,就是教育论理学、教育美学同教育伦理学。这是一个很系统的排列。但是这样的叙述法,有以异乎普通叙述那做教育学基础学的论理学、美学、伦理学么? 这个疑问也有人提出过了。

近来讲到美国教育哲学贡献的人,除杜威以外,辄举霍恩(H. H. Horne)及麦克文纳尔(J. A. MacVannel)为代表,而推论美国学者所谓教育哲学,怎样的肤浅幼稚。(参照《学艺》4卷1号《教育哲学的体系》,又《教育杂志》14卷3号《教育哲学》。)这种批评,一部分可以成立,而一部分也还缺乏审辨。我们至少应该指出两点:(1)霍恩、杜威等,本当分别论之,不能并为一谈的。霍恩书系20年前编的教育学课本。他所论究的,那教育学在生物学、生理学、社会学、心理学、哲学上的基础,那些话头,在当日自然不像在现在这般通套;他的著述,也曾有过它一时的效用。说它"名不副实",未尝不可;不过他自己在书名下也早就明白地标出"是教育学在关系的自然科学和心灵科学上的基本"了。麦克文纳尔的小册子,本是学校里用的参考书目和教材纲要(Syllabus),并没有要求做系统的哲学著作,何怪其"内容的模糊与幼稚"? 至于杜威,世界学者对他的评论虽不一,而总不得不承认他为一位精锐的实用主义的教育哲学者。批判学说,贵在持平。我们若说他的书,"系统及内容,都没有要求称为教育哲学的价值",我们真只好叹息于"今日的世界,无论何处,还没有真正的教育哲学"了! (2) 一种学问,决不能拿一二习见的、陈旧的课本来测其造诣;即美国教育哲学,亦岂限于"号称教育哲学的单行本"? 〔就专讲教育哲学的单行本,较晚出的、重要的,至少还有克伯屈(W. H. Kilpatrick)、波特(Bode)、希尔兹(T. C. Shields)等几家。〕英国教育学者亚当斯(J. Adams)早说过了,"教育学说,不是专门教育者的专利品;实际上几部最好的著作,都是专门教育者以外的人做的。"史密斯论晚近英国教育哲学的著作,就推思林(E. Thring)、塞德勒(M. E. Sadler)、孔伯涅(E. T. Campagnac)等的研究,以及威尔斯(H. G. Wells)的社会论著,还有与教育没有直接关系的,如鲍桑葵(B. Bosanquet)、霍布豪斯(L. T. Hobhouse)等的学说。准此以谈,讲美国在教育哲学上的贡献,除杜威外,与其举霍恩、麦克文纳尔来做代表,还不如举詹姆斯、桑代克等之为当啊!

我们既承认教育哲学是一种应用哲学,我们就要问怎样的"应用"。是拿现成的、固定的哲学系统,来加在教育系统上,强纳教育的事实于哲学的范畴呢?还是从哲学思想的见地,去显示教育过程在人生经验上的关系,去批评现实教育而指出它所应表现的价值呢?我们觉得前者是形式的,后者是机能的;我们还是采取杜威、波特一派的论述法。

杜威教育哲学的论述法,次第如下: (1) 教育是生活的需要,社会的机能,是一个生长的过程。 (2) 在平民主义的社会里面,这过程所包含的理想,是经验的继续改造,因使那经验的内容增加意义,因使人于那经验能更善其用。从这标准,表出关于课程和方法的原则。 (3) 现实教育的批评。现在的教育制度和实践,它背后的假定多有错误的、反平民主义的。实际生活上,社会分划了多少阶级。智识上,即有众多的二元论式的表示——如工作与休闲,人与自然,个性与群性,文化与职业。这些分划又可溯到传统的哲学观念上去——如心与物,身体与心灵,知与行,个人与社会,等等。在这些分划背后,又有一个根本的假定,即把智慧与其作用分离,而成为一个单独的超越的存在物。(四)以上虽没有明说哲学,而里面悉含哲学的问题。最后乃揭出实用主义的知识论和价值论。(参照 Dewey, *Democracy and Education*。)

波特的论述,是更简单明了的,或许也是较薄弱的。他说:

> 无论哪种教育里,有两项重要的问题:一是教育所要实现的目的,一是受教育者智慧的性质。

前者是价值论,而后者从智慧的性质而及于知识论。波特的书就是这两部分的论究。他很鲜明地自己表示道:"我是从实用主义哲学的见地,来解释教育问题的。"(参照 Bode, *Fundamentals of Education*。)

论教育哲学的内容,姑止于此。现在要略为申说它的方法。

这比内容更难说了,因为学者各有他的方法,如何能笼统地讲?但是依据上述的内容,我们也可以抽绎那方法上共同的特质。(1)教育哲学,自然是哲学的思想,就是贯彻的思想。凡互相抵触的制度、思潮,要不凭臆见、不拘成训、不倚感情地,去检查那制度思潮背后的根本观念和假定,而求一个合理的解答。人总说,哲学是解答根本问题的。虽然它也从来没有得到最后的解答,而哲学者是不懈地去探求的。教育哲学是在教育的根本假定上严密的、彻底的思考。(2)哲学自身方法的科学化,这里不赘。至于教育哲学,史密斯教授说:"教育哲学应根据于教育经验上详细的检查。教育哲学的结论,常常要以它们有无解释具体经验的效能来作试验……它应具科学性(Scientific in temper),而充分利用各种自然科学中,可以应用于教育的方法和结果。实验的与统计的研究,于教育哲学是大有价值的。"(3)教育哲学,要有统合的眼光。那社会生活状况和目的的冲突,各种组织的事业和制度的牴牾,要去调和与适应,不能没有一副统合的眼光。杜威说,"哲学总是要聚拢世界和人生的各部分,而使成为整个的全体的"。

三

有人要问,现代实验科学日日发达,即心理学、伦理学、社会学、美学,也多脱去哲学的羁绊,而自成为独立的科学了。在教育上,也着重科学方法的研究;要实验,不要空猜;要客观的搜讨,不要主观的玄想。如教育心理、教育行政、智力与教育测验等,已著特殊的成效,而使教育也成为独立的科学了。然则教育者对于哲学应避之不遑,而反高标教育哲学之名,其意何在? 况上面也说,教育哲学原要用科学的方法和结果的,那末,它和教育科学还不是名异而实同么?

我们先须知道教育科学与教育哲学,是各有各的领域的。若使我们从现实教育的出发点,把这个既定事实,来记载和分析它的原素——如学校组织、学校行政、教授、训育等——而探索它的原则,使它的作用更增效能,这就是教育科学。这样研究,并不包括教育的全部;因为教育不单是学校行政员、教师、生徒的关系,实在是全人群生活的一个关系。我们的现行制度,尽有效能;我们对于这制度,尽有系统的原则;对于实践上或有缺点,我们尽会利用那些原则来批评改正;而无如对于这个制度,这个既定事实,总不越范围一步;这制度的全局,或还是听受臆见、成训或感情的指示。诚如是,这样一个教育无论有多大效能,而在人生经验的全体上看,它总不过保持固有的秩序,而不能为进步革新的工具了。那耶稣派(Jesuit)的教育,不管它有怎样高度的效能,还不是多传播些褊狭的宗教信条? 欧战[1]前德国教育,也不是不合科学规律,而适以延长武力帝国的迷梦。我们说,从教育科学上看,他们不是不好,他们的教育哲学却大错了。所以教育除了科学的研究以外,不能不从另一见地——人生经验的全体——来研究;所以除了当它一个既定的事实来研究以外,不能不从可能的理想上来研究。这样研究,就是教育哲学的事。教育科学与教育哲学,两者没有冲突,也不相混淆。

_____

〔1〕 即第一次世界大战。——编校者

至于"教育学",是一个混合的名词。它的内容如其是探究教育在人生上的机能,而表列它所用教材和方法的标准。这可以说是"教育原理"。教育原理和教育科学没有严格的界畔。如果用精密的科学方法来分析这教育事实的原素,寻求它怎样增进效能的通则,就不止于记载和表列,而进为"教育科学"。若用统合的眼光超越这教育事实之外,而对于它,作人生经验全体上的思考,就侵入"教育哲学"了。

我们为什么必要研究教育哲学呢?请引波特教授的话作结:

近年来教育上科学方法的发展,同时带着对于根本问题的比较的忽视。在这时候,我们注重点的转移于科学的研究是可喜的,因为教育研究从此可建设在一个永久的基础上。但是详细节目的探究和一般的理论,也要有正当的联络;否则教育不过日渐成为复杂的、也许机械的过程,而不能为进步和改善的工具,也有严重的危险。

教育哲学*

　　哲学者既以人生之价值,指示吾人,常不能不思如何变化吾人之品性与智慧,以蕲此价值之实现,因不能不推及教育上所应有之历程。此所以有哲学即教育之理论,教育即哲学之实行之说也。

　　其努力于教育事业者,尤不能不有一哲学之依据。英教育者史密斯(H. Bompas Smith)有言:"教育哲学应显示教育历程与人生其他事业,以及人生经验之全体,有若何之关系,因以解释教育历程之意义。教育哲学之任务与历史哲学或宗教哲学同。其内容乃采取教育科学所得之善果,而从一较综合的见地以评量之。"杜威(John Dewey)亦谓:"教育为人生如此重要之一种事业,吾人应有一教育哲学,犹吾人之有艺术哲学或宗教哲学然,……吾人应从经验之全体上评判现在教育之制度与实施:此经验之全体为教育目的与内容之所自产生,所受支配。吾人不仅需要一种原理,以增高实际教育之效能,更需要一种原理为社会生活中一切事业所由生长,为现在教育系统所由造成。"所谓增高实际教育效能之原理,指教育科学而言;所谓现在教育系统所由造成之原理,则指教育哲学而言也。

　　简单言之,就实际教育以内,用科学的方法,作分析的研究者,乃教育科学所有事;超乎实际教育以外,从人生经验之全体上,用哲学的眼光,作综合的研

＊　原为辞条,载于唐钺、朱经农、高觉敷主编:《教育大辞书》,商务印书馆1930年版,第1027—1029页。——编校者

究者,则教育哲学之所有事也。

或问:现代实验科学日益发展,其方法日益完密,往时哲学之附庸,如心理学、社会学、伦理学、美学,且多脱其羁绊,蔚为独立的科学,教育何独不然? 今日教育之内容与方法皆应基于客观的实验,而不可徒凭主观的玄想。其科学方法之所应用,如学习心理、智力学力测验、学事调查、教育行政等,已著特殊之成绩。在此教育之科学化中,其视哲学且将避之若浼,何居乎附教育于哲学之域乎? 答之曰:教育科学与教育哲学各有其范围。吾人以实际教育为出发点,从此既定事实、观察、记载、分析、试验,以归纳其原则,指导其实施者,此为一种有价值之研究,然不能概教育研究之全部也。盖教育非只学校行政者、教师与生徒等之关系,实乃人群生活之一总关系。实际教育系统尽有其原则,其实施上或有困难或缺点,尽可运用此原则,以谋解除与改正。然使此系统、此既定事实之全部,仍听受成训、臆见或感情之支配,则无论有若何效能,而在人生经验之全体上,或且无益而有害。例如历史上有名之耶稣会教育,虽有绝大效能,而其用止于传播褊狭的宗教之信条;战前德意志教育未尝不合科学规律,而适以助长帝国主义之罪恶。衡以教育科学或无不合;而其所据之教育哲学,则大错误。波特(B. H. Bode)谓:"近年来教育上科学方法之发展,同时带着对于根本问题之比较的忽视。此注重点之转移,使教育学从此得建设于一永久基础上,良可欣喜。唯详细节目之探究,与一般理论,亦应有正当之联络。否则教育不过日渐成为复杂的或亦机械的历程,而不能为进步与改善之工具,实有严重的危险。"其说是也。故教育者于科学的方法以外,不能不从另一见地,即人生经验之全体上作一种研究。此种研究与教育科学各有范围,固互相裨益,而绝无冲突也。

百年前,欧洲教育上之一权威为裴斯泰洛齐(Pestalozzi)之理想主义学说。氏排斥因袭的教育方法,倡直观教学,以启发易注入,以兴趣易强制,成教育上之大改革。五十年来,福禄培尔(Froebel)因之而创理想主义的幼稚教育法,赫尔巴特(Herbart)因之而建设其道德教育与系统教育学,皆近世教育上重大贡献。迨演化论出,实验科学昌,欧洲之理想主义渐不能餍人之企求。心理与教育学说，并经急剧之改造，其有综合此时代思潮而为之代表者，则杜威也。

参考书举要：

（一）通论.

Adams, J. , *The Evolution of Educational Theory*.

Bode, B. H. , *Modern Educational Theories*.

　　　　　Fundamentals of Education.

Chapman, J. C. & Counts, S. S. , *Principles of Education*.

Dewey, J. , *Philosophy of Education*(in Monroe's *Cyclopedia of Education*).

Horne, H. H. , *The Philosophy of Education*.

Kilpatrick, W. H. , *Tendencies in Educational Philosophy*(in Kandel's *Twenty-five Years of American Education*).

　　　　　Source Book in the Philosophy of Education.

　　　　　Education for a Changing Civilization.

MacVannel, J. V. , *Outline of a Course in the Philosophy of Education*.

Shreves, R. M. , *The Philosophical Basis of Education*.

Smith, H. B. , *Philosophy of Education* (in Watson's *Encyclopedia and Dictionary of Education*).

（二）专著

Dewey, J. , *School and Society*.

　　　　　How We Think.

　　　　　Democracy and Education.

　　　　　Creative Intelligence.

　　　　　Reconstruction in Philosophy.

　　　　　Human Nature and Conduct.

　　　　　Experience and Nature.

Findlay, J. J. , *Foundations of Education*.

Gentile, G. , *The Reform of Education*.

Nunn, T. P. , *Education*, *Its Data and First Principles*.

Russel, B. , *A Free Man's Worship*(in *Mysticism and Logic*).

　　　　　　Principles of Social Reconstruction.

　　　　　　Education and Good Life.

教育哲学引论*

一　教育与哲学

在人类中间，每一代的成人把自己所承受所获得的技术、知识、道德、信仰，殷勤地传递于后一代的来者，使成为自己所特有的社会组织的成员，这就是所谓教育。凡技术、知识、道德、信仰以及社会组织等等，可以统称为文化。教育与文化的传递，靠了教育，人类不只和动物一样有生命的遗传，还有那文化的遗传，使它在进化的途程上能够不绝地继长增高，而成了万物的主宰。

文化的遗产还在微薄的时候，传递也并不感到困难，只要循着传统的教训，谨守而勿失好了。到了文化的总积愈来愈繁，而文化的演变愈趋愈剧，这时候传递什么和怎样传递，便成为教育者论争的问题了，可是无论怎样，每一代的成人，总愿意依照自己能够见到的最善的人生的理想，来将一部分最善的文化遗产，传给下一代的后人，这人生的理想，自身当然也就是文化的一部分，而且是其中最高的一部分。人生有如何的意义？从什么源头来，到什么归宿去？怎样才算最善的生活？对于这种问题，不论自觉不自觉，每个人都有他的所信。而人生观又决定于他的宇宙观。要问人生的起源和归宿，须得先明白它在宇宙中所占的地位，所发生的关系。举一简单的例来说：相信世界是神或最高的理性的实现的

＊　载于《教育通讯》第 3 卷第 45 期(1940 年 11 月)。——编校者

人,看得人生是自具"目的性"的,虽人事靡常,而全体是一个秩然的条理,能够体现这条理,便发挥了人生的最善的意义。反之,相信人类只是自然界的一部分,而自然界虽有条理,这条理无非是"机械性"的、因果的相联,只要找出这因果的相联,而有以满足自己或人群的欲望,便是人生最善的理想了。两种不同的宇宙观,必然地引起两种不同的人生观来,这浑然的宇宙观和人生观就是所谓哲学了。

不论自觉不自觉,每个人都有他的哲学,不过这种浑然的宇宙观和人生观还不是专以探寻真理为事的哲人或哲学者所谓哲学。在学术上所谓哲学,它的主要的问题,虽则依然和常人一样,是宇宙与人生,可是它是哲学者对于真理的自觉的探寻,有它的确定的内容和确定的方法的。

原来在学术上,各门科学都与宇宙与人生的理解有关系的,从数学以至天文学、地质学、物理学、化学、生物学等都是研究宇宙或自然的一部或一面的现象和作用的,从人类生理学、心理学以至各种社会科学都是研究人生的一部或一面的现象和作用的。当得起称为科学,必是认定了一个对象,用系统的精确的观察或实验的方法,推究出现象中的因果的关联,而对于它们的作用能够预测或控制的。就因为这预测和控制的成功,近代科学造成了无数惊人的奇迹,然则研究宇宙与人生,还用得着什么哲学呢? 各科学术,譬如合组一个家庭,在学术史的发展上看,哲学本来已是衰颓的祖父,而科学是一个一个少壮强健的子和孙,现在这祖父不但不老死,反因为子孙的供养而精神依然的完整充强,他的受人尊敬显然因为这个人家有不能不仰赖他的地方。那些子和孙,各自执管一份产业而自给自足了,无奈这家产业增殖虽繁,彼此间抵触或矛盾也很大,只有那祖父能够给他们一一厘清,调和得像个样子;也只有他能够给他们一一汇合留下一笔总账。哲学的内容以后再说,它的方法,则就在于这厘清和汇合,用术语来说在于批判和综合。

各科科学各守自己的范围,各有自己的收获,可是和别科有什么抵触矛盾它是不暇问的,物理学的定律如果不能适用于生物学,自然科学的概念如果不能转移于社会科学,这在科学者中间,是谁也不去理会的,只有哲学者凭着探寻最后的——他所能得的最后的——真理的坚信,尽管那些法则概念在各科各自可以成立的,在他还是要寻根究底,予以深刻细密的批判。在各科各自孤立而互相矛盾的,在他还是要统一归宗,给以调和完整的综合。这样哲学对于宇宙与人生的理解是批判的综合的理解。我们如给它一个定义便可以说:哲学是对于宇宙与人生的批判的综合的理论。注意这种所谓"综合"(Synopsis),不是寻常与"分析"相对的"综合",而是兼包二者的"统一"。如阿诺德(Matthew Arnold)所说,"哲学是凝视人生、凝视人生的全体"的尝试。综合是作全体看的意思,常人决不会没有宇宙观和人生观,决不会没有所信,可是他的看法往往凌乱纷歧,先后矛盾,一时看这世界秩然有理信为是一个"目的"的完成,异时看来或又觉得变化无常,只不过是一串"机械"的盲目的力的联系。从人生的一面看,显出有"目的"的渐现而充满着乐观;以另一面看,却又只是"机械"的力的支配,只有定命而毫无自由,随着偶然的遭遇而容易陷入于厌世。常人可以这样,哲学者决不肯这样,他必作全体观,思索出一个或几个统一的原则,以解释一切,贯通一切,这事原不易做,无奈既是哲学者,决非做到不休,所以杜威说:"哲学是一种综合的尝试:——那是说它要将人生和宇宙的丛杂的事象,汇合成功一个包括一切的全体,这全体或是一个统一体,或在二元的体系里面,也要将多数的事象,还原成少数的最后的原则。"[1]

二 教育学与教育哲学

以上我们说到教育和哲学,因为教育的施行依于教育者所能见到的最善的人生的理想,我们可以说,每一社会在每一时代的教育被决定于它在那时代所有的哲学,不自觉的或自觉的。现在,我们要进而说明所谓"教育哲学"(Philosophy of Education)了。

近代教育的事业,随着经济的发展与文化的发展,而有特异的发展。对于教

---

[1] 见 Dewey, *Democracy and Education*, 1928。邹恩润译:《民本主义与教育》,商务印书馆,第589页。这里文句不照邹译。

育的自觉的研究——教育学——也成了学术上一种独立的学科,而且不久要求称为独立的"科学"了。

教育学的列于大学的课程,最早是1776年康德在柯尼斯堡大学以哲学教授而兼主的教育学演讲。康德逝世后赫尔巴特继承他的讲座于1810年设教育研究所,自己主持历22年,成为现代教育科学的先驱者。他的弟子有两派:一派如斯托伊和莱因,继续着教学方法的试探;一派是冯特,却开了实验心理学的纪元。除德国以外,在英法美等国,到19世纪中叶,大学里也多设了教育学的讲座,那时的教育学,还是哲学的一个支流而已。

近五十年来,教育与心理学者,以自然科学的方法,研究他们的问题,始另开拓了一个新的园地,而有丰盈的收获。任举几个例,如比纳(Binet)、推孟(Terman)的智慧测验,桑代克、苛勒的学习心理,都有很大的影响。此外,小学、中学各科的教育方法和心理过程,固然多有实验的研究,就是学校行政组织和经费,也多用统计的方法,以从事客观的调查。到近来,教育的书籍里面已常见数学的符号、公式和统计的图表。大家说,教育学已经是一个独立的科学了。

然而教育的科学方法的研究,到底只是教育学的一部分,而不能赅括它的全体。为什么呢? 如我们以前所说,教育基于人生的理想,教育的目的不能够拿来作数学的分析,更不能够拿来放在实验室做试验,教育的内容(课程)是文化,文化的传递又必然基于人生的理想,虽则美国有些人想用统计的方法来处理课程的问题,而问题也并没有真的解答。连教育的方法,看似被决定于心理的过程,实则背后依然有极大的哲学问题。我们以后还须细说。在我们,一点不轻视教育的科学的研究,不过一则如波特所说:"偏重统计方法、测验的应用的结果,使理想和欣赏的意义隐晦了许多。只企图节目上的成功,便有忽略了大纲的危险。试问:我们若不晓得向哪里走而单走得快,究有什么安慰呢?"[1]

二则,教育科学和别的科学一样,其所得的结果在自身特定的范围里是满足的,但一安放到人生的全体上来看,便纷歧与矛盾历见而叠出了。所以在教育学

---

[1] 见 *Bode, Fundamentals of Education*。孟宪承译:《教育哲学大意》,商务,第159页。

里面除所谓"教育科学"而外,还有"教育哲学"的屹然不动的地位。我们听英国一位教育学权威史密斯怎样说:"教育哲学要尝试从人类经验的全体上,来解释教育过程的意义。它的任务,和历史哲学或宗教哲学相仿佛。它利用教育科学所得的结果,而从一个更综合的观点来考察这些结果。教育科学的目的,在于事实的发现,原则的制成;……要得到这些事实原则的评价,就必须有教育哲学——它根据基本的原则而供给一个解释。"〔1〕

现在我们试给教育哲学一个顶简单的定义。哲学既是对于宇宙与人生的批判的综合的理论,以哲学的方法或态度应用于教育学的探究,那么教育哲学便是对于教育的批判的综合的理论。

所以教育哲学是教育学的一个部门,或者说是教育的研究上一个综合的阶段,我们学习了若干门的教育学程,而对于教育知识还不免凌乱,理解还不免模糊,我们不能不求自己知识理解的厘清和汇合。美国一位对于高级师范教育极有经验的专家说:"美国中小学教师的训练,已进到一个阶级,使得每个将来的教师除学科内容和方法的学程以外,还另有一点需要,就是教育的哲学的基础。这样一个学程,先要探求人类发达的过去上对于现在教育的理论与实际有什么主要的势力,而后将学生所已习的生物学、心理学、社会学、教育学以及较少相同的诸学程,给予一个综合的组织。这样教育哲学是一个统合的学程,或者说得更好些,是一个集中的学程。"〔2〕

这学程常配列于专业课程的最后一时期,就是因为这个缘故。

当然教育哲学同时是哲学的一个部门,哲学(纯粹哲学)是宇宙与人生的全体观。哲学者既各有对于人生的最善的理想,便不能不拿它来教人,以求得理想的最高的实现。在这意义上我们可以跟着杜威说"哲学是教育的一般的理论,而教育是哲学的实践"〔3〕。更深一层说教育学也就是哲学,因为如意大利观念论大师秦梯利看法,教育学的根本问题在于一:人自然地如何发展,二:人应然地

---

〔1〕 见 Watson, *Encyclopedia and Dictionary of Education*。
〔2〕 见 Doughton, *Modern Public Education: Its Philosophy and Background*, Preface。
〔3〕 见 Dewey 前书, p. 337。邹译, 第 603 页。

如何地发展。前者是心理学所探求，后者是道德学所探求。而这自然与应然的对立的统一便是哲学。所以教育与哲学是合一的。[1] 从来伟大的哲学者同时各有他们的教育的理论甚至实践。这事实充分证明了上述的论点。

我说教育哲学是教育学的一部门，同时也是哲学的一部门。读者却不要误会，以为这样就不过是"教育与哲学"的杂糅而忘却了"教育的哲学"的整体。如果我们从哲学里零碎地摄取一些材料，又从教育学里零碎地搜罗几个问题配搭凑合起来，便算是教育哲学，那就不但有玷哲学的美名，也大失研究教育哲学的用意。在学术上自成一部门的东西，必定自有它的整全的体系。以往欧美也很有几本就只是那样"哲学与教育"的配合，我的意思却以为教育哲学至少从教育学的立场上说，应该从教育的问题出发，批判地综合地建立它的理论，而归宿到教育的问题的解答。纯粹哲学是最基本的，却也不就是勉强地拿它来说明教育，拿它来应用于教育，而是因为它把宇宙与人生作全体看。教育这项人生的活动是不能自外于它的影响的，也许一个哲学者，讨论教育问题时候，可以先从哲学说起，而在我们教育专业者讨论教育哲学时候，必然地先从自身的教育问题说起的——否则这种讨论至少在表面上看不出有什么用处了，无论怎样，我们不可忘了教育哲学必然地自己是一个整全的体系。比利时学者德霍夫说："教育哲学从教育的眼光考察哲学的基本问题，也从哲学的眼光考察教育的基本问题。"[2]

我是着重在从哲学的眼光来考察教育的基本问题的。

三 为什么研究教育哲学

读者不要怀疑，以为我在讲着或写着教育哲学，因此故意把它说得如何如何的有用处——这样想，是倒果为因。事实上，因为教育哲学有它的用处，我们才费心思来研究它的。然则教育哲学有什么用处呢？

1. 它以综合的理论来衡量教育的知识　任何学问都是知识，都是包括若干

---

〔1〕　见 Thomson, *The Educational Philosophy of Giovanni Gentile*。
〔2〕　见 De Hovre, *Philosophy and Education*。

正确的事实和原则的。可是如史密斯说的："要得到这些事实原则的评价，就必须有哲学。"没有评价，而随意搜集来的事实和原则，并不能算真知灼见，不能算真知识。举例来说：在教育目的上，主张民族的集体纪律和主张个人的自由发展，两个很好的原则，彼此是有些矛盾的，如果不能够统一这矛盾而一时高呼集体纪律，一时又赞扬自由发展，便见得对于两者都没有真知，没有确信。又如在教育方法上，桑代克的机械观的学习定律和杜威的目的观的智慧发达，两者都言之成理，而彼此也是有些矛盾的。如果不能统一这矛盾，而今日做桑代克的信徒，明日做杜威的走卒，便见得对于两者都没有真知，没有确信。总之，片断的零碎的知识，凡没有放到自己的思想的体系里来衡量过了而后接受的，并没有真正的接受，也不是真正的知识。在自然科学里，每一科学的事实和原则，各自构成一体系而没有这种严重的困难。在教育学——其中只有一部分的事实和原则可以用自然科学的方法来发见，另一部分却非有综合的理解不可——这种从全体上来衡量的态度是求得真知确信所必需的。

没有真知和确信，那么教育学的知识，也就没有什么用处，只是这么许多文学符号而已。试想象一个任何集会，讨论到教育问题，大家都发表"意见"（Opinion），最后集中意见，作为问题的解决。所谓多数的意见，在发表的时候，也还是一个人的，不过在讨论的过程中，取得多数人的同意罢了。集会中有所谓专家在，大家总格外考虑他的主张，遇到几个专家有争论的时候，大家再凭常识和理解的程度来决定自己的取舍。没有所谓专家在，大家也先要听取对这问题比较有真知确信的人的意见。所以，所谓意见，有一般人常识的判断和专家的判断之分。常识的判断，可以解决许多教育问题，但有时受了情绪的影响，而易流于"偏见"（Prejudice）；专家的判断，是通过理智作用所得的结果，是一种"确信"（Conviction），因为是确信，即便有时不为多数人所尊重并不因而动摇。教育哲学的一个用处就在使我们估量自己对于教育的知识，获得真知和确信。而这又引到它的第二个更为重要的用处。

2. 它以综合的理论来指导教育的实践　真知确信的重要，就因它能够作为成功的实践的指导。如果一个人对于教育问题的意见浮泛游移，纷歧矛盾，他在实践上必定会觉到昨是今非,东扶西倒,而这种实践,即使未尝没有相当的成功,而检核起来必定有许多气力的浪费。我们姑不说负有教育上组织的计划的责任的人,就以任何一小部门的工作的人来说,例如,一个数学的教师,起初只着重机械的反复练习,后来鉴于学生对于问题全不能以理解来解答,才感觉思维的能力的发展的尤为重要。然而一部分的气力已误用了。如一位训育的导师,起初只着重外表的行为的机械的整齐划一,后来鉴于学生离校以后很容易把这种习惯全部抛开,才感觉内在的态度的培养尤为重要,然则机会已失掉了。若论教育上的组织和计划,那就越容易显出理论的指导的作用。试想一个义务教育方案或一个民众教育实验,若因理论的动摇不定,致计划的一再纷更,能有多少结果呢?

教育哲学三论[*]

实验论（**Experimentalism**）

一、史略

1. 19 世纪末,美国皮尔士(Peirce, 1839—1914)、詹姆斯(James, 1842—1910)在知识论上提出一新态度,以行动中之实效(Consequences)为真知、真理之测验,称为实用主义(Pragmatism)。詹姆斯亦自称其哲学为彻底经验论(Radical Empiricism),杜威(Dewey, 1859—1952)始揭实验主义(Experimentalism)之名,著作特富。1920 年以后,有 *Reconstruction in Philosophy*(1920), *Human Nature and Conduct*(1922), *Experience and Nature*(1925), *The Quest for Certainty*(1929), *Art as Experience*(1934), *Logic: the Theory of Inquiry*(1938)等书,亦自称其哲学为自然主义的经验论(Naturalistic Empiricism)。

2. 杜威以为哲学理论之正确与否,须以其在教育行动中之实效如何为断,故其哲学与教育学不可分,其对于教育之影响遂特著。此派之教育思想家有克伯屈(Kilpatrick),著 *Education for a Changing Civilization*(1926), *Selfhood and Civilization*(1941);有波特(Bode),著 *Fundamentals of Education*(1921), *How We Learn*(1940);有 Childs,著 *Education and the Philosophy of Experimentalism*

---

[*] 载于《华东师范大学学报》(教育科学版)第 25 卷第 3 期(2007 年 9 月)。——编校者

(1937)。

二、经验(Experience)

1. 人之所知不能超越(Transcend)其所经验,其所知之世界,近之如草芥,远之如星辰,为一经验世界(A world of experience)。此经验何所指乎?

2. 经验不指希腊哲人所轻视之无理性的习惯的动作,亦不指18世纪经验论者所重视之感觉印象,更不同于唯心论者所指之内心经验(Inner experience)。

3. 经验是物我之交互行动(Interaction between the organism and the environment)。自生物进化论言之,人亦自然界内之一有机体。有机体是活动的(Active),其活动(Activity)或行为(Behavior)起于其与环境中诸种力之求得平衡(Equilibrium)之需要。因有机体与环境常在变化(Change)中,平衡是不稳定的,平衡之被扰引起个体之紧张;为解除紧张、恢复平衡,必对环境中诸力时时重行分配,重行适应,而活动乃不息。然此活动非片面的,乃与体外诸力相连续(Continuous)而相交互的(Interactive),例如呼吸便是肺与空气之相连互动,饮食便是消化器官与食物食料之相连互动,乃至恐惧即与可怖之对象相连,爱或憎必与可爱或可憎之人或物相应。此与S—R之行为说相同乎?曰否。

4. 经验是有组织的历程(An organized process),而非个个刺激与个个反应之机械的联络。历程者有时间之经历(It occupies time),有起有结,结局为起始之完成,前后相衔而方向不变,至需欲(Need)之满足或目的(End)之到成而后已。其间刺激与反应之选择与配合,均以整个历程为依归。

5. 经验又是有意义的行为(A response with meaning)。人之动作,非对直接的物理刺激之反应,而是对于其意义之反应。事物对于人所具之意义,即为人对于事物所有之观念。事物之意义非如旧经验论之假定,为个别感觉所联合而成,而由于其性质与关系,于人有不同之使用(Uses),始有不同之意义。在交互行动中,人使用事物,有所作为(Doing),亦容受其后果(Undergoing its consequences)。意义之认识(Perception of meaning),即此作为与容受后果之关系(Means and consequence relation)之了解。

6. 人在有意义的行为中,始有心(Mind)或智慧(Intelligence)。个人在社会环境中,与他人共处共行,对事物有共同之使用,因有共同之意义,又以人造之符号(Symbols),如语言文字以表示、记录之。意义之传播愈广愈远,遂乃人有同心,心有同理,非如理性论者所云:理性为天生而普遍绝对者也。本能的反应无所谓心,习惯的反应无所用心,唯遇新异情境,旧习惯不适用或互相牵制抵触,方须用心寻觅意义,重新了解。于是意识明朗,智慧显现,是为思维的经验(Thinking of reflective experience),而与试误的经验(Trial and error experience)不同。心、智、理性乃生物行为之进化,并非神秘。心或智乃纳入生物行为中、理性乃纳入经验中而为其一属性,别无本体。克伯屈即名之为自觉的行为(Self-conscious behavior)。

7. 自觉的行为或有意义的活动,在深厚广泛之人生经验背景上,透露出来为其明觉的大端。对于决定人整个品性者,不仅此大端,而仍为无意的深厚广泛之经验全体,是以习惯(Habit)与习向(Disposition)极为重要。

三、生长(Growth)——经验之改进(Improvement of Experience)

1. 经验为一积累的发展(Cumulative development),前之所经验者可用之于后来之情境。经验之保持(Retention)与移用(Transfer)谓之学习。学习之结果谓之习惯,即有效的能适应的(能以手段达到预期的效果的)动作是也。杜威谓:"吾人需要一个名词以表示人类能受已有活动之影响,因之,为获得的(Acquired)一种活动。此活动是含有若干个别行为之组织的(Ordering of minor elements of action),此活动之保持,是有动力的(Dynamic),即任何时准备表现的。"习惯较近似之名词,亦可称为习向(Disposition)。是以杜威所谓习惯,不指一成不变之机械的肌肉动作,而包括一切思维与道德的习向或态度,于新异之情境中,仍受心思(智慧)之改变。

2. 经验之改变,能使意义之认识更丰与行动之控制更有效者,即使经验更具智慧性(理性)者,谓之生长或成长(Growth)。生长为经验品质之改进提高(The improvement of the quality of experience)。生长不只指习惯之养成,尤注重习惯之改变(Reconstruction or reorganization of habits);不只指行动之有效,尤注重其意义之增加(Increase in meaning),即智慧性之长进。

3. 生长是生活的历程,同时亦即其目的(End and process are identified)。生活之最后价值即生活自身之改进(The only ultimate value which can be set up is just the process of living itself),使其效力更宏,意义更富。盖以任何价值,凌驾于成长历程之上,则是阻塞生长而断绝经验改进之机也。

四、求知(Inquiry)——意义之发现(Discovery of Meaning)

1. 经验主要的是行动,并非知识。求知的经验是次级的、提炼的,非初级的、原坯的(Secondary, refined, not primary, crude)。初级的经验是作为与容受,是苦与乐,而不是知。求知起于原本经验之需要,了解其意义与手段效果相关之控制。杜威称传统哲学之知识论为"旁观说"(Spectator theory),自称其说为"参与说"(Participant theory)。因知识只为行动之工具,自身并非目的,此说亦称工具主义之知识论(Instrumental view of knowledge)。

2. 真知、真理之真,是行动中之效验所证明而非超越经验(行动)者。一切真理之真,以经验证明者为度,宜称之为证明的肯定性(Warranted assertiveness),而真理宜视为暂时假设(Hypothesis),为后来经验之所可修正者。世间无绝对与最后之真,真理常在变动中。希腊哲人冥心求索永恒不变之常;现代实验科学却探求控制瞬息相续之变,是称为实用主义之真理论(Pragmatic view of truth)。

3. 经验有所作为,有所容受。就其作为言,即为实验;就其为与容受之关系之了解言,即为发现(Discovery)。

4. 因此,实验为经验之通性,为一切思维求知之公法。其全程包括:(1)行动中之疑难,即情境之不明了确定;(2)假设,即效果之预测;(3)事实之观察、搜寻、试探、分析,使问题更明朗;(4)假设之推演,即与事实更加符合;(5)证明,即以行动求得预测之效果。

5. 科学是求知的完成,为其最高阶段。科学方法只是在有意的控制条件下进行之实验而已。科学的题材是提炼的经验题材,其方法是提炼的经验方法。但其起源依然是朴素的初级经验,其证明依然须回到朴素的经验中去求取。是为实验主义的求知方法论(Experimental logic)。任何时代的哲学必以其时之求知方法论为依据,杜威认定十七世纪以后之实验科学采取与亚里士多德不同之方法,即实验方法,而此方法原为一切思维求知之公法,故其哲学可名之为实验主义之哲学(Philosophy of Experimentalism)。

五、道德(Morals)

1. 道德行为与关于道德的知识亦如一切行为、知识然,内涵(Immanent)于经验之中,而非超越(Transcendental)经验以外。经验从自己之历程中发展其自己之规范与标准(Experience develops from within its own process, all necessary regulative standards and ideals),此标准亦非一成不变的,而为后来经验之所可修正的。原始民族为确保其生存,有严格之社会习惯或风俗(Customs),而以刑赏为制裁、责个人以循守之义务(Duty),乃成为道德定律(Moral laws)。迨社会演变,个人智慧解放,原始的风俗、宗教、礼教逐渐动摇其定律,不仅与本能(欲望)相违,亦与后来习惯相抵触。在此剧变(Crisis)中,人只有以智慧驾驭本能与习惯之内争,而从行动中之效验发现共同必守之规范。

2. 传统的道德哲学忽视人与环境之交互关系。理性主义(动机完成诸说)遂以天理良知独立于自然界以外,道德行为亦遂可与社会环境分离。如康德(Kant, 1724—1804)所谓"善之意志"(Good will),即义务之感(Sense of duty)能发出无条件的命令(Categorical imperative),曰"汝应(Ought)这样,不希望什么"。第一行为只问:(1)汝之行为要使所依之原则能成为普遍的定律(Act only on that maxim which thou canst will to be a universal law),或(2)汝之行为要对己对人均以人之目的而不以人为工具(Act so as to treat humanity, whether in thine own person or in the person of any other, always as an end, never merely as a means)。其说崇高纯洁无比,盖以风俗、习惯、宗教、法律,与夫舆论之制裁,功利之计较,皆不能赋予人以道德定律,而只有自己之理性为自己行为之立法者。然康德无意中又假定个人是社会之一份子,与社会环境不可分。行为之效果与动机不可分乎?不然,何来普遍定律与其所谓"目的世界"(Kingdom of ends, 实即 society of free individuals)乎?

3. 旧经验主义(效果乐利诸说)之功绩,在于肯定道德内涵于经验之中,然

如边沁(Bentham, 1748—1832)又犯二错误:

(1) 误以道德知识源于感觉之苦乐(Pleasure and pain),而非源于习惯、习向;

(2) 误以善恶之判断为得失之计较(Profit and loss),不知道德行为是社会的客观的、非主观的感情,是现在的,非将来得失之推算。

4. 道德起于社会之环境,可从人类学、历史学以证明之,如 Boas 证明在许多原始民族中,杀人、盗窃、奸淫皆认为罪恶;亦可从儿童心理学以研究之,如 Piaget 实验儿童道德观念之发展。

5. 因此,吾人深知习惯、习向与环境之重要,尤知在变动环境中智慧之极大功能,实验论者不能预定任何道德定律,最近克伯屈勉强订成以下六个原则:

(1) 以个人为目的而不以个人为工具(Each person is to be treated always as an end, never merely as a means);

(2) 勿损害他人之善良生活而增益他人之善良生活(Conversely, each person is under moral obligation so to act as, negatively, not to hurt the good life of others, and positively, to foster the good life for all);

(3) 各个人、各社会愈以智慧为善恶之辨别,便愈趋于共同之标准;

(4) 智慧为行为标准之最后依据,包括使用智慧之方法;

(5) 一切原则、定律非绝对的,皆可修正的;

(6) 民主社会之实现,即依善良生活与道德而为人人合作之努力。

六、存在与变化(Being and Becoming or Existence and Change)

1. 分析经验所得之概念曰行动,曰效果,曰智慧,曰生长,其于经验所及之宇宙,作如何观乎? 曰变化(或曰进化)。

2. 一切存在,皆为有时间之事(All existence are events),皆为变化。杜威谓:"最固定之事物,皆不免于变化。"即象征永寿之华岳,亦如浮云之出没,已为古诗人所咏歌。事物可以历久长存(Enduring),不可以永恒不变(Eternal)而不受时间之侵蚀。任何存在,为有时间者(见 *Experience and Nature*)。

3. 古代哲学冥心于永恒不变之常,近世科学则穷究瞬息相续之变。人所知之真理(Truth)与宇宙之实在(Reality),皆在生长发展之中。进化(Evolution)之一概念,十八世纪以后,渐渐普遍。

4. 唯其有变,人乃可以谓有自由(Freedom)。

七、自由与创造(Freedom and Creativeness)

1. 机械论者,只固执因果之必然,固无以说明自由。目的论者,以循守必然之理为自由(如 Hegel 所谓"The truth of necessity is freedom"),无异责马牛以羁轭为自由,亦为自由之嘲弄。今乃知,经验为人与环境之交互行动,二者皆含有常与变(Stable and precarious),其交互行动,必许人有自己目的之可达,而后可谓有自由。

2. 而欲达目的,必先认取意义;采用手段(方法),即必先有智慧。故知自由只有在智慧中争取之也。

3. 智慧可以改变实在,可以创造实在。人类文化之实在,为人类智慧之创造。科学与工业施之于自然,已有惊人之成就,何独于社会风俗与制度,不能以智慧改造之?是以凭此智慧之创造力(Creative intelligence),对人生可以有无穷之乐观与自信。

4. 论者谓:实验主义为 19 世纪末,震于工业技术与资本发展之奇功,而幻成人生之乐观与自满(Human complacency),乃至以知之真伪,行之是非,皆无客观之标准,而为人之所不能逃,而为人智之所可任意改造。此种见解,或不复适合此 20 世纪黯淡之人生。杜威固亦慨叹,人智之妙用尚未能使心理与社会科学,与自然科学联步齐驱。至今社会科学仅为"尸体之检验"记录报告于事后,而从未思考行动于几先,对于经济、政治与国际关系未有科学之技术。然此技术如永不能发现,则人智失其功用,而祸乱与灾害将长此绵绵。己之学说,乃最后遭一严重之试验,则其言亦忧深而思远矣。

实验论与教育

一、教育之意义

1. 教育是社会之功能(Education is a social function)。社会欲维持其生存,

必赖其所有语言、工具、技术、知识、道德、信仰、风俗之代代传递。此所传递者可称为社会之经验，一般人类学、社会学者名之曰文化(Culture)，其传递之方法则为共同活动之参与。由于环境中事物之共同使用，而获得共同之意义(语言文字之符号，亦以共同使用而有共同意义。故即以语言文字为传递之方法，亦复不能离共同活动之参与)，故教育之一个意义，即为文化之传递(Transmission of culture)。此为社会生活之必要，而同时亦即其自身所含有之一种功能。

2. 教育是个人之发展(Education is an individual development)。孩提之视成人，其经验相距甚远，从其自身之直接经验，以充分分享社会之间接经验，须经一长久之历程，谓之发展。理性论者(如 Hegel, Pestalozzi, Froebel)注重人格之自由发展(Development of personality from within)。经验论者(如 Locke, Herbart)则谓为品性之自外陶成(Formation of mind from without)。实验论者之新经验概念为物我交互，内外相融，杜威遂确定教育之意义曰："教育为经验之改造或改组，以丰富其意义与增加其控制后来经验之能力者也"(Education is that reconstruction or reorganization of experience which adds to the meaning of experience, and which increases the ability to direct the course of subsequent experience)。经验品质之如此改进，即为生长或成长。故简言之，教育之另一意义，即为个人之成长。

3. 生长是生活之历程、生活之最后价值，即生活自身之改进，使其意义更富，能力更宏。故再简言之，教育即是生活，不能超越生活经验以外，或与生活经验分离也。

4. 生活必具经验品质之提高改进，必具有行之更有效与知之更丰富，始为教育。而非任何生活，皆为教育的，故教育可说即生活，而生活不一定即教育。口号颠倒，推论循环，乃生误解，然如有误解，则解者之误也。

二、教育之目的

1. 教育，儿童生长之历程，此历程同时即为目的，如以任何其他目的，不论其如何高远，加之生长历程之上，即足为生长之障碍。

2. 此说最为一般人所不了解。按杜威之心理学说，智慧的经验在于手段与效果之关系之认识,而效果之预见(Foresight of consequences)即目的也。故谓智慧的行为,即为有目的的活动。目的如此其重要,何以又反对于生长外,另有高远之目的乎?当分两层解释。

3. 手段、目的之区分,系同一行动历程之不同看法。目的为最后之行动,手段则为其以前之各步行动;欲目的之有效达成,必步步考虑次一行动之为何如。故最先或当前之次一行动,乃最急需发现之重要目的。除非将目的转化为手段(End converted into means),使整个目的化成一串之次一行动(End appeals as a series of "what nexts"),则目的永不能实现,亦无确定之意义而徒成为空虚之幻想。一般人口头上之教育目的,非假定其永不能实现者乎?

4. 根本上,杜威反对者非切近之目的,而为高远玄虚之目的。此类崇高理想之美名,因无确定之步骤可以实现,遂可藉以掩护成人之偏见与独裁,而窒息儿童自由之生长。原来杜威认教育为社会之功能,故其品质视社会之品质为何而定(Education varies with the quality of life which prevails in a social group)。大别言之,有两种社会,曰权力的与民主的;有两种教育,曰保守的与进步的;有两种教育目的,曰成人的与儿童自己的。今谓儿童生长之外,不应别悬目的,即谓应以儿童之目的为目的,而不应以成人之目的强加诸儿童。儿童之目的不离其现在生活之经验,此经验之改进,即为生长;若离儿童经验以别立高远目的,则鲜有不被成人利用以束缚儿童者。须知杜威所论教育,仅指民主社会所可施行之进步教育,若执其说以衡权力社会保守之教育,自必龃龉而难合也。

5. 论者谓,杜威所斥之幻想(Reverie),正为吾人想象中庄严美满之境界。"高山仰止,景行行止,虽不能至,然心向往之。"既为吾人所寤寐求之而不能得者,如何能妨碍自由之生长?不知高远目的之被利用、被曲解,史不绝书,必须考核其手段之为如何,始可估定其意义。然杜威亦非无理想者,生长为人生之改进与向上,民主为人人之平等与自由,不已崇高宏大而系人景仰乎?

三、儿童之学校与课程

1. 试为民主社会中应有之进步教育,描摹一轮廓,记得教育为社会之功能,而课程与方法,需依据心理之原则。

2. 学校为家庭之扩大(School as an ideal home enlarged)。儿童所参与之第一个社会组织为家庭,学校次之,二者应相联。而学校应即为良好家庭之扩大,家庭教育系于共同活动中无意或有意进行之,良好之家庭给予儿童以谈话、求知、构造与艺术表现诸活动之满足,推广其活动,即成理想的学校。

3. 学校为社会之雏形(School as a miniature community)。社会组织之理想,由于经验自身之改进,而非平空自天而降,任何社会均有:(1)分子与分子间利益之共同(Community of interests);(2)团体与团体间关系之交互(Interaction between social groups)。改进而推至其极,则利益共同之极致,为阶级之撤除;关系交互之极致,为国际之和协。是曰民主。进步教育以学校为民主社会之缩影。

4. 其道如何? 学习既为经验(活动)之改进,即应由儿童自发的活动(Spontaneous activities)开始,逐渐丰富其意义,增加其能力,薪致于互相合作、平等、自由之生活。依思维求知公法而有课程之三阶段,试列表对照如下:

思维(Thinking)	知识(Knowledge)
(1) 活动与疑难	(1) 行动的(As active doing)
(2) 假设	
(3) 事实之观察分析	(2) 传达的(As communicated information)
(4) 假设之推演	
(5) 证明	(3) 理知的(As rationalized science)

第一阶段为游戏与劳作(Play and work);第二阶段为地理与历史(Geography and history),即关于自然与社会之传达的知识;第三阶段为科学(Science),即求知之完成。保守的教育颠倒此心理的顺序,忽略游戏、劳作之出发点,不但知识与行动分离,亦使学校与社会暌隔。今从游戏与木工、金工、园艺、纺织、缝纫、烹饪等构造活动与家庭作业(Constructive activities and household occupations)出发,即从儿童实际生活经验出发,而以自然与社会所由说明之地理、历史,渐次传达之,最后步入含有逻辑的顺序之各科科学,由行

而知,知与行合。学校以内,职业与文雅之疆界不分;学校以外,劳动与闲暇之阶级不立。此种学校乃民主社会之雏形,亦只有民主社会始能产生之也。

5. 为别于传统的分科课程(Subject curriculum),克伯屈称之为设计课程(Project curriculum)。如其说,"设计者自愿的活动之一单位,以自发之需欲,决定行动之目的,指引其历程,而供其完成之动机者也"(A project is a unit of purposeful activity where an inner urge fixes the aim of action, guides the process, and furnishes the motivation for its vigorous prosecution)。

四、教学之方法

1. 传统哲学将行动、思维分开,遂以物与心为对立;其在教学上,则以课程为外物而欲以心之方法传授之,不知心之作用正在于其与外物之相联与互动。所谓教学方法,只为课程使用之有序的活动,而不在课程之外(Method is the directed movement of subject-matter toward ends; it is not something outside the subject-matter)。是为课程(教材)与方法之合一,故前节所述之课程理论,同时亦即方法理论。

2. 此种方法为一切思维求知之通性与公法,可视为普通方法(General method)。

3. 任何艺术皆有普通与个别方法(General and individual methods)。奇才与贱工劣匠之别,即视个别方法或心裁独出之有无。个别教师所用个别方法不能列举,但可举其应具有之优点如下:(1)直接自然(Directness),(2)虚心善变(Open-mindedness),(3)全力倾注(Wholeheartedness),(4)理事贯彻(Thoroughness)。

4. 若舍此而另求不易之方法,以用于任何不同之课程,而名之曰普遍方法,则徒使方法成为机械的例规(Reduced to routine)而已。

五、道德教学

1. 道德起于社会的生活而非超越经验之律令,故道德性的行为即社会性的行为(The moral is the social)。

2. 学校如真为一社会组织,则其一切活动皆可有道德性,而别无单独或直接的道德教学。

3. 如何使一切活动具有道德或社会性？第一，学校必成为社会之雏形。第二，学校以内之生活必与学校以外之生活相连接。儿童在家庭中，在团体游戏与劳作中，自然有其社会组织，有事可共作，有活动可共进行，必分工，必领导，必服从，必互助，必竞胜。其所养成之习惯、习向，凡为克己与爱人的，皆为道德的。传统学校不成为一社会组织，默坐读书，何来道德行为之动机乎？

4. 道德之习惯，亦如其他习惯，须受心智之改变、改组。民主社会故意宽容而鼓励此改变。民主社会不信道德可以有普遍而绝对的定律，如其有之，只有人人为目的而非工具，勿损人而有益于人之原则而已。

六、教育与社会之改造

1. 杜威坚信社会之改造须从教育之改造着手，而其所论进步教育又只限于儿童教育之一阶段。抑若儿童教育之革新即可成为社会改造之大业，不令人疑为空虚之想乎？

2. 过去社会与文化之改进，都由生产技术之改变、人口之移动，乃至贸易、战争、革命等所偶然促成。欲于生活之和平情境中，以智慧为引导而有意的渐求其改进，固可藉宣传、舆论、立法、行政等手段以达成之。然此类活动之效力，实仍以其能改变人们思维与道德之态度为限，换言之，实仍以其所含教育之功能为限。故有意的社会改造，舍教育以外无他途。

3. 何以只言儿童教育之改造？因促起思维以改变习惯者，为本能的冲动与新异的情境。唯有儿童未受世间风俗之锢蔽，而富有活泼自由之冲动，其习惯未固定而可容柔软之受型，故其生长之可能，视成人为多而且著。然权力社会，以维持原有之习俗为其生存之保育，孰肯纵容其改变？唯有民主社会，乃故意力避习俗之相因，耐心鼓励儿童之自由生长。今世虽无完全民主之社会，然若干国家已发其端；虽尚不能容教育之大规模实验，然儿童教育在若干国家，已可不受传统之束缚。今日儿童之自由生长，即他年成人社会改变之初基，社会改造之希望，不系乎此，将何所系乎？

七、教育之哲学

1. 假使教育能永远依照成规惯例而顺利进行，或永远听任人们偶然的欲望或幻想之随便支配，则不需有何教育理论；即使有之，亦只为已成事实之辩护或少数思想家之慧眼静观而已。但如认教育与社会均须不断改造,则情形便完全不同。因理论之矛盾分析,立刻表现为行动之游移混乱。思想之所以有论争,论争之所以有压抑,即由于知与行、理论与实践之必然联系。

2. 哲学为明了与贯彻的思维。现代哲学为现代生活经验中之疑难所促起之思维,而此种疑难,则由于实验科学、机械工业与民主政治所含之生活上剧烈的变动。实验论者相信其哲学不仅解决传统哲学上心与物、理性与经验等对立之困难,亦与现代科学、工业、民主之趋向,同条共贯,汇为一宗。

3. 按照实验论之基本原则,则此哲学如不能在教育之行动中产生效验,即亦不能成立,因此,实验论者以为哲学即教育之理论,而教育为哲学之实践焉(Philosophy is the theory of education as a deliberately conducted practice)。

理想论（Idealism）

一、史略

1. 理想论(Idealism,泛译"观念论"不妥)亦称唯心论(Spiritualism),在哲学史上有一最辉煌之传统。Plato, Thomas Aquinas, Spinoza, Leibniz, Berkeley, Kant, Fichte, Hegel 皆属之,其形而上学之共同见解为理先于事〔The (universal) idea is prior to the (particular) real〕。

2. 理想论:（1）在知识问题上,可别为主观理想论(Subjective Idealism)如Berkeley,与客观理想论(Objective Idealism)如 Hegel。此即寻常所指之观念论。前者不承认外物之独立存在,以为物之存在,依于有人格之认知;后者承认外物之存在,但以其为宇宙之理性或精神之表现。（2）在形上问题上,可别为人格理想论(Personal Idealism)与绝对理想论(Absolute Idealism),此可译为唯心论。前者承认个别之人格(有限的与无限的)皆独立存在;后者以为一切实在,包括个别人格在内,皆存在于一全体或绝对体之中。

3. 在 19 世纪欧洲哲学上,黑格尔(Hegel, 1770—1831)之客观的绝对的理想论,占有压倒的势力。在本世纪初之理想论者,如英之布拉德雷(Bradley)、鲍桑葵(Bosanquet),美之罗伊斯(Royce),意之克罗齐(Croce)、秦梯利(Gentile),皆绍述黑格尔之余绪。

4. 黑格尔之生徒罗森克兰兹(Rosankranz)所著 *Pädagogik als System* (1848),于 1886 年译成英文,书名 *The Philosophy of Education*。秦梯利著 *Sommario di Pedagogia Come Scienza Filosofica*(1913)与 *The Reform of Education*(1922),在战前负盛名于一时。

二、理(Idea or Reason)与心(Mind or Spirit)

1. 本体　前言理先于事,非指时间上之先,而仅指逻辑上之先;非如原因之先于结果(Cause prior to effect),乃如前提之先于结论(Premise prior to conclusion)。盖用以说明事物之存在者,必先于事物也。若固执而求宇宙之第一因,则必试用神、心、物、能等等概念。然第一因前尚有说明之因,如此将累究而不能尽。今不求第一因,而只求第一理(First reason)。理何在? 以个人言,在于心中;以宇宙言,即在于宇宙之心中。故非先想象宇宙全体为一大心不可。个人之心无论如何神妙,以视产生人心之宇宙,则极其渺小不足数,则推想彼全宇宙之生生不息,具众理,运万汇,而后产人心者,必万亿倍于个人之灵知。而其类于我之灵知,而非类于冥顽之木石,则在逻辑上可推论者也。

2. 演变　机械论者视宇宙为一大机器,其运动则以因果之必然法则解释之。如问此法则(Laws)与秩序(Order)何自而来,则不复深究。目的论者以为必先假定有一大计划(Design)、大目的(Purpose)在空时中逐步自行其实现(Self-realization)。能有计划、目的者为心,是以宇宙之最后实在,非机械的、物质的,而为心的、精神的。

3. 思维与知识　此所谓心,指宇宙之全体,而人心仅其极微渺之部分。虽为其极微渺之部分,却为其最能思维之部分。个人之思维,实为为全体而思维;个人认识事物,明觉道理,实以以部分而自觉己所居之全体之道理。宇宙之理,宇宙不自言,借其中圣人(科学家、诗人、哲学家)以言之;宇宙之心,借人心以思之。张载所谓"为天地立心"是也。若人自为心,心自为理,则知识尚有何普遍性与客观性,而科学真理尚有何可能乎? 至于知之真,则不以符合外物为标准,而以完整全体为标准。盖非待全体之理悉明,其部分之理即难立。真理之全体,只存在于宇宙之心中。人所知之真者,唯视其能配合全体圆融贯彻之程度而已。

4. 道德　个人生活与社会生活中之善,唯视其配合宇宙之目的与否。宇宙之目的表现于文化中,圣贤亦仅宇宙之极小部分。然如孟子谓为"人伦之至",其所立之道德定律,乃合于宇宙之心而可为群伦之则,在此意义上,为普遍的、客观的,非个人主观之好恶利害所可任意改变的。张载所谓"为天地立心"、"为生民立极"是也。

5. 自我实现与自由　自我之为自我,视其能否实现大自我(Self)、大人格(Person),即宇宙全体之目的以为度。理想论者是以不曰个人之"个人之发展"(Individual development),而称之为"自我之实现"(Self-realization)。谓部分须实现全体之目的、理想,而后成为有价值的部分也。因觉知全体之理之必然,即部分之理所当然,行其所当然,乃非出于勉强而为乐愿,故必然之认识即为自由。此自由指自觉的选择,非通俗所指自然的权利,乃道德的责任(Not a natural right, but a moral obligation)。

6. 总结　总之,欧洲古代之唯心哲学与基督教之教旨以自然界(包括人类与社会)之外,别有一大心灵、一大人格,为之主宰。近代理想论则以此心灵、此人格纳入自然界全体之中,而赋予自然界以心灵性、目的性。有如程颢所谓"仁者以天地万物为一体",《礼记》所谓"人者,天地之心也"。天地乃此大心之躯壳,唯人心为其精神之所寓。人类文化之历史,即此大心之自我实现史而已。

以上泛述理想论之要旨,以下专论黑格尔之绝对理想论。

三、黑格尔之哲学

(一)逻辑即形上学

1. 我心　以我心觉我心,谓之自觉(Self-consciousness)。我所知之我,以这时、这里之我为最真。然才说这时、这里,而这时、这里已飞逝;才说我喜欢,我之喜欢已成过去;才说我思维,我之思维已是回忆。故自觉即此不断地逃避我而回忆我,换言之,即转化非我而对之认识。将瞬息延长为岁月,则如童年不知其意义,待到中年而回忆,徒嗟其意义之已遥;将自我扩大为群体,则如我已追逐自由而求脱离群体约束,待到任何对人关系与责任俱行夺去,即我不复为人之父或子,夫或妇,友或敌,上或下之时,将骇然于自我之不存而无自由之可恋。是以自我正存在于非我之转化中,我之为我,以有它,以有非我,以能转化为非我。

2. 思维　任何范畴(概念)如推其意义之极,即成相反。举例言之,有或存在,皆有具体的性(Quality)。若无性之体或纯有,即几等于"无",无又为有,则为第三范畴"变"。任何判断(命题)如推其意义之极,亦成相反,而以第三命题综合之,始较为圆融。然此第三命题之合瞬又正向复反,如此层层发展,推论乃渐接于真。

3. 辩证法(Dialectical law)　包括正(Thesis)、反(Antithesis)、合(Synthesis)之三段变化,即矛盾之统一(Unity of contradiction)之变化,谓之辩证的法则。此与亚里士多德之矛盾律(Law of contradiction)所谓"然与不然不能兼备于一物"(Nothing can both be and not be)者,大异其趣。辩证的法则本为思维的法则,然以一切实在,皆心之表现,故即为宇宙之法则,故此逻辑亦即形上学(或宇宙之理论)。

4. 绝对(Absolute)　宇宙之全体,存在于其变化或发展之中,其变化为矛盾的。本来是理(Idea)或心(Spirit),然无物之心,岂非"无"？故才说有理,已转化为事;才说有心,已转化为物,此不绝转化之全体,名之曰绝对。老子所谓"有物浑成,先天地生"之道,"道之为物,唯恍唯惚。惚兮恍兮,其中有象;恍兮惚兮,其中有物"。此种恍惚之有,只好算无,故又谓"天地万物生于有,有生于无"。虽无而又是一切之有,周敦颐所谓"无极而太极"也。黑格尔之绝对,有人译为太极,然与宋儒之太极不同,乃一大人格,一宇宙魂(World-soul)。Royce 说,"黑格尔的太极是一个战将。万古以来所有人类精神生活的尘埃的精血,全都在它身上。它走到我们的面前,已是鲜血淋漓,伤痕遍体,但它是凯旋而来。简言之,黑格尔的太极是征服一切矛盾冲突的天理,是精神生活的全部,是人类忠义之所贯注、坚忍之所表现、情感之所结晶、心神之所体会的对象。"

(二) 自然哲学(Philosophy of nature)

作为宇宙本体之理或精神,如其存在,必存在于其转化为物质,为自然界。自然界之发展分三阶段,为机械的、物理的、有机体的(Mechanics, Physics,

Organics),亦一正反合。黑格尔凭藉十九世纪初之科学知识,将空时、物质、运动以至有机体诸范畴,按照辩证法则,牵强排列,为其哲学中薄弱之一环。

(三)精神哲学(Philosophy of spirit)

1. 主体的心(Subjective spirit) 自然界发展到人类,乃复归于精神。而其第一阶段,为我心,其发展又经灵魂、意识、思维三段。我心非即理也,必转化为他心或社会之心(文化)。黑格尔名之曰客体的心。

2. 客体的心(Objective spirit) 社会制度文化为理之客体化(Objectified),其发展经道德、法律、社会(包括家族、社会与国家)三段。客观的理只有在自由的人类社会中始能实现。自然界中,只有必然,而无自由。在人类社会中,个人认识此必然,而屈服自己主观的意识思维于社会客观之道德、法律与国家政令之下,以其意志为自己之意志,乃有自由。故曰自由为必然之认识也,完全之国家实现完全之自由。客体的心,至国家而发展达于顶点。国家之兴亡,制度之存废,皆循辩证之法则。伟大民族与人物为宇宙魂(绝对)所藉以表现目的之工具,各有其历史之使命,使命完成便离历史舞台,而让位于更有理之民族与人物。凡此皆须从发展之全程观,方能理解。如其说,一民族之被征服于别一民族,正为其所代表之理之穷。至此,权力即为正义,而战争亦成为理之竞赛。所谓"一切实在的皆为有理的"(All that is real is rational)。

3. 绝对的心(Absolute spirit) 能表现宇宙全体之理者,为全体或绝对的心。此又经主观的艺术、客观的宗教、绝对的哲学三段。哲人以心表现宇宙之心,仿佛自己想自己之理,宇宙至此达到自觉,而其人格乃实现焉。说明绝对之理之黑格尔哲学,几为代宇宙而立言,经历无数圣人而未说明者,张载所谓"为天地立心,为生民立极,为往圣继绝学,为万世开太平"也。

理想论与教育

一、教育之意义——辩证的发展(Dialectical development)

1. 教育是自我的发展,但同时亦即文化之传递。因自我乃主观的,必转化为非我,即国家文化,而后有人格之完成。依辩证的法则,必通过自我放弃以到达自我实现。

2. 黑格尔谓"教育为主观的心之渐进的超越"(Education is the visible progressive transcending of the subjective)。罗森克兰兹谓教育为自我离异以达到自我实现之历程(The process of self-realization through self-alienation)。所谓自我离异,即主体之客体化,或如俗所谓个人之社会化而已。秦梯利谓"精神之永恒生命,所以创造不朽之文化业绩与决定教育内容者为一辩证的活动,即主观、客观以至主客观统一是也(Subject, object, unity of subject and object)"。论旨皆同。

二、课程——民族的文化(National culture)

1. 前言自我之客体化(Self-objectification)在教育上言之,即为个人与民族文化之体合(Identification of the individual with the national culture)。

2. 宇宙之精神为一大全体文化,为精神之活动,当然是普遍的,何以又特重民族之个别的文化? 则以文化之内在的辩证法则,只有于各民族之多样性与局限性中,始有克服其局限性与统一其多样性之发展。个人非先完全体合于自己民族之文化,无由克服其主观之局限而认识普遍的文化故也。

3. 课程之辩证的发展亦经艺术、宗教与哲学三段,而以哲学为最高的综合。秦梯利以图画、音乐、写字、作文等科目为艺术,数学、自然科学等科目均属之宗教,此各科目之整合统一为哲学。拘泥三段公式,其说甚为牵强。

三、学习——心之自动(Spiritual self-activity)

1. 理想论不认知识之对象为外物,而以为以部分(我心)自觉全体之理即为真知。柏拉图早言,真知先存于理性中,只待唤起而已。以知识为自外而得者,则经验论之谬见也。

2. 于此,自动得一确切之意义。任何知识理想,非可自外灌输,而只有名人自己以心之活动,自内创造,故学习为一心之自动。一切机械的事实、原则、公式未经学者自动的精神创造过,皆非真的知识。

四、训练——由纪律到自由(Attainment of freedom through discipline)

1. 自由指为善之自愿,指道德的自觉的选择。赢得此自由,即为人格之实现。辩证的言之，唯有主观的不自由而后有客观的自由，故自由之赢取，始于对主观欲望与情绪之严肃的斗争。在此斗争中，不能克服自我，转化为非我者，终不能以全体之心为心，而享有道德上之自由也。

2. 黑格尔对于裴斯泰洛齐尊重儿童个性之教育方法，批评甚严，尝欲以希腊哲人 Pythagoras 先令生徒静默四年之法，以为矫正。

3. 秦梯利对于英美之自由主义，抨击尤烈。其言曰："自由主义实有二说：一说自由为权利，一说自由为义务；一说自由为发展，一说自由为战斗与胜利。前者将个人与国家强为对立，公众之秩序乃为个人之幸福而建立，故国家为工具而非目的。此种自由主义无内在之价值，且亦虚伪而不彻底。后者非笑个人与国家之假想的对立，而以为个人只有在国家的目的上实现，自由只有在全体精神上争取，故国家与个人为一体。"

4. 杜威以为自由之如此解释，必使个人完全被淹没而后已。黑格尔力言自我（个人）之实现或发展，以自我吞没于大自我（绝对）之中。如此发展，不啻"一手予之而一手夺之也"。

五、教师——绝对精神之代言者（Representative of the universal）

1. 真正之教师为绝对、为普遍的全体的精神。学校教师仅对生徒代表民族文化所体现之绝对精神。凡科学的知识、宗教的信仰、道德的规律，提示于学者之前，非作为教师主观的知识、信仰、规律，乃以其为民族文化而提出者。

2. 凡此知识、信仰、规律，每次必须通过教师自己精神之再造（Recreate），方能使其活现于当前。良师之异于学究者在此。秦梯利云："学究者，如街头叫卖者之风琴，惯常发出同样之声调，常背诵其同样之课材，反复同样之文句、分类、格言等死的事物，而失却其精神之创造性，以拘执教程、课本而窒息其自己精神之光焰。如此专业化之教师，乃从来青年所被磨折而又爱嘲弄之学究（Pedant）是也。"

3. 教师为生徒而不断从事精神之再造，为艰巨之牺牲。然一念此自我之放弃，正为其自我之完成，则不复以为牺牲，而只觉其为崇高之职责。

六、哲学即教育学

1. 教育学之主要问题，不外：一，人格发展之自然历程，如心理学之所探究；

二,人格发展之当然目的,如伦理学之所阐明。终十九世纪教育者赫尔巴特(Herbart),欲综合此二者以成一教育学系统而未能有成,其未明事实与理想、自然与精神之统一性故也。

2. 秦梯利以为理想论之哲学,肯定人格发展之历程为辩证的,其目的为个人人格与民族文化之体合,而人格于以完成,始能说明其统一性。

3. 此统一性之宇宙观与人生信仰,因为唯一合理的哲学,同时亦即一合理的教育理论。

实在论 (Realism)

一、史略

1. 本世纪初在德有布伦塔诺(Brentano)、迈农(Meinong)、胡塞尔(Husserl),在英有摩尔(Moore)、罗素(Russell)、亚力山大(Alexander),开始对 19 世纪之黑格尔唯心论之反击,而以知识哲学为主题,重申外物独立存在之旨与被知之可能。1912 年美国哲学家霍尔特(Holt)、蒙塔古(Montague)、培里(Perry)等合刊论文集,题为《新实在论》(*New Realism*)。

2. 实在论既以知识为主题,故各家对形上、价值诸问题之见解并不尽一致。概括言之,为多元的,非一元的;为自然主义的,非唯物主义的。故其态度亦与实验论同,但以主要的知识哲学不同,亦对实验论进行不断之论战。

3. 其教育思想大体与自然主义之现代科学相合。罗素自 1926 年后刊有 *Education and Good Life*, *Education and Social Order* 等书。1939 年美国布里德(Breed)著 *Education and the New Realism* 与 Childs 之书相针对,始专为实验主义教育哲学之反驳。

二、实在——理与事 (The Real——Universals and Particulars)

1. 实在论者所承认之实在(Reals)与常识不同,不仅包括客观的事物,亦包括客观之理,因此须先溯述柏拉图之理型说(Doctrine of Ideas and Forms)。

2. 柏拉图以理(Ideas)为宇宙之实在(Reality),而具体事物(Things)反为其现象(Appearance)。感觉世界(Sensible world)是模仿理型世界(World of idea)而成。前者(物质)是混沌的,无性的(Qualityless),须待理型套在其中,始刻印出形形色色之事物与性质来。二者之关系,前者对后者为"分享"(Participation),分得几分即有几分之实在;后者对前者为表现(Manifestation),表现几分即赋予后者以几分之实在。例如,方桌必分享方之理,白花必分享白之理,始成其方与白。绝对的方与白非感觉所及,仅存在于理性之中;感觉所及者,方桌方箱、白花白雪之殊事而已。推其极,不仅美善皆为客观独立之理型,即须发、床榻之理型,亦高悬天上,不在人间! 人迷恋于感觉之现象而当作实在,犹之只爱其友之肖像而忘其真身! 理型之知识,斯为真知,得之也不由经验而由理性。人生来有此理性,真知遂不过回忆之唤起。人所以爱好理性,譬之游客之眷恋其故乡,其对于理型世界之纯洁向往之感,唯于尘世之爱情、友谊与审美中略得仿佛。然比之哲人之拜倒于永恒之不变之真、善、美之下之热情,则恋人、挚友、爱美者犹只得其依稀薄弱之仿佛。孟子所谓"理义之悦我心,犹刍豢之悦我口"也。

3. 今实在论者虽不全采柏拉图之唯理论,然不仅肯定感觉之对象非即感觉而是外在的,亦肯定思想之对象非即思想而是外在的。方与白为吾人想到时,决不等于吾人之思想,而是所思想之对象——方与白,非心。

4. 思想之对象是客观的,不因人之知与否、知之真与否而有所改变。常识以为概念存在于内心,实在论者以理与事皆为外物。举凡空、时数,数学与逻辑之定律,美善之标准,乃至一切历史上之人物与事迹,全部字典所载之文字,皆为客观存在的,而以诸者皆为非物。

5. 以其非物,只可名之为逻辑的实体(Logical entities);为别于物之存在(Existent),只可名之为潜在(Subsistent)。依此想法,此世界中潜在之多,令人咋舌。以其非物,故实在论虽为自然主义,但不称为唯物主义。

三、知识

1. 新实在论起于 1903 年摩尔之《驳理想论》(*The Refutation of Idealism*)。彼以逻辑之方法证明知觉必有所知,必有对象,以推翻贝克莱(Berkeley)"存在即被知"(Esse est percipi)之说。盖所知如并不在外而在内,则所知与能知不分,知觉与幻觉无别。

2. 贝克莱之大误,在将"观念"(Idea)一词,作两歧用法。如其推论:

(a) 观念不能离心而存在;

(b) 物之被知者为观念;

(c) 所以,物不能离心而存在。

其在(a)之观念是能知,(b)之观念是所知或对象,故结论完全谬误。

3. 实在论对旧经验论亦有两点批评:(1)旧经验论以心智为被动的,非主动的;摄受的,非辨别、选择、判断的。(2)其所以然,由于经验论忽视共理(Universals)之认识,不知人若无此共理之认识,则其知识永不能超于感觉经验,而永无数学或逻辑之可能也。

四、真

1. 实验论以行动之效验(Satisfactory consequences)或实用(Utility)为真之标准;理想论以理之完整(Coherence)为真之标准;实在论则以能知对所知之符合,即理论对事实之符合(Correspondence)为真之标准。事实是顽强的(Facts are stubborn),不受人意之改变或支配。既认知识之对象为独立而客观,则真知即为与对象相符合者。实验论所强调之效用,不过符合之结果而已。

2. 实在论对实验论之争执,即在此一问题。罗素于近著《西洋哲学史》(*History of Western Philosophy*,1945)中论杜威,谓两人所见大部相同,所持异议即在杜威之以求知代求真(Substitution of inquiry for truth)一说,或实用主义之真理论。杜威以为求知亦为有机体与环境之交互适应之一种行动。此适应,对有机体有时满意(Satistactory),有时不满意(Unsatisfactory);如不满意,可再以行动改变之。思维求知遂亦为一生长或发展之历程而非固定的、永恒不变的。所谓真者,此时行动上有满意的效验,故可视为证明的可靠性(Warranted assertiveness)而已。"杜威与余最大之异点,在关于过去事实所信之真伪如何判断。杜威只推其后果而余则溯其前因,余以为真为对前因之某种关系……此一异点,涉及两种不同之宇宙观。因过去不能受此时行动之改变,真知如以前因而决定,即独立于人意之外而为人力所不及,但如杜威之说,真知以后果为决定,则其在人力之范围以内，即可以人意为转移，此则扩大人力与自由之感觉（This enlarges the sense of human power and freedom）……而此种对于人力之自夸与对于顽强事实之不肯承认，又与机械生产与科学控制自然所引起之人生之乐观与希望有关。"

五、善

实在论是自然主义的，当然不采取超越社会之道德观。其社会依照自然科学，当然是在进化中的，然而善之标准如真之标准，然却仍可说是客观而独立的。此与实验论之不认绝对道德定律者不同。

实在论与教育

一、心理与教育之科学

1. 实在论者采纯科学之观点，其于教育，自完全根据现代心理于教育之科学而立论。罗素著《教育论》，自谓尽量不涉政治与哲学之广泛问题。

2. 因此，实在论并无严整而一贯的教育哲学。以英国实在论为例，罗素之 *Education and Good Life*，讷恩（Nunn）[1] 之 *Education: Its Data and First Principles* 与怀特海（Whitehead）之 *The Aims of Education* 诸书所论，并不雷同。本章先累述罗素之教育思想。

二、教育目的

1. 个人之改进与社会之改进，固须同时平行，然教育者所特殊关切者为个人。教育之目的，应即为个人所应具有之优良品质。罗素列举之如下：（1）健（Vitality），（2）勇（Courage），（3）仁（Sensitiveness），（4）智（Intelligence）。

除健为生理的以外，余须诠释。勇为无恐惧，亦为能控制恐惧。健康与技能均有裨于无惧，而最重要者仍为自尊（Self-respect）与超脱（Impersonal outlook on life）之人生观。仁指同情之扩大，由具体的及于抽象的。智指知识亦指求知之

---

〔1〕 即沛西·能（Percy Nunn）。——编校者

能力,关于后者又列其节目如下:(1) 好奇、爱知(Curiosity, love of knowledge)。(2) 虚心穷理(Open-mindedness)。(3) 知识虽难获而可获之信念(Belief that knowledge is possible, though difficult)。中国旧教育以自然之知识为不可能,故堕入怀疑;日本新教育以社会之知识为不难,故偏于独断。前者无自然科学,后者阻碍社会科学。(4) 忍耐(Patience)。(5) 勤勉(Industry)。(6) 专一(Concentration)。(7) 精确(Exactness or accuracy)。

2. 个人具此诸品德者为一有幸福(Happy)之人。教育者之劳作,在本于爱而行其知(Knowledge wielded by love)。依照其所知之心理科学,婴孩生来只有反射与极少数之本能而未成习惯,习惯全为后获的、学习的。遗传相同而环境不同,即可成完全不同之品性(Character)与智慧(Intellect)。吾人深信以适当方法养成身体、情绪、思维之习惯,则上述品德,可为人人所共同,而所以行之者曰爱,即视儿童为目的而非工具是也(Pupils should be regarded as ends, not as means)。

3. 社会中人人具有此诸种品质,则社会已完全改变。今日人类最大之苦厄,为疾病,为贫穷,为不良之品性的生活。工业革命以后,物资之生产已可使全世界人民均无匮乏之虞,其所以有匮乏,由于不合理之社会制度。今智足以知之,仁足以求之,勇足以行之,则此制度何为而不被改造乎?

三、家庭、学校与课程

1. 除健康为生理医学问题外,教育可分为品性与智慧两种(Education of character and education of intellect)。品性者,优良之习惯,只可于六岁以前养成之。家庭与幼稚园负责主要之责任。一入小学,则教师只以智慧教育为专职。学校中之品性教育止于求知之美德,如上述七点之养成而已。

2. 品性教育以婴儿诞生时为适当的开始,此非道德教训之谓,而指化本能为习惯与技能。习惯之养成,须持以常规与纪律。正当之纪律不在于外力之压迫,而在于由习惯以导入良好活动,使出之自然。

3. 关于恐惧、同情、游戏、想象、构造活动,罗素自记其育儿之观察与经验,而参以现代心理学之学说,以为幼儿之保育教导,乃一种高度技术之工作。一般父母有爱而无知,故以付托幼稚园为适当。

4. 小学课程,只有二原则:一以人人必具之知识为内容;一以难易深浅为次序。

四、教学之原则

1. 学习起于自发的活动(Spontaneous activities)。小孩之学习说话、走路,未有外力之压迫。一切技能、知识,只需供给适当的机会与材料,儿童将自动以求之。唯有自动,方为学习(It is by what we do that we learn)。

2. 习惯源于本能,教育给予本能以正当之表现而非压抑。

3. 困难以后,获得成功(Experience of success after difficulties)为终生努力之最大动机。困难过少则懈怠,过多则厌心,适度之困难则可以克服而引起成功之快感。

4. 求知应有一种思想探险之感觉(Sense of intellectual adventure)。斯学习为一种纯粹之愉悦(Joy),然非自始至终为有兴趣的。尤以忍耐、勤勉、专一、精确力为应具之品德。

5. 以爱行知(Knowledge wielded by love),为教育者之所教,与学习者之所学。教育者爱儿童,爱知识,其知识以生理、卫生、心理、教育为先,其他科学次之。

五、实在论与实验论

1. 上述之教育思想简单、直捷、明了,固非如杜威之深微绵密,然大体上亦未见与杜威背道而驰。迨 1939 年 F. S. Breed 著 *Education and the New Realism*,1942 年又于全国教育学会(National Society for the Study of Education)年会重揭其旨,亦若实在论与实验论为对立之两大阵营者然。

2. 实则两派哲学之争点,仅在于知识与真理问题。

3. 布里德综括其对实验论之批评,则谓有五项:(1)注重经验中之变,因而忽视自然现象与日常生活中之常;(2)注重智慧之创造性,因而忽视对于文化环境之适应性;(3)注重学习之活动,因而忽视课程之组织的内容;(4)注重真与善之实用上的标准,因而忽视客观事理之必然符合;(5)注重个人之兴趣与满足,因而忽视严肃生活与纪律之价值。

4. 布里德反对美国教育思想之进步派(Progressives,如 Dewey, Kilpatrick),然亦不自承认为保守派(Conservatives,如 Judd, Hutchins),而以调人之自由派(Liberals)自居。以为问题不在非甲即乙,而在甲乙兼容,善为调剂,则其结论亦殊平正,而大足以减弱其全部辩论之力量也。

【编辑后记】

这篇《三论》的稿子是浙江大学金锵教授于 2006 年提供的。20 世纪 50 年代末,当年在杭州大学任教的金锵老师,就西方教育思想流派事,莅沪访谒他的老师孟宪承教授。孟校长拿出"实验论"、"理想论"、"实在论"三稿,说"拿去看看"。金锵老师说,"可能还看不懂"。孟校长答曰:"再来嘛!"其后,金锵老师抄录《三论》,并交还原稿。据云孟校长长期担任"西洋教育史"、"教育哲学"课程,有完整的讲稿。本文就是根据抄录稿编辑的,题目是我们拟订的,并征得金锵教授的认可。尽管我们先后分别各校核二三次,但限于水平,必仍有编辑中的差错,至希指正。

瞿葆奎　程　亮
2007 年 7 月

杜威[*]

杜威(John Dewey)，美之哲学家兼教育家也。生于 1859 年。1894 年任芝加哥大学哲学教授，兼教育学院院长。1904 年后，任哥伦比亚大学教授。1919 年，来华讲学；于我国教育之革新甚有影响。著作宏富，其重要者，则有《学校与社会》(*School and Society*，1900)，《论理学说研究》(*Studies in Logical Theory*，1903)，《伦理学》(*Ethics*，with Tufts，1908)，《思想论》(*How We Think*，1909)，《达尔文在哲学上之影响及其他论文》(*Influence of Darwin on Philosophy and other Essays*，1910)，《平民主义与教育》(*Democracy and Education*，1916)，《创造的智慧》(*Creative Intelligence*，with Moore and others，1917)，《哲学之改造》(*Reconstruction in Philosophy*，1920)，《人性与行为》(*Human Nature and Conduct*，1922)，《经验与自然》(*Experience and Nature*，1925)等。兹分三节述其学说如下：

【杜氏哲学之根本观念】　杜威在哲学上常与詹姆斯(William James)、席勒(F. C. S. Schiller)等，同称为实效主义者。所谓实效主义(Pragmatism)，詹姆斯谓为"一种解决玄学上争论的方法。无此方法，则有许多争论，永无终结。世界是一抑是多？定命的抑自由的？物质的抑精神的？此诸观念，每个都与此世界可以适合或不适合。争论起来，无有终点。实效主义的方法，则在探索

---

* 　原为辞条，载于唐钺、朱经农、高觉敷主编：《教育大辞书》，商务印书馆 1930 年版，第 502—504 页。——编校者

每个观念在实际上的效果,以决定其意义。"观念本身,无真与伪。其在人生行为上运用成功者为真,不成则为伪。此其真理论之源于科学之实验方法者也。其视宇宙与人生,为一绵延不断之演化,常在创造与成长之中。此其人生论之源于演化论者也。杜威本此二旨,而益以平民主义一概念融贯之。复分述如次:

1. 工具的真理论——吾人之知识、理论,皆为应付环境解除困难之工具;知识之正确与否,视其有此功用与否而定。故氏谓:"观念、意义、概念、理论等,既为改组环境与解救困难之工具,则其正确可靠与否,亦视其能否有此功用而决定之:能之,则为真;不能,则为伪。其证明与实验,皆于其运用(Works)与结果(Consequences)中求之。"(*Reconstruction in Philosophy*, pp. 156—157)

向来哲学家,各以探求其所谓最后的实在,而引起许多无谓之纷争。实则哲学之起,起于人事;本以现在目的与社会成训有所矛盾冲突,故不得不为严正的思考耳。此后哲学须不骛玄虚,以解决人生实际之困难为其本务,其言曰:"一般从事思考而非专门哲学家者流所最欲知者,为最近工业上、政治上、科学上诸运动,要求吾人对于智识的遗传有何变更及舍弃……将来哲学之任务即在整理吾人关于现时社会上、道德上诸般争执之观念;其目的在于人生可能限度之内,为解决此诸般争执之一机关。"(Ibid., p. 26)此氏对于哲学之根本见解所不同于前此各派哲学家者也。

2. 演化的人生论——吾人观念来自过去之经验,而应付将来之经验。人生即此经验之流,日趋向于更满足的途径,而对于环境,日完成其更满足的制驭。试分别经验(Experience)、思想(Thinking)、生长(Growth)三点解释之:
(1) 经验:氏谓"经验即生活;吾人非在虚空中有生活,乃在一环境中而由此环境而有生活……吾人眼前之问题为如何适应外界的变迁,使趋于有益吾人之方向。人虽得环境之助,终不能安然坐享其成而不奋斗;不能不利用其直接供给之助力,以间接造成别种变迁。生活之进行即在此环境之制驭。其活动必须将周围的变迁一一改换,使有害者无害,而无害者有利。"(*Creative*

Intelligence，pp. 8—9)故经验非如旧说之仅为知识而属主观的，乃活动而与客观世界有关系的。其能利用现在应付将来，根据已知推测未知者，则思想也。(2)思想：思想之起，由于吾人在适应环境中发生困难。盖使吾人行事，一任习惯而无往不利，则思想无由生。必有一事变之来与前所经历者不类，旧时适应之习惯无所用，乃不得不求之于思想。杜威所谓"解答困难之要求，为思考全程中一维持与引导的原素"(*How We Think*，p. 11)是也，(a)有困难或问题；乃(b)确定其困难之性质；更(c)拟为解答，是为假设；(d)复推想此假设所应适用之事例；然后(e)验之于实际的事例，而观其合否，否则弃之而另易一假设，至成功乃已，是为结论。此思想进行之五步骤也。自来论理学者，于心理论理之间，画一截然之界，一若心理原素无与于思考之事也者。杜威则视二者之间无不通之界限；强为分之，仅能谓之一始一终；而始终又一贯，初无间断。盖杜威之试验论理学，不徒注意于思想之结果，而尤重其历程，此其与形式论理学不同者也。(3)生长：夫经验即生活，经验非静止的，而为活动的，常在继续改造与成长之中。故生长者，生活之历程也；而同时亦即其目的。吾人不能于生长以外，别悬一固定之目的。盖既有固定之目的，则是生长有限制也。生长之一概念，为杜威哲学之中心理想。"任何个人或团体不能以其合于固定的目的或不合而判断之，但当视其活动之方向而判断之。恶人者，无论其曾有何善，今乃日长于不善；善人者，无论其曾有何不善，今则日长于善者也。作如是观，始能严以责己，宽以恕人。"(*Reconstruction in Philosophy*，p. 177)然个人之所善于其与社会之关系以外，往往互相抵触而无意义。故善的生活，乃个人生长之有裨于人群生长者也。请进而言平民主义之标准。

3. 平民主义——自达尔文证明今日物种，由原始的、简单的物种绵延演化而来；人类生理、心理均由动物、生理、心理之比较研究，而更易了解。吾人既认宇宙与人生为绵延的演化，而尤截然阶级之可分，则凡旧时之"心"与"身"、"人"与"物"之诸二元的、对峙的思想，皆不能存在。其根据此二元式思想以成之封建遗说，如"劳心"与"劳力"，"治人"与"被治"之分，亦不攻自破。杜威所谓平民主义不仅为政治之一种组织，而为人群生活之一理想。故其言曰:"任何社会团体中,其各分子间必有若干共同之利益,其对于他团体必有若干相互之关系。吾人从此二点可得估量各种社会团体之标准:一,观其各分子所分享的利益之多少;二,观其与他团体之相互关系是否充分与自由。"(*Democracy and Education*, p. 96)凡团体内之各分子不私其利,而与人充分共享;其与他团体又有圆满自由之相互关系者是为合于平民主义之标准。

【杜氏之教育学说】 上述哲学上经验、思想、生长、平民主义诸基本观念既明,则氏之教育学说已不待烦言而解。质言之,氏之教育学说即其生长与平民主义之学说也。更分数点言之:

1. 何为教育——"教育者,经验之绵延不断的改组,使经验之意义加富,使主持后来经验之能力加多者也。"(*Democracy and Education*, p. 96)此历程为生长,而其目的亦即为生长。生长以外无固定之目的。有之,则是生长有限制也。既无固定之目的,则教育又何从使儿童对于生活有固定之预备? 故曰:"教育即生活,非生活之预备也。"(*My Pedgogic Creed*)生活既为一绵延的演化,不能强为分划,而有"心"与"身"、"人"与"物"之对峙。心之作用,绝不能与躯体及其运用物的活动相离。则凡教育上"文化"与"职业"、"理知"与"实用"、"休暇"与"工作"等之分判,为平民主义实现之障碍者,举不能存在也。

2. 何为学校——教育既为生活,"学校即社会生活之一种组织,凡可以使儿童分享人类文化遗传与运用其自己能力之各种势力,俱集中于其间。"(*My Pedagogic Creed*)教师与儿童既须分享其生活之经验,而学校与其他社会组织,又须有圆满与自由的相互关系,如是方合平民主义之理想。

3. 何为课程——教师与儿童此时此际所分享之经验即为课程,非由外铄(教师或他人所决定)之材料也。经验之改组无或间断,其扩张无限制;则课程亦自不能固定。课程之内容,非即文字,非即书本,乃至非即知识,乃此活泼泼地之活动,常在教师与儿童创造之中。

4. 何为方法——"如何组织课程(活动),使运用之最有效力,即为方法:非课程以外别有一物焉谓之方法也。"(*Democracy and Education*, p. 194)旧说以方法为传授课程之固定手续,(由于视物与心为二元)与生长之旨不合;以方法为教师主动之程序，而不知其为教师儿童经验之分享者，亦与平民主义相违。故杜威以课程与方法为一体(Unity of subject-matter and method)。

【杜氏之教育试验及其影响】 氏于 1896 年在芝加哥创设试验学校，收受 4 岁至 13 岁之儿童，以实施其教育学说。自述其试验学校之主旨凡三：

1. 学校之根本任务，在训练儿童合作互助之生活。

2. 一切教育活动之根本，在儿童之本能的、冲动的态度与活动，而不在外界材料(无论由他人观念或自己感觉所得)之提示与应用。故儿童自发的活动、游戏、模仿，以至表面上无意义之婴儿动作，前此认为无益或且有害者，皆有教育的作用，且为教育法之基础。

3. 此儿童活动应组织、指导，以成合作互助之生活：利用适合儿童程度之成人社会代表的活动及作业，使由制作及创造的活动获得有价值的知识。(*School and Society*, pp. 111—112)

上第一点示教育之旨趣(平民主义的生活)，第二点释课程(活动)，第三点释方法(活动之组织)，其意皆一贯也。

氏试验学校课程与方法之中心即所谓适合儿童程度之成人社会代表的作业是也。此种作业为纺织、缝纫、烹饪、木工数类，皆人所取得衣、食、住，以制驭自然之具。其教学之目的不在职业的陶冶，而在由此获得有价值的知识，启发儿童关于事物的思想，并养成社会生活中合作互助之习惯。

此为三十年来教育上最伟大之试验。手工作业之运动，自福禄培尔以后以氏鼓吹之功为多。至于课程之改造(由固定的教材而为丰富的活动)、方法之革新(由系统教学法至问题设计教学法)，非氏直接所倡导，即氏说间接所暗示。若其生长与平民主义之基本原理则已形成各国教育上之普遍思潮。氏所以为今日教育思想之领袖者，非无故也。

真谛尔[*]

真谛尔(Gentile)[1]为意大利今日哲学界巨子,亦教育界之领袖也。氏与意哲克罗齐(Croce)共同主撰之《批评杂志》(*La Critica*),自1903年以来,未尝间断,实为意大利唯心主义哲学之源泉。氏现任意教育总长。其学说根本认教育为一种精神活动,而不认其受自然律之支配。精神活动之必要条件为自由,故教育之目的在养成自由的人格。其论教育之内容,则谓向来对于文化,有唯心、唯用二种看法,原为哲学上永远之纷争,未易遽得解决。但唯用主义者,只谋人与自然界之适应,而不求吾人内心之创造的活动;其所谓文化,仍不外机械的知识技能,而其视学校,亦仅为授受机械的知识技能之机关。须知文化不贮藏于任何书本中,亦不在任何个人之头脑中,乃在吾人内心之精神活动中也。其论教育之方法,则抨击唯用主义者之过重分析,而代以"教育之统一"。谓人格为整个的,学校生活亦应为整个的。教师与学生间之努力,必须有完全之协调,有深切之内心的统一,方为真教育云云。氏反抗现代机械化教育,而提高精神教育之主张,大致如此。其近著《教育改革论》(*The Reform of Education*),为欧洲教育哲学上一名著。

---

[*] 原为辞条,载于唐钺、朱经农、高觉敷主编:《教育大辞书》,商务印书馆1930年版,第880—881页。——编校者
[1] 今译秦梯利。——编校者

黑格尔的教育哲学*

一

在哲学上,人们对于黑格尔的新的兴趣,是这样引起的:一方面,新唯心主义[1]虽已不承认一个自存自足的"绝对",却还是固执着他的"思维即实在"之说;它方面,新唯物主义者虽说已经把"以头顶地的黑格尔的辩证法,重复以后立在地上了",但对于他的形而上的逻辑,却依然不肯有所舍弃。

要了解一点唯心主义的教育哲学,我们不得不说到黑格尔。要叙说一点黑格尔的教育哲学,我们不得不先从他的整个哲学体系说起。

1. 思维与实在

像一切唯心主义者一样,黑格尔认精神或心(Spirit or Mind)为宇宙之根本的实在(Reality)。但他和所谓主观的唯心主义者不同,他不安于以一个抽象的概念,为能说明具体的实在——具体的自然、社会(制度、历史)和文化。他要具体地来说明这些的绝对的合理性、必然性。思维的必然的法则或逻辑,他认为即是自然、社会、文化的逻辑,也即是宇宙的逻辑。同一合理的过程,在思维里运动着的,本来就在宇宙里运动着。

＊　载于《国立中央大学日刊》第 1345—1348 期(1934 年 12 月),重刊于《教育杂志》第 25 卷第 2 号(1935 年 2 月)。——编校者
〔1〕　指 Croce, Gentile 等的哲学。

思维的逻辑是什么？这合理的过程是怎样的过程呢？他以为一个概念，必然地孕育着而转化为它的相反的概念，这矛盾又是为第三个综合的概念所统一了的。而每一较高的综合自身又内含着矛盾，而又仍然为另一综合所替代。这样的演变，称为辩证的过程；这种正、反、合的过程，是永恒地运动着的。矛盾是推进一切的；没有矛盾，就没有思维的发展。思维的逻辑，便是这矛盾中的统一的法则。

怎样说思维的逻辑即是宇宙的逻辑呢？创造万有者是一个理性(Reason)或绝对(Absolute)。理性，非寻常心理学上推理作用之称，它是宇宙之本体或绝对实在。理性之创造宇宙，并不是在宇宙以外，而就是在宇宙之中，永恒地创造着、发展着的。宇宙只是理性之具体的表现。理性自身必然地转化为自然；在自然界中之人类，由发展的过程，于精神中又意识着了理性。到这阶段，理性可以说是达到了自我意识或自我实现了。所以是转化为相反的自然，而又于人类精神中逐渐复归于理性的自我意识，以达到其最高的综合。在这发展的过程中，一个阶段到另一个阶段，都是合理的、必然的。把每一阶段隔离了、孤立了来看，当然只看到矛盾；可是从其发展的全过程来看，便看到它的合理性了。宇宙既然是理性之具体化，哪里会不合理呢？所以黑格尔说："凡实在的是合理的，凡合理的是实在的。"这是他的"逻辑"，也就是他的"形上学"的总纲。

自然发展的三阶段是：① 机械的；② 物理的；③ 有机的。他这一部分的"自然哲学"，这里不需多说。

精神发展的三阶段是：① 主观的；② 客观的；③ 绝对的。这"精神哲学"，是我们所必须特别说明的。

2. 主观的精神

理性之表现于人的，最先是主观的精神。主观的精神也依着辩证的过程，而表现于三阶段。① 最初只有身体里的灵魂；② 它从身体辨认出来而为意识；③ 意识从外物的认识，而发现出客观的实在和自己表现的理性，这才是精神了。

3. 客观的精神

理性之表现于社会制度与历史的，为客观的精神。它的三阶段是：① 正义

(指法律);② 道德(指个人道德);③ 群制(指家庭、公民社会和国家)。凡法律、道德、家庭、公民社会及国家,以及这些制度递嬗演变的历史,都是理性的客观化;理性在这些里面,取得了它的具体的形式。哲学的任务,不在于指出它们应该怎样,而只在说明它们为什么是这样,说明它们的合理性。它们既然是理性之客观的表现,哪里有不合理的呢?

客观的理性,只有在自由的人的社会里能够表现。在自然里,只有必然,没有自由。在人类社会里,个人能够认识着必然,而屈抑自己主观的意识,于客观的意识之下,愿意遵行法律,实践道德,服从国家,愿意以普遍的意志为自己的意志,这是认识了必然所得到的自由。完全的国家是实现完全的自由的,社会制度的发展,到了完全的国家而达于顶点。

在历史上,各个制度的成毁,各个民族和国家的兴衰,都循着理性之辩证发展的法则。伟大的民族和伟大的人物,是理性所藉以实现自己的工具,各有它的历史的使命,这使命是只有在历史发展的全过程上才能够被理解。完成了它的使命的民族,自会离开历史的舞台,而让位给于别的更进步的民族。一个民族的被征服于别一个民族,正证明前者所表现的理性了。权力,在这里,正是正义,正是合理的。战争,被认为弱者为强者所替代时,也是合理的。这是黑格尔的所谓"正义哲学"(Philosophy of right)和"历史哲学"。

4. 绝对的精神

在以上精神发展的各阶段里,理性还没有能够自己认识自己,还没有能够达到自我意识与自由的最高度。没有一个阶段里,思维与实在,主观与客观,是合一的;矛盾是完全统一了的。理性要发展到绝对的精神,才能够理解它自己。因为它认识自己的一切必然的法则了,所以也是绝对的自由了。绝对的精神的发展,也经过三阶段,这便是"艺术"、"宗教"与"哲学"。在艺术里,绝对的精神以直觉的形式自己表现;在宗教里,它以想象的形式自己表现;在哲学里,它以概念(或纯粹逻辑的思维)的形式自己表现。无论艺术、宗教,或哲学,又各依辩证的过程,经过各自发展的阶段。到了绝对的精神的完全实现一阶段,一切矛盾都统一了:只有美,只有善,只有真。

黑格尔依着他的逻辑的法则，从思维说到全体的实在——他说明了一个自存自足的理性，怎样转化而为自然，自然中的人类，怎样自主观的精神，发展到客观的精神，最后怎样复归于理性的自己意识自己，即绝对的精神。宇宙之谜，算是他完全地解答了。这样，他完成了他的"哲学体系"。

哲学的自身，经过辩证的发展。黑格尔显然以为哲学到了他，是达到最高的阶段，得到最后的综合的了。在他的时代，他的确集了哲学的大成。后来他的弟子中，如费尔巴哈辈的转化与唯物主义而又否定了他的哲学，那不是大智的黑格尔所想到的了。

二

在包罗万有的那样的哲学体系里，黑格尔却没有给教育以特定的地位。可是黑格尔是一个教育者。这并不仅指他以大学教授终其生这一点事实。他在少年时，即当过好几年私家的儿童教师。后来又担任了多年的文科中学校长。他是有丰富的教育经验的人。如果照杜威说："哲学便是教育的概括的理论。"那么，黑格尔的哲学，必然有它的教育的涵义的[1]。

在黑格尔的著作里，缀集他的教育理论的，当以韬路(Thaulow)为第一人。后来，在英、美有同类的论著好几种[2]。

而且，在英、美，"教育哲学"这一名词的创用，也就起于罗森克兰茨(Rosenkranz)的著书，以"教育哲学"题名的译本而出现。这书是代表系统的黑格尔派的教育哲学的[3]。主编那译本的哈里斯(Harris)是美国那时一个权威

---

[1] 黑格尔(G. F. Hegel, 1770—1831)于 1794 年起任私家教师 6 年；1808 年起，任 Nuremburg 文科中学校长 8 年，1818 年起，由海德堡大学转任柏林大学教授，1830 年被选任为柏林大学校长。

[2] Thaulow, *Hegel's Ansichten über Erziehung*；Bryant, *Hegel's Educational Ideas*；Luqueer, *Hegel as Educator*；Mac Kenzie, *Hegel's Educational Theory and Practice*.

[3] 罗森克兰茨(J. K. F. Rosenkranz, 1805—1879)所著 *Paedagogik als System*，美国译本称 *Philosophy of Education* (1886)。黑格尔的徒众中，Erdmann, Gabler 等为右翼，Strauss, Feuerbach 等为左翼，罗森克兰茨屹然地称中央派。他从 1833 年起，任 Könisberg 大学教授，继康德、赫尔巴特先后所主之讲座。

的黑格尔主义者[1]。

在这篇短文里,我们不从黑格尔的经典中,再去搜寻他的教育的语录。我们只从教育本质论,知识论,道德论这三个方面,来说明黑格尔的教育哲学的特点。

1. 教育本质论

在以发展的过程当作哲学全体系的一个基本概念的黑格尔,不用说,教育是一种个人的或主观的精神的发展过程了。唯心主义者的发展说有什么特点呢?黑格尔自己这样说:

> 教育是主观之有形的渐进的超越。内含着道德性的形式的幼儿,最初是主观的。幼儿在成长中,便超越着这形式:教育便是这超越的过程。要使儿童具有客观的、普遍的道德性,他得分离他自己,渐渐地把这普遍的道德性作为他自己的,最后转化于普遍的"绝对的"精神。[2]

除了名词的晦涩,文字的琐繁以外,从前述哲学体系上来看,这段话已不需特别解释。黑格尔还说过:

> 个人获得他的实在性,而成其所以为人,是由于文化。他的真的原始的本性,在于从自己的自然存在(Natural being)的分离(Estrangement)。他的主观之客观化,构成了人的生活。这是从理性到实在,反之,又从实在的个性,到普遍的"个性的"转化过程。从文化中,人获得了真的个性。[3]

---

[1] 见 Kilpatrick, Tendencies in Educational Philosophy, in *Twenty-five Years of American Education*, p. 61。

[2] Luqueer, op. cit., p. 107.

[3] 同上, p. 111。

罗森克兰茨说得更明了些:

> 教育的一般形式是被决定于精神(或心)的本质的。精神只有以自己的活动获得自己的实在性。最初,① 精神只是直接的(在自己的),而有着发展的可能。然后② 从自己分离开来,把自己当作客观的(对自己的)。最后③ 由于和客观的合一,觉得亲切了,这分离也就泯除了。精神丰富了以后,重复回向于直接的,而得到了统一性(在自己又对自己的)。起先视为客观的,现在又是主观的了。[1]

罗森克兰茨的译者,又加上一段注解道:

> 教育之起点是,① 未发展的精神——幼儿的精神——在里面,一切是内含着,而什么也没有实在性。② 发展的一阶段便是自我分离——精神被倾注于周遭事物的观察中。③ 最后,它发见了外界的定律、原则(理性),认识了精神之创造和主宰的作用:这样,外界完全被理解,而不复感着分离了……"自我分离",是这教育哲学上最重要的一个概念,是罗森克兰茨和其他的人从黑格尔的"精神现象学"里引用过来的一个名词。

这重要的概念,就是辩证法则中自我转化而为其对立物的概念,分离之感的消灭,就是主观客观之对立的统一、矛盾的解决了。

在个人发展的过程中,所谓"主观之超越",所谓"主观之客观化",其意义并不难懂。主观的精神云者,即寻常所指的个人意识;而客观的精神,即社会意识而已。所谓主观之客观化,用我们常用的话语来说,也就是所谓"个人之社会化"而已。一切技能、知识、理想都是社会生活的经验,个人参与这经验,"从文化中

---

[1] Rosenkranz, *Philosophy of Education*, p. 27.

获得了真的个性"，这也不限于唯心主义者才这样说。要紧的，是唯心主义者并不停止于个人的社会化之一阶段；因为他认社会经验也不过是宇宙理性之表现，个人参加了这经验，又重复回向理性的自我意识，而使自己成为这理性表现的一部分；这样，主观、客观才得到了统一；个人、社会才得到了最高的综合。我们不妨称之为"个人之普遍化"或绝对化。这是顶要注意的一点。

还有个人在发展中是不是自由的呢？自由这名词，是唯心主义者所常不离口的。黑格尔就这样说：

> 文化在它的真实意义上，是自由，是达到较高的自由之活动。它是向普遍的道德性的转化，向普遍的"绝对的"精神的提高。它不是直接的、自然的，而是精神的。个人的自由，从严厉的对自己主观性的斗争中才能够争取。这斗争的严重，使得许多人会后退的。可是文化只有从这斗争中获得。从这斗争中，主观争取了它的客观性，靠这客观性，它才能成为理性的实现。[1]

所以，个人要超越它的主观性，要完全服从社会的制度，才能够获得自由。用常用的话语说，只有放弃了个人的自由，才有自由。自由是理性的必然性之认识。这也是我们要注意的一点。

2. 知识论

凡是唯心主义者，对于知识之成立，都以为不单靠经验，而是注重理性的。感觉的经验，没有理性之分析与综合，他以为不能构成知识的。可是黑格尔和他以前的康德的理论又不同。康德以为人的理性，只能认识到客观的现象，而不及"物之自体"。黑格尔没有这二元的困难，在他看来，"物之自体"，也就是那自存自足的理性——宇宙理性——的客观化。理性早存在于人的思维以先，人之所以有思维，思维之所以会合理，正为思维即此理性之表现之故。所谓知识，也就

---

〔1〕 Luqueer, op. cit., p. 109.

是主观的精神对客观与绝对的渐渐体合而已。

主观的精神,转化于客观的精神,而又归向于绝对的精神以达到理性的最高发展,这都是前面已说过了的。人类所能得的最高知识,无非是理性之最高表现。在思维中,人在思维着理性的自身。如其说,人这时已是绝对的精神的一部分,也竟可以说他在思维着自己。思维者与思维的对象,主观与客观,到此完全统一了。

这样的知识论,对于教育上的课程有什么影响呢? 黑格尔哲学的目的,唯在说明一切现实之合理性。他当过多年的中学校长,在那时代,传统的课程有不可犯的尊严。在他看来,当然也是完全合理的。他并没有感觉到所谓课程改造的问题。逻辑、数学,是很正确的知识;美术、宗教、哲学,更是理性之最高的表现。至于现代所注重的需要观察、实验的自然科,以及需要筋肉劳动的劳作科的课程,那时既还不存在,他也无须解释。他所编的《中学哲学课程大纲》[1],也不过是自己哲学体系的缩影罢了。

对于教育上的方法,因为他把主观的客观化,当作"严厉的对自己主观性的斗争",所以黑格尔和他的门徒如罗森克兰茨,都着重学习中的注意或努力[2]。黑格尔这样说道:

> 教育法的起点,在于注意。所谓注意,是一种内容——主观地也是客观地决定了的内容——的摄取。这内容不为我而存在,而是独立地存在的。在注意里,主观客观相继地分离和统一。直接的(在自己的)对于客观的注意同时对于主观与客观之关系的反省。注意完全是靠意志的:只有我意志要,才会注意。所以这并不是一件容易事。这要求努力;要求我从无数事物中把自己分离开来,从自己的兴趣分离开来,而去把握住一件一件客观的事物;要求我抑制轻率的判断,而完全听命于客观。[3]

----

〔1〕 Luqueer, op. cit. ,附录。
〔2〕 Rosenkranz, op. cit. , p. 70.
〔3〕 Luqueer, op. cit. , p. 139.

3. 道德论

正和在知识论上,唯心主义与经验主义的对立一样,在道德论上,它是和功利主义相对立的,为了良心的命令,义务的执行,任何苦乐、利害之计较,是不容渗杂其间的。黑格尔既然把道德看作客观的,所以对于社会的制度,尤其十分重视。在主观的客观化中,个人要完全服从客观,以客观的意志为自己的意志。义务的无条件的执行,是很重要的。可是在这里,黑格尔和康德也有一点不同。他的道德论,只是他的哲学体系的一部分;道德是理性的发展,义务之所以为义务,正以其理性之所不得不然。张东荪君甚至于说,这与功利主义未尝没有共同之点。张君说:

> 夫道德之根源既在个人以外,则个人之沐于道德正犹如花草之被浴于春风。春风一至,百花不得不开。宇宙理性发展至某程度,则个人遂有道德,社会遂有制度。盖个人至此,乃代表宇宙理性,以自我之实现而表现宇宙也。……康德之说,重在自立法度,似仍偏于主观意志,黑格尔既重视社会道德,则以为有良好社会方有良好人生,其与功利论显有共同之点,可断言矣。[1]

虽这样说,唯心主义者自己到底从来不承认功利主义的合理。罗森克兰茨于提出了义务观念以后,就力辟功利之说:

> 第一条与义务观念有关的定律,即是使学生习于无条件的服从义务,以至于他的执行义务,仅因其为义务,而不是为任何其他原因。一个义务的执行,在外表可生快感、不快感、有利或有害的结果;但这些结果的考虑,不应该来决定我们。……一切最高的快乐说,不管如何巧妙地引申,若是常作生活的指导,最后必趋于诡辩与毁灭生命的种种

---

[1] 张东荪:《道德哲学》,第484页。

矛盾。[1]

三

上述的教育哲学,如其拿来与实用主义的教育哲学对比一下,其含义自然更加显豁,假定我们对于实用主义是已经了解的话。

1. 教育本质论

教育是生长或发展的过程,原是实用主义者所惯常说的。他对于黑格尔的发展说是怎样看法呢?实用主义者,以实在为未完成的,不是已完成的;是人造的,不是天命的。所以对于个人智慧品性的多元的发展,抱着无限的希望和信心。可是在黑格尔的那个宇宙理性的辩证的发展里,一代一代的个人,虽也流传演化,而随着历史在发展,却是除了伟大的人物是理性之执行人以外,芸芸众生,只有在被历史决定了的地位上,受客观的社会制度的支配。"凡实在的是合理的",黑格尔的最大企图,在于解释实在,而不在于改造实在。所以极端的保守主义者,会利用他的形上学作护符。在他那样的宇宙秩序里,个人的发展,到底有几许可能呢?

杜威于自己提出教育是经验之永续的改造一个概念以后,对于黑格尔的发展说不能不予以严正的批判。他说:

> 有一种教育观念,自承是根据于发展的观念的。但是这个教育观念,好像用一双手把东西贡献给我们,同时又用另一双手,把这件东西拿了回去。这种观念,不以为发展即是永续的生长,却以为是一种潜力向着一个确定的目标的开展。它以为这个确定的目标,是完全的、美备的;在没有达到这目标的任何阶段,都不过是向这目标的开展而已。逻辑地说,这种"发展说",不过是"预备说"的变相。在实际上,这两个理

---

[1] Rosenkranz, op. cit. , p. 150.

论的异点是：信守预备说的人重视青年正在预备的实用与专业的职务；而发展说则重在正在开展着的理性的精神的特性。[1]

但是我们说过：所谓主观之客观化，意义上与个人之社会化不是没有相同之点。不过实用主义者绝不主张个人完全屈服于社会环境，却主张社会制度要能够渐渐改造以容许个人的自由发展罢了。杜威关于这点，又给黑格尔以适当的评价：

> 这种承认伟大的历史制度是培养个人理智的要素，在教育哲学上是一个重大的贡献。这种观念比卢梭已进步得多。卢梭以为教育是"自然"的发展，不可成为外部压抑的事情，同时却以为社会的情境都是"不自然的"（这使他的理论无法圆满）。至于黑格尔主义的最大缺点，则在于把发展的最后阶段，看作是完全决定了的、包括了其他一切阶段的。这样，他虽然在抽象上把个人扩大起来（当作理性的表现），却把具体的个性湮没了。[2]

杜威甚至于说：

> 德国理想主义应用于社会哲学的效果（纵使用意不是如此），是为政治现状供给一种自保的壁垒，以抵制从革命的法国传来的激烈思潮。虽则黑格尔彰明地扬言国家与制度的目的，是在于促进一切人的自由之实现，但是他的结局是把普鲁士国家神圣化，并供奉官僚式的专制主义。[3]

2. 知识论

在知识论上，唯心主义（唯理主义）与经验主义是对立的。实用主义者则以

---

[1] Dewey, *Democracy and Education*。邹恩润译：《民本主义与教育》，第99页。
[2] 同上书，第106页。
[3] Dewey, *Reconstruction in Philosophy*。胡适、唐擘黄译：《哲学的改造》，第180页。

为知识起于人生实际的活动,人与环境的交互的作用。理性与经验,乃是在求知过程中互相联系、互相辅助的。知识是行动的工具,起于行动中的问题,而以问题的能否解答为其真伪的标准。在杜威的知识论里,知与行的连续性,替代了向来理性与经验的二元性。

这种理论在教育上的应用有十分重大的影响:在课程上,打破了纯理知识与应用知识的划分,取消了文雅教育与职业教育的疆界。这样的问题,唯心主义者是从不解答的。在方法上,它主张从行动中求知,主张知行的合一,这在现代教育法丰盈的收获,也是我们所习见而不须费词的。

至于唯心主义者在学习中注重努力,而经验主义者如赫尔巴特注重兴趣,从实用主义看来,也没有什么争执。这两个名词代表一整个过程的两端,勉强分裂开来,没有一个是合理的。因为美国教育界常有这种无聊的论争,所以杜威给他们写了一本《教育上的兴趣与努力》的小册子[1]。

3. 道德论

在道德论上,唯心主义是与功利主义对立的,实用主义于此也同样采取一个调和综合的态度。黑格尔派要人无条件地执行义务,以为是理性之必然;而实用主义者则以为义务要成为义务,正因其在行动中能发生好的功用。教育之所求,当然在于培养儿童的良好的品性,但杜威说:

> 它应该造成能够发生实际行动的品性。我们不知道只有感情而不能行动的好好先生有什么用处。我们必须有在行动上善良的品性。[2]

再,浅薄的唯心主义者提到了道德教育、人格教育一类的名词,总觉得于现实教育以外,另有这样一类伟大、崇高的理想教育之存在。其实离开了现实的教育环境,到哪里去施行这高尚的教育呢?用什么方法呢?黑格尔绝没有叫人这样想过,他是充分地握住现实的人。道德是主观的客观化之一阶段;而"教育",

---

〔1〕 Dewey, *Interest and Effort in Education*.
〔2〕 Dewey, *Moral Principles in Education*, p. 27.

他说,"就是使人成为道德的人的艺术"〔1〕。

杜威对于浮浅的道德教育论,则有如下的批评:

> 除非由寻常功课发生对于品性的影响,就使把道德的目的视为教育上统一的与最高的目的,也是无用。如其知识与道德没有有机体的联系,学校乞灵于特殊的道德功课或训练,则所得的知识既不与行动相关,同时所谓道德也变成空谈的教训。

在他的

> 教育计划里,知识是有社会目的的实际活动的伴随的结果。学校是一个雏形的社会,与学校以外别的社会组织有密切联络的社会。一切教育,只要是发展个人于社会生活有效地参加的能力的,都是道德的教育。〔2〕

我们因叙说黑格尔的教育哲学,而比较唯心主义与实用主义的教育哲学,姑止于此。

唯心主义者会讥笑地对实用主义者说:"你们的所谓的教育哲学,和我们的不同。你们的,只包括知识论和道德论;我们的,却还要加上本体论和宇宙论。"〔3〕

实用主义者见于自然科学的前进,诚然不愿再以形上学的方法探索本体论的问题;但他的宇宙论却也非常明显;它是以进化的概念为基础的。詹姆斯说:

> 唯理主义的实在,是造好的,完成的,从无量时间以来便是这样。

---

〔1〕 Luqueer, op. cit. , p. 107.
〔2〕 邹恩润译:《民本主义与教育》,第 652 页。
〔3〕 Horne, *Philosophy of Education*, p. 298.

实用主义的实在,却还在创造中,它有一部分要等将来才完成。在那一方面,宇宙是绝对安稳的;在我们这方面,宇宙还在冒险进行中。[1]

人生在黑格尔的那样合理的宇宙里,只有坐视理性的一正一反的发展,只有俯受它所给各人安排好、决定好的地位。明知道这地位并不怎样合理,却也只有不怨天,不尤人,放弃自己的主观,耐心地去体认客观的精神的合理性来。这样的人生观如果不是怠惰的乐天,也会转化为懦怯的厌世的吧。詹姆斯又这样幽默地说:

假如上帝在创造世界前这样对你说:"我要造一个世界,保不定它是可以济度的。这个世界的全善不过是有条件的,全靠各个分子各尽他的能力。我给你这机会,请你加入这个世界。你知道,我不担保这世界是平安无事的。这是一个实在的冒险事业,中间有许多危险,但是你也许能得到最后的胜利。这真正是一个社会互助的操作。你愿意参加吗?你对于自己和其他工作的人有那么多的信托,来冒这个险吗?"若上帝这样问你,这样邀请你去参加这个世界,你当真怕这世界不平安,竟不敢去吗?你当真不情愿做这根本上多元的、"不合理的"宇宙的分子,宁可躲在睡梦里不觉醒吗?[2]

到底哪一种宇宙论给予教育者以更壮健的、更积极的人生观呢?

二三(1934),十二,六。

----

[1] James, *Pragmatism*。孟宪承译:《实用主义》,第172页。
[2] 同上书,第195页。

沃立与杜威[*]

现代教育思想从道德哲学的观点说,可分为理想主义与自然主义两大派别。理想主义视道德是超越人生,而根柢于宇宙的永恒的真理与定律的。自然主义则认为道德不越人生,只是为欲望和利益的满足的。因此对于教育,理想主义要求有确定的目的和标准;主张传授儿童以超个人的文化价值;重视纪律与权威在引导他们发展中的必要。自然主义相反:它倾向变化、试验,而厌恶抽象的目的;偏重文化的变动性,而主张以教育适应社会和个人的当前需要;鼓励儿童的生长,却只为生长,而不愿决定它的方向。(Ulich, *Eundamentals of Democratic Education*, p. 102)

20 世纪初,新教育论者开始他们对于传统教育的目的和方法的种种批评。这些批评,在欧洲,是从新理想主义的哲学出发的。但在美国,就只依据着实验主义一个观点。(Ibid., p. 103)

实验主义作为近于理想主义抑自然主义的解释,对教育乃至对民主的前途,都有极大的影响。如果我们相信人只需新的经验,而不问经验的标准,那么民主社会也只需变化,只需试验,没有必然的理由要确立自由、友爱、负责、明智为其规范的理想了。……甚至民主的自身,既

---

[*] 载于《浙江学报》第 1 卷第 2 期(1947 年 12 月)。沃立,今译乌里奇。——编校者

不过起于社会偶然的变化,依于人们思想的习惯,到了有权力者感到民主不利于己的时候,也就可以改变它,推翻它;这样,民主也没有必然的价值了。(Ibid. , pp. 129—130)

以上直引沃立(Robert Ulich, 1890—)的几段文字,想用他自己的话表明他著书的旨趣。

沃立是德国教育家,一个爱好民主的人。纳粹执政后,他移居美国。从1934年起,一直任着哈佛大学的教授。先后出版的著述很多,主要的有:

《民主教育本旨——教育哲学》(*Fundamentals of Democratic Education: an Introduction to Educational Philosophy*, American Book Co . , 1940);

《教育思想史》(*History of Educational Thought*, American Book Co. , 1945);

《教育思想选辑》(*Three Thousand Years of Educational Wisdom: Selections fron Great Documents*, Harvard University Press, 1947)。

《教育思想史》,凡20篇;从柏拉图起到杜威止,不仅是前人思想的重述,而且是20篇批评的论文。其中美国思想家除杜威外,还有富兰克林、杰弗逊、爱默生3篇,为同类的他书所不经见。卷后所附参考书目录占52页,也比他书为完备。选辑是史料,采集诸家原著的菁华。各冠以简短的序论。柏拉图之前,加上了印度与中国的古代教育思想;中国部分节录老子、孔子(《学记》与《大学》)、庄子的英译。这书虽与前书平行,也可当作另一部教育文选看。这两部书无疑是最近对教育史上的重大贡献。他的教育哲学则如上所说,是理想主义对于实验主义的批评、解释和折衷。

现在先略述沃立自己的思想。所谓"道德是超越人生,而根柢于宇宙的永恒的真理与定律"这句话的意思涉到他的形上论的假定。他说:宇宙的本体是什么,前人说它是物或是心,是自然或是理念,这样各执一词而有学说的对立。这是因为人的思议、言说,总局限于其一个侧面的缘故。其实它是物与心的统一体:是一个大生命力,是自然也就是理念。这虽若不可思议,而这点"信仰"正是我们自己穷理致知的先决条件。试想，自然界如果不就是"理"（Logos），那么，一切自然科学所探求的定理还有什么确立的可能呢？人是身与心的统一体。他生活在宇宙中间；他的生命不是自己所创造，而只是宇宙大生命的一支流。我们被这大生命所弥纶、所含育，不管自己愿意不愿意。我们虽感觉自己占有这生命，而同时这生命实在超越我们，也可说，它占有我们。人类生命力的冲动，在原始的形态，是需欲与倾向（Needs and propensities）；在最高的形态，便是良知与道德。道德行为起于生命力的欲求；它不是社会习俗或个人主观所决定，而是萌柢于宇宙的大生命里面，为它的永恒的、必然的动向。道德是这样，其他文化的价值与理想也都是这样。理想是超个人的、客观的，因为是内含于全宇宙的生命里面的。

我们的智能怎样发展，人格怎样完成的呢？需欲与倾向，藉着行动与知觉的能力（Executive and cognitive abilities）表现出来。旧所谓意志、情绪、智慧，都不过是表现的不同方式。因为倾向和能力的相联，是不固定而富于变化的，所以有发展的自由；是受着禀赋与环境的影响的，所以有个性的差异；是朝向一定的目的的，所以有人格的完整。文化与教育，规定共同的、超个人的目的，使人格在"生长"（Growth）中有理想的"范型"（Form）；使每个人依这范型去决定自己的"生活计划"（Life plan）。假使他的生活计划符合他的个性的要求，而给他的倾向与能力以完满的表现，那他就享受着和谐的人生，而发现了自己，完成了自己（Self-realized）。

> 任何民族，任何时代，能够融合"生长"与"范型"，也便能够统一"理智"与"信仰"，而有文化的勃兴。二者如有矛盾或偏废，则文化必趋于衰落。（Ulich, *Fundamentals of Democratic Education*, p. 338）

沃立对于杜威的批评就着重在这两点：一，他只言生长，不立目的，没有生长的范型；二，他只重理智，而完全忽略了宗教的信仰。沃立以为西方教育，向来以基督教与人文主义为其最高的指导理想。在近世教育思想史上，夸美纽斯和裴斯泰洛齐都充分代表这种理想。到赫尔巴特,已只有人文的兴趣,而没有宗教的热忱。到杜威,便只代表现代科学与工业的趋势了。他主张今后的教育,必须"培养一种道德的态度,使能综合实验主义的精神与对于人生深义的信仰。"(Ibid . , p. 189)

在教育思想史的末一篇,著者分析杜威的哲学,而指出它的发展可分为两个时期。1894 至 1930 为第一期;1930 以后为第二期。杜威第一期的思想,是极端的实验主义,他对 19 世纪的唯心主义(idealism,泛译理想主义)作无妥协的抨击。到第二期,他便温和得多,而有了折衷主义(eclecticism)的趋向。

实验主义的优点是:它鼓励科学的思想态度;它解除传统的束缚,不主故常,力求变化,要人凭着智慧与勇气去改造环境,改造自己,对人类的进步引起无穷的希望;它启发人们互相宽容互相尊重的民主精神。但也有它的缺点。一则它的指责唯心主义,造成许多偏见和误解。杜威在一篇思想自传(Dewey, From Absolutism to Experimentalism, in Adams and Montague, *Contemporary American Philosophy*, Vol. II)里,自己说在他的学生时代,那些神学的哲学教授怎样引起他的惊疑和厌恶。他的攻击唯心主义,一部分是对自己少年时哲学训练的反响,同时他也承认他所受黑格尔哲学的渊源。这一点,他的许多美国信徒似乎没有十分注意。他所谓生长,指经验的变化、改进,指它的日新又新、精进不息的历程。人生经验具有这自行求进的动力。所以一切理想、目的、方法、技术,都会从经验自身里发展出来。理想是"内含"(Immanent)于经验而不是"超越"(Transcendent)经验的。这样的"内蕴目的论"(Intrinsic moral teleology),应该使实验主义与理想主义可以互相接近的,却因为许多偏见和误解,只显得它们的互不相容,这是深可惋惜的一点。再则他的教育学说也有偏而不全和自相矛盾的地方。他只言生长,不定目的,说生长是变化不息的历程,不可以任何固定的目的来限制这历程。不知崇高的理想、完美的范型,原是萌柢于宇宙的生命力里面,而为人所企求而永不能得的。如基督教的"爱",科学的"真",艺术的"美",这些理想,是仰之弥高,钻之弥坚,永远鼓舞人生的向上的。怎样会限制生长,阻挠进步?

1930 以后,杜威的思想有一个确定的转变。是不是因为他感于民主信仰的动摇,或其他的生徒对于他的学说的错解,还是因为他自己经验的变化,那就不能断定。总之,他开始说到目的,说到信仰了。在所著《共同的信仰》里,他就这样说:

> 理想的目的,对人所具的权威,是一个无疑的事实。人类对于正义、慈爱、真理的信从,是这样确然不移,已不需要宗教再加上教义和信条的累赘。
>
> 我们信仰所系的理想,是不模糊的,不摇动的。这种理想,具体表现于我们对人间关系及其所含的诸般价值的了解中间。生存于现在的人们,是人类从邈远的过去到邈远的未来的大生命的一环。我们文化中最宝贵的东西,不是我们的,是靠着无数人的勤劳苦痛才存在的。我们的责任在于继往开来,将这些价值保存了、甄别了、扩充了,而贻给后来的人,使他们能够把握得更坚牢,分享得更普遍。这样的一个信仰,不拘于任何宗派,任何阶级,任何种族。它本是人类所默契的一个共同信仰,现在只须把它说明而加强便好了。(Deway, *A Common Faith*, p. 44; p. 85)

沃立引了上文,接着说:

> 这不复是实验或工具的价值论了。我们可以信仰"不模糊的"、"不摇动的"理想了。可是这些理想怎样会产生的?杜威愿意哲学的思辨,到此而止。但哲学决不会停止于此;它要求经验主义检讨它自己的形上论的假定。(Ulich, *History of Educational Thought*, pp. 333—334)

实验主义的力量,由于它是一个动力的哲学。它相信在人生经验的变化不息的动力之中,内蕴着它的理想和规范,而赋予人生以日新的意义和方向。沃立再三指出,这种"内蕴目的论"使得实验主义不难与理想主义相调和。事实上,美国一般实验主义者所表现的,是对人类进步无限的乐观,对合理的世界秩序的深切的信仰。这种乐观和信仰,虽则是无批评的,却正是最有力量的。

> 说不定百年之后,哲学史家会这样说:詹姆斯和杜威是生于实验科学与工业技术发达的时代,看到旧时先验的理想主义,已失掉了它的依据,所以想另建一经验的理想主义以代之的。(Ulich, *Fundamentals of Democratic Education*, p. 129)

读过了沃立对于实验主义的批评和解释,再细按杜威的原书,引起我们如下的观察。

1. 经验与自然

沃立的《民主教育本旨》和杜威的《民主与教育》(*Democracy and Education*)的出世,相隔了25年。两部书纪录两个人在两次世界大战中间的教育感想。虽则一样倡导民主,而乐观的成分自然不同。沃立目击欧洲民主的崩颓,对于美国的保卫民主与世界和平,怀有很切的期望。他接触到美国实验主义的活跃的精神,但不能忘却欧洲的宗教与人文主义的传统;他恐惧民主信仰的基础将因宗教的衰落而动摇。因此他想给实验主义一个理想主义的解释。这点深意,一定有许多人和他同情的。

但是他说到1930年以后,杜威的思想渐变为折衷主义这一点,未必有许多人会同意。杜威的哲学,特别是在它的后期,显明地是一个经验主义(empiricism)或实验主义(experimentalism)。这两个名词,在他是并用或互用的。因为一则他所谓经验,指人与环境的交互行动;行动为主,而知识次之,知识起于行动,而成于其在行动中的考验。这与17世纪的感觉经验主义迥乎不同。二则这种物我相交、知行合一的经验,以实验为其通性,科学上控制的实验方法也就是从人类长期的经验中提炼出来,发展成功的。所以名这经验主义为实验主义,意义更加明确。杜威始终坚持这个立场,在1938年的《经验与教育》中还说:

在许多疑难之中，只有一个永久的参照点，即教育与经验的不可分。新教育哲学只有根据一个经验的、实验的哲学。（Dewey, *Experience and Education*，p. 12）

至于这经验的哲学应该作为理想主义抑自然主义解释的问题，他在 1929 年的经验与自然的开头就说过：

这哲学可称为经验的自然主义，或自然的经验主义。（Dewey, *Experience and Nature*，2nd edition，Ch. I. ）

他自己的解释是这样。别人所作别样的解释，那是别人的思想了。

2. 生长与目的

沃立所不满于经验主义的教育哲学的第一点，是说它只提了生长一个概念，而没有规定生长的目的。这确是多数杜威的读者所最感迷惘的，并不是沃立一个人或第一次的批评。

在这里，我们必须提起两派哲学态度上一个根本的分别。超经验的（唯心的）哲学所求的，是共理、是抽象、是常恒、是最后，而经验的哲学所涉的，却只是殊事、是具体、是变化、是当前。以目的问题来说，人生经验以内的目的，是人的，不是天的。凡是人的目的，就都是一个一个人，在一件一件事上，行动的效果的预期。这种目的，和行动或手段分不开。一个行动历程分两端来看，其起点和中间是手段，终点便是目的。但这是相对的、可变的；一个目的达到了，就变为次一行动的手段。任何目的，如不能转化为手段（end converted into means），则不但目的永远不能达到，连它的意义也不能确定，而只成了空虚的幻想或偏见的护符。如果把目的分析为一项一项具体的、当前的手段，那么，它的意义明了了，它的正确与否也当前立辨；人不能再以抽象目的之是，来掩饰具体手段之非了。（Dewey, *Human Nature and Conduct*，p. 35）这个标准应用于道德问题，实在非常严格。说经验主义的目的论切近实际，缺少想象，规规于事为，汲汲于功效，不像理想主义的冥心孤往，引人薪向一个庄严圣洁的境界,是对的。说它没有目的论,显然不对。

教育的目的是什么?杜威说,生长是经验的变化、改进的历程,同时也是它的目的:这是教育可能有的最广泛的目的。它广泛到和人生一样;几等于说:人生的向上是历程,同时也是它的目的。这里,经验主义比理想主义谦卑得多,它不能够"为天地立心,为生命立极",超脱现实的人生,而从宇宙的立场指示出人生的大目的来。人生的目的、理想、标准,内含于人生历程以内,而在不息发展之中,没有先知能够给它全部预定。教育,除传统宗教的部分以外,既必须在经验以内进行,怎样能有超经验的目的呢?经验在不息变化,固定的目的是不是阻挠变化呢?实际教育所必需的目的是具体的、个别的、当前的;是一个一个儿童或青年在一项一项活动中的效果的预见。只有这样的效果的预见能够供给他们学习的动机,持续他们的努力。新教育的基本概念之一,正是"目的性的活动",怎样能说它没有目的?

若问,除了具体、个别的目的而外,有没有可能成立若干比较抽象的、概括的总目的,作为我们教育的全体综观呢?答,这不仅可能,而是实有。这样的总目的,在理论上,在事实上,是一直有的。生长就是理论上最概括的一个总目的了。另外,杜威也详细分析和比较过前人所提的各种目的,如"自然的发展"、"社会的效能"、"文化的陶冶"等,而说:

> 教育者所最关切的是当前的、具体的、个别的目的。那些抽象的、概括的总目的,应当作为现前活动的全部展望;其价值也看它们裨益于具体活动的了解有多少。对于它们,我们不须作任何选择。我们所必须选择的是在什么时间,有什么活动。至于那些大目的,只是同一情境的几个看法,尽可以兼容并包。没有人能够同时爬上几个山头,但几个山峰都爬过了,所俯瞰到的远景,是互相调和的,决不会看出几个互相抵触的世界来。教育的总目的既是全部教育的不同的展望,那么,每一说,着重一类问题、一种观察,甲说详乙说的所略补它的所偏。这样的目的,当作我们研究的"假设"(Hypotheses)看,愈多愈好。(Dewey

Democracy and Education，p. 129）

沃立对于实验主义的全部批评中，最紧要的一点，是指出它的"内蕴目的论。"他想抓住这一点来把实验主义作一个理想主义的解释。可是一涉教育目的问题，他也仍和别人一样笼统地说杜威只言生长，不言目的，没有生长的范型。这点自相矛盾，使他的实验主义与理想主义的调和，结果只显出了他们的分裂。

3. 理智与信仰

其实，他所不满于经验主义的教育哲学的，还在于第二点：就是，指责它偏重科学的理智、工业技术的效能，而蔑视了宗教的信仰。关于这一点，没有人对杜威有什么误会。

科学对宗教的矛盾，是近世哲学上一个苦闷的问题。培里(Perry)曾说过：哲学从来服侍着两个主人——科学和宗教。哲学者自己也常兼有纯粹求知的虚心和度人救世的热望。在中世纪，哲学不过是神学的侍从。到 17 世纪自然科学兴起以后，裂痕深了，但情势还不急迫。哲学家一方面还对宗教效忠，一方面也还为那时代的科学，如数学、天文学的造诣。真正宣告传统哲学的结束，科学与宗教的分离，而逼得以后的哲学家非决定一个取舍不可的，是休谟、康德两个人。到 19 世纪他们所各自引起的实证主义与浪漫(唯心)主义，便截然对立了。"实证主义是科学性的哲学；浪漫主义是宗教性的哲学。在现代哲学上代表这两派的，就是自然主义与理想主义了。"(Perry, *Present Philosophical Tendencies*, Ch. II)

杜威的那种经验主义，既然是自然主义的，它的不能含有超自然的宗教性，原无可质疑。沃立在《民主教育本旨》的"教育与宗教"一章中，讨论了科学与宗教的矛盾以后，列举现代人所有的四个宗教学说：一，正宗说(Fundamentalism)；二，同一说(Religious philosophy of identity，指宇宙内蕴的神性与人类理智的相同)；三，矛盾说(Religious philosophy of paradoxicalness，指信仰之为信仰即在于其与理智的矛盾)；四，象征说(Religious symbolism)。他这样判断：

杜威在他最近关于宗教问题的论著中，显出同一说和象征说的宗

教思想。(Ulich，*Fundamentals of Democratic Education*，p. 312)

可惜没有更详细的说明,指出他这样判断的根据。我们在杜威的《共同信仰》中所找到的,他所谓"宗教的态度"(Religious attitude),有以下几个特点:

> 宗教的态度所引起人的经验的改变,是广泛的、深远的;不限于任何一个情境或一种欲望,而普及于生命的全体。因为范围广,它的影响也就很永久。有了这样全生命的调和完整,就不管以后环境怎样变幻无常,我们可以安排、顺受。这包含一点"屈服"(Submission);但这屈服是欣然自愿的,非被迫的。(Dewey，*A Common Faith*，p. 16)

> 宗教的态度,须有人与宇宙一体相关,——对它依赖而靠它扶持的感觉。(Ibid. ，p. 53)

> 任何活动只要是为着理想的普遍而永久的价值,不顾艰难,不避危害,去进行的,就都有宗教的品质。(Ibid. ，p. 27)

杜威以为具体存在的这个那个宗教,并不一定有信仰上的共同;人类所能共同的,只是这样一个宗教的态度。这态度的特征,如果上引的几点可以包括,那就是:一,它影响人格的永久组织;二,它引起人与宇宙一体的感觉;三,它支持我们追求理想的坚决行动。前两点,的确是杜威所不常说到的。因为他一向只说经验的变化历程,不提经验者的主体——自我或人格;奥尔波特(G. W. Allport)批评过他对人格的否定。因为他一向夸张人力改造自然,而不说人对宇宙依赖,罗素(Russell)称之为"对宇宙的不虔"(Cosmic impiety)。现在他也这样说,似乎是趋向于折衷主义了。可是他始终没有越出经验的范畴。他所说的宗教的态度只是经验的一个品质,如道德的或艺术的品质一样,是任何活动所可具有的。这种态度的培养,当然也就在于一般教育活动之中,而不需特定的教义或信条的累赘。这与超经验的宗教观点,不知有多么远的距离。所以沃立最后还是"要求经验主义检讨它自己的形上论的假定"。

教育与民治*

　　教育是社会事业的一种,受着社会各种情形——若经济、若政治——的限制。在今日混乱的政治状态之下,各处学校多数停顿;教育自身且岌岌不能自保。向来高唱着教育救国论的人,至是始感觉到教育的无能,而完全受政治的支配。其实呢,政治固然支配教育,而教育也可以间接转移政治。不过这转移的能力有多少,大家却不大注意,所以一会抱着浅薄的乐观,一会又陷入悲观了。

　　自从杜威著教育哲学,以《民治与教育》名其书,学者争相诵习,而这两个名词便喧腾于教育者之口。好像教育和民治发生了必然的关系。好像教育普及了,基本的知识技能得传授了,我们的学生便都成了好公民,便自会运用代议的——或其他更新的——政治制度了。不晓得杜威在民治比较先进的美国,而一部教育哲学只是谆谆于民治社会里应有的教育理想,又从此理想以讨论课程、方法等的原则,批评现在的教育中种种错误的趋势。他的理想似乎在美国还未能完全实现。在民治基础脆弱的中国,哪里有不待特殊努力、毫无确定目标的教育即可以造成民治相矜夸的道理呢?

　　波特(B. H. Bode)于欧战[1]后著书,即痛快地说:“教育没有什么魔术会必然的增进民治。教育是一个工具,叫听受许多主人的驱使,也尽可用来巩固

---

* 载于《教育与人生》第2卷第51期(1924年10月6日)。杂志目录标题与正文标题不符,误为"教育与文化"。——编校者
〔1〕 即第一次世界大战。——编校者

一阶级的特权。从来教育未有如今日的普及,然教育的普及不但不能弥止战争,且使这次大战争贻祸比以前战争为尤酷。所以我们不能假设教育本身必能保障民治。要保障民治,我们须有另一种的教育,依另一种精神和价值标准去施行的教育。"(Bode, *Fundamentals of Education*, p. 59)这般议论是很可与杜威相发明的。

英国政治硕学布赖斯氏(James Bryce)前年著《现代民治》两巨册,其第 8 章论教育与民治,文中搜罗史列,繁称博引,以证明他的论点,而严冷地归结到教育增进民治的效力很是有限。他自述他的结论说:

> 国民教育虽为民治所必需,而我们估定它的效能时却常过量。识字读书的能力不过是取得知识的一途径、一工具;用之善不善或用与不用都难决定。有知识了,而知识又不过好国民应具的许多资格中的一种。其他资格,如公共精神,如忠实,尤为重要。

> 倘使公民能力的试验是看他能不能选举最好的领袖,能不能维护最好的政策,那末我们在几个国家里可以看出,一般民众的公民能力反比知识阶级为优。学术的攻究影响于人的政治智慧似很少的。有几个科学者谈到政治,其智并不出他们所教的学生之上。且有时政界要人和大学教授,他们所宣传的政见是很危险的。
>
> 所以民治的训练不仅在知识,而在先有地方自治的团体,以养成习惯。

> 在久受外国统治的民族如菲律宾,如印度,或在久屈服于专制政体下的民族,如俄国、如中国,他们教育的普及自然是很紧要的。然教育普及了不一定能使他们会运用民治,或反使他们建设民治的初步时增加困难。[1]

---

〔1〕 Bryce, *Modern Democracies*, Chap. VIII.

布氏此论,最为精确。(我们三复布赖斯的话,很有些特异的感慨。他论到中国的政策,像是一种先知的预言。老实说,我们政治的罪恶,一部分智识阶级难道能辞其责吗?)国民教育为民治所必需,教育的确有一部分造成民治的能力。不过它的能力也有一定的限度。我们认清了这点,则对于教育的转移政治,一方面固然不存过分的奢望,一方面也不因了暂时的政局扰乱就灰心。只是认定范围,积极努力。这个努力,据我看以后有两个方向:一,公民的训练要设法联络学校教育与家庭教育、社会教育共同合作。二,学校内施行的公民训练应于知识的灌输外,从习惯的养成和精神的陶铸上,双方兼施。

公民训练绝不限于学校。若单靠学校里施行公民教育,那末学校里所心摹弥力追的标准与理想,哪里敌得过社会上耳濡目染的试诱与暗示?儿童在学校里是一个人,到了社会上又是一个人,他所接触、所适应、所模仿的,无不一一与学校相反。"一齐人傅之,众楚人咻之",学校的效力固然和社会势力相抵消,而学校的教育与社会生活完全隔离,愈隔离,愈抽象,训至教育自身也失却一般人的信仰了。所以公民的训练是凡学校、家庭、邻里、儿童游戏团体、商店、工厂和一切职业团体、政治机关所当共同趋赴的目标,共同担荷的责任。

其次论学校以内设施的公民教育不应专靠法制经济知识的灌输。布赖斯注重"养成习惯"是很对的。本来现代教育的精神在从"行"中去求"知"(Learning by doing)。因为要"行",所以有求"知"的动机;因为"知"了,所以"行"得终彻底。要做好公民,更不单是知识的事,而是要实行的事。所以知识以外,还要有学校内种种组织、种种活动,去培养公民的态度,训练公民的习惯,陶铸公民的意志和感情。这层是今日学校教育家所早已见到,而有待于继续努力的。

自由与纪律*

自由是思想、行为的基本的假定。

思想有是非,行为有善恶。我们要求人的思想正确,行为善良,乃假定他能够正确,能够善良;即假定他对于是非善恶,能够有自由的抉择。因此,抉择得对不对,他应该负其责任。一个精神病患者,或一架人形的机器,如果思想乖谬,行动失常,我们便无法要他负责;他不是故意如此,而是早已失却抉择的自由了。所以自由是一切思想道德责任的基础;否认自由,无异于破坏这基础,在理论上是很危险的。我们即使不欢喜人的自由,也得假定他的自由。事实上,自由是人人欢喜的、追求的;自由是大部分人类为它而奋斗的。

但从另一面看,自然与社会的法则、定律,都是必然的;人的依照这些定律,也是必然的,一点自由没有。

自然科学所探求的,是自然现象的原因结果。普遍的因果必然的相联,便成了自然的定律。例如关于行星的运动,物体的引力,都有定律的发现;而自然现象的依照这些定律,是必然的。社会的定律的准确性,还比不上;因为社会现象不容易作控制的观察或实验。但如道德的定律,许多圣贤说的许多话,——以"忠孝、仁爱、信义、和平"为例,——其要求人们的遵守,也是必然的。为什么如此? 说不出。这宇宙硬是有法则的宇宙,社会硬是有纪律的社

---

* 原为在国立师范学院的演讲辞,由李伯黍记,载于《国立师范学院旬刊》第 97 期(1943 年 7 月)。——编校者

会。大概因为这样，康德说，世间有令人惊异而赞叹莫名的二奇迹——"上面，星斗灿烂的天空；心里，道德森严的律令。"

人的生活不能超出自然与社会环境之外；对于一切定律，他就只有必然的遵守。天地生成是这样，他就无所逃于天地之间。倘若有人不相信，要证明他的意志的自由、万有引力定律的可以不遵守，从百尺高楼，纵身跃下来，那么，这世界上少了一个误解自由的人，万有引力的定律，丝毫没有摇动。否认"忠孝、仁爱、信义、和平"的人的命运，也和否认万有引力定律者的相同。汪逆在否认"忠"，德日暴徒在否认"和平"，结果必然是无条件的毁灭。

我们开始假定了自由，怎么自然与社会里又只有"必然"，没有自由呢？这矛盾需要一个解释。

自由只有一个意义，就是：人的思想行为能够自由选择，或自愿遵照那自然与社会的必然的定律。人是在必然之认识中，赢得他的自由的。

人类对于自然界的事物和势力，最初，只有畏惧，或盲目崇拜，或忍受灾害。有了知识以后，环绕于其四周的水、火、风、雨、雷电，以至飞、潜、动、植诸物的确定的性质，与因果的关系，渐渐发现了；发现一点，便会利用一点。近世科学与工业技术的惊人的成就，全部建设在这种知识上。必然的知识把握着了，人可以对自然界争取自由了。培根说，人征服自然，由于其遵照自然。社会生活里的自由也一样。社会的组织愈扩大，其纪律愈严明。百万大军的战争组织，其铁的纪律不必说，就是几千工人构成的生产组织，其管理、技术、工作等各方面，也各有不可违背的纪律。甚至如都市里的道路交通，那千千万万的车辆和行人，听着十字路口的警察的指挥，没有一个能违背。人是遵守了必然的纪律，才获得各别的行动的自由的。

这样说，个人的思想行为还可不可以变化呢？当然可以的。倘使不可以，还用得着什么教育？人类自由奋斗史正是他的思想行为的变化史。可是变化也只有一个方向，——向着那必然的真理去变化。最近纪念的四百年前哥白尼在天文学上的革命，只是纪念他发现天体运行的必然的法则的功绩而已。

总结起来,自由与纪律的没有矛盾,就因为如黑格尔说:"自由即必然之真理。"(The truth of necessity is freedom)耶稣不是这样说的吗? 我们要认识真理,真理给我们自由。

道德形上学探本*

题目是书名,康德著,唐钺译。译本是民国二十八年(1939)商务印书馆出版的。以下凡有征引,除另于文后注明出处的以外,所注的都是唐译本的页数。

什么是道德形上学? 康德自己说,这是一个"极受谩评的名词"。(第37页)我们寻常所谓伦理学或道德学(Ethics),他以为包含两个部分。一切关于经验的部分,无论从社会的进化,以研究风俗习惯中道德的起源与成长,以及道德定律的形式与内容;或从心理的发展,以研究个人欲望与冲动中社会制约的作用,道德情操的养成,品格与品行的意义与法则等的这种科学,康德给它一个专门名词,叫做"实用人类学"(Practical anthropology)。另外关于纯理的部分,我们泛称为道德哲学的,他却叫它作"道德形上学"(Metaphysics of morals)。

"道德形上学,虽是使人气馁的名目,但可以用通俗的方式讲,用顶平凡的智力都可以了解的方式讲。"(第9页)这篇短文所尝试的,也就是想以可能的顶通俗的方式,尽量依照原文,来阐明康德的道德形上学的本旨。

要判断人的行为的好不好,先要有一个"好"(Good)之标准,世间以什么为最好? 从来思想者有两个不同的答案:是人生的幸福(Happiness),另一个是

---

* 载于《行仁》创刊号(1943年11月)。——编校者。

人格的完成(Perfection)。但从康德的纯理的观点看来,前说固然完全谬误,后说也实在不够明了,不够正确。

幸福是什么?"就是顶有见识并顶有力量的人,要他对于他自己所要的幸福实在是什么有个确定的观念,也是不可能的。他要财富吗?那末,难道他不会因此弄到两肩膀上背着多少的忧虑、企羡和诱惑吗?他要知识吗?难道这类识见不会只是更锐利的眼光,使他觉得现在看不见的无可奈何的祸害更可怕,或是使他已经对付不了的欲谋上的需要更要加多吗?他要长寿吗?谁能够担保长寿不成为长苦呢?他至少要健康吗?可是,我们多常见身体不舒服时候所避免的放纵,因为完全健康反而明知故犯呢?此外还有许多,可以类推。简言之,无论依什么原则,他不能够确然断定什么东西会使他真真快活(有幸福);因为要能够这样,他要无所不知践行。"(第49页)至于以幸福为行为的标准,根本上说不通。一则如果为了幸福而有道德,则道德已成了自私的手段。二则为求福而行善,也未尝不可以为求福而为恶。三则目的既然只在于幸福,而非道德的自身,则如其有人甘愿放弃他的幸福,岂不也可以放弃道德上的义务?

完成说虽比幸福说要好得多,但其不明了、不正确也一样。哪一个人格是最完成的?耶稣说得好:"为什么你们说我好,除了上帝,没有一个是好的。"可是要从上帝的绝对的完成,推演出道德的标准来,则康德以为犯了逻辑上循环论夸的谬误。"因为我们对于上帝的完满,不能够直觉,只能由我们自己的概念演绎出来,而道德恰恰就是这些概念中最重要的概念。"(第87页)人是先知道了所谓善,而后知道上帝的至善的。如果不说上帝,而说圣人是最完成的,那更不行,"圣人与我同类者"。我们无论怎样用尽心力,来分析一个完满的人格所应具有的品德的条目,不论五项、十项,以至百项,总还是主观的意见,并不像自然科学的定律的那样客观与必然。这种分析找不着逻辑的根据。

破除了那些俗见以后,康德的道德形上学的特点,便显现出来了。

什么是"好"(Good)?康德说,只有"好的意志";用我们的习惯语,只有"良心"。"在这世界内,或就是在这世界以外,除了好的意志之外,没有什么东西有可以无限制地被认为好的可能。"（原著第1章第1句）任何旁的好的东西，没有好的意志为条件，都不成其为好。例如智力、机谋、勇气、果决等算好吗？这些才性给一个没有良心的人利用了，会制成极险恶、极恐怖。前说的健康、财富、名誉、权威等算好吗？这些幸运给一个没有良心的人享受了，徒然增长他的骄纵，而造成他自己和别人的祸殃。所以都不能算是好。只有好的意志，是无条件地好。为什么？它自身就是目的，没有任何别的目的；它自身具有无待于外的价值，像宝珠一样地自发光辉。

到底什么是"好的意志"？康德说，就是为"义务"（Duty）而执行义务；不为旁的打算，不为世间恭敬名利，不为一切什么。例如我们的良心命令自己道，"临财毋苟得"，我们就遵照着做，并不为博得信用以贸利；"临难毋苟免"，我们就遵照着做，并不为博得同情以沽名。义务是一个无条件的命令（Categorical imperative）。一个有条件的命令只说："你若希望什么，便须这样。"而无条件的命令只说："你应该（Ought）这样，不希望什么。"

这义务的森严的命令，是道德行为的客观而普遍的定律。个人的行为是不是执行着义务，所以只须问它所假定的主观的原因（Maxim），能不能构成一条客观而普遍的定律（Law）。因此，义务的命令可以用如下的一个公式表达出来：

1. "你的行为，要能够使主观的原则，成为一个普遍的定律。"（Act only on that maxim which thou cannot … will to be a universal law.）用康德自己所举的例证来解释。一个遭遇不幸、想要自尽的人，他的主观的原则仿佛是："遇到生命很为痛苦的时候，我所以缩短生命的。"这能不能成为一个普遍的定律呢？一切生物为延续其生存，而趋乐避苦，若为了趋乐避苦，而毁灭生命，乃是自相矛盾：这不成一普遍的定律，所以自尽非义务。又如一个遇着贫困、需要借钱的人，明知将来无法归还，却满口应承在某时可以清偿，他的主观的原则仿佛是："遇到贫苦而必需借钱的时候，我可以谎言告贷的。"这能不能成为一个普遍的定律呢？假使人人这样做，则任何谎言或契约失掉了它们的意义，而借贷这件事也成为不可能。这是自相矛盾的，而不能成为一个普遍的定律。所以虚谎非义务。

义务之所以至高无上,是因为它具有无待于外的价值,因为它自身就是目的,而非造成别的欲望,满足别的感情的工具。人(Man)之所以为人(Person),人格(Personality)之所以可尊贵,也就是因为他自身就是目的,而非只供他人使用之工具。如果他仅仅是一个工具,那他已无异于被助的机械或被玩弄的傀儡。机械或傀儡,其行为无道德之可言,以其是丧失了自由的意志的。因此,义务的命令又可以用下列第二个公式来表达:

2. "你的行为,无论对己对人,要把人当作目的,而不把人当作工具。"(Act so as to treat humanity, whether in thine own person, or in the person of any other , always as an end , never merely as a means)仍用前例来解释。那个自寻短见的人,是把自己的这个人当作求乐的工具的;那个谎言借钱者,是把别人当作敛财的工具的。所以都是违反义务,都是不道德的。

以上康德的两个著名的公式,在他的巨著《实践理性批判》(*The Critique of Practical Reason*)里,有更详细的说明。读者如仔细再检阅前面几段文字,不是觉得总有些牵强吗?不,康德自己不仅不以为牵强,还说第二公式就是从第一公式演绎出来。这更增加我们的疑问和困难了。我们自己叙述的不清楚,甚至于了解的不充分、不正确,都有可能。但康德的注释家、批评家,对于这两个公式,虽已经费尽了心力,却也没有完全解答我们的困难。例如赫夫丁(Hoffding)便坦白指出康德的"推论的牵强"(Artificiality of deduction)的。为帮助我们的了解,有两个概念,急需趁此补足地说明。(1) 理性(Reason),这,它是康德的道德形上学的出发点。(2) 社会(Society),这,他却直待说到这里,直待说完了他的道德定律和公式之后才提出来。因我们的困难也就发生在这里。原来(1) 康德将道德溯之于人类的理性,而使之脱离经验。以为风俗、习惯、宗教、权威、法律、舆论的制裁、功利的较量、模范的仿效,都不能真正赋予人以道德的定律,而只有自己的理性是自己行为的立法者。这所谓理性(别于他所谓"纯粹理性"或智慧),是指的"实践理性"或意志。所以说,好的意志会发出无条件的命令。可是(2) 道德行为,无论动机怎样纯洁,绝不能脱离社会,绝不能脱离人对人的关系。这句话,康德好像以为是不须说得的。他只说,理性是"人类"所同具的。所以说,无条件的命令是客观而普遍的定律;接着,主观原则要成为客观定律,对己对人要视为目的云云。其实呢,如赫夫丁说:"这两个公式,都先假定个人是人类社会中的分子。如果定律为人而存在,而不是人为定律而存在,则第一公式反是从第二公式演绎出来的!"[1]我们把人当作目的,而人皆有理性,所以主观原则是会成为客观而普遍的定律的,关于这"推论的牵强"的问题,说到这为止。现在应该赶快提出康德的道德社会来。

他说,理性是人类所同具的,有理性的人,自己是自己的目的,也当别人是目的。在这共同关系上,他们构成想象中的一个"目的世界"(Kingdom of ends)。

人在这"目的世界"里是自由的。人与物类在"自然世界"(Kingdom of nature)里,只有俯受因果"必然"的定律的支配。唯有在麦加这"目的世界"的时候,才有自己造因自己成果的"自由"。试问,人所必须执行的义务的严令,是谁颁布的? 是个个有理性的人自己颁布的。他自己颁布命令,自己服从命令,所以谓之自由。而自由也就是"自律"(Autonomy),另外没有别的意义的。想要违反普遍的道德定律者,即想要自外于"目的世界"者,其不自由是很可怜的。为什么? 因为他明知那定律是普遍的,徒以一时的物欲,想它给自己开一个方便之门或例外。既认其为普遍而又欲其容例外,这明明是矛盾,是自欺。不知越想其有例外,越感觉其赫赫的威严。"这种对于普遍律加以限制,不特假如我们平心而论是该死的,并且这种自欺的办法,反而证明我们实实在在还是承认无条件的命令的效力。"(第 59 页)所以我们不妨说:人在目的世界以内立法是自由,他在目的世界以外违法是不自由。

人在这"目的世界"里是平等的。人站在道德律的面前,贵胄与平民当然没有分别;前人甚至说,天地纲常之寄,有时反在草野之间。就是圣人与凡庶

---

〔1〕 Hoffding, *History of Modern Philosophy*, Vol. II, p. 88.

实在也一样,道德律无例外,不过圣人"安而行之",我们大家"勉强而行之"罢了。

人在这"目的世界"里,即,方其为义务而执行义务的时候,他取得了无上的伟大与尊严。"固然,就他服从道德律这一点说,他并不伟大。但是因为对于这个道德律,他就是立法者,并且他是为了这个缘故才服从它,所以他才算伟大。"(第83页)

康德的这个道德哲学,被称为"历史上最庄严的一个道德理想主义"[1]。连不很同情的杜威也说:"康德是对于理性的功能和品行的标准,有深远的悟解的。"[2]经过百余年来无数人的注解、批评、赞美、攻击,真的还"像珠宝一样地自发光辉"。

假使我们能起这老人于九泉,邀请他来出席一个现代哲学座谈会,他听到许多人对于他的批评,怎么答辩呢? 我擅自猜想:他一定以为一部分的批评是他早已想过,而认为不相干的。例如人们从社会学上,指出"良心"是进化中风俗、习惯、法律、舆论等的反映,或从心理学上,指出他的"理性"与"经验"的对立,理欲的二元之类的浅近的道理,他不早就说是"实用人类学"的教材,而不是"道德形上学"吗? 另外一部分的批评,从形上学的基本问题发生的,他会虚心地接纳的。可是他的书是1785年写定的,别人那样说的好吧,他却只会这样说。这样说而有它的缺点,那末,它的缺点也已经是不朽的了!

这个哲学顶重大的含义,当然属于人类的教育问题。康德的教育学说,需要另行讨论。在结束这一篇,我们应该表明这哲学对于人类的文明的几项不可磨灭的功绩。[3]一,它拥证像义的独立与伟严。义与利截然分开,"利"不是"善",只有"义"是"善"。恰如孟子所强调着的,"欲知舜与跖之分,无他,利与善之间也"[4]。论坛上说的尽了义务,才享着权利,也像街头上人们说的行

---

[1] Seth, *A Study of Ethical Principles*, p. 163.
[2] Dewey, *Human Nature and Conduct*, p. 246.
[3] Muirhead, *Elements of Ethics*, pp. 129—143.
[4] 《孟子·尽心上》。——编校者

了好事就有好报：这套劝善，只有"毁灭道德的伟大性。因为这样把为善为恶的动机弄成一类，而只教人打更好的算盘"。（第86页）二，它拥证人类的自由与平等。目的之王国，虽只存在于想象之中，而历史家以为后来法兰西的"人权宣言"，多少是这个哲学的预示。三，它指引人格完成的大道。道德无论如何解释，必定包含内心的奋斗、自克、牺牲；"义务"之威，便是所谓勉强。是以人格的发展，必定是通过自我的克服（Self-conquest）以达到自我的实现（Self-realization）的。这一个发展历程，继康德以后，会经有许多人分析过，其实古代的人也说着了："贪恋生命的人会失掉生命，而憎恨生命的人将永获生命。"[1]

---

[1] John, XII 25.

留美学生与国内文化运动*

大约两个月前,上海报纸上登载一篇留美学生救国意见的长文。那篇文章发表了,颇引起好多严密的评判。有一位记者就说:别的都可原谅,"但是主张军国主义一层,记者无论怎样想替他原谅,却都原谅不来了。留学了许多年,乃并近代潮流也不晓得,似乎说不下去罢"。

陈独秀说:"西洋留学生,除马眉叔[1]、严几道[2]、王亮畴[3]、章行严[4]、胡适之几个人以外,和中国文化史又有什么关系呢? 这班留学生对于近来的新文化运动,他们的成绩,恐怕还要在国内大学学生、中学学生的底下。"[5]

陶履恭[6]在《留学问题》里说:(他是讨论年幼出洋的弊病,)"他们对于本国真正的情形终觉隔膜,更不知道从何尽力起。他们所得的结果,最好的就养成了一个完全良善的外国国民。不好的呢,却只沉醉于西洋物质的文明,剽

---

* 载于《留美学生季报》第 2 期(1920 年 6 月)。——编校者
[1] 即马建忠(1845—1900),字眉叔,江苏人,清末洋务派重要官员,维新思想家、外交家、文学家,曾著《文通》。——编校者
[2] 即严复。——编校者
[3] 即王宠惠(1881—1958),字亮畴,广东人,著名法学家,1902 年赴美留学,获耶鲁大学法学博士,归国后曾任国民政府外交部长等职。——编校者
[4] 即章士钊(1881—1973),字行严,湖南人,1905 年东渡日本,后赴英留学,常撰文介绍西欧各派政治学说。——编校者
[5] 参见陈独秀:《留学生》,载《新青年》第 7 卷第 1 号(1919 年 12 月)。——编校者
[6] 即陶孟和(1887—1960),社会学家,1910 年赴英留学,学习社会学和经济学。——编校者

窃了一个卑贱的人生观,回来也就会替祖国多造些罪恶罢了。"[1]

我不须再多征引,让这几段话代表今日国内社会上对于留学生的批评的声浪也够了。我们对于这样老实的、公平的评刊,要坦白地承受,积极地欢迎。

我们在海外从事于知识、理想、技能的寻求,和国内学生从事于同样之寻求,没有两样。把留学生作为社会里一种特殊的阶级,"最优异最高贵之阶级",原是一件不幸之事,因为这是根于国内缺乏高深教育机关之事实或假设的。不过我们既享了比较的优异的教育机会,对于国内学生新文化运动——不必说能领袖指导也应该尽量参加,尽力贡献,这是无可疑的。所以对于人家那样的批评,我们不好漠视,要仔细省察一番,若我们果真是那样失败,就应该有一种根本上觉悟。

从去年"五四"学潮以后,国中知识阶级传播"新思潮",速率很快了。在一年的短期间内发生了许多有趣味、有价值的问题的讨论,——如孔子问题,礼教问题,文学的改革问题,贞操问题,戏剧改良问题,新村问题,女子解放问题等等。新刊的杂志,除以前所有的《新青年》、《新教育》外,有《新潮建设》、《解放与改造》等。纯粹学生的出版物有《少年中国》、《曙光》、《少年世界》等。周刊有北京已停刊的《每周评论》和上海的《星期评论》。日报如北京《晨报》、上海《时事新报》,均注重新思潮的发展的。在这"如荼如火"的运动中,留美学生是比较的沉寂了。我们加入的讨论很少,差不多表面上没什么贡献。并且有时发现反对新思潮的言论,如关于国语文学,虽在国内已不成问题,在我们中间怀疑的人还不少。其实这个沉寂算不得缺乏新文化精神的证据,这样怀疑或反对的言论也算不得文化运动成绩的最后试验,其中有几层理由——

1. 因为书报的流传不广,留学生对于那种种问题底讨论有些隔膜,不像国内学生开口便是什么"克鲁泡特金","马克思","解放","改造",虽不必有

---

[1] 参见陶孟和:《孟和文存》(卷三),亚东图东馆1925年6月版,第30页。——编校者

明澈的了解和充实的研究，也可以"一唱百和"，作有力的响应。

2. 现代学术分科繁了，专业更严了。各人在所专习的一学门里尽知道它最近的趋向，最新的学说，在他门里，他的知识常极少，就有的也当然很旧了。所以一人对于他没有专门研究的学问，本没有参加讨论底充分能力。譬如，一个采矿专家来反对新文学，一个地质学者来批判社会主义，不消说，是不能合时代潮流的了。

3. 在人类思想中，气质是一大元素。有人是气质上急进的，有人是和缓的。对于新观念新信仰，有人容易容纳些，有人必须要彻底考量，把旧观念旧信仰打破了，然后容纳新的，因此较慢些，——实在后者或比前者是更深邃的思想家也说不定。所以后者有时对于新主义要怀疑，或竟要反对，但是只要他对那主义真有切实的研究，我们仍要尊重他的思想自由，不能断定他于那主义就绝无可以贡献了。

虽这样说，陈先生所谓西洋留学生除少数外，于中国文化史没有关系，是一个事实，不容讳的，我们应该觉醒，应该奋起。

我们对于国内文化运动应该具更深的同情，感浓厚的兴味。那"五四"以后的大发展，好像一种有益生命的新血轮，新养气。我们有了它，对于学术思想上有了一种兴奋的能力，勇猛前进的精神。那些出版物，其中大半虽也不过搬运西洋学说，我们应该多读些，然后对于国内思想的趋向不致隔膜，自己该怎样用力也有个指标。所以我第一主张大家多看些国内书报，一人财力有限，不能全备，好在各处都有学生会，为什么不各设一小小的国内书报阅览部，订买几种日报杂志，让会员轮流借阅呢？

我们应该有分担一部分文化事业的志愿，作相当的有意识的准备。我们知道，新思潮是一种态度，并没有什么确定的内容。换句话说，这不过是民治与科学的精神，从"评判的态度"表现，把"研究问题与输入学理"做它的手段，把"再造文明"做它的唯一目的（胡适之先生底话），不是标出那项主义，那门学问，加上了一个新思潮的特殊名号，别的学问主义就摈弃了。具体的说，现时所讨论的各问题多半属于文学、哲学、社会、经济等科的范围，我们不好就以为是新思潮的范围，我们要知道文化运动的范围极普泛，没有一种学问不能有贡献于文化，若没有，那学问也不能成立了。（国内学生不要有这错误才好啊！）我们无论学文艺美术，或数理哲学，或农工商业，都于文化有一个关系，我们要能看出那关系才知道怎样可以有贡献于文化。我们别为了一棵树忘了全部的森林，别为了一种知识、一种技能忘了共同的使命，共同的潮流。看明白了，让我们立一个坚决的志愿，去参加文化运动，让我们用很精密着实的工夫，去作有意识的准备。

最后，我们也应该发抒意见，自由讨论。思想的变化经过一个"讨论的时期"。我们虽不要感情的、独断的、对人的攻击或批评，朴实的学理的讨论是不可少的。我们有意见要借各种出版物发表出来，让大家好知道，好评论，给这意见一种考验。我们现在有这很好的一个"季报"[1]，正苦缺少材料，为什么不就把它做一个共同讨论的机关，给它一个活泼泼的生命呢？

我们快努力，快奋起罢。

---

[1]　即《留美学生季报》，为留美学生会会刊，曾几移刊名，以介绍西方的学术和思想，讨论中国种种问题，描写留学生生活为宗旨。——编校者

国难与民生*

在这悲痛愤恨的今日，我们怎样能从容地来讲教育？但我们又何能不讲教育？近些说：我们学校里师生们，这一周来，奔走、演讲、宣传，要唤起民众，一致御侮，哪一项不是民众教育的工作？远些说：我们从今要以最大决心，湔雪国耻，巩固国权，也还不是要根本的在教育上痛下功夫？

要抵抗帝国主义者政治的武力的侵略，我们要确定政治教育、军事教育的目标。要反抗帝国主义者经济的侵略，我们要确定民生教育的目标。前者救弱，后者救贫，因为政治、军事都不能不有经济的基础，所以后者尤重于前者，尤急于前者。

中国办新教育已30年，比日本的办新教育也不过迟一二十年，而今日的国力相形见绌到如此！这30年来，我们教育上，如学校系统、行政组织、课程、方法，也曾随着潮流竭力地变更适应，不能说没有成绩。但最大的缺点在于教育的设施没有能和国计民生发生重大的影响。到现在一般学生还只把求学当作是"读书"，毕业当作是"资格"，教的学的没有的确能增进实际生活的丰富和效能。所以民生是民生，教育是教育，依然没有互相策应。学生因生计的困难，既不易入学，而一到出学，尤其困难。物质的欲望继长增高，而生产的知识技术和职业的机会都极有限制。因此，学校里的"毕业"生每成为社会上的"失

---

* 原载于《申报》(1928年5月17日)，重刊于《国立中央大学教育行政周刊》第43期(1928年5月)和《陕西教育周刊》第56期(1928年)。——编校者

业"者,这样办下去,必至教育愈普及,国民生计愈恐慌,如何得了?这在个人生活、社会秩序上影响已非常巨大,而自国工商业这样衰颓,更何从反抗帝国主义者经济的侵略?坐视偌大一个中华民国成了外国资本家竞争投资的所在,推销货物的大市场,取给原料的大府库。国民脂膏日瘦日削,而趋于枯竭,到现在这般田地,自然,根本原因在自国企业因不平等条约和关税的束缚、内战时交通和金融的停滞,不能扶植繁荣。所以学校里尽培养科学的生产知识和技术,也因没有用处而不会发达。但究竟我们的学校教育、社会教育没有能准对国情,切合需要,与国民生计相因应,相联络,也无可否认。今后要认定的民生教育目标,简单的说:有积极的增进生产和消极的节制消费两方面。

1. 增进生产

年前国民政府教育行政委员会在广州的时候,许崇清先生曾提出一个教育方针草案,他开头便说:"中国从来的教育只是关于支配行动的教育,关于生产行动的教育是从来所无的。"他以为从革命的政策而言,中国要求经济发达、民生主义的实现,必须注重生产行动的教育。从教育的原理而言,学校教育当从社会生活的活动和事务相结合,不独是材料的内容,要与社会环境相联络,并其方法的内容亦须与社会生活一致。所以他说:"我们一面依这个教育原理,一面因应前述革命的一般政策,来拟定今后的教育方针。当前第一个紧急问题应该就是产业教育问题。"这是许先生的真知灼见,也是全国教育者应具同情的一种觉悟,只可惜懂得这点的人太少了。

具体的从教育设施来说:小学和初中,施行国民的普通基本教育,但一到初中修了,便应当人人有生产上知识技术的预备——一年的"新学制"把高中分为普通与农工商师范家事等科,正为要谋职业训练的普遍。但试行未久,且因师资设备的不敷,各省这样的高中成效还是很少。一般青年和父兄也还是误于"正途出身"的传统观念,人人趋于普通科预备升入大学的一途,修习职业的很少。他们宁感受不能升学时生计的困难,却不肯早早努力于生产上知识技术的储备,同时高中的职业科也还是照普通科办法,徒有书本教学的敷衍,并不能和实际生活相联络相一致。学生毕了业,对于低级生产工作不愿参加,商店工场也不肯雇用,而对于高级职业,又或以没有机会,或以没有能力,不能成就。因此只有生计的恐慌。以后改进的方法:一须严密指导、积极奖励初中毕业生,分选各种职业科。同时限制普通科的学额,必智力学力确能升受高等教育而有益者,方许其入普通科。高等教育要注重质的充实,而限制其量的扩张。一须将高中职业科与普通科分设,变更组织,增高效能,竭力求其社会化,生活化,取徒弟制的优点,而加以学理的启导。陶知行先生对于师范教育有"艺友制"的主张,农业、工业、商业教育也必须达到他所谓"教学做合一"的程度,才有实效。至于修业年期,不必一律限定 3 年,应视职业种类及性质为伸缩,以力求经济。

这是说初中已毕业者的生产教育,或称"职业教育";还有小学或初中毕业后无力升学的学生呢? 小学或初中的末年,可以加职业陶冶的课程,但那是决不够的。对于他们,应当施行一种"职业补习教育"。各国除规定强迫教育外,多有强迫补习教育之设施;如法,如德,如英,既施行七、八、九年的强迫教育外,还规定一年至四年的强迫补习教育。他们这种强迫补习教育是为了小学毕业生已就职业者普通教育的补充,我所说的职业补习教育是为了小学毕业生无职业者生产技术的训练,注重之点当然是不同的。

再说连小学教育尚未受过的一般年长失学的民众呢,民众教育近年很受重视,但只顾到识字一方面,而不设法顾到生计一方面。不但民众教育问题并没有真的解决,并识字教育本身也必因缺乏学习动机而教学不易成功。所以我们主张施行"民众职业补习教育",不但教民众千字课,还兼能给予增进生计的知识和技术。

以上是民生教育目标的一方面。

2. 节制消费

增进生产,要勤工;节制消费,要俭用。前者属于"职业教育",而后者属于"社会道德教育"。我国生产力既极薄弱,而物质的享乐却一天天亢进激增。就私人说,物欲的横流道德的堕落多起于物质的诱惑;就国家说,自己什么工艺品都没有,全以金钱向外国购买,又哪里会不穷? 我们抵制外货的运动不止一次了，每次总不能持久，实因为本国无相当货品可以替代，而消费又不曾限制。真正的经济绝交不在一时的拒用外货，要在汲汲设法制造国货替代品，而同时厉行节俭，根本将消费限制和减少。甘地的不合作主义就靠这不消费方法。因为印度是亡了的国家，那种运动所以势力弱而收效少。我们要有他那样的精神，把经济绝交作为国民自卫的武器，继续争持，必能使势力厚而收效多。我们要以节俭耐苦作道德教育中一重要目标。以美国生产率那样高，物产那样富，而我亲见他们学校里作"节俭教学"（Teaching for thrift）的运动，何况贫穷的我国呢？这是民生教育目标的又一方面。

我们政治果能赶上建设的坦途，能如许崇清先生所说，使"革命的实际政策，在现在经济秩序里面展开了新经济秩序的诸要素。学校教育同时又与这些进步的要素相协动"，增进生产节制消费以救贫，更施行政治训练、军事训练以救弱，那么，民生问题解决了，国家问题也解决了。

在这悲痛愤恨的今日，全国教育会议开幕了！大家对于它有诸般的责望和希求：如教育经费的增高与独立咧，行政组织的完善和效能的增加咧，学制系统的整理咧，义务教育社会教育的实施咧，甚至学校课程与方法的革新咧，……这些都很紧要。但是，超于一切，包着一切，我们更祝望它顾念今日的国难与民生，定下了"十年生聚，十年教训"的大计。

新教育之诤友*

"今我国教育者辄喜夸谈欧美之学制,而不究国民根本之急需。务迎合世界教育之潮流,而不知国内教育之病象。国外之学说新法输入未为不多,然介绍者多采零碎贩售之术,施行者乃有削足适履之苦,往往有介绍此说者已亦不求甚解,而彼说又唱高调。趋时之徒莫名其妙,以为后者必更新于前,自必弃旧从新。不知某种方法每为应付某种情境之问题而产生,各有其主要之功用及适用之限界。我国人不此之求,而徒附和标榜,应声雷同……以为非此不足以言教育。"

这是我友汪典存先生在所著《现时我国教育上之弊病与其救治之方略》(见《教育丛刊》第 4 卷第 4 集,又《学衡》第 22 期)一文的开端,是对于现在教育的药石针砭。他全文论"今日我国教育上之大病,概有四端:曰模仿之弊,曰机械之弊,曰对外骛名之弊,曰浅狭的功利主义之弊。"所论都很诚恳,很透彻。他又归结到要提倡"理想主义的人格教育",教育要"于内心上做工夫"。在近今教育思想上,这实是一篇很有关系的论文,我们应当给它郑重介绍的。

我们感想所及,觉得为免除读者或许笼统的误认为新教育的反动,似乎还有几点,也很有申说之必要。

1. 我们觉得新教育之发生,在旧教育失败之后,正为国人自觉在教育上

* 载于《申报·教育与人生》第 4 期(1923 年 11 月)。——编校者

太没基础,太没把握,所以刻意求新,而对于新学说新制度的选择太没主见。说它坏的方面是模仿、是机械。说它好的方面是对于教育学术有好奇性的注意,有研究和试验的兴趣;对于教育的科学技术方面渐有耐心的熟练和努力的推行,使一个麻痹不仁的教育界有些活动,有些生机,不能不认为近年新教育运动的良果。坏的方面,盲目的模仿、无理性的机械,我们很希望它能去掉,而那好的方面,虚心的态度和教育之科学的研究,还是要葆存,不但葆存,还要继续的扩大。

2. 所以我们以为补偏救弊的方法,也只在革除盲目的模仿、稗贩的介绍、广告似的标榜。至于那新制度新方法,如汪先生所言"彼各有其主要之功能与适用之限界",正要去忠实的研究、慎重的试验,恪守其"限界"而善用其"功能",决不能因噎废食,因为有了它的"限界"便抹杀了它的"功能",而就说学制不要改革了,教法教材不要因时变换了,智力和学力不要准确的测验了。汪先生的意思决不是如此。

3. 最后,我们以为人格教育并不和理想主义有必然的相联,它是什么主义制度或方法里一个必具的原素。即计案的教法,它也是要养成能适应实际生活和群化的人格。柏克赫斯特女士倡道尔顿制,她也说要陶冶自由、"无恐怖的人们"。反之,即如汉儒之说经、宋明学者之讲性理——汪先生似举为理想主义的例证的——他们的末流,还不是个没灵魂的躯壳,而仅成为空虚无用一种文字功夫(Verbalism)?然则现有教育的弊病,不在偏信新制度新方法,而在采用这种制度和方法时,对于教育根本的精神、人格的陶冶,比较的缺乏注意。很明白了,这不是说我们不要提倡"理想主义的人格教育",那是另一问题,只是说就是实用主义,或不论什么主义的教育,都不能怠其陶冶人格的责任。

我们对于汪先生抉发的教育病征实有同感。以上几层如汪先生不反对,或亦可作为讨论上一点补充。

学生运动与教育者*

这回 3 月 18 日各校学生抗议八国对大沽事件通牒游行,原是国民对外应有的表示。据说当时有人鼓动群众,另谋推倒现政府,从事对内政治运动的。终至在国务院前发生空前的惨剧,死三十余人,伤者几二百人,各校至今还在停课、哀悼、请求昭雪中。所有经过事实,报纸揭载的很多;各方应负的责任,也已有严正的公论。我们服务于教育的人们,忙着救死扶伤,痛定思痛,自然也有一番痛切的反省和觉悟。

近年学生活动多由学生会组织,而时时直接间接受政治势力的指挥。多数教职员倒反取旁观和漠视的态度。因为学生受校外势力的支配,学校渐不能干涉他们的活动;因为学校不去过问,学生对于政治社会上诸般问题,也愈受校外政治宣传的影响。这样因果循环,成这现在教育飘摇的局面。平时学生学业上、训育上既在在有问题;到了非常的事变,眼看青年蒙重大的——无谓的——牺牲,在教育者反躬自问,是怎样痛心的事!我以为要图自救,以后应急急地从两方面去努力:(1) 积极指导学生公民的活动;(2) 竭力拥护校内思想的自由。试分别说来。

1. 指导学生公民的活动

在真正的民治国家里,有重大的事件发生,当然有法定的自治机关、有力

---

* 载于《新教育评论》第 1 卷第 18 期(1926 年 4 月)。——编校者

的舆论、休戚相关的市民起来运动、奋斗。在学校里的学生潜心学业，用不着常常罢课、游行的。可是在中国今日却不能这样说。试问：自治的机关在哪里？有力的舆论在哪里？休戚相关的市民在哪里？只有学生，只有青年，占着国内一部分有知识的地位，而动机纯洁，感情丰富，看着国事的危险，觉得义不容辞，情愿起来呼号奔走，唤醒民众。这样爱国的举动，不管它的结果如何，总是含有很大的教育价值的。

就在我们历史上，虽在君主政体之下，而士林清议常可以影响朝政；学生运动流为美谈。最著名的自然是东汉和宋朝太学生的故事了。《后汉书》说："桓灵之间，主荒政谬，国命委于庵寺，士子羞与为伍……太学诸生三万余人，郭林宗、贾伟节为其冠。并与李膺、陈蕃、王畅更相褒重……危言深论，不隐豪强。自公卿以下，莫不畏其贬议，屣履到门"[1]，后来弄到逮捕诸人，演成党锢之祸。宋徽钦间，太学生陈东屡率诸生伏阙上书，有一次，据《宋史》说："东率诸生数百人，伏宣德门下，上书乞复用李纲而斥李邦彦等……书奏，军民不期而集者数万人。会邦彦退朝，众数其罪谩骂，且欲殴之；邦彦疾驱以免。帝令中人传旨，可其奏……众哄然曰，'安知非伪耶？'……挝坏登闻鼓，喧呼动地。"[2]黄宗羲论到这两件，说：在古代，养士为学校之一事，而学校不仅为养士而设；必使"朝廷之上，闾阎之细，渐摩濡染，莫不有诗书宽大之气。天子之所是未必是，天子之所非未必非：天子亦遂不敢自为是非，而公其是非于学校。三代之下，天下之是非，一出于朝廷……其始也，学校与朝廷无与；其继也，朝廷与学校相反。不特不能养士，且至于害士。"[3]这是很沉痛的议论。在专制政治之下，学校应有那样的权威；这是中国古代教育精神的一种特色。

自从民国八年(1919)"五四"运动以后，学生对于公民活动的兴趣与注意继长增高。而多数教职员，除了有党派关系者外，反冷静了，甚至隔膜了。他们在政治社会问题上，既不能满足学生的需求而给他们正当的引导，同时各种

---

[1] 参见范晔著，李贤注：《后汉书·党锢列传》，中华书局1965年版，第2185页。——编校者
[2] 参见脱脱等撰：《宋史》卷二十三，中华书局1977年版，第424页。——编校者
[3] 参见黄宗羲：《明夷待访录·学校》，中华书局1981年版，第10页。——编校者

政治势力又积极在学生队里去募集它们的信徒。结果如我上面所说,学生的公民活动完全转移到政治势力之下。这是教育者所不应不痛加反省与自责的。此后要想补救,只有变向来漠视的态度为积极的参加:积极的加入学生精神生活,了解他们的思潮,指导他们的活动。关于政治上、社会上重要问题,设法供给他们以正确的知识,培养他们批评的精神,与他们共同去实现公民的理想。遇有群众运动,须参与时,教育者先须了解这种运动的目标和手段,才能决定运动;决定了去,便须与学生共同的去参加。如认为不应参加,就当恳切地劝诫学生,免却许多无谓的纷扰。必如此,方足以恪尽教育者对于学生教导和保护的责任。

2. 拥护校内思想的自由

学校是探求真理的田园,师生是探求真理的友侣;要觅真理先须思想自由。所谓 Academic freedom,西洋教育看得最宝贵的。思想自由的障碍是各种教义、党义的宣传,因此这是学校以内所应设法避免的。教育的不应"党化",学生的不应加入政党,并不是为了某一党的不好,或某一主义的不应宣传。只是因为:(1)学生在受教育期内,不暇分心去加入实际政治活动;(2)学生思想尚未成熟,应给他自由生长的机会,不应独断地传授他以没有充分了解的信条。主义、信条都可以在学校内自由讨论,让学生自由批评、抉择。等他了解的深,信仰的坚,将来他实行的也力。否则利用青年的感情或弱点,叫他们盲目地崇奉某种主义或信条,排斥、钳制异己者的言论和思想,这种"民可使由之,不可使知之"的办法,根本上就违反教育的精神。穆勒(Mill)在他的《自由论》里早说过了:"凡夺民言论自由,而政教一切,徒使由而不使知,则不独于所以然者昧也;浸假必其所当然之义亦亡。其所垂于经典。所悬于象魏者,将徒具空文,而不载其精意。即载矣,于本来所诏示者,仅一二之幸存,数见则不鲜,过时而少味。故其所崇信者,非灼然犁然,为跳跃分明之脑影也。陈词腐句,在口耳间;而尘垢粃糠,其精意之亡久矣!"(引严复译本《群己权界论》)现在学校青年所厌恶的宗教宣传,与所乐受的政治宣传,它们的结果还不是"陈词腐句,在口耳间",拜着几个偶像,嚷着几句口号,未能了解真意,徒然桎梏心灵,同为思想自由的危害吗?

要避免校外势力的宣传,先须严禁校内教师的宣传。从前芝加哥大学校长哈珀氏(Harper)曾提出大学教师为保障思想自由,所应遵守的五个要点:(1)勿以未经科学证明的臆说,当作真理来传播;(2)勿利用讲室来做政治上党见的宣传;(3)勿用刺激感情的方法发表一己意见;(4)勿于自己专门研究的学术以外冒充专家,讲他人所特殊研究的问题;(5)勿于自己经验所不及的一般事情擅作武断的评判。(杜威著 *Academic Freedom* 文中所引,见1902年1月的 *Educational Review*)这种教学上不成文的宪章,可惜大家每反其道而行之,教育还有什么希望?

我们觉悟了,我们忏悔了。果真能从这指导学生活动与拥护思想自由两方面努力,教育还有一线的光明。反之,我们若没有决心,不肯努力,或迫于外界的势力而不能努力,仍像现在的苟且敷衍,那末,教育永陷于政治的漩涡,学校化为党争的场所,学生供作党争的牺牲,教育者的运命也就是很可悲哀的了!

论今日中国的教育 *

我国新教育,已经有了 30 年的历史。最初是模仿哪一国的呢？就是模仿日本的。日本教育到现在还是保守着向来的精神,我国的制度方法已屡变而不一变了。我们最初学日本,继学美国,后又学法国。日本也曾学过外国的。它最初的学制多仿法国。最初办师范学校就聘请美国的教师如 William Scott 等人,日本的教育受到很大的影响。我国近年尽量地把美国教育的新方法新制度介绍到中国来。譬如杜威的、桑代克的和克伯屈等人的教育理论和方法已经应用到我国现在的教育上了。中国教育学者不肯故步自封,取法别国教育学理宗旨方法,以求本国教育的改进刷新,其向上精神之进取和研究兴味之浓厚固足令人钦佩的。不过我们要取法别国的好处而避免它的坏处才好。一种教育在它的本国固然有它的精神,但我们一学就学坏了。因此,其结果我国教育上显然发生两种弊病。

1. 利己——中国原有的教育观念是以“正其义,不谋其利;明其道,不计其功”为中心的。自有美国的功利主义的教育思潮推及了中国,就此以功利主义的教育思想来替代我国原有的教育思想了。功利主义下的中国教育是怎样呢？教育就变成敷衍塞责,粉饰虚张,没有高尚的理想,没有牺牲的精神。这种教育,其结果就造成“急功近利”的态度,重“计较”,谋“取巧”,贪“便宜”;不

* 原为 1931 年 10 月在浙江大学文理学院教育学会上的演讲辞,由陆永福记,载于《文理》第 3 期 (1932 年 5 月)。——编校者

务实际，不尽厥职。若此之教育观念，是以"谋其利，不必正其义；计其功，不必明其道"为中心的了。

2. 浪漫——中国教育向具有"整齐严肃"的精神。所以每个学校都有纪律的习惯。而学生对于教师必恭而有礼，现在日本教育还是这样。而我们近来的教育一味重儿童的兴趣。本来教育应以兴趣为中心，教师应儿童化，成人也要同儿童一起活动。我们教育学者固然也要能具有Froebel的精神（七十岁的老教师尤同儿童一起玩），要尊重儿童的兴趣的；不过同时教育不能过于放纵、随便和散漫，毫无纪律的习惯。徒博儿童的有趣，不顾儿童的求知和学校的纪律，学生怎么不成浪漫呢？这种教育行之于物力有余之美国则可；以中国目前教育经费之如此拮据，人民求知之如此孔急，这种教育恐还谈不到吧！

中国教育有了以上两种的弊病，所以不能产生伟大。其收效没有我们凤所期望的那样好了。

但是我们并不要就以此而沮丧而失望。教育的本身，从各方面去观察，还是很有价值，很有效力。其效力从何处见到呢？

譬如12年前的"五四"运动，学校的教师和学生都轰轰烈烈地做种种的爱国运动。最近因强日侵占中国领土，举国教师和学生又都抱着爱国的热诚做救国的工作，这种工作只有学校的学生和教师去做的。质言之，非学校的学生和教师就没有人去做这活动，且不能堪当做这活动。这不是教育的效力么？

家庭教育也很重要，是为一切教育的基础，也就是国民之有用分子和家庭良好分子之初步训练。外国熟语说："The hand that rocks the cradle rules the world."

教育对于社会的贡献特别巨重。如丹麦人Grundtvig，他创办了民众高等学校（Volkshochle）[1]，就能扶助社会，振作民族精神。所以说教育创造人民，人民组织成民族（Education makes the men; men make the nation）。

我们知道，教育非就是救国，可是由教育所产生的力量，能成为救国的原

---

〔1〕即继续教育性质的大学。——编校者

动力。这种力量可以恢复民族固有的精神,保存民族赓续的文化。教育家一生勤劳于教育,其收效无论大小,而他们确具有崇伟的精神和高尚的人格。所以他们觉得自己的精神是很神圣而同时自己觉得很安慰的。因此,目前中国的教育固然不能负我们的希望和理想,可是我们还是要努力!

教育行政独立问题*

吾友汪君典存,在北京演讲"中国教育行政根本改造之意见",近以讲稿寄示,且曰此题关系教育颇重要,愿加以讨论焉。原文中心主张,为教育行政之独立,消极的言之,教育界应有新团结,使教育行政截然与政治划分,不受恶势力之熏染,以保持其自身之清明;积极的言之,应用教育的方法,以感化现在一般政治上占有势位之人,使对于教育起相当的信念。关于前一点,汪君以为"教育行政在政治底下,处处都随着政治为转移。教育上讲人格,而一涉于政治,便不许你讲人格。所以教育当局以至于厅长、局长等,却不得不随波逐流,做那高级的行政者之副官,竟至卑鄙无耻。而各级学校校长倒受他们的支配,同化于一炉。其中自然也有人格高尚的校长。但是不免有一般人拿做校长为做官的借径,结纳军阀政客",故主张教育行政须完全脱离政治系统,自中央起,教育总长须超脱内阁,不受政治支配,不由总统任命,而由全国各法团选举教育界最有道德、学问、声望者任之。关于后一点,则尤为彻底,其言曰:"积极的方面,就要使军阀及执政者受补习教育,以教育给他们一种新的人生观。老实说罢,军阀们如果没有机会得到现在的地位,那就要劝他们受《平民千字课》的教育。如今他们有了这地位,那补习教育,更要紧了。吾以为今后大总统或行政委员、全体阁员人等,每周均须到国立大学听讲人生哲学、世界现势、中外

---

* 载于《约翰声》第36卷第2号(1925年1月)。——编校者

文化史、社会、政治、经济、外交等等学说，尤须有理学的修养。他们自己亦须出席讲演，再由教育总长派员赴各行政机关讲授讨论，日有常课，换句话说：要把各机关化作补习学校才行，免得闲居为不善。"总之欲求良好之教育，必先有教育化之政治，欲求政治之教育化，又必先求教育之脱离政治而不与同化，此则吾友一篇之中所三致意焉者也。（汪懋祖：《中国教育行政根本改造之意见》，《北京师大周刊》第 240 期。）

夫各国教育之设部，而列入国家中央行政系统，最早亦 19 世纪初叶之事耳。普鲁士之有教育大臣(Ministerium der geislichen Unterrichts und Medizinal angelegenheiten) 始于 1817 年；法之有教育部长 (Ministere de l'instruction Publique)始于 1828 年；英内阁之有教育总长(President of Board of Education) 始于 1899 年；日本文部省之设置，在明治初年。若夫美，则自 1876 年于内务部内设教育局(Bureau of Education)后，迄尚未改部。然自欧战而后，群趋向于全国教育行政之统一，在国会中提案议设教育部者，前既有史密斯—汤纳案(Smith‐Towner Bill)最近复有里德案(Read Bill)及达林格案(Dallinger Bill)，则其舆论可概见矣。盖教育行政首长之列席阁员而加入政治系统，本为国家主义勃兴之结果，欲以中央之政令规划全国学事之设施，陶铸国民之精神，以贯彻其国家主义之教育。此观于各国初膺部职者之政策可知也。就中尤著者，如普之艾敦斯丹氏(von Altenstein)、法之基佐氏(Guizot)、日本之森有礼、井上毅诸氏，皆于国基未定、国力未充之日，筚路篮缕，汲汲焉订学制，颁法令，励行普及教育，以教育发挥其国民性而致国家之隆运者也。然则教育之入政治系统，在东西各国以之收教育救国之大功，而在吾国，以与政治相缘附，不唯无功，转使教育先中政治腐败之毒，此吾友之所深痛也。

今欲澄清教育之本身，首宜求教育之不恶化，于是主张教育系统超然于政治之外，教育总长不由总统任命，而由全国各法团选举。抑窃谓此仍制度上之变革，而与精神无与焉精神不变，则徒法不能以自行，创制者虽百易其名，而奉行者仍一丘之貉。盖所谓法团选举者，曷尝较总统任命为能超脱政治之影响？今日国内之商会、农会，其作用非参杂政治者乎？即教育会自身明明为教育界之职业团体,而其活动非攀援政治者乎?姑不责其推举全国之教育总长,即仅自推一会长、一委员,亦往往意见纷歧,争持不决,甚且阴用政治之手腕而为职业上之蟊贼焉。此由所谓法团者仅为半官性质的机关,而绝未实行为法定之职业团体也。欲谋教育自身之清明无他道,唯提倡教育上职业的精神而已。在教师训练之学校,若师范,若大学教育科,即当诰诫其生徒,使晓然于教育者非奔竞之路,幸进之门,乃一种职业;置身于此种职业者须有宁静专一之生活,而并无非常赫弈之事功,故必乐为之而后从事焉。既从事矣,其同业者又必皆严守职业的道德,以精神相感应,以学问相切劘,夫而后有教育之可言也。善哉余君家菊之言曰:"以我近日之观察,所谓教法也,教材也,教政也,教旨也,虽皆足以使教育或进或退,或成或否,要之固皆有待于人而行也。就人而言人,无擅长教法者不足深忧,无见事明达者不足深惜,独是多数教育者相习于泄沓苟且排挤倾轧,此真教育界腹心之忧,而为亡国之根源也。窃尝谓居中国今日而言改革教育,不在多言,而在有志者认定教育界必须有之职业道德而力行之……曰敬业,曰乐群。能敬业则下之可以不必于事事敷衍,大之可以日求精进。能乐群,则消极上可以消灭党系之争,积极上可以兴协力共管之风"(余家菊:《教育之根本安在》,《教育与人生》第45期)。所谓教育界之清明,如是而已。此就教育自身言之也。若更就政治言,则由汪君所谓政治之教育化,以远企柏拉图哲人政治之理想之实现可乎?是说也,窃亦有惑。以吾国今日政治之混乱,应脱离之者岂仅教育,凡工商交通以及一切内务上之要政,皆应超脱政治之范围,建设于职业的基础上而后百废可兴。自吾人从事教育者言之,政治当教育化矣,自他业言之,则一切职业平等,曷尝不可以教育之农业化、工业化、商业化相标榜耶?故与其谓政治当教育化,毋宁谓政治当职业化,必使现在官吏皆取之职业中人。有专门的训练,斯授以专门之官职,无轨外之觊觎,绝非分之营求,如是则政治可以澄清;政治澄清,则教育上为行政效能计,方求其能与政治联合,而教育系统独立亦不成问题矣。若夫官僚之补习教育,亦仅为学者之豪语。严正的论之,武人而至不能识千字,政客而至无世界现势社会经济之常识,则应早在斥逐之列,宁能以补习教育护持之藉令理论上可以有此种补习教育,以今日教育界本身之薄弱,果谁有力以实施之耶?

近国人方盛唱国家主义之教育说,颇有谓须采国家政治之方法,以保持教育权之完整者,更有凭政党治学校,以确定青年政治之信条者,众说明兴,要皆主教育与政治之相联络、相固结。独吾友慨然倡教育行政独立之说,余深感其立言之诚,因附于讨论之末,申论教育上职业的精神,而贡其臆说如此。

什么是改革教育的方案？*

《中国教育应如何改革》，是科学社第 10 次年会里一篇论文的标题。（见《教育杂志》第 17 卷第 12 号）在这文里，著者赵笃明先生讨论中国现在教育的现象，以为

> 最坏而亟应改革者，厥有四端——
>
> 1. 经费枯竭；
>
> 2. 学潮汹涌；
>
> 3. 资本化太利害；
>
> 4. 机会太不均等。

对于每一问题，赵先生都提出一个解决的方法。其中比较具体而详明的要算经费一项，让我们引他的话：

> 吾国教育经费之枯竭，人多归咎于无财。然以吾国幅员之广，物产之饶，非真无财也，有财而不能运用耳……现时全国教育费占 12 837 307 元，以四万万人平均计之，每人仅负担洋三分二厘……吾以

＊　载于《新教育评论》第 1 卷第 10 期（1926 年 2 月）。——编校者

为为拯救中国民族使其振拔起见，应征收教育税以兴教育，暂以平均每人负担一元为度……已得四万万元之教育费，可以大举进行，毫无顾虑矣。至其征收方法，约举如下：（一）计亩收捐，（二）货物附加，（三）烟酒税附加，（四）商铺特捐，（五）殷富特捐，（六）遗产累进税，（七）土地涨价税……经费既筹得矣，然若为有力者随意挪移，借端流用，其结果必且转为军政费开一生财之路，而教育不得与焉。故非有保管善法，务使此款专供教育之用，不得耗于他途不可。其法唯何？即收款、捐款，概由银行经手，立一特别账目是也。"

读了赵先生的文，谁不觉得他所提问题的重要、急迫，他对于这种问题的思考的缜密和方案的具体？但同时也不免有这样的感想，即是，这几个教育行政问题，实在以经费问题为总关键，而经费问题，又实在和社会生计、国家政治分不开。不从生计和政治的背景上去看，而单凭着我们教育的需要上来说，那末，说来尽直捷、简单，在事实上却很迂回、复杂。谁不知道兴学需钱，要钱需加税？但最大的两困难是：（1）税源确有把握么？（2）用途确有保障么？关于第一点，如赵先生说的计亩收捐、货税附加等，到底有几项可以实行？即如漕粮附税、货物附税、烟酒税等，充作教育经费的各地方不是没有成例，到底从民力上估计还有增加多少的可能，这都还待精密的研究。关于第二点，赵先生把保管责任付托银行。官厅收税时不收现款，只查银行的收据，发款时也不发现款，只消备了通知书，由学校向银行核对领款。其实这种手续，一经规定，就是绝对的保障了吗？军阀、政阀真要提款移作别用，学校和银行是否有力去制裁它？这种问题，根本上还得从政治上去找解答。我们介绍赵先生的理想于此，留作将来事实的印证罢。

赵先生的教育改革的方案如此，而对于现在教育界所探求的许多革新的原理、方法却很不以为然。他说：

今言中国教育之改革者亦夥矣。其巧者稗贩西说，迎合潮流，用力

甚微，得名甚易。今日提倡职业教育，明日提倡设计教学；今日欢迎蒙
台梭利，明日欢迎柏克赫斯特；此说未完，彼说继起。趋时之徒，莫名其
妙……喘息而追，削足以适，不察我国教育之病征，不审彼说适用之限
界，求能对于我国教育弊病谋一彻底之解决者，固乏其人；即求对于迎
面难题，下一呕心呕血之研究者，亦不多得。

诚然，这是现在教育界应受的责备。但，赵先生所举的几种问题，固是教育
上进行的阻碍，亟待解决，而其余学校自身的重要问题，如课程，如教学法，如蒙
台梭利、柏克赫斯特的研究，便不算教育改革的问题了吗？我看，在事实上，那经
费枯竭、资本化、机会不均等一类问题，反是教育界在若干时间内自身能力所不
能完全支配的问题，而如后一类课程方法等问题，乃真实际教育者"迎面难题"，
在任何困苦状态之下，也不能不随时去努力解答的。教育者不是万能，凡百社会
事业所同受的弊病——如我上面说的，生计和政治上的——怎好希望他独自能
解决？学校教师怎能人人有政治的、理财的方略？反之，他有他的专业，他的专
业上有它改革的问题，如何能一概抹杀而下一个"稗贩西说，迎合潮流"的判断
呢？平心而论，在这种"经费枯竭学潮汹涌"的情形之下，教育界还有提起精神、
鼓着兴趣来研究新方法、适应新思潮、向着进步的路上走的，社会对于他们也就
未可厚非，用得着"一切了解即一切谅解"（Tout comprender, c'esttout pardonner）
的一句格言了。

所以我和赵先生的意思有点不同：教育上的问题很多，各人努力的方面不
必相同，改革的方案不止一个。

民生主义的教育政策[*]

中国自兴办教育以来,已经有三十年了。在这很长的时间内,虽不无相当的成绩,但教育常受政治与经济势力的支配,没有能积极的有贡献于国计民生,也无可讳。其原因虽很复杂,要而言,不外两端:

一、没有充分的经费;

二、毕业生没有恰当的用途。

因为没有充分的经费,所以教育不能普及,教育机会不能均等,一切制度不易改良。因为学校不甚完善,毕业生不能得到社会的信仰,出路发生问题。每每有今天取得毕业的资格,明天即感到失业的痛苦。学非所用,造成识字高等的游民。近今的教育家虽然大声疾呼的说:"教育是国家的命脉,立国的根本。"但中国的教育还是与国计民生毫无关系的。研究教育的同志们,目击这种现象,主张实施三民主义的教育,以救济这种弊病。但三民主义的范围太广,今天只把民生主义与教育行政谈谈。我们从民生主义的立场谈教育:

在消极方面,应无害于国计民生;

在积极方面,须有利于国计民生。

但是怎样实施这种民生主义的教育呢?应注意下列三点:

一、宽筹经费;

---

[*]　原为演讲辞,由徐云亭、马雪瑞记,载于《教育建设》第 1 期(1929 年 6 月)。——编校者

二、均等机会；

三、确定目标。

曰一、宽筹经费　经费为事业之母，而教育尤以经费为前提。我国国家税入的来源，除货物税营业税杂税等而外。可从下列三方面着手整理：

a 田赋　田赋为大宗国税，人人知之。但中国田亩久未测量，隐匿未报的很多，据说如能认真清理，至少可以增加三四倍。

b 关税　我国关税在道光二十二年(1842)，订明值百抽五，那时物价很低，吃亏不少。至民国十年(1922)经华盛顿会议，始允加二五附税。将来裁釐加税，可抽 12.5％，增加大宗的收入。

c 盐税　整理盐税，亦可增加收入，如江西自革命以后，稍加附税，多至一百多万。

上述三种税项，征收后与国计民生没有多大妨碍。我们希望于每种税源中都征收教育附税。即征之各国，不乏先例。因为这三种税是很普遍而平均的，无伤于民生。去年全国教育会在南京开会时，我们曾把这种意见提出。[1]终因人微言轻，没有发生效力。但以后仍当详加研究，促其实现。

除此以外，还有两种特别税源。孙中山先生在《民生主义》中说："平均地权，节制资本。"关于"平均地权"姑且不去说它，从节制资本里可以征收两种特别税：

a 遗产税　遗产于登记时可照累进率征税，无害于民生。

b 所得税　按各人收入之多寡，以征收所得税。（这两种税，都有人倡议过，前者民初即有人倡议，迄今尚未实行；后者近来国府对于官税始行征收，这也是无害于民生的。）

除上述数行以外，觉得要依据"无害于民生"的原则去筹措教育经费，恐怕没有再妥善的办法。

曰二、均等机会　现在的教育可以说是贵族式的教育、资本主义的教育。

〔1〕　孟宪承与程时煃在 1928 年全国第一次教育会议上曾合拟并提交《遗产税兴学的提议案》。——编校者

家境贫寒的子弟,对于那些学校,望洋兴叹,不得其门而入。这与民生国计、国家的物力,都有关系。要打破这种畸形的教育,造成均等的机会,只有小学校一律免费,强迫入校。至其年限,英国9年,日本6年,我国4年还不能实行,失学的儿童,到处皆是。如一律免费,使贫苦儿童均有受教育的机会,那教育便不畸形。至初级中学虽然不能说一律免费,但须鉴别其个性。如其个性近于某种职业者,即令其习某种职业。高中亦然。决不应凭其资产以为升学的标准。英国普通中学都有奖学金,以奖励贫苦儿童之优异者。我国现在的中学生高不能升学、低不能就业,养成无业阶级,这是与社会安宁很有关系的。

曰三、确定目标　中国教育的目标,从前到现在,尚未确定。现在所讲的为民生主义的教育。生计有两种意义,一是消费,二是生产。至民生教育的宗旨可以"节制消费,增加生产"八字赅之。前者为消极的,后者为积极的。冯玉祥氏提倡甚力,他对于自己及兵士非常勤苦。陶知行[1]先生办晓庄师范也有这种趋势。教育不教人以正当节俭,可以说就是教育的破产。不过这总是消极的办法,最好是积极的谋生产的增加,以不悖进化的原则。补救之法,要使小学、初中、高中、大学学校毕业而不升学的,都就相当的职业,这问题原是职业教育问题。

中国提倡职业教育已20年,结果还是失败。其原因在学生每有一种虚荣心,不肯就农工商等职业。有人说:中国的职业就衣服分类者有好多等,如短衫者,长衫马褂者,学生装者,西装者。普通人的心理,都视穿短衫者为贱业。实则职业平等,大家可以穿长衫,即大家可以穿短衫。中国职业教育失败的原因有二:

一、轻视生产的心理,以为生产的事情不是所谓上等人做的,因此对于生产职业非常漠视。

二、职业教育与普通教育不分。职业教育与普通教育根本不同。普通的在升学,职业的在就事。从前职业教育与普通教育等视齐观,不问职业之难

---

[1] 即陶行知。——编校者

易,修学年限每与普通学校相同。实则职业有难易,其所需要的训练时间也随之而不同。最不好的不能造成职业的环境。所以商店里不欢迎商业学校的学生,工厂里不需要工业学校的学生。

要补救这种弊病,如农校须要农村化,商校须要商店化,一方面改变其父兄的思想。

a 对小学毕业而不能升学者,施以职业补习教育。初中不能升学者亦然。失学的成人施以成人补习教育。

外国小学毕业生而不升学者,施以补习教育,中国与外国情形不同,应施以"职业"的补习教育。

b 我国所办的民众教育大抵以《平民千字课》作课本,不过要使目不识丁的民众认识一千字何等困难。况且他们在白昼辛苦之余,哪有精神来识沉闷的字。民众教育的窒碍难行,不易见效,就是这个缘故。如果能用一种绝好的方法,那就容易收效了。

譬如拉人力车的教他学开汽车,因为汽车的工资比人力车要多上几倍,他一定很欢喜学。并且因为开汽车须识得几个字,他一定愿意识字。

他如女理发匠亦然。女理发匠如欲记账,不得不识些字,所以她也一定欢喜识字。这种学校可由市政局或教育机关办理,不易学费。一定很有成效,生产问题迎刃而解。记得去年南京市府曾有这种计议,可惜没有实现。

总之教育必从民生上出发,至筹集教育经费,应根据于"无害于民生"、"有利于民生"两个原则。务使

民生与教育打成一片,

民生随教育而益裕,

国家赖教育而日强。

所谓美育与群育[*]

一

这文题目里的"美育"和"群育",是教育讨论上两个新标识,两个比较的新名词。在普通文字里,人提到它们,总当是种教育的理想或主义。我们知道,教育是社会的机能,教育标准要依着社会客观的需要而定,不能凭个人主观的兴趣或态度。因此与其称"美育"、"群育"为主观的教育理想或主义,不如认它们是两类客观的教育目标(Objectives)。此际要探究的,就是除了它们以外,教育是否还有别种目标?如有的,各类目标相对的地位是怎样?只为这两个名词,不幸还没有共同了解的意义,大家虽然是唱和同声,其实命意各别,反成了空空洞洞的玄谈。所以我先要把这些名词的意义说明,再求上列问题的解答。

先说"美育",若含糊着说,便不知道怎样一个高尚纯善的东西。分析的说来呢,一些也没有什么神秘,不过有人把它当作美术解了,有人把它当作美学解了;实在应有的意义,就是美的教育(Aesthetic education)。

美的教育有二义。第一,特殊的"独立设施"的一种教育目标;第二,普通教育中的一种目标。如吕澄先生说的"悬美的人生以为正鹄之教育……必完全独立而后获尽其用",我看就指第一义说的。李石岑先生说,"美育之力隐隐代德智

---

* 载于《新教育》第 4 卷第 5 期(1922 年 5 月)。——编校者

体三育而有之"，是指第二义说的。好多人很囫囵、很笼统的提倡"美育"，无从知道它们是指特殊的美的教育，还是指普通教育中美的目标。至于教育学者所谓"美的教育"，多指第二义，拿普通教育中艺术的创作和欣赏做它的对象，是有一定课程、一定教学法的一个目标。

吕先生因为没有承认这"美育"的第二义，所以很透辟的说，"普通教育，既未能与美育合其目的……所有美术科目，任其自与其教育目的相调和，正不必强蒙以美育之名，而至于非驴非马"。其实将两种不同的意义说明了，即知普通教育自有其"美育"的目标，正不必靳以"美育"之名，而斥为非驴非马啊。

次说"群育"，当然就是社会教育（Social Education）。但是这社会教育一个名词还是要解释；须知不是教育部那社会教育司的"社会教育"，那个指的是通俗教育，这里要指的是团体生活的教育目标，如道德的习惯和服从、公民的活动和协助、宗教理想的传习等等，凡道德、公民训练、宗教等都包括在内。

有人说，"我尝主张，中国人于智育、体育、德育以外特别注重一门，名为群育"，这话就外行了。"群育"视"德育"不过是更广泛些的一个名词，德育以外，哪里别有一门群育呢？Moral 的本义是 Mores，是种社会化的习俗。道德行为是在社会进化上合于它的生存而它所选择的一种行为。Social-Moral 这两个字，从赫尔巴特、斯宾塞以至杜威、巴格莱，都是相互通用的；巴格莱更在书里郑重说明两个字义的相等。从前人离了社会生活，把德育作为一种形式课程，好像一个学校教人泅水，种种泅泳的动作都教完了，一下了水还是活活的淹死。所以除了社会刺激的正当的反应，社会生活正当的参加，没有"德育"可讲。这层杜威在《教育中道德的原理》内已说的很明白。有人要问，"若道德不过是社会的习俗，那末古今多少哲人反抗着社会化习惯，独辟一种道德观念出来的，怎么说呢？"

那要知个人为甚要创辟一种道德观念，岂不是要拿来做改造社会的一种工具？忘了这点，便成了犬儒斯多噶的愤世，中古僧侣的避人了。况且在小社会里，道德确是固定的习惯；等到大社会的组织分化了，复杂了，自由了，才有个人创辟的可能。这样说,连个人创辟的道德观念也是社会生活所影响。这层杜威、塔夫茨在合著的《伦理学》内也说的很精审[1]。我不嫌词费,要将这些理论略述一点,因为我们向来对于这层没有看得十分清楚:以前抛了"群育",单把直接教育的修身科、书本上的人伦道德作为"德育",所以把"德育"误解了;这会又要除掉"德育",单把学生课外集会、游戏、表演等作为"群育",恐怕把"群育"又要误解了!

二

现在要赶快答以下的问题:普通教育除了"美育"或"群育"以外,是否还有别种目标? 如有的,各类目标相对的地位是怎样?

如李先生说,"美育"是教育全体的理想,那是把"美育"作为笼罩一切的教育目标的。

他那"美育隐寓德、智、体、群诸育"之说,私意以为未尽妥当。教育目标的用处,原在分析、特定(Specific),不在隐寓。若以隐寓言,那么提倡体育的人可以说,体育中间包含"武士道"、机智、"形态美"的训练、团体协同训练等等,隐寓德、智、美、群诸育了!

主张把"美育"作为统罩的或过重的教育目标,我看持有下列两项理由:(1)"美育"给我们精神最后之满足,而"教育第一义,即在诱导人生使之向于精神发展之途以进";(2)"美育"给我们道德上一种涵养和感化,如蔡先生说的,"纯粹之美育,所以陶养吾人之感情,使有高尚纯洁之习惯,而使人我之见,利己损人之观念渐消沮"。[2]

否认"美育"为统罩或过重的教育目标的人,对于以上两点先有疑问。第一,在现在的时代,社会讲教育是否以精神发展为唯一正鹄? 第二"美只为美"的运

---

[1] Dewey & Tufts, *Ethics*.
[2] 参见蔡元培:《以美育代宗教说》,载《蔡元培美学文选》,北京大学出版社 1983 年版,第 70 页。——编校者

动,原在使艺术中不掺杂理知和道德分素;所以艺术家也尽多非科学非道德的。美情涵养是否必常有道德的效果? 他们所以否认这教育观的理由有三:(1)这目标是主观的。"吾人生活于此自然美、人类美、艺术美之中",实不能一刹那间不受美之刺激,但是人生环境的刺激不限于美;对于美的刺激的反应也人各不同。成年人感受的美,儿童未必同样感受;艺术家欣赏的美,凡眼未必能同样欣赏。这样主观的一个东西,不能作为教育全体客观的目标。(2)这目标是畸形的。人生活动,职业的居了大半。"美育"是种"暇逸教育"(Education for leisure),不能概括教育的全部。(3)单提这目标,是不合现在中国的时代和社会的。西洋美育论,是实利主义过盛的危言,是文明过于机械化的反响。若现在的中国,资财但见消亡,生计濒于破裂,教育家若不肯忘情于社会,也该快设法用教育来改造物质的环境,图谋物质的乐利了。教育家眼看着可怜的中国人,祷祝他们能"希求兴趣之人生",却不由得垂涕而道的向他们说:你们快先"努力正大之人生"是要紧啊!

讲到"群育",真可说是教育上的时代精神了。杜威《教育信条》开头便说"我相信,一切教育,从个人的参加人类社会意识出发的。"社会的效能(Social efficiency)已成为教育讨论上最流行的标语。我们相信,教育单使个人达到他的完全发育是不够的,必要使他和社会的环境有活动的、谐和的关系;单是个人效能不够的——智能体格极发达的人也会做极有害社会的事——要他充分的贡献于社会的效能。这不是说,个人和社会的幸福有什么抵触,个人和社会不要同时平衡的发展。没有人能充分的贡献于社会而自己未先充分的发展他独有的才性的。也没有人除了活动的参加社会生活,另外得到一种个人的发展的。社会教育论,所以比较的无弊。

进一步说,像斯科特(Scott)所著《社会教育》——这是一本好书——直说教育无所谓个人的。他首章阐明个人的社会关系,甚至说"除了物质观念上,个人是细胞的统一体以外,所谓'个人',乃一抽象语。真的自我,全含着精神的、社会的分素,决不止物质的细胞。……我们自己,找不出'我'的那一部分,和'他'——人类或上帝——没有关系。连我们最秘密的思想都非例外:我们才有思想就要说出来;才知道它是思想,它已形成种言语——或默的,或表出的。这言语就是社会生活的产物了。所以人的存在是社会的……他没有一息不在社会里。就是独居的时候罢,我们的思想还忙着别人。就是想着自己罢,也是想着自己和一个社会情境——实在的或想象的——的关系。"[1]个人且不存在,哪里还有个人的教育? 这是社会教育论彻底的话了。

社会教育论,尽管代表时代的精神,但是要把它自己作为笼罩一切的教育目标,就不是没有它的诤友。看鲁迪格(Ruediger)怎么说,"在实际生活上,个人不像那样隶属社会。人们的环境,动植物、无生物占一部分。人们的接触也就不限于社会,并且有时专为自己的享乐,如音乐、绘画、文学、哲学等,并不想着社会利益,也不一定于社会有利益。文明愈进,个人的价值愈高……从人生说,社会为了个人存在,不是个人为了社会存在的……社会组织是个人生活完全实现的一个工具罢了。这工具是人生一个根本的需要,但是人生还有其他一般重要的需要。要人生不限于社会活动,教育目标也不能以社会为限。"他这番话也是坚确不移的。

这样说,任举一种目标要概括教育全部总有些牵强。就是依着时代和社会的需要,提出来特别宣扬——如社会教育——也还要明画的、补充的说,方不致误会。

三

我们现在该说明教育全部的目标,作个结束。

普通教育全部的目标是数不尽的,一个活动有一样历程;一样历程对着一种目标:综分几类本不容易。(1)最早的分法,就是分为男子教育、女子教育。人类在部落时代即如此,儿童到成年,就男女分途训练生活的职务了。(2)后来因有征服者,有被征服者,阶级分得严,就有依据阶级的武士、僧侣、政阀、文人、工

---

[1] Scott, *Social Education*.

商等教育。(3) 近世教育普及,才照着被教育者年龄成熟、知能发达的自然顺序,分出个系统来,称幼稚园教育、小学教育、中学教育、专门学校和大学教育。(4) 还有具特项目标的学校,如语言学校、音乐学校、职业学校、预备学校、函授学校等,复说不尽。(5) 到人们最早在教育心理学上发生思考的时候,乃按着被教育者身心的能力来分教育目标的种类,为道德教育、知能教育、体格教育等等。(普通人开口总说"三育",没有知道"三育"是较旧的、不完备的教育目标分法。)(6) 现代承认游戏在教育上的价值,又把教育分为游戏教育、劳动教育。(7) 近来人又在社会学上思考,明白学校以外教育的机关还多着,唤学校设施的为"直接教育",其他家庭、商店、图书馆、博物馆、剧场、新闻纸等等为"副教育"。以上列举了一大篇梦如乱丝的名词,无非说,教育目标的分类没有一定轨范,全看拿什么标准来分就是了。

今日科学的教育学者所不住的努力的,是要抛开主观的、笼统的、偏见的信仰,去寻求客观的、分析的、合理的目标。教育精神呢,总是要个人适应社会的环境的。他的范围呢,"遗传和环境的产物,加上直接教育和副教育的结果",才算教育全部的目标。试举几个分类的例如下:

1. 斯特雷耶氏(Strayer)说:氏分教育为(1) 体格教育,(2) 知能教育,(3) 道 德——社会教育,(4) 职业教育,(5) 暇逸教育[1]。

2. 博比特氏(Bobbitt)说:氏分教育目标为(1) 职业效能,(2) 公民教育,(3) 体格教育,(4) 暇逸作业,(5) 社会交际[2]。

3. 美国中等教育改制委员会说:这委员会是全国教育会指派的。它所提报告,把中等教育目标分为下列七项:(1) 健康,(2) 基本知识,(3) 家庭职分,(4) 职业,(5) 公民训练,(6) 暇逸的善用,(7) 道德的品格[3]。

上列三说大体相同,我们所谓"美育"都属暇逸教育一类;我们所谓"群育"都属社会或公民教育一类。他们的分类法都还有可以斟酌的地方。如第一说五项

---

[1] Strayer, *Brief Course in the Teaching Process*.
[2] Bobbitt, *The Curriullum*.
[3] *U. S. Bureau of Education Bulletin* 1918, No. 38.

中,知能教育不就在职业教育、暇逸教育等里面吗?第二说的公民教育和社会交际也嫌重叠。第三说的基本知识专指中等教育一项特定目标,是不错的,不过也未尝不可包括在职业、暇逸、公民等以内。至于公民、道德品格、家庭职分等,同是社会教育,也无庸区分。

因此我觉得斯奈登教授(Snedden)的分类,比较的最简赅、最恰当。他分教育目标为以下四类:

1. 体格教育。健康、膂力、寿命、耐劳等。

2. 职业教育。生产的作业能力。

3. 社会教育。团体生活的要素,如道德习惯、公民活动等。

4. 文化教育。理知和美感的兴趣之刺激和发挥,如科学、文学、艺术、旅行、常识等。

斯奈登把教育目标的研究,当作"教育社会学"的正当领域,有极详密的探讨。我们要穷源竟委,可看他著的《教育社会学纲要》,这里不能多引了[1]。

有了这样一个大纲在面前,我们看着什么新"理想"、"主义",好像有了个系统似的,都能给他一个正当的地位,不会漫无分际,看着树干,忘了森林;也不肯茫无标准,听着这个,抛了那个。譬如"美育",我们知道只是文化教育的一部分;"群育"就是社会教育,在普通教育中,都有相当的地位,却不是教育目标的全部。

读者千万不要误会:我不是说"美育"和"群育"不应尽量提倡,只是提倡的时候,求语言上、观念上的正确,要顾着一个系统,应得如此说。我也不是说这系统就是固定了,不好再变,原还是要随着时代和社会改变的,我们在这个时代和社会,应得如此说。

十一(1922),三,十五,上海

这文大半是看了《教育杂志》14 卷 1 号论美育几篇文字以后的感想。幸读者参阅原文,严予批判。

---

[1] Snedden, *A Digest of Educational Sociology.*

教学之艺术观[*]

自产业革命,经 19 世纪科学发达,机械日新;社会组织因以变化,阶级争斗缘之而起。功利之传说盛行,宗教之慰安失据。科学尊重理知,排除情感,人生遂觉冷静严酷,而引起空虚寂寥之感。又因物质供给愈多,贪求愈无厌,人欲横流,不可收拾;物极思返,而艺术教化之说兴。

艺术普化运动,19 世纪英国文哲学者如 Ruskin, Walter Crane 等已多倡道之。其后德国 Konrad Lange、Ernst Weber 等遂有艺术教育之运动,然其范围仅限于艺术科目。至最近,美育论者始有扩大其领域之趋势而为普遍之运动焉。如 Croce 之说艺术乃人生精神最要之表现,人人皆有人性,即人人皆艺术家。教育事业当努力发展人人,使成为艺术家也。

德人 Weber 于其所著之《教育学基础科学之美学》中,主张应用美学之原则于教育,其应用之原则有四,盖承其师 Valkelt 之说也。

1. 充分感情的直观　无论何种美的对象,非有充分之感情的直观,不能引起美感。教学上之教材须择其能引起生徒充分之感情者。

2. 人生有价值之内容　艺术作品皆于人生有价值者。教材之选择亦然。

3. 有机的统一　绘画雕刻须和谐匀称而有机体的统合。教材亦然。

---

[*] 原为演讲辞,由曹俊升记,载于《教育汇刊》第 5 集(1923 年 6 月)。——编校者

4. 实感之沉降　在美术上,理知的实象愈减少,感情的假象愈增多,美感愈丰富,须赖感情与想象以构成假象。教学亦须能借助于实物、绘画或音乐,而用艺术的手段引起假象。

Weber 之说置重于教师艺术的素养与性格演讲的口才、图画、手工的技巧,诚有可取。然(1) 仅足引开感情而不足发展思想,(2) 以教师为中心而儿童为被动的,乃兴现代教学上最良之原则相背,则其缺点也。

同时美国学者亦颇有提倡教学之艺术观者,巴格莱(Bagley)所谓 Teaching conceived of as a fine art。其一例也。巴格莱以为教学之事如仅视为一种职业,则用力多而酬报少,实不足以满足教师之希求,易趋于沉闷单调之生活。如仅视为应用科学,亦虑流于机械的板滞的行为。如视教学为艺术则可得精神之兴奋与安慰,自觉妙趣横生,而乐于为之矣。

教学之艺术观有下列之优点:

1. 承认教学上人格的要素　师生间人格的交感,精神之共鸣,乃教学上最要之条件。艺术的教学,须有人格的表现,无人格的表现,非艺术也,机械而已。

2. 注意创造的要素　仅知声韵格律,未必即能作杜甫之诗;仅知颜色配合,未必即能作 Raphael 之画;仅知教学之理论与方法,未必即能为良教师;盖犹有创造的原素存焉也。教师欲以经验结晶之教材,传之活动不居之儿童,非有热烈之情感与创作之心裁,不能望其有大效也。

3. 顾及教学之眼光与智谋(Insight and resourcefulness)　教学上专门之技能,如声音、笑貌、态度、仪表及课业指定、提出问题等,皆有机械之规则可遵。若了解儿童之心境,觉察其注意与疲劳,及析疑辨难随机应变之智谋,则无定律可寻,艺术的教学观,尤注重于此。

然则教学如何可达艺术之境地乎?Palmer 于其所著《理想教师》中尝谓须有下列四种特性:

1. 想象　成人之眼光与儿童不同,成人以为甚简单浅近之常识,儿童视之往往觉其繁复艰深。故教师须设身处地为儿童着想,不可偏凭己意。又教材所代表者为经过无数精深伟大经验之结晶;教学时须以自己之想象引起儿童活泼之想象,使重新经历一遍,始为有当。

2. 已丰富之积累　教文学者不可仅知文学,教理科者不可仅知理科。教师于各种知识均须有充分之积累,始能应付自如,胜任愉快,而满足学生知识饥荒之要求。

3. 学问兴趣之鼓舞　无兴趣则枯窘。欲求学问,非有知识兴趣不可。欲儿童有知识兴趣,非教师多方鼓励之不可。激动兴趣乃教师之责务也。

4. 不求人知的态度　高妙之艺术,群众每难了解。艺术家终身穷困而死者数数见之,盖以此也。教师之艺术,如教案之编定、问题之选择、教材之分配、凡所图谋,所计划,皆不知费几许精心苦意。此种艺术,固非群众所能了解,即亲聆教诲之学生亦往往不能欣赏其万一。然专门之教育家见之,固知其有高妙之艺术也。艺术家须求专家之鉴赏,不必求群众之了解。教师须有掩藏其艺术之艺术,始为上乘。(It is our art to conceal our art)

教师努力之结果,往往引起生徒深刻之爱情。受人爱不优于受人知乎?(It is better to be loved than to be understood)巴格莱以为艺术的教师,除Palmer所举四特性外,尚须有热情以完成之。艺术家视艺术至重至大,故常废寝忘食,注全力以从事于此。非有热烈之热情曷克臻此?芝加哥大学校长Harper教授《创世纪》第一章第一节不知几千次,而每次皆带有最高之热度,抑若天下至大之事,无以易此者。小学校之课程简单浅近,粗视之,教授此种课程之教师似觉无味,然试就课程之社会的意义观之,则实代表民族文化中最有普遍价值之一部。其内容,乃伟大努力之结果。例如地圆说,视之若甚平常,然不知费几许心力始能发现,又不知费几许心力始能证明,而得世人之信仰。又如德谟克拉西理想,今日若口头禅,而当产生时不知费若干人之牺牲努力,始能发现,不知经若干人之鼓吹、奋斗,始能普及各国。故简单之知识、技能、理想,其社会的意义与价值实有不可思议者在。小学教师乃世界最普遍之文化之保管者,任重道远,岂容妄自菲薄乎?

以上所言,仅举其荦荦大端。常人视为枯寂无聊之教师,苟能确具此种观念与信仰,吾未见其不兴趣盎然乐于从事教学而不厌也。

　　巴格莱于此郑重介绍两书,一即 Palmer, *The Ideal Teacher* 其一为 Phelps, *Teaching in School and College* 以为皆教育上最美的文学,至可宝者。

公民教育之一说 *

英人布赖斯(James Bryce)夙以所著《美国平民政治》(*The American Commonwealth*)等书,为政治学者所宗仰。氏老年绩学,逝世的前一岁(1921)发表《现代民治》(*Modern Democracies*)一书,共两巨册,为近年民治研究中一部杰作。

在《现代民治》上卷里,有论"民治与教育"一章(Democracy and Education)。今日美国盛唱的民治主义的教育论,我们既习闻了。有这位英国政治家来作同问题的讨论,供给我们一点比较的资料,当然值得我们的注意和介绍的。氏在这一章书的论旨大略如下:

六十年前,英国初提出普选法案时,政论家都以为普通选举先须普及教育。到现在,大家还相信,普选必先普教。因为选举权普及,人民有表示意思的机会了;但必待教育普及,人民才有行使这选举权的能力。从这种原则推想起来,凡采用普选制的民治国家,教育愈进步,政治也愈良好,这是一般人的信念。

但我们试一探究教育和公民权的关系,结果却和上述的信念稍有不同。就英国的例来说,英国现在的小学教育,固然不像六十年代前只限于读书、写字、算术的启蒙课程,而已经增加了许多社会和自然的应用知识。虽然如此,

* 载于《新教育评论》第 1 卷第 13 期(1926 年 2 月)。——编校者

Three R's究占着普通教育的大部分。我们评判一国教育的进退,还常持着识字人多少的标准。在今日国家中,文盲的国民无论在生存竞争之场,抑在行使公民权之际,都感极大的不利,自不消说。但是读书写字的能力,对于公民资格到底有多少的裨益呢?今日看报的、看影戏的人这样多,他们政治识力应该能继长增高了。然而在事实上,六十年前不能读书的英国投票人,他们政治判断的正确也不让今人。他们虽没有读书的能力,却从直接经验上、实际地方自治的生活里,旁求博访,容纳众说,往往能洞彻问题的中心,凭着良知去判断。今日的投票人呢,他们的判断反大半受着所看报纸的暗示。他们听受了一党一派的宣传,不知不觉地给许多政治社会偏见所束缚。就是所谓知识阶级也不能免。对于一个实际政治问题,劳动者的见解和知识阶级的主张不同时,其结果常有证明前者为是而后者为非的,并且极端偏狭的、愚骏的论调,偏有出于名流学者之口的。原来读书的能力仅是取得知识的工具,不能即视为知识;而知识又不过是良好公民条件之一端。所以我们不能单以教育的程度为人民政治能力高下的标准。

我们对于教育的期望不要太过了。要教育能有益于政治,必须有政治的教育。政治教育在小学里能施行多少,全视教导的方法如何。它的困难是很显明的:十三四岁的学生,教他们宪法、议会、选举等事,是抽象而不易了解的。到了中学,学生于各国兴亡的史迹多已讲求,授以初步的代议政体发达史、经济学等,易于领会了。遇办理选举时,如能率领生徒实地参观,利用实例说明运用民治的方式,便更明了了。至于培养将来公民的领袖乃是高等教育的专责。到了大学,学生便应对于政治问题常作讨论;参考专籍,从事精研。若问题复杂,书籍也有谬误,教师便应勤加指引,总须使学生有健全的政治知识,对于实际问题有优越的见地,而能作独立的批评才好。以上撮叙布赖斯的议论,可和美国教育者所倡的民治教育论互相对比。他对于教育不像美国教育信仰的热烈。他对于教育和实际政治的关系,观察要透辟些,持论也很严正,不过我却有一二点的疑义。

1. 氏以为知识阶级未必有健全的政治主张。所谓"读书的能力,仅是取得知识的工具,不能即视为知识;而知识又不过是良好公民条件之一端",实是中肯之论。但是读书能力能代表现代教育的全部目标吗?普通教育早就不应以读书识字做唯一的目标。教育要培养学生的全人格,他的理想、态度、习惯、技能都要顾到,早就不应专重知识。氏自己所提政治教育的方法,如上所述,似乎就基于教育只重知识的假定,这是不能不该为错误的。现代公民教育的实施决不止于灌输一点关于宪法、议会……代议政体发达史、经济学……的知识;最紧要的,乃在养成好公民的习惯、态度和理想。这不止是书本的工夫,而要能以学校的环境、生活和自治组织的训练,在学生的人格上发生影响。如果今日的学校教育还没有能办到如此,我们只认为教育的失败,而不是教育没有这种可能的证明。

2. 其次,氏说,"我们不能以教育的程度为人民政治能力高下的标准",这话也容易引起误解。民治的施行至少先要有普及的、最低限度的国民教育,这是谁也不反对的。在这限度以上,知识的进步和政治的进步成何比例,诚是问题。如果照我们上面所解释,教育不限于知识的传授,这话当然不能这样说了。况且教育的机关不止学校。单靠学校教育是不会成功的。氏所提到的报纸、影戏,都是教育问题。六十年前,英国不读书的投票人能有相当的政治判断力,那不过那时的人,学校教育虽缺乏,而社会教育却很有力就是了。实际政治能力和社会教育是有很密切的关系的,这点,普通人或没有看清,可惜布氏也没有说得明白。

除了这一点辨正以外,布氏这一篇,读了很是有益。他代表一个老练的政治学者对于教育效能的估定。他很锐利的指出现代民治国家中,普通教育在政治上没有多大积极的贡献,这就够促起教育者的反省了。如果能鉴于前此学校教育偏重知识的谬误,前此公民训练止于学校教育的无能,改弦更张,继续努力,那末,布氏的批评更有效果了。

活动与指导*

　　现代教育者本试验和创造的精神,竞提供其各种理论与方法,号为"新教育"。我们试问:它们有什么共同的特点? 新教育所以别于旧教育者何在? 不就在它的注重"活动"吗? 旧教育是静的,新教育是动的;旧学校是读书的场所,新学校是儿童活动的中心;旧教学法主求知,新教学法主由行而求知。

　　在中国学说上提起这种观念,我们当然联想到王阳明的"知行合一"说。但王说的对象实仅是道德教育。至于真正从知识教育的观点上倡主动说的,应以三百余年前的颜习斋氏(元)为代表。颜氏在学问上独重实习,所以自号习斋。他反对读书的教育,而以为真知识技能必由实习而来。他说:"譬之学琴然:诗书犹琴谱也,烂熟琴谱,讲解分明,可谓学琴乎?""譬之于医……止务览医书千百卷,熟读详说,以为予国手矣,视诊脉、制药、针灸、摩砭为术家之粗不足学,可谓明医乎?"(《存学编》)他反对主静的教育而尊尚劳动,说:"常动则筋骨松,气脉舒……宋元来儒者皆习静,今日正可言习动。"他批评宋朱子"半日读书,半日静坐"的教育法最痛快,他说:"半日读书,便半日是汉儒;半日静坐,便半日是和尚,请问一日十二时(辰)中,哪一分一秒是尧舜周孔? ……先生辈舍生尽死,在思读讲著四字上做工夫,全忘却尧舜三事六府,周孔六德六艺,不肯去学,不肯去习,又算什么? 千余年来,率天下入故纸堆中,耗身心气

＊　载于《教育汇刊》第 1 期(1929 年 3 月)。——编校者

力,作弱人病人无用人者,皆晦庵为之也。"《朱子语类评》戴望说他"师门弟子行孝弟,存忠信,日习礼习乐习射习书数,究兵农水火诸学。堂上琴竽弓矢筹管森列。"(《颜氏学记》)我们可以想见他教育的精神。可惜当时科举风靡,颜氏穷居讲学,并没有在教育上发生很大的影响。他所提倡的,自然也只是成人治学的功夫,不是儿童教育的方法。但他所倡那种学说,较革命者卢梭(Rousseau),要早一百年,不能不算世界教育的先知先觉了。

在西洋学说上,卢梭倡活动肢体、训练感觉、实习劳动之说最早。到福禄培尔(Froebel)创幼稚园,这种儿童教育的理论愈详明,方法愈完密,这是人家所知道的:福氏而后,近今各种教育思潮更集中于活动之一原则。在德国,凯兴斯泰纳(Kerschensteiner)创活动学校(Arbeitsschule)。凯氏以为健全的教育不在仅能传授知识,而要能培养儿童对人类的同情、正确的判断以及作业上的自动。他主张减少强制的学习而增多自由试验的学习,务使儿童自决目标自择方法,以自力而得到成功。活动学校的课程即注重土木、缝纫及各种手工,由实际活动中养成儿童的知识与品性。在美国,杜威(Dewey)也曾设试验学校,自述他的旨趣与福氏相同,凡三点:"① 学校之根本任务在训练儿童合作互助的生活;② 教育的出发点不在固定的教材,而在儿童之本能的态度与活动;③ 这种活动应指导之,以成合作互助的生活,应利用之,使从事适合儿童程度而为成人社会代表的作业。儿童自制作与创造的活动中,自能获得有价值的知识。"(*School and Society*, p. 11)所谓适合儿童程度而为成人社会代表的作业,即指纺织、缝纫、烹饪、木工等,为人类所以取得衣食住,以制驭自然的工具。这就是杜威试验学校课程的中心。这种活动的教学,目的不是职业的,而是文化的;在于由行而求知,由实际生活的活动而获得有价值的知识。最近克伯屈氏(Kilpatrick)等,更推广学习实际活动的设计法,而应用于一般的学习;以为凡"志愿的活动"(Purposeful activity)都是设计的作业。教师指导设计作业时虽应引起儿童的动机,却不应代儿童决定其志愿,所以不应指定儿童的问题。"指定的问题还是教师的问题,而不是儿童的问题。志愿是不可以指定的。"(*Foundations of Method*, p. 349)这更将儿童自动原则推到极致了。

活动的原则,一方面依据我们对于儿童心理的了解,一方面恰合我们现代社会的理想,所以成了教育上中心的理论。但从受教育者而言,是活动的问题;而从教育者而言,即是一个指导的问题。活动而具有教育的功用总是指导的活动。教育是指导,杜威在《民本主义与教育》中有详细的说明的。唯其主张间接的、自动的,而非直接的、被动的(或强制的)指导,所以教师的技术应当愈高、愈难。如果误解了,以为既任儿童自动,即可不须指导,那末活动的教育易发生以下的流弊:

1. 知识方面——缺乏组织;

2. 品性方面——缺乏训练。

缺乏组织,知识便易失之散漫浮浅,而不能精确透彻。缺乏训练,品性便易流于任情放纵,而不能中节合度。因为顾虑到这点,所以欧美教育者对于上述活动的理论,又有以下补充的、修正的诸说:

1. 知识教育　在德国,高迪希(Gaudig)也是倡活动说最力的一人。但他深恐手的活动过分占领了脑的活动的地位,所以主张手工作业只适用于小学低级。他也说教育的历程在由自动而得到自定目标的完成;他也说学校应养成合作互助的社会生活。但他却不全靠儿童自发的兴趣或志愿,而主张用系统的指导使儿童渐从实际活动中得到知识作业的技术,尤须得到自动运用参考书籍,从文字符号中了解人生的能力。(*Educatoinal Yearbook*,1924,p. 518)在美国,巴格莱(Bagley)对于克伯屈的设计说、专重志愿的学习就很怀疑。他以为从生物上言志愿的感觉是人生后期的发展,必须年龄较长才会成熟。所以在人类进化上,以成人志愿决定儿童志愿乃不可免的步骤,从心理上言,在实际活动中偶得的知识,究不如为知识而求得的知识之易于保持记忆。而且要多得学习效力之迁移,尤须在实际活动中抽绎其原则与方法,学习而熟练之,方能为较广的应用。因此,他以为设计的学习仍必继以系统的学习,然后知识有较好的组织。(Dangers and Difficulties of the Proiect Method and How to Overcome Them, *Teachers College Record*, XII, September, 1921)至于罗素(Russel)论知识教育的目的,列举求知(Curiosity)、忍耐(Patience)、勤劳(Industry)、专一(Concentration)、精确

(Accuracy)等,而批评美国人偏重实际活动的教学法,以为是机械文明的特征,因为机器只能动作而没有思想感情,人则不但能动作且有思想感情的。(*Education and Good Life*, p. 246)那更对于活动的原则,认为根本上有问题了。

2. 品性教育　品性的训练,罗素以为应在儿童六岁以前就完成。此说引起我们对于幼稚教育的更加注意,很有价值。但学校教育施于儿童的全人格,当然于知识以外还是要顾到品性的。杜威反对学校内有直接的道德教学,而主张由学校的环境和团体活动中养成儿童的良好品性(详见 *Moral Principles in Education*)。这是活动的原则的贯彻。但也有人确信道德教学仍有它的地位;就是所谓团体活动,也必须加以意识的指导,而不可纯任儿童的志愿。在实际社会里,成人常须做自己不愿做的事,负自己所不愿负的责任。所谓"社会制裁"与个人行为、社会秩序有莫大的关系。所以儿童守法服从的精神,整饬的、纪律的习惯,是应当早早训练的。芬尼(Finney)批评杜威,说他混"社会的"(Social)与"志愿的"(Voluntary)为一谈,而不重指导,也不为无见地。(*A Siociological Philosophy of Education*, p. 17)但其实杜威何尝不重指导,不过依他的儿童心理论和社会理想(民本主义),他主张间接的、自动的指导,而不取直接的、强制的指导罢了。杜威就理想言,以为自动的指导胜于强制的指导。芬尼则退一步就事实言,说强制的指导胜于没有指导。两说似乎没有什么根本冲突,而可以互相补充。

作者看到近年国内许多学校,试验种种新教育方法,抱着无限的乐观。同时也常惴惴的自问:我们这样只管理想,不管事实,尽量的试验,会不会因指导技术的尚未成熟,而发生上文所举的两种流弊? 所以提出本题,胪列众说,以供参考。热心教学的同志们! 我们必须有实施指导的方法与技术,总能达到活动教学的理想。我们的实施,无论在儿童知识方面、品性方面,必须确有效果而当得起最严格的客观测验。我们的理想愈高,我们的责任也愈重了。

一八(1929),一,一八。

智力测验之论争与教育学说[*]

一

巴格莱(W. C. Bagley)在哥伦比亚师范院教授中,算一位比较的"旧派"的学者。他在谈论里,对于美国学校过重智力测验的趋势,早有微辞。本年2月,他公然在芝加哥大学教育教师协会宣读一篇论文,题为"教育的定命论或德谟克拉西与 I. Q."[1]。这文一发表,激怒了多少心理学专家,惹起了几篇严重的抗辩,与教育学说很有关系。原文冗长繁衍,这里单就文中要义,提出几条。

1. 他说智力测验运动过盛的趋势,把学校看作一种甄别的、检定的机关,而把教育反似轻视;又根据儿童智力的限制,要将他们教育的机会也限制之。他援引许多文字来作证。如:

美国《教育研究杂志》里说:

> 高的智力,和蓝眼睛、高鼻子一般,是与生俱生的。我们的学校,无意中,一年一次,淘汰掉智力比较薄弱的儿童,而保留那些颖才,能得到智慧上的成就的。所以学校是教育机关,也是一个甄别机关;那入过学

---

[*] 载于《教育杂志》第15卷第1号(1923年1月)。——编校者

[1] Bagley, Educational Determinism, or Democracy and the I. Q., *Educational Administration and Supervision*, Vol. Ⅷ, No. 5; *School and Society*, April 8, 1922.

校的儿童,可说他们受过教育了,也可以说他们受过检定了。

推孟(Terman)说:

在事实上,儿童能受教育的限度,可用智力测验在入学的第一年测定。测验几次,到入学的第五年或第六年末,可以精确地找出这个限度。这时候职业训练和职业指导就应当开始。

英国一个教育杂志说:

据腊斯克(R. R. Rusk)教授的调查,英国儿童70%都不能发达到14岁以上的智力,所以他们的继续的教育是虚耗的。其余30%中能在大学受优越学位的,只有4个。……将来如将智力测验施行于3岁至14岁的儿童,可以找出其中哪几个是能受高级教育的;把愚笨的汰去,就是给天才儿的机会增多,这是教育上一大经济。

2. 巴格莱先要问,那"一般智力"(General intelligence)究竟是什么? 我们现在把它比之蓝眼睛、高鼻子,而不知眼和鼻是生理的结构,至于智力,不是结构,而是机能。二十余年前的旧说是以为智力高下视大脑灰白质里细胞的多少的。后来我们知道智力差异的生理基本在神经接合状况的不同。晚近又知道神经质和接合点的发达,也视神经系以外几种筋络与腺的刺激变化。所以智力不但不是生理结构,并且还不是某项结构的直接机能。说者乃比之蓝眼睛与高鼻,太简单了。

3. 智力的性质,科学还没有定义,如何去测验呢? 不要紧,科尔文(Colvin)在本年《全国教育研究会年刊》里说:"我们从不直接测验天赋的智慧;我们不过测验获得的智慧。却于一团有相同经验的儿童中测出他们能力的差异,因而推断他们禀赋的差异。"所以智力测验的假定,是那被测验的人,对于一种测验材料,所有环境、经验、教育、刺激都相同的。实则智力度愈高,经验的差异愈多,测验的正确就愈少。现在最简单地要测验有若干智力与绝无智力的差别,上项假定最可适用。到智力年龄渐高,这假定的可适用性渐减。这时测验自然仍能测定某项能力或某类能力,但是其中经验的成分多了,它的影响大了。我们若以为所测验的,仍是一个与生俱生、毫没变换的东西,叫作智力,就大错了。如何可以执着这样一个得数来断定各个儿童能受教育的限度呢?

4. 然而推孟显然要依据这种得数,来限制大多数儿童的普通教育于五六年内。今假定儿童到了一个限度,智力停了不再生长,岂便能说,一切教育也停了不再发生效力吗? 定命论者自然说,否,否,不过智慧的教育确停止了。巴格莱于此有两行辩论:(甲) 智力生长是无限的;所以教育效力也无限。他说智力生长有两种,从婴儿诞生起,智力自然的向上的增加力量直到假定的智力年龄限度。同时这智力也忙着在那里获得经验。那自然的生长即停止了,难道它继续获得经验的一种生长也停了不成? 如不停,我们不叫它智力的生长,叫它什么? 这种生长,我们可称它"横的生长";那自然的生长就可称为"纵的生长"。即如定命论者所说,纵的生长是有限的,他们也应说横的生长是无限的。(乙) 再说智慧的教育确有限度一层,且问所谓智慧的教育是否指抽象观念底教育? 若是指抽象观念,那末在横的生长内智力不能继续的获得它吗? 任指一个平民——智力是平常或平常以下一点的——在他日常生活中,处理他所熟悉的问题,不继续增加他的能力吗?

5. 我们对于智力生长的限度,既未确定,而就拿这假定的限度,来作为"检定"儿童的标准,来判决 12 岁儿童的教育机会。平凡的儿童就打上一个永久低劣的图记,说他不能受更广的教育,只须狭窄地学习一种职业,将来做些机械的事务;把较高的教育权利留给天才的儿童,以为有功于教育的经济和社会的幸福了。这样办,巴格莱以为不唯无功于社会幸福,而大有罪于德谟克拉西。人常说,为种族的强健计,那疲癃残疾的人是应当淘汰的;医学者不听其死亡,而用技术去延续他们的生命,似乎是违反种族的利益的。然而医学者从不这样想,他们忠于自己的理想,努力自己的学术,今日结果怎样呢? 平均生命年度延长了,人生的疾苦惨痛减少了。教育者不应忠于他的理想改进他的艺术，来提高一般儿童的智慧吗？倒凭着 I. Q. 来做淘汰的标准，减缩平民教育的机会，还说有功于社会幸福呢！讲到平民主义，定命论者岂是反平民主义者？他们说平民主义只在教育机会的平衡(Equality of opportunity)。我们只要给每人以适宜的机会，使能尽量发展他固有的禀质，这个发展了做个工徒，那个做个实业领袖；这个做个书记生，那个做个政治家。恰如其分的发展各人禀赋，就是平民教育了。不想一想德谟克拉西的要求，不但在各个职业的效率，而在提高一般程度至最高集合的思想感情，去参与平民政治的生活。现在凭着 I. Q. 来择将来的领袖，而用最高的教育机会来训练他们，且莫说智慧阀阅的流毒，比贵胄阀阅资产阀阅还要厉害；也慢说智慧领袖也须有平民的教育，来诱导他们的同情和理想；单说这些领袖，要保其忠实负责任，要不要平民有智识去选举他们，批评他们，督促他们？(智力测验，施行于军队，最著成效。我们要记得兵士对于官长，是没有这选举批评督促的职能的。)况且平民的领袖又不限于智慧一种品质，那道德的社会的品质如同情、勇敢、坚忍、勤劳等，亦领袖所不可缺。富于这些品质的人，智力比较差一点，也不是绝没有做领袖的可能，就可断定他智力限度，而不予以较高的教育机会吗？

6. 总之定命论者给我们一个消极的哲学，只告诉我们教育不能做这样那样，却不想到教育的确能做这样那样。那有平常智力或比平常智力较低一点的男女生徒，的确能学习几种极复杂的技能，如读法、书法、计算等；的确能学习几种抽象的原理，如地球绕日而行的、纳税而无代议是暴虐的等。而且许多原理在往代要顶高的智力才能了解的，现代已成为平民的公物了；在往代只有牛顿、达尔文能领会的，现代"匹夫匹妇"都懂了。学校不能增加原始禀赋的容量，却能增加那获得的智慧的总积。有史以来，人类的原始智力并没有显著的增高——有许多理由，使我们这样相信的——然这六七千年中，人类的文化确进步了。然则教育已往所成就，还不过它将来所能成就的极微的朕兆罢了。教育者不应奋兴，不应努力，而反失望吗？

二

这样公开的攻击智力测验派的心理学者,哪里会没有猛烈的答辩? 惠普尔教授(G. M. Whipple)跟着就在《学校与社会》周报里发表一篇批评巴格莱主张的论文。[1] 惠普尔说,第一,我们先要问事实是怎么样? 第二,要问我们所有的事实能否证实巴格莱那种哲学? 据他的意见,巴格莱把所有的事实尽行误解,他的哲学更是含糊。

先说事实,心理学者对于智力的性质,确乎没有定论,但是因此便不能测验它的表象吗? 物理学者何尝知道光与电的性质,然而可以测验它们的现象。现在智力测验里,也不过测定行为的几方面,而从此推考那一种东西——谓之"智力"——的程度。除了这智力以外,自然还有许多原素能影响儿童学习的进步的。但是我们深信我们的智力测验,实能精确地测出学习进步上最重要的一个原素。至于智力测验在教育上已奏的成绩,更不待辩。最明了的,学校生徒的分级分组较有效率了,也有伸缩。说智力测验派心理学者要减缩学儿的教育机会,不过是一种辩术上的危词耸听罢了。

说到哲学,惠普尔说他自己不是一个哲学者,但也有几项明白直截的信条:(1) 他相信智力有根本的且比较永久的差异已经证明。(2) 他相信这种差异大半是遗传的。(3) 他相信智力测试——正当地编制、施行、解释的——是测定这种差异的一个有价值的方法。(4) 他相信对于智力差异的生徒,施以同样的教材、同样教法、同样速率,的确虚糜许多时间、金钱和劳力。(5) 他相信在美国现在的教育制度下,天才儿所得的教育机会确比平凡儿为少;必须施行甄别,方有平衡。(6) 他相信教育机会的平衡确为德谟克拉西真精神的保障。

巴格莱原文里引及腊斯克教授的话,又恼了这位苏格兰的测验家,也连忙在10 月里的《学校与社会》上发表他的辨正。

---

[1] Whipple, Educational Determinism: A Discussion of Prof. Bagley's Address at Chicago, *School and Society*, June 3, 1922.

腊斯克说，[1]巴格莱怕智力测验危及平民教育，证明他把智力测验或平民教育误解了，或把两者都误解了。平民教育所要求的，是儿童不论贵贱、不论贫富，能得到他所最能获益的教育；而智力测验正所以帮助教育达到这个目标，平民教育的意思，决不是说，每个低能儿都应受大学教育的。现在我们选择中等学校的生徒，除普通学科试验外，又施行智力测验，实是要推广选择的范围，使那以前没有最好的教育机会的一种儿童，这时有以表现他们的能力——这总不是反德谟克拉西的手续吧！英国智力测验家，从没有说儿童12岁以上可以没有更高的教育，他们只主张那教育要有益于儿童自身和社会；所以要甄别他们的智力，智力较低的给他们一种实用的教育。至于修学期限一问题，本来岂智力测验家所能解决，这全要看一国社会的——即政治的和经济的——情形如何而定的。

对于巴格莱文的反响，上述以外，已发表的文字还有。听说哥伦比亚师范院盖茨教授（Gates）近作一演讲，题为《心理的柔性》(*Psychological Tender-mindedness*)，就是批评巴格莱说的。我没有见到，无从转述。

上边所述限于敷陈，没有批判，却也无须批判。巴格莱对于智力测验，原不是作笼统的批评，他不过就其中假定的——照他看来——危及平民教育的一项提出讨论。这个分际，他的读者应看清楚的。他说："我决没有意否认智力测验已有的成绩和它将来能有的更大的成绩。它积极的建设的方面我竭诚欢迎；它如有消极的破坏的地方，它自己应负证明的责任。"惠普尔驳巴格莱，也说："他所说的有许多地方，智力测验家是同意的。"后来巴格莱答惠普尔的文里，[2]自谓有最坚确的两点：（1）智力度愈高，测验的正确愈少；（2）智力有纵的生长，有横的生长。这两点惠普尔均没有提到，而他所谓"含糊"的哲学就建设在这两点上。至于这两点究竟能否成立，既尚待专家的论定，我们这里也不能臆断了。

三

我对于这个论争加以注意，注意了又为之传述，自然也不是因为它于智力测

〔1〕 Rusk, Dr. Bagley and Educational Determinism, *School and Society*, October 14, 1922.

〔2〕 Bagley, Educational Determinism Again: A Rejoinder to Prof. Whipple's Reply, *School and Society*, August 5, 1922.

验自身有何重大的影响；却是因为它代表教育学说上两个见地是我们所要思考的。

腊斯克说："巴格莱对于智力测验的攻击不过是关系教育效力有限无限的老争论中的一章。"就是这句话了；这不是一个重要的争论吗？亚当斯教授（Adams）在他的《教育学说进化论》里有一段话："对于赫尔巴特（Herbart）学说最普通的一个批评，就是他给人一种教育的狂热……然而这种狂热不是没有可以尊重和赞许的所在。现代教育学说中最缺少的就是一点希望的原素。我们给遗传和环境的势力说围住，对于教育的事业失望了，灰心了。那教育家对于自己事业已没有了信仰，而只觉其无能，更从何盼望他们有伟大的成就？"[1]所以教育效力问题值得透彻的讨论。

从来解答这个问题有 Nature vs. nurture（禀赋与教养）的两派。在现代学说中，伦敦大学沛西·能教授（T. P. Nunn）为此题了两个名词：前者他叫它高尔顿派，后者他叫它新赫尔巴特派（Galtonians vs. Neo-Herbartians）。[2] 分述如下：

高尔顿派的学者，以为各个人教育的限度，早在各人遗传的禀质上决定不移了。借巴格莱的名词，这就是一种"定命论"。这派采取的辩证有两大根据。第一，根据心灵与身体相关。他们检察心灵的品质和身体的品质有很高的相关率，而推考他们是同一起源的。身体品质是遗传的；心灵品质也不能从教养产出。第二，根据严密的遗传研究。高尔顿《遗传的天才》的结论中，第一条就是说原始能力高的人，就是有社会阶级的障碍，也容易向上的。他又研究两类的双生儿：一类禀质相同而环境异的，一类禀质相异而环境同的。如前一类双生儿中相对的差异增加，后一类中，他们的类似增加，就可证明环境的影响了。而所得结果均反是。其他重要研究，桑代克（Thorndike）《教育心理学》3 卷 11、13 两章叙得颇详。桑代克自己调查过纽约 50 对的双生儿，他的结论，也说这些双生儿原始禀质的类似或差异，全由于种子细胞的性质。他们的身心都受这种子细胞的影

---

[1] Adams, *The Evolution of Educational Theory*, p. 326.
[2] Nunn, *Education, Its Data and First Principles*, Chap. 9.

响,至于环境上的差异,如纽约学校之所有的,影响于他们的身心者很少。[1]
依据这种结论,我们对于教育的效力不由不失望;而人群改进的责任只可付之优
生学了。

以那样谨严的科学方法得那样精确的事实,还是不能折服新赫尔巴特派。
他们的中坚为英国海沃德博士(F. H. Hayward),著有《教育与遗传的鬼魅》
(*Education and the Heredity Spectre*)一书。他大胆地说,心灵的遗传如一个鬼
魅,只要我们不拘着抽象的统计而追求到人生具体的事实上去,它就消灭不见
了。赫尔巴特的哲学本来以为心灵里只有获得的观念(Vorstellungen),没有先
天的智力。这些观念全从经验和社会生活得来,全可受教育的支配;教育功能所
以无限。这种旧说,海沃德自然也不尽取,他至少承认心灵也自有它传遗的禀
质。但是这些禀质,在幼时很柔黏的(Plastic),可以拿教育来陶铸的。所以禀赋
极劣的儿童,经过教育机关如 Barnado Homes,可以得到很健全的发育。甚至劣
下的民族,如 Murray 岛人不会计算 6 个以上的数目,而他们的儿童受了苏格兰
教师的训练,竟表现很满意的数学能力。这种例多不胜举,新赫尔巴特派所以说
教育效力是无限的。

如今巴格莱的批评智力测验,我看就带些新赫尔巴特派的色彩。平心而论,
教育者对于己身的事业,诚能得到一个信仰的福音,一种乐观的哲学,岂不甚善?
无如"梓匠轮舆,能与人规矩,不能使人巧",是格言也是常识。"教育只能引导与
辅助,不能创造。天赋所没有的,教育不能供给他;天赋所有的,教育也不能完全
摧折它",这里罗森克兰茨(Rosenkranz)30 年前已阐发了。[2] 个性遗传的差异,
教育可能的限制,也已经科学的事实确切证明了。药石虽苦,不能不尝;真理虽
苦,不能否认。现代科学的昭示往往使人生呈现一种黯淡的灰色,原不独教育上
为然。虽如詹姆斯说,各人学说因气质的刚柔而异其趋向。然一方有真理,而一
方违着真理去求慰安,究竟是思想的不彻底。

然而惠普尔也承认的,美国学校的滥用智力测验,有时也是爱之适以害之,

---

[1] Thorndike, *Educational Psychology*, Vol, Ⅲ, Chap. 11.
[2] Rosenkranz, *Philosophy of Education*, p. 47.

所以巴格莱之论，多少给他们一些针砭。同时或者也给那悲观过度的教育者一些奋兴。这种言论，在今日美国教育界，谅也不是没有一部分同情的反应。

　　附言：这文脱稿后，又见 *The New Republic* 周报（1922 年 10 月至 11 月各号）载 Walter Lippmann，"The Reliability of Intelligence Tests"一文。虽是一个"Layman"的通俗的论述和批评，却和 Lippmann 他文一样，写得警动有趣，值得一阅。此外专家的论文，近来见到的还有 *Educational Review*（11 月份）所载科尔文教授（S. S. Colvin）的"The Present Status of Intelligence Testing"亦明了，亦翔实，我们应给他郑重介绍于读者的。

何谓实验学校 *

我们知道欧美有一种实习学校(Practice school)，是附设于师范学校，专供师范生实习的；还有表明新方法而带着示范性质的学校，称为"Demonstration school"；又有试验学校(Experimental school)，乃是教育家为试验其教育主张和理想而设立，把学校当作实验室的。这种学校，外国都是私立的；因为公立学校，对于儿童教育，订立一定标准，不能随心所欲；而试验学校，就不受国家的限制。外国大学附设的试验学校，全供学生试验研究，正和化学实验室一样。中央大学区立实验小学兼包实习和试验两层意思。今天所要讲的是：一、各国试验学校的状况；二、个人对于实验小学的意见。

一、 各国试验学校的经过情形

自卢梭以来，各国试验学校风起云涌，近几年来，更日见其多。最初英国有一个乡村试验学校叫"Abbotscholme"，是教育家 Reddie 氏主持的。当时声誉颇著，各国都有人去参观。德人 Lietz 参观回国后，于 1889 年创办"Landierzechungscheim"。法国教育家 Demolin 氏也设立"Ecole des Roches"，都

* 原为 1929 年 3 月 28 日在中央大学实验学校全体教员研究会上的讲演辞，由吴增芥记录，载于《教育杂志》第 21 卷第 5 号(1929 年 5 月)，重刊于《安徽教育》第 1 卷第 2 期(1929 年 10 月)。——编校者

是举办于乡间的。美国著名的试验学校有"Horace Mann School"和"Speyer School"。而杜威氏于 1890 年在芝加哥大学附设的试验学校,更是新教育的策源地。以上是自 1890 年到 1900 年试验学校的大概情形。近三十年来的试验学校不胜枚举,归纳起来,可以分为下列三类:

1. 注重儿童活动和兴趣的试验学校 这种试验学校是以儿童活动和兴趣为中心而组织教材,打破学科的组织。设计教学法就是要达到这个目的。比国[1]教育家德可乐利(Decroly, O.)创设的活动学校(Ecole Active),德国的劳动学校(Arbeitsschule),美国试验设计教学法的各学校,都是以活动为中心的。

2. 适应个别差异的试验学校 像道尔顿制及文纳特卡制(Winnetka Plan)都是采用能力分组或个别作业的办法,也有兼采两种方法的。这一类学校,在适应儿童个性,使得充分的发展。

3. 注重在自由之中有纪律的试验学校 俄国的学校就是做这种试验的学校。俄国教育家 Shatsky 氏于欧战[2]后在莫斯科主办这种学校,以工作为中心,一切章程规约都由学生主持,但其要旨是要在完全自由之中不失纪律。德国的社会学校(Gemeinschaftsschule)也有同样的性质。

教育上所以有这些试验,是缘于受政治或社会或心理的影响,或全系受教育的影响。提倡这些制度的教育家,都是别有怀抱而甘心研究的。中国的晓庄乡村师范学校,确是一个试验学校,纯系试验性质而非供人实习。中大区立各实验小学,课程是固定的,教师资格是限定的,和西洋的所谓试验学校大不相同。

各国主持试验学校的教育家有共同的主张。1921 年的国际新教育会议订定了七条规约:(1)一切教育之根本目的,在求儿童生活上精神的崇高。(2)尊重儿童个性。(3)课程必须从儿童原有之兴趣出发,在各种活动中,使儿童兴趣得充分的、自由的发展。(4)儿童在校里,个人和团体的纪律,必须由儿童与教师共同组织成功。(5)要除去儿童自私的竞争心,而代以团体间合作服务之精神。(6)男女同学。(7)儿童不但为家庭社会国家而存在,且须以个人为人类

---

〔1〕 指比利时。——编校者
〔2〕 即第一次世界大战。——编校者

之一分子而存在。

他们办学的精神可见一斑。比国的活动学校(Ecole Active)合于第(3)条,行设计教学法的学校、俄国的 Shatsky 学校和德国的社会学校,是合于第(4)条。第(7)条是特别重视儿童。(1)、(7)二条较为抽象,其余各条,都说得很具体的。

二、 个人对于实验学校之意见

个人对于实验学校以为:

1. 要认清实验的问题。江苏全省实验小学很多,急待解决的问题也不少,像经费大小的程度、最少限度的学校设备应该怎样、课程应如何组织,凡此种种,争执极多。又如混合教材和分别教材、语体文和文言文的问题,都可以试验一下,求出确当的答案来。但是要试验,必先认清试验的问题,而后分头进行。

2. 各校分担具体的实验工作,一个学校,担任若干问题的研究,各校都担任一种或几种工作。俄国的小学校现在改为劳动学校,教育行政机关把颁行的制度通令各校试验,经十年的研究,把结果作编制课程的根据。我国厘订课程多少是主观的,其故在没有经过长时间的试验,所以现在各实验小学应该分别进行试验工作。

3. 开始实验之前,必须有创造的眼光、审慎的态度、科学的技术。教育上的实验不比自然科学上的试验。后者如遭失败,也不过损失些材料和金钱;而前者则不然,偶一失慎,儿童的牺牲不堪设想。所以说在开始实验之前,一方面固然要有眼光,而他方面须审慎。麦柯尔所著 *How to Experiment* 一书中,说明试验要有科学的技术,试验者对于试验步骤、儿童的学力和其他问题,统须详加考虑。

4. 估量结果。试验所得结果不一定是圆满的,也未必是固定不易的。担任一种试验获得结果以后,务须详细报告,彼此交换意见,作评价的工作。前东大附中编辑的《施行新学制后之东大附中》和前东大附小编辑的《一个小学十年努力记》,都是很好的研究报告。以后各实验小学,也要把试验结果,加以整理报告,请别人批评,才能收得宏效。

评教育的实验*

本刊这期内容,有一部分集中于教育实验问题。编次既完,作者也就自己的感想写成这一篇短评。

在沉寂得可怜的教育学术界里,也断续地听到新的呼号。即如近来因各种"实验学校"、"教育实验区"、"实验教育馆"等的先后设立,教育实验渐成为一个有力的呐喊,这是很可喜慰的。但在科学上,实验是一种很严密、很耐心的工作,而在教育上,却这样地易易,会不会终于只是一个呐喊?这又使我们着实担忧。

在变动的社会中,教育如果是墨守旧法,陈陈相因,便永远没有进步。变化虽然不就是进步,而要有进步,却不能没有变化。我们现时各种教育的实验在结果没有估定以前,原不能说已有什么进步;批评者或且加以"幼稚的好奇"的讥诮。但我们不安于因袭而乐于改造,我们在那里前进,我们在不断地探求,这是谁也得承认吧。所以像教育实验那样的呐喊,也给我们沉寂中一些安慰。

但是所谓实验,是在有了一项理论,一种假设,还没有证明能否成立的时候,从狭小的范围,依严格限制的条件,探索结果,以求证明的。在实验未成功之前,那种理论或假设是没有把握的,不能拿来做大规模的推行的,在科学实

---

* 载于《国立中央大学教育季刊》第 1 卷第 4 号(1931 年 6 月)。——编校者

验室内所试的是物质的材料，实验失败，损失还可以计算。至于教育实验，被试的是活泼泼的人生，实验失败，牺牲便是无量。所以教育的实验更不得不格外谨慎。而我们的事实却不然。我们每次尝试一种新的制度、计划、课程、方法，都是大胆地全般的采取，从不暇把它们和别的制度、计划、课程、方法先作一个比较的估定。这样贸然地尝试不晓得有多少错误、浪费和牺牲！实验本是一种科学的方法，教育的实验这样不合科学的规律，难怪有人要怀疑教育是"伪科学"了！这是怎样使人担忧的一件事呢？

所以，教育实验的问题很值得我们的检讨。

在科学的实验上，最紧要的有下列三点：

(1) 限制实验的问题；

(2) 确定实验的方法；

(3) 审查实验的结果。

第一，所谓实验，简单地说，是在控制的情境下，维持着几个不变的因子，而变换其中一个因子，然后审查它的结果有什么样的变化。例如植物的生长，靠着光线、温度、湿度、土壤和栽培的许多因子。我们要决定某种栽培方法的优劣，便须维持相同的光线、温度、湿度、土壤，而测验不同的栽培方法所发生的结果。同样，我们要决定某种教育方法的优劣，便须维持相同的教师能力、学生智慧和努力、其他环境上的条件等，而测验不同的教育方法所发生的结果。因此，一个实验，同时只可以有一个很限制的问题。如教育部颁布了一个《课程标准》，令各学校去笼统地试验；教育厅创办了一个实验区，任主事者去自由地实施。不指定问题，不分析因子和控制情境，不比较结果，这样算不算是实验呢？

根本上问题且没有限制，方法自然更没有规定了。论理，我们如果同时只有一个试验因子，我们可以用同一组的被试验者，控制着同样的情境，而连续变换这一个因子，以测验其结果。这是所谓"单组法"（One-group method）。我们也可以用两组的被试验者，控制着同样的情境，变换一个因子，而测验其结果,那就是"等组法"(Equivalent-group method)。我们又可以综合以上二法,对于控制的两组,先后变换那个不同的因子,这便是"轮组法"(Rotation-group method)。凡由因探果都用这几种程序。至于由果求因,我们可以列举出可能的因子,依法逐个的试验、淘汰,而得到最后的原因。此外统计上的"相关法"(Method of correlation),逻辑上的"相同法"和"相异法"(Methods of agreement and difference),也是科学的推论上极好的辅助。这些方法,普通教育研究指导书如 Crawford, *The Technique of Research in Education*、Good, *How to Do Research in Education* 等,都有简括的说明。至如 Freeman, Rusk, McCall 等所著专论实验方法的书,更有参考的价值。

最后,一个实验应有它所得的结果。试验无论失败或成功,正确的结果是有同样的价值的。在科学的实验中,短时期一度试验而即有成功的,怕是很少的。我们教育的实验,往往一年半岁,便算完辄止,连系统的报告也很少。像廖世承先生在东大附中试验道尔顿制的那样报告,真是"凤毛麟角"了。近来倡始文纳特卡制的华虚朋氏来华,据他说实验的结果,文纳特卡制下,儿童学习时间较省(每个儿童每年平均可省一个月又 75%),成绩较优(依美国标准测验,文纳特卡学校智力年龄 9 岁儿童,读书能力有 60% 比他校同岁儿童为高)。我们必须有了这种结果的比较,才能判断一项理论或方法的优劣,否则实验又有什么意义呢?

巴格莱氏(Bagley)在美国是一位深思的——也许是比较的保守的——教育批评家。最近他在所出一部论文集(*Education, Crime, and Social Progress*)里这样说:

三十年来,美国公立学校的教育理想渐渐受着一部分私立学校号为实验学校的支配。这些学校所以称为"实验"的原因,或是为着它们自信在试验新的方法,或也是为着它们要标新立异,自别于一般较为严格的学校。但据我知,在科学方法的意义上,没有一个是真正实验的。那就是说,没有在严密控制的情境下,测验各种教育方法的结果的。它们大概只问一项理论能否实施，并不把它的结果和别项理论的结果，测验比较以后，再决定这项理论的能否成立。这些学校，最好的是"表演学校"，最坏的便是"投机学校"了。

我们希望国内从事教育实验者赶紧矫正以往的错误，严密以后的方法，勿致如美国那些私立学校为巴格莱氏所诃。

二〇(1931)，五，二〇，教育学院。

教育学所不能解答的教育问题[*]

一

像别的相类的学问一样,教育学是积集整理了一部分正确的事实,归纳了若干证明的原则,又制定了若干试验过而有效的方法,以为实际行动的指导的。教育学的任务,概括地说,不外乎(1)求得关于个人心智行为与社会文化的事实,从而觅取其发展或变化的原则;(2)试探关于鉴别心智差异、编制课程教材、施行教学、测量结果的有效的方法,以及关于学校行政、教学辅导的适用的技术。

如以裴斯泰洛齐的时代算起,则近代教育学的研究也不过百余年的历史。在这百年中,许多国家因教育的奋迅的普及,而有师资训练的迫切的需求。本来是师范学校一个科目,教育学遂渐跻于大学的课程;本来是附庸于大学哲学门的课程,它竟渐蔚成为大学的独立的科目。分科专业的结果,使得它的范围更加限制,方法更加严密,而体系也更加完整了。

教育学既以这样分科专业而限制了它的范围,可是较大的教育问题,又是与全社会的政治、经济、文化等问题息息相关的。所以全社会的领导者和学问者,都可以有他们的教育的意见,而且教育上重大的政策、方案,也常以他们的意见来决定。教育专业者对于这类的教育问题,虽也可以有他们的意见,但如其问题

---

* 载于《政治季刊》第1卷第3期(1935年5月),重刊于《中华教育界》第23卷第4期(1935年10月)。——编校者

不属于所专攻的事实、原则或方法的范围,则他们也未必能解答,他们的意见也就没有要求被人特殊重视的理由了。

欧洲各国以前所谓 Pedagogy,范围很是狭窄。美国因为教育行政制度的不同,其教育事业容许自由试验,而没有固定标准,以致所谓 Education 的研究,旁通博涉,门类繁多,但最值得注意的就是在美国很浩繁的教育专书和杂志中,除测验、统计、行政、辅导,较欧洲为显著得多而外,其大部还是限于课程、方法以及教育理论与历史的探究,和欧洲并没有什么两样。要简单的证明,只须看一看美国全国教育学会(National Society for the Study of Education)三十余年来每年年刊的题目,从 1902 年到 1933 年的年刊 32 巨卷中,仅仅历史、地理、自然、社会、英文(默读、作文)、数学等科的教材教法,以及幼稚园、小学、中学课程教学的一般研究,已占去了 15 卷,此外关于教学辅导、师资训练的 5 卷,关于智慧与学习以及各种测验的 5 卷,其余 8 卷则有性教育、健康教育、工业农业教育、职业指导、天才教育、幼稚教育等题目。32 年以来,集合全美教育研究的总成绩,就不过是这些,找不出什么远大的方针或堂皇的计划。近年感受经济不景气的影响与苏联的刺激,美国教育论著里也不时发现关于社会经济与教育的讨论。去年杜威等 7 人合作的称为《教育的边疆》(*The Educational Frontier*)的一部论文集[1],便是一个代表。"教育的边疆",诚然随着教育事实的演变,在一天一天的开拓,但教育专业者所致力的,也还在于求得正确的事实,发现可以证明的原则以及实际有效的方法。至于教育上最高政策的决定,其权属于国家。最大计划的拟订,其事属于全社会的领导者和学问者。教育专业者于此,当然也可以凭着自己的知识与判断,而抒述他的意见,但他所能解答的问题,依然限于他所专力研究的一小部分。

这一观点本极寻常,而在我们中间却似乎并没有一致的承认。严正的教育学的研究,在中国只有十年以上的历史。和别的相类的学问一样,起初又只是传输别国人研究所得的结果,自己在实际工作中所获得的事实、所发现的原则与方

---

〔1〕 Kilpatrick, Bode, Dewey, Childs, Raup, Hullfish, Thayer, *The Educational Frontier*, D. Appleton-century, 1933.

法,实在还不多。可是十余年来我们教育上的重大问题,因为政治、经济与文化的变动,特别来得众多而繁复。这种问题明明不是教育学所能单独解决的,但有时因为自己感着问题的紧迫而去探求,有时因为社会也以这种问题的讨论相督责,我们在这上面所费的气力与时间,真的不算少了。等到看着问题终于不能这样求得解答,遂由失望而非难起来,教育专业者与一般社会往往异口同声,说:教育的研究到底是空疏而无用。其实任何学问的用处,都有一定的限制,责教育学以超过限制的用处,是不能算得平允的。

为举例说明这一观点,我们可以将最近教育上热烈讨论的几个大问题来检视、分析一下,看一看其中有哪些部分,确属于教育专业的范围,有哪些部分,是教育学——至少在它现在的程度上——所不能解答的。

二

中国社会教育社于二十二(1933)、二十三(1934)年两次年会里所讨论的一个中心问题,是"由乡村建设以复兴民族之实施要点"。

二十二(1933)年年会所通过的梁漱溟先生的提案有一段说:

> (一)文化建造,即社会组织结构之建造。(二)中国新社会组织结构,必肇端于乡村。(三)所谓乡村建设,乃从乡村中寻求解决中国政治问题、经济问题以及其他一切社会问题之端倪。此端倪之寻得,即新社会组织结构之发现。(四)新社会组织结构之发现,在乡村不过是一苗芽,此苗芽之苗长以至长成,都靠引进新的生产技术、生产组织,乃至一切科学文明。(五)新社会组织结构之开展以迄于完成,即文化建造成功,亦即民族复兴。

到二十三(1934)年年会,要编拟一个实施的计划或方案,但只要一看上文,这包括"一切社会问题","一切科学文明"的计划,几乎是一个缩写的"国家计

划",而决不复是寻常的社会教育计划了。教育专业者于是编制不出来,而就是梁先生也不赞成再编制这具体的计划。他说:

> (一)吾人编制此方案之先,必须问明,实行此方案者为谁,或为谁而编制,……假使不确定实行之主力为谁,则此方案无从编制。
>
> (二)不但实施之主力必须确定,更且必须确知实施之对象(意指中国乡村乃至全个社会)为何如,例如人口情形为何如,土地情形为何如,其他经济情形为何如,一切的一切,若不确知,此方案亦无从编制。[1]

可是大会所指定的工作,至少在被推举起草的人,又不能不勉力地、诚恳地去做,经过多少回的讨论、草拟和修改,终于不用方案之名,而只提出了一篇"由乡村建设以复兴民族实施要点"[2]。这是就社会教育的地位,举出以后应该怎样趋重于乡村工作,并且应该采取何种原则与方法的一篇文字,最后在二十三(1934)年的年会里是通过了。但对于原则问题的解答,不特是失败,也简直是落空,因为作者也是当时执笔的人,所以敢于这样说。

根本上,现行的社会教育,并不等于梁先生以之复兴民族的乡村建设。在梁先生的乡村建设的整然的体系中,教育只是一部分的事。虽说乡村建设即"广义的教育的工夫",而社会教育学所研究是狭义的教育原则与方法。邹平的实验虽着重在村学、乡学的设施,但所谓村学、乡学不是寻常学校的名称,而是所谓"教育机关化的县行政系统",只有村学、乡学里的儿童部、成人部、妇女部,才相当于一般的小学和民众学校,关于它们的组织、编制、教材、教具、教学、测验、辅导等,才是教育学的问题,而教育专业者应该能够相帮解答的。至于更广义的教育的工夫,名词上尽管称之为教育,而实际上是政治了,教育学怎样能够解答政治的问题呢?

---

[1] 见梁漱溟:《乡村建设论文集》(邹平)。
[2] 中国社会教育社第三届年会报告。

三

中国教育学会于二十三(1934)年年会里,决定这一年的研究中心问题是(1) 师资训练,(2) 大学教育学院系课程,(3) 生产教育。

这三个都是教育学范围以内的问题,但就是第三个生产教育问题也已经包括的因子太多,研究的进行已经觉得不容易了。最近主持这项研究的委员会,就发出如下之调查表格而征集答案。

(一)生产教育的意义

1. 生产教育是教育的目标还是教育的方法?

2. 生产教育与职业教育有何区别?

3. 生产教育与生计教育有何区别?

4. 生产教育与劳作教育有何区别?

5. 生产教育与民生教育有何区别?

6. 生产教育的定义。

(二)生产教育的目标

(三)生产教育的实施问题

1. 实施生产教育有先决条件么?

2. 如果先决条件不能具备,生产教育可以实施么?

3. 如果可以,实施的原则呢?

4. 实施的方法呢?(请举出具体的事业或活动)

(四)杂问(略)

读者骤然一看,或许先有一点不同情的批评,以为生产教育、职业教育等等的名词,连意义还没有确定,怎样能够探讨其实施的原则和方法呢? 实则正唯因中国教育文字里已经有了这许多的名词,才不得不区别、分析,以求得一共同的了解的。按中国国民党第三次全国代表大会"确定教育宗旨及其实施方针案"中,列举过去教育的弊害,说:"学校教育与人民之实际生活分离,教育之设计不为大多数不能升学之青年着想,徒提高其生活之欲望,而无实际能力之培养以应之。"又说:"各级教育偏注于高玄无薄之理论,未能以实用科学促生产之发达,以裕国民之生计。"所定"中华民国教育宗旨及其实施方针",又指示各级学校应"以各种生产劳动的实习,培养实行民生主义之基础",普通教育应"养成国民之生活技能,增进国民之生产能力",所以生产教育已是各级教育共同的目标,同时当然也就有其实施的方法。

生产教育既是各级学校所应同有,而职业教育通常是指在职业学校里所施行,其或者就是一点区别。至于实施的问题,如各级学校应有何种生产训练的课程、方法、设备、师资,特别是职业学校在这农工业还未发达的时候,应该有怎样的办法。普通学校教育为了升学标准、会考限制等,以什么方法来与人民实际生活相接合。大多数直接从事生产劳动的人民,至今没有受学校教育的机会。则民众教育应有何种设施以增进其生产的能力。这些问题,即使不能完全解答,教育专业者应该依据所知的事实、原则、方法来竭力求得解答的。

但生产教育还可以有另一意义,即国家先有统制的生产计划,而后按着生产事业各部门所需的劳动人员、技术人员、事务组织人员的数目,在学校里施行训练。这样说,生产教育是因应民族生产需要的教育,与仅仅着眼于个人生计的职业教育、生计教育不同,这或者又是一种区别。然而实施这一意义的生产教育便有一个极大的先决条件,即先有国家统制的生产了。这一先决条件包含许多经济、政治等问题,又不是教育学所能解答的了。关于生产教育最巨的一篇论文是古楳先生的《中国教育与生产问题》。[1] 他的数万言的文字,只有一个很简单的结论,就是中国教育不能促进生产。"(1) 因为中国的农工实业自身缺乏健全的生产要素;(2) 而教育与生产从来是绝缘。"许多人看了这文以后感着很大的失望,以为我们所求得的不是这样一个否定的结论,而是要以什么方法来使得教育能够促进生产,可是古先生至少已经说明,生产教育的问题不是教育学所能完全解答。

---

〔1〕　见古楳:《中国教育之经济观》,民智。

四

最近还有一个普及教育问题也引起了广大的注意。《中华教育界》为这曾出了一个普及教育专号,这专号里所讨论的普及教育不指普及四年初级小学的教育,不指普及一年短期小学的教育,也不指普及四个月的民众识字教育,而专指普及工学团而言。

工学团和乡村建设一样,自身具有其原则与方法的一个体系,而也没有得到十分普遍的了解,在短短的两年中,它的试验的成绩,避去它的许多骤难了解的名词,而用我们普通教育学上的用语来说,是

(1) 创立了一种最经济的乡村教育组织,可以解决乡村师资设备的缺乏的困难。

(2) 造成了若干最简单的适用教材和教具,也注重电影、无线电播音等的利用。

(3) 发见了充分自动和互助(尤其在儿童中间)的教学的方法。

(4) 表现了教育与生活合一的原则

工学团命名的意思在于"工以养生,学以明生,团以保生",其全部的理论或许我们还没有给它表达出来,但就从上述的估量,而以纯教育的立场来说,已是充满了意义,其所得的结果与对于社会教育的良好的影响,也已经是近年教育上一种重大的贡献。

可是陶知行先生所提一个《中国普及教育方案商讨》[1],我们觉得很有商讨的余地了,借前引梁先生的话语来一问,"实行此方案者为谁,或为谁而编制",便觉得哑然。方案中拟在刑法上规定"妨害进步罪","凡以特殊地位侵犯别人上学或自

---

[1] 见《中华教育界》第22卷第7期。

修权利者,处以一年以下有期徒刑或一千元以下罚金。凡对自愿教人的人施以阻止者,处三个月以下有期徒刑或一百元以下罚金。"才于二十四(1935)年一月一日下令预告全国民众限一年以内读学一种千字课,至二十五(1936)年一月一日,"即有'识字警察'手指千字课,站在城门口、车站、码头及交通孔道,临时抽验来往行人……不识字的要罚'愚民捐'铜元一枚……家里、店里、工厂里、任何机关里,如有无故不识字的人,按人数每月每人罚银一元……识字成人或学生对其负责而不识字的亲友不肯施教者,罚'守知奴捐'一角",拟二十四(1935)年度中央普及教育预算、支出数为25 510 000元,如此等等的强迫识字的紧急措施,属于一国立法、司法、行政的范围的,我们无从依据什么教育原则来讨论,单就关于教育自身的事项说,方案中"全国学校总改造"(即全国学校采用工学团制)、"文化荒岛总开辟"(即中学师范学校总动员下乡)二项,原文没有依已有的事实看,儿童工学团还没有相当于小学的教育,把小学四年的课程完全容纳进去,还要有更确定的试验。在别国,单是小学试行"Project"或"Complex"的课程也曾发生过许多困难,至于小学以上的学校,除非先把现有的文化组织完全打破,重新建造起来。则怎样采用工学团制又不容易想象,工学团本是"认定中国是个穷国"的穷教育的法子,在穷国里把原有的文化组织完全改变,单从经济上说,可能不可能,也是问题。中学师范的确应当尽量移设于乡村,但要"总动员下乡"起来也牵涉许多经济、交通、文化的因子,这些问题也就不是今日的教育学所能解答的了。

五

最后,我们还可以提一提学制改革问题。自从蒋梦麟先生等提出《修正中小学制度以适应国情案》以后,半年来讨论的文字,单以《教育杂志》上所载的计,已在40篇以上。

原案列举所以要修正现制的理由有四点:[1]

---

[1]　见《教育杂志》第24卷第2号。

（1）现制过分侧重升学，个人生计、社会事业两受损失；

（2）现制偏重城市发展，农村无建设人才，城市多浮游子弟；

（3）小学只有书本课程，于日常生活反不注意，生活技能如家庭工业及女子家政等反被鄙弃；

（4）中学缺少基础知识之训练，于国文、外国文及数学等预备尤不充分。

以上（3）（4）两点，完全属于课程、师资、方法的问题，与学制（学校系统）没有必然的关系。上述缺点在现制下的中小学，只要改善其课程、师资、方法就可以补救。反之，课程等不能改善，而徒修改学制，则缺点依然存在。例如原案为第（4）点理由，主张合高小与初高中成八年制的中学，"对于国文、外国文、数学予以继续不断的严格训练"，而"八年制中学，仍可分段，但各段课程为一贯的。"（如何分段，如何一贯，未见说明。）然则照现制高小、初高中的分段，只要设法使课程互相衔接，不也可以"对于国文、外国文、数学，予以继续不断的严格训练"么？单在学制上变换而不着力于课程师资等改进，则不免如郑宗海先生所说：

> 我国谈教育改革者，率多注重于学制系统。夫学制系统，譬犹造屋时之间架，是为一结构的问题，欲满足其功用，仍有待于内容之充实与运用。徒有躯壳而无灵魂，则往往成为死物，我非不知结构固常足以影响甚至决定吾人之动作，惟其如此，故当其始也必详慎审订，谋定而后动，以免于当时无谓之浪费与日后重改之损失，及其既定，则宁取'利不十，不变法'之主张。[1]

但原案指示我们中小学课程问题已是如何的严重，则诚是应该赶紧集合多数教育与心理学者以及实际教师，来努力求得解答的，虽然与学制问题没有多少相干。

---

〔1〕 郑宗海：《教育改造声中教育本质之探讨》，见《教育杂志》第24卷第4号。

现在再看(1)(2)两点：

(1) 为矫正过分侧重升学的弊病，原案主张于现制四年小学之上改单轨升学为多轨，使不升学的学生有各级可告段落的职业学校，设相当于高小的二年职业学校，以及照现制相当于初高中的初高级职业学校。但平情而观，现制岂不已经就是如此，何尝教学生们单轨升学，所修正的只在添了一个相当于高小的二年职业学校，但在未有具体课程以前，与现制的职业补习学校又怎样能看得出有什么分别，职业教育问题真不简单，其关键似乎并不在于学制上，汪懋祖先生简峭地说："职业教育根本条件不具备，则虽变更制度、在制度上兜一百回圈子、毫无裨益也。"

(2) 为扶助农村建设，救济失学儿童，原案主张义务教育定为一年或二年，学生半耕半读，充分利用半日学校、冬季学校等，先扫除文盲，以后就国民经济发展情形，再延长其年限，这自然是切合国情。但现制短期义务教育本来只定一年，修正得很是有限。"农村破产、国本动摇"，识者引为大惧，但农村建设决不仅恃教育，农村教育也决不止于儿童一年二年的义务教育问题。

我们这次学制问题的讨论所以还没有什么结果，就因为如上所指陈，其中一部分关于课程方法的问题，与学制并无必然的关系，而另一部分则对于现制的修改固然并不多，而且无论是所谓单轨升学或是城市畸形发展，都非学制改革所能纠正。在"乡村建设"、"生产教育"、"普及教育"的讨论中，我们尽有许多问题为教育所不能单独解决的，但至少问题是那么样的显明，在这"学制改革"的讨论中，连问题也模糊了。

六

以上检讨最近教育上四大问题，归结只有一点，凡比较重大而复杂的教育问题，与政治、经济、文化诸问题密切相联系的，教育学只能解答其中关于教育事实、原则与方法的部分，而不能解答这些问题的全部。为了问题的迫切，教育专业者虽常不能不提出来讨论，但与其说他是依据教育的专门知识，不如说他在依据自己对于政治、经济、文化的或多或少、或正确或不正确的了解而提出这些问题来。与其说他自己会解答这些问题,不如说他在以讨论引起全社会的领导者、学问者的共同注意,希望共同求得解答。

为谋专业研究的集中,本文想给教育学以一个比较狭窄的界限。尽管教育上新事实、新原则的发现以及新方法的试验的进行,常在开辟"教育的边疆",但就是在这边疆上,研究要有结果,仍不能不严守着这比较狭窄的界限。

这样的承认,或者使教育学的光彩黯淡了许多,可是教育专业者如果长是纷骛于自己所解答不了的繁复的问题、远大的计划,反而忽略了切近平实的方法、鞭辟入里的工夫,则中国教育学的前途,可真黯淡了。

关于中学教育的讨论[*]

那天在浙江省中等教育研究会的演讲，里面有一段，我大致这样说：

中学在学制上的地位决定了它的功用；它的功用必然地决定它的课程。

这里，我们免不掉要借用外国的例证。

欧洲和美国的中学，在学制上的地位，是不同的。在欧洲，中学和小学是两个平行的系统，并不衔贯的。由小学到补习学校或职业学校，是"国民教育"的系统。由中学到专科学校或大学，是"人才教育"的系统。小学和中学的分别不在于年龄，法国、德国的儿童，十岁就进中学了；也不在于程度，英国、法国的高级小学，都相当于我们所谓初中的程度了。一个儿童只进小学而不能入中学，全是受了门阀和资产的限制。

欧洲的中学，在学制上既占着这样特殊的地位，它的功用，就只是青年升学的预备；它的课程，自然也就非常的简单了。以德国中学为例，九个学年中，每学年排着宗教、德文、外国文、数学、自然科学、历史、地理、图画的八项科目。（第一、二学年另加音乐。）

美国的学制便不同了。它的小学和中学，是一个单轨的、衔接的系统。六年小学毕业生平均只有 12 岁，还没有满足法定的强迫就学年龄（14 岁），是必得进中学的。初中只是"国民教育"的一部分，要到高中的普通科才合着我们

＊　载于《浙江教育行政周刊》第 4 卷第 16 号（1932 年 12 月）。——编校者

所谓"人才教育"的。

初中介于小学的"共业"(Integration)和高中的"分业"(Differentiation)之间,它的主要功用,在于青年个性的"试探"(Exploration)和将来分业的"指导"(Guidance)。所以它的课程不能不是比较多方面的、活动的,甚至容许若干选修的科目。到了高中,开始分业,要分设职业训练的工、商等科,以及升学预备的普通科,课程自然越加丰富、复杂了。

欧洲教育家说美国中学程度要比欧洲降低两年;不久以前,英国教育部长Fisher便这样批评过。这种批评,美国教育家常是欣然接受的。他们研究中等教育的人,如Brlggs和Douglass等,都说:"这是因为欧洲的中学生,是严格限制和选择的,我们的中学生是很普遍的。程度的减低,是我们教育的普及的代价。"

不过,程度的降低,到底要影响于升学的。美国大学一、二年级,实际上还是开着大学的预备课程。这也是近年有好几个大学划出一、二年级,而称为Junior College的一个缘故。

因为美国中学打破了门阀和一部分资产的限制,努力企图着青年个性的适应,所以无论从社会的理想上看,或是从心理的根据上看,在现代世界上凡有所谓中学的国家中(苏联就没有),美国无疑地代表了中学教育的最进步的趋势。

中国民十一(1922)的学制,是美国学制的模拟。可是,中国的社会经济和教育状况却与美国截然不同。我们看:

1. 中国国民义务教育,本只规定了四年,还始终没有实现。学龄儿童就学的只有17%。至于中学生和人口的比例,10 000人中,才只有5个中学生。这样,我们怎么能够谈把初中当作"国民教育"的一部分呢?

2. 据古楳先生统计几个中小学学生家庭的职业,农工只占15%(见《中华教育界》第19卷第10期)。中学生的最大多数,既不从直接参加生产劳动的家庭来,他们在将来的生产组织里,至少希望取得技术上或组织上的位置。他们显然地在预备着升学,又何待于"试探"或"指导"呢?

3. "分业"的高中,除将普通科和师范科(或偶尔和商科)合并以外,真正像美国那样综合普通、工、商各科的高中,有巨大的经费和设备的,十年来国内曾有几个呢?

然而中学的课程已经模拟着美国的理论,而弄得丰富、复杂了。科目一多,内容便比较不充实,训练也不容易专精了。结果,我们的中学只觉得"程度的减低",而没有看到"教育的普及"。

在中国教育上,理论和事实常是这样暴露着绝大的矛盾!

最近程天放先生于所著《改革中国学校教育刍议》中,主张小学毕业后便开始分业;把中学从初中起,便和职业、师范列为三个平行的系统。中学和大学构成一个"人才教育"的系统。

基于前述事实的深切的认识,我是同意于程先生的这种主张的。

中学在学制上的地位和它的功用决定了,课程自然也就可以随着决定的。

关于课程,容许我介绍傅孟真先生的"原则":

> 甲、将中小学课程之门类,减少至最低限度,仅仅保留国文、英文、算学、物理、化学、自然知识、史地知识、体育等……
>
> 乙、每一科目宁缺勿滥。在城市的学校,可除自然知识,在乡村学校,亦可酌量减除些科目。只有国文、英文、算学是绝不可少的。(见《独立评论》第 10 号)

我起先以为,既经说明我们中学教育上理论和事实的矛盾,则关于课程,以后应该"减少科目,充实内容,提高程度",不至于还有人不懂;那末,什么问题都没有了。

意外地使我惶惑的,是傅先生另有他的教育的理论。他说:

> 全国的教育,自国民教育至学术教育,要以职业之训练为中心。

(见同前)

　　中国社会,有一点与欧洲近代社会之根本不同处,即中国社会之中坚分子是士人,欧洲的社会的中坚分子是各种职业(Trades)中人;故中国的中等阶级好比师爷,西洋的中等阶级是技术阶级(Professional class),若想中国成为一个近代国家,非以职工阶级代替士人阶级不可;若想中国教育近代化,非以动手动脚为训练,焚书坑儒为政纲不可。

(见同前第 9 号)

这就不容易懂了。难道 Trades 就是 Professional class,要它来代替"士人阶级"的是一种什么阶级? 三 R 式的国、英、算的课程,是训练的什么职业? 这些都成了问题。而根本的问题还是:照傅先生看来,中学在学制上的地位到底是怎样?它的功用是什么?

为汪懋祖《中学制度之检讨与改进》作的前序[*]

　　我比其他的读者更幸运,这篇论文不只是先观了,而是在好几天的课后,看着汪先生笔不停挥地写的。

　　每个现代国家的教育制度有它所依存的经济、政治,以至一般文化的条件。这在那些条件不同的别的国家是无法囫囵地移用的。近年指摘我们民十一(1922)学制模仿美国的人也不少了。但为忠于事实计,则与其说美国学制如何不好,不如说它在中国现时状况下如何行不通。即以中学制度而论,美国人不是自己就说过的吗? 它是宁愿降落程度而谋机会的普及的。中国模仿它,结果是普及之效未呈,而程度低落之弊已著;不肯耐心以求了解的人们乃大哗了。

　　此篇于各国中学制度的大较,我国中学前后的因变和得失,剖析很是精详。至于篇末的建议,则从多年主持中学实际体验得来,尤其应该为我们所重视。汪先生常说,他要著一部书,名为《教育待访录》。在这教育论坛已很寂寞的时候,他忽然提出这篇中学制度的论文,或许就是"待访"之意吧。

二三年(1934),三月。

---

*　题目为编校者所加。载于《湖北教育月刊》第 1 卷第 7 期(1934 年 3 月)。——编校者

初中国文教材平议[*]

一

《新学制初中国语课程纲要》上提出教学的三个目的：（1）使学生有自由发表思想的能力；（2）使学生能看平易的古书；（3）引起学生研究中国文学的兴趣。这在理论上很觉圆满，而实际教材——依这《纲要》的精神编制的——能否充分达到上项目的，我们仔细一审量，便认为一个很严重的问题了。

1. 用什么教材达到自由发表思想的目的？《纲要》教材支配项下"作文"一目，包括"作文、译文、笔记、演说、辩论和系统的文法研究，兼及修辞学大意"。至于选材的标准如何，便没有明白的规定——或者也不容易规定。然而文法、修辞学的确应占初中国文教材上很重要的地位。独怪编辑初中"国语教科书"的人，似乎全没有注意这一点，而简直没有什么编定的教材。

2. 用什么教材达到阅读古书、欣赏文学的目的？《纲要》中"读书"一目略读书中，只举了小说《西游记》、《三国志演义》、《上下古今谈》、《侠隐记》等十几种，剧本《汉宫秋》、《牧羊记》、《易卜生集》等几个例，散文梁任公、章行严、胡适之等几家的文选。至于古书如《孟子》、《论语》尽有它很"平易"的部分，文学作品如唐诗、宋词尽有它很"浅近"的部分，却都不提及。读了这十余种小

* 载于《申报·教育与人生》第28期（1924年4月）。——编校者

说、剧本、现代文，是否便算达到能看平易古书、欣赏浅近中国文学作品的目的，已很可怀疑。再看精读的教材，即以商务已出全的《初中国语教科书》为例。其最可注意之点，即在目的明明为使学生能看平易的古书，引起他们研究中国文学的兴趣，而很有一部分教材并不从平易的古书来，且并不从中国文学来。试就《国语教科书》第三册看，寥寥数十篇课文中便有德国力器德的《流星》一篇，美国富兰克林《自传》一篇，俄国泰来夏甫的《决斗》一篇，新犹太裴莱兹的《禁食节》一篇，英国王尔德的《安乐王子》一篇，法国莫泊桑的《二渔夫》一篇，还有很欧化的创作好几篇。在薄薄的 152 页书中，足足占了 75 页。（第四册亦复如是，中有俄国契诃夫的《一件美术品》、梭罗古勃的《铁圈》，英国赫胥黎的《天演论导言》，波兰普路斯的《世界之霉》，南非洲须林娜女士的《文明的曙光》，法国巴比塞的《复仇》，希腊蔼夫达利阿谛思的《库多沙非利斯》等篇。）在 20 世纪的国家中，13 岁学生的国文读物里，居然含有这样热烈丰富的国际化的色彩和分素，其取材兼收并蓄，居然罗列英、法、俄、德等国最新的作品，这种文艺大同的精神的表现，宜可以在万国教育会席上大大的自己夸耀！同时假使有外国教育家，还低徊仰慕着中国数千年故旧的文化和学艺，而一考查我们初中的国文教材，于自国文学的遗传，乃先已淘汰了、洗净了到这个程度，谅也不能不暗暗吃惊，而愈叹东方人的不易了解！无论怎样，我们对于这样以翻译文学的教材，求达阅读古书欣赏中国文学的目的，不能不根本的怀疑、郑重的考虑。

3. 语文是否宜混合教学？有人要说，这种取材于翻译文学的办法，原为我们语体文学中很难找到适当的教材，所以不得已暂时借用。如其说，又引起我们对于初中语体文教学的怀疑了。《课程纲要》起草人叶绍钧、胡适之两先生对于中学国文的教学，本主张"由语体文渐进于文言文"，商务《国语教科书》的编辑原则也说"语体与文言并用，今文与古文兼收"，面面顾到，计划得非常周密。无如实际教学上却有不可免的困难。穆济波先生说得很透辟，他说："任何人都知道同时左手画圆右手画方是办不到的事情，却是国语教学进程中，一方要练习用文言作文，一方又要学生继续发展语体文的技术，读物混淆，思想杂乱，所模仿的又不一其类,结果大多数学生弄成不文不白的怪状,这是现时一般中学的真实情况。可惜胡先生[1]不曾作中学教师,未曾身受'文言文占几分之几、语体文又占几分之几'这一种配合教学方式所给与的苦痛。……在胡先生提倡语体文的人,一方又有整理国故的嗜好,所以主张这样双管齐下,其实身受困难的是中学教师。形式不分,体制各别,一日一换,叫学者竟从何处下手?"(穆济波:《新制中学国文科课程标准纲要问题》,《中华教育界》第 13 卷第 8 期)这真慨乎其言之,而也是凡实际教学和调查研究初中国文教学的人的所同感。穆先生主张就初高两级的利便,分语体文言为两部,分别教学,所见甚高。而我则以为在初中里,除文典上要沟通语法文法,示例应当并重;与补充读物,当然语文并行外,其文学读本教材,应当以纯粹的中国文言文学为主体,语体文不必选,翻译文更不必选,理由后再申说。

(四) 语文如何衔接? 又有人说,小学六年纯教语体文,到初中没有过渡的办法,即全采文言教材,课程当然不能衔接。这话也很有理。《课程纲要》既标出"由语体文渐进于文言文"的主旨,又分年配当语文的分量,语体递减,文言递增,也算详细了。商务《国语教科书》前二册,还有一种语文对译的法子(例如《孟子·许行章》和译文——这种译文是否有文学的技能,又一问题),还有一种语体文言作品对比的法子(例如《王冕的少年时代》和《王冕传》并列)。我们很感到编者的苦心,然即此便能切实沟通语体和文言吗? 我们觉得语文的过渡须在语法文法上施行特殊的指导和练习,而无取乎在读本上拘拘于语文平行的编制。学生既经过小学六年语体文的训练,到中学学习文言文,最要紧的在于词性上、字法句法上、文章组织上,知道语体文言究竟有怎样的差异。教师能给他几条简明的原则、详细的例证、适当的作文和反复的练习,这过渡决不是一件难事。若必固执着继续发展语体文技术一语,而以为读物非多采语体文不可,那我们只有引梁任公的话而说:"文言和语体,我认为是一贯的。因为文法所差有限得很。会作文言的人当然会作语体。或者可以说,文言用功愈深,语体成就愈好"了。

---

[1] 胡先生即胡适。——编校者

(梁启超：《中学以上作文教学法》，《改造》杂志第4卷第9号)

以上对于现在初中的国文教材略贡所疑。所应诚意声明的，即我们绝无意于吹毛求疵地批评哪一家编纂的教本。虽举出商务的《国语教科书》，也只把它做讨论中一个实例。即它种编书办法，如同时分出一套文言、一套语体的读本听人采用，虽很圆融，当然仍不能免除上述的困难。又如民智书局的《初级中学国语文读本》，偏于翻译文学的材料，精神是一贯了，而按之前面的批评，我们又何能予以赞可？现在所谓国文或国语的教科书或读本，质量稀少，内容单薄，编辑上缺少重心的精神，没有贯穿的计划，都是一般的通弊。不涉本文，不必多说。美国学校，对于文字训练、文学欣赏的教学，号为幼稚。而我们试翻检其初中读本，看一看它分量怎样、标准怎样、取材怎样(即以通行的哥伦比亚大学贝克、桑代克合编的《日用古文选》(Baker and Thorndike, *Everyday Classics*)第七、第八两册——初中一、二年用——为例)，再回顾自己的中学国文教本，便自然有许多感触，觉得这样愈趋浅陋的教材，不但是教育效能低减的表征，也是一国文化衰落的征兆，真不能不抱一种隐忧啊！

二

上面对于初中国文教材的批评，综括一句，即不能达到原定的目的。我们认原定三个分析的目的，很为满意，只可惜《课程纲要》和依据《课程纲要》所编的课本，都没有照着这三个目的，定出分析的教材来和目的的相贯彻。

我们试进一步思考，即知三个目的中，自由发表思想是技能的事，而看古书研究文学是欣赏的事。技能的教学主熟练，欣赏的教学主享乐。两种不同的目标，不能用同一的教材达到。朋友中也有彻底主张中学国文采取混合编制的，我个人曾稍持异议。我们辩论这问题时，值岭南大学教授葛理佩氏(H. B. Graybill)在沪(他是《英文津逮》的编者，是英语混合教学的前锋)，我访问他对于中学教材的意见，他即说，文法读本混合编制适于文言文的初期教学。到程度稍高，便宜有熟练技能和享乐阅读的两种教材。其实岂止葛佩氏如此云云，据我所知道的，凡教育学者研究到这一门教材教法的人，几没有不分发表（Expression）和欣赏（Appreciation）为两纲的。要举例证，或即引斯奈登教授在《中等教育问题》书中的一段话。他说："中学英文一科，包含两种目的不同、性质互异的学目，即形式英文（Formal English）和英文文学（English Literature）……这两学目不宜由同一的教师教授，因为他们各自需要的研究方法、精神、应用各各不同。我常分教育的效果为二：一是制作、构造的能力；一是鉴赏、择别的能力。取得这两种效果的方法，根本不同。一个教师，习于一种方法的往往不能了解他种的方法。"他又说："形式英文，主旨在给予学生运用语言文字工具的能力；英文文学，主旨在发展一种赡富的文学欣赏的能力。"（Snedden, *Problems of Secondary Education*, pp. 171—173）我们即不必严格的请两种教师担任这两个科目——虽然按之经验，也有时感着这种的必要——而教材之应当分别编制已无疑了。本此原则，我们分初中国文教材为下列二项：

1. 混合文典；
2. 文学读本和补充读物。

其目的、内容再分述于下。

三

1. 混合文典的目的，在训练学生运用文字发表思想和感情的能力。内容为文法修辞上普通规则的说明、各种文章的示范（包括应用文程式的举例）、各种作文和练习，而为小学中学语文之过渡衔接计，尤须有语法和文法的比较与联络。这种教材，美国初中通用的称为 Language book。以我所知，这样的文典尚没有人编过。我知道何仲英先生对于这问题已有长期间的研究，我们个人间也曾有好几个的讨论，希望他不久能将所得的结果发表出来，供我们参考。

2. 文学读本和补充读物的目的，在涵养学生对于文学的欣赏，培植阅读古书的好尚和能力。文学读本的内容，前已说过了，要以中国文言文学为主体。理由很简单，"文言文行用已二千多年，许多精深的思想、优美的文学作品皆用它来发表,所以学生应该学习它,至少也要能读它、了解它。"而"语体尚在发达幼稚时代,可以充学校教材的作品不很多。"(均梁任公语,见《改造》第 4 卷第 9 号)努力宣传新文学的人或许不会赞同,但我们总希望大家认清,这里的论点,在初中教材问题,不在文艺上体系和作风的流派问题。学校课程的职能,在创辟未来,却也在保存过去。文艺思想上某派运动到了成熟的时期,学校教材应给他一个相当的地位。但决没有因为文艺界盛唱一种思潮,便令全国 12 岁至 14 岁的学生不能尽量享受固有的粹美的文学遗传之理。至于讨论到这种文学读本选材的标准,以我所见,如杨树达《中等学校国文教授革新谈》(《湖南教育月刊》第 1 卷第 1 号)中的主张,大部分都很精当。若托马斯氏《中学英文教学法》一书中所列教材选择十一条标准,注重文化上共同的原素、文学中最大多数人传诵的作品,尤足以矫正我们现时选材上几多的偏见(参照 Thomas, *The Teaching of English in the Secondary School*, pp. 112—126)。

补充读物,除纲要所列小说戏剧散文外,似应加入诗歌一类,而我们还主张老实标举几种"平易的古书",如《论语》、《孟子》、《左传》、《史记》等的初中选本,这种选本当然要经过一番整理。所谓整理,胡适之先生说:"有五个条件,即标点、分段、校勘、简明的注释、详明的引论。古书不经过这样的整理皆不便于学生自修。"这是教育上最正确的议论。

本文对于初中国文教材的一些浅见不但是个人的所信,也可代表一个小团体在相当期间内实施和讨论所得的结果,所以拿来贡献于教育界同志,以求批评与订正。

小学读经也成问题么？*

一个月前，北京报上登载一段奇异的新闻，说：教育部开部务会议，讨论小学读经问题。当时"有谓读经本为良心上所不赞成者，有谓添设此科不过对付旧社会者，有谓宜依前次黎锦熙根本解决办法，将可采之经训，分纳入公民、国语、历史等科者。讨论结果，读经已成定局；即'初小四年读起，每周一时，至高小毕业止'，唯中学课程表不列读经一门云。"（11 月 3 日《晨报》）接着报上又载黎先生反对读经的一封意见书。好像小学读经真的要复活了。还幸而那个读经案，教育部至今没有公布。或许随着时局的变化，原案一笔勾销，也未可知。这事本没有什么批评的价值。不过既然有人说是为"对付旧社会"的，足见还有一个所谓"旧社会"存在着，而它的势力竟还能影响到一国教育的设施，我们也就有对它说几句话的必要。

在讨论前，有先须认定的两点：

1. 我们讨论的是"读经"科的问题，不是小学教材里应否采取古书材料的问题。没有一个人能对于他自己社会里的历史文化宣告成立。文化遗传的保存和传递，本来是教育应有的职能；小学教材里应包含本国历史文化的材料，是没有问题的。黎先生反对读经而赞成对丁"群经旧训，若者宜编入公民科，若者宜作文学教材，若者为历史科所必取，自小学以迄高中，顺难易之序，酌先

---

* 载于《新教育评论》第 1 卷第 2 期（1925 年 12 月）。——编校者

后之宜,编之课本",〔1〕这是正当的主张。但这是小学教材问题,和"读经"无涉。

2. 我们讨论的是"小学"里的读经,不是泛论学校里读古书的问题。在中学以上的学生,为古代文化的了解和文学的欣赏,整部的古书是必得看的。而所谓古书中,经占着重要的部分,也是谁也不能否认的。但是叫语言文字工具还未能运用的小学生来读经,便完全是另一问题。

这两点说明了,让我们看一看小学读经问题怎样。

从裴斯泰洛齐的直观教学法到现在的设计教学法,这百年来小学教育上,至少有一条共同承认的原则,就是,儿童的课程应当以儿童的兴趣和活动做中心,依据他学习的能力来组织,不能凭成年人的主观武断的。成年人所有的知识技能,要逐渐地传给儿童,是不错的。但是要儿童学习得有效,就非按着他的兴趣、活动、学习能力,选择了、组织了再教学不可。试问有哪一种经是与儿童的兴趣活动有关系的? 哪一种经是和他学习的能力相适合的? 我们不晓得教育部有没有小学读经具体的办法。好在"旧社会"的头脑,不会和20年前有什么大分别,我们就借光绪二十九年(1904)张百熙、荣庆、张之洞《奏定学堂章程》做一个比例罢。在那一本古董的《学堂章程》里,规定着初等小学应该读《孝经》、《论语》、《孟子》和《礼记》节本;高等小学读《诗》、《书》、《易》和《仪礼》中的一篇(中学读《左传》、《周礼》);并且说得妙咧,"计中学堂毕业,皆已读过《孝经》、《四书》、《易》、《书》、《诗》、《左传》及《礼记》、《周礼》、《仪礼》节本。共计读过十经,并通大义。较之向来书塾书院所读所讲者,已为加多……数十年来科举中人,曾读九经而能讲解者,不过十分之二三。若照此章程办理,则学堂中决无一荒经之人。不唯圣经不至废坠,且经学从此更可昌明。"好一个乌托邦的教育计划! 科举中人,头童齿豁,而读了九经能讲解者,不过十之二三;中小学校的学生居然能读十经而"并通大义",这是20年前管学大臣的"逻

---

〔1〕 参见黎锦熙:《解蔽篇》附录,载黎泽渝等编:《黎锦熙语文教育论著选》,人民教育出版社
1996年版,第85—86页。——编校者

辑"！就那规定的几部书说罢。第一部《孝经》，起首便是什么"天子之孝"，"诸侯之孝"，"卿大夫之孝"，"士之孝"，"庶人之孝"。若是没有古代阶级政治和宗法社会的历史背景，叫小学生怎样会了解？第二部《论语》，中间离开了社会制度而有普遍性质的抽象格言诚然很多。然正唯抽象，也愈难懂。那论"仁"58章，105个"仁"字，连"经学家"也没有明了的观念，还等着阮元去做他的《论语论仁篇》，叫儿童如何去领会？二千几百年前的"圣经贤传"，怎样会和今日学校里儿童的兴趣发生关系？所以小学读经这件事的可笑，就在于它在实际教育上的不可能。

虽然这样说，主张小学读经的人还许舍实际而谈理论，以为（1）经书是修身大本，不能因教学上的困难就不读；（2）儿童记忆力强，现在虽不能懂经的意义，而读了自然"终身用之不能尽"。

关于第一点，修身大本很难找一个界说，我们只好再去请教张百熙等的《学堂章程》了。它中间一段说："外国学堂有宗教一门。中国经书即是中国之宗教。若学堂不读经书，则是尧、舜、禹、汤、文、武、周公、孔子之道，所谓三纲五常者，尽行废绝，中国必不能立国矣。学失其本则无学，政失其本则无政。其本既失，则爱国爱类之心亦随之改易矣。安有富强之望乎？故无论学生将来所执何业，在学堂时……必须曾诵经书之要言，略闻圣教之要义，方足以定其心性，正其本源。"这种妙文在当时是很自然的议论，现在大家听了便好笑了。它含糊笼统把宗教道德并为一谈。分开来说，如果把读经当作宗教，那末，在小学里我们应绝对保持儿童信仰和思想的自由。如其把经书当作道德律令看，我们至少也要说，道德是随着社会演化的，没有真的"天不变道亦不变"的律令。就使我们认读经是一种道德的训练，我们也还要说，道德训练，不是靠直接教学所能有效的。儿童道德的观念和动机全要从社会生活的参加中得来，杜威说过的："除了社会生活的参加以外，学校没有道德的目的。"高谈道德教育的人，总该先问一问道德教育的原理才好。

关于第二点，利用儿童记忆力强，叫他诵读不能领解的经书，备后来生活上的应用，这犯着两重的错误：（1）教育上所谓"期待价值说"（Theory of deferred values)的错误。凡和儿童眼前兴趣和能力不相应的教材，学习起来，效能少而且容易引起疲劳和厌恶。即不得已而一种教材的选择，要依据期待将来的价值，也应先把这价值分析一下，估量一下。现在经书是不是儿童将来生活经验上所应用的？如其是的，哪一部分有期待价值的可能？如何丝毫不问，便任意把它规定为每周一时的功课呢？（2）偏重记忆的错误。现代小学教育，正在努力启发儿童的理解和思想；就有记忆的必要时，也要使他了解意义后由联想而记忆，不能单靠印象的机械记忆。难道这一个心理的原则，在中国小学里还不能适用么？

　　我为了一个不成问题的小学读经问题，写了这一大篇，已嫌词费。老实的说，还是劝教育部不要为了旧社会的对付，闹出新教育的笑话，就把那个议决案取消了罢。

中学国文的教材问题[*]

教材和教法是分不开的。从方法论上看现行的中学国文教材，有两点意见：一是求浅，一是求真——形式上求浅，内容上求真。这需要一些说明，才不至于引起误解。

怎样说要求浅呢？凡文言教材里的词汇、句法以及文章组织和修辞的技术，要浅到经过教师指点以后，学生便能领会；否则便是太深了。教学是引导学生学习能力的发展——即由浅而加深——的一回事。目的在于求深，而教材和方法却必须从浅做起。若反过来，骤然加深教材的程度，结果只是教材的深，而不是学习能力的深，徒然失掉了原来求深的目的，浅和深，本没有一定的界限，而是参照着学习能力而说的。浅到不能唤起学生的努力，便嫌太浅；深到阻塞了任何学习的兴趣和尝试，便嫌太深。我们所以说求浅，是为了现行文言教材易犯太深的毛病的缘故。

这里所谓浅深，又是专指文字文章的形式而言的。国文教学所要发展的学生的能力，不外乎读书和写作。以读书来说，现在中学生，无论我们愿意不愿意，决没有阅读形式过于艰深的古书古文的必要和可能。以写作来说，他们也决不复有写拟古的文章的机会和愿望。这，我们不好责难他们；如其用智力量表来测验一下，他们的固有的学习能力，并不会比我们的低，只是我们给他

---

* 载于《江苏教育》第 6 卷第 1、2 期(1937 年 2 月)。——编校者

们的全部课程计划,不复容许他们在这一方面的发展罢了。对于青年有了这点同情的了解,我们便不肯无故用形式艰难的古书古文来磨折他们,反而桎梏他们一般心智的增长;因为我们知道,这种教材,既不能帮助他们读书,更不能给他们习作的示范。

怎样说要求真呢?凡文言教材里所含的事实、思想和感情,要为学生生活经验——直接的或想像的——所能融合,否则教材并非不真,而学生却没有一点真实之感了。古人所写的人事、情境、思想、感情,在他们是十分真切的,为什么现代青年读起来只感觉到空虚和幻象?除了前述文字形式上的障碍以外,还有两种原因:一是作者的时代和读者相隔得太遥远;二是作者的生活和读者相去得太悬殊。在英文里选到莎士比亚的作品,算得很古的了;可是莎士比亚只不过是三百年前的人。在国文里选到唐宋的文章算是很近的了;而学生的想象要回溯到一千年前的时代和社会。在历史科里学生应该能够想象一点古代社会的轮廓,可是这种想像总还是模糊的、凌乱的。我们也不好过于责难他们;如果回忆我们自己在中学时期的观念的系统,或者也不过这样。至于古代作者的生活,尤其不容易为现代青年所体验。作者流传下来的,大都是中年或老年期成熟的作品;他们所表现的思想和感情,大都不是青年所能设想的思想和感情。所以除记事的文章以外,说理和抒情的文章,往往不是青年所能够体会的。

从现行国文课本中任举一、二例来说明以上的观点。如给高中一年级讲韩愈《祭柳子厚文》这一篇。在文字形式上实在太艰深了。在内容上,韩柳二人的遭遇、死生之际的友情,原可使读者感觉得十分真切的。可是中间情绪最激越的一段是这样:

> 凡物之生,不愿为材;牺尊青黄,乃木之灾。子之中弃,天脱絷羁。玉佩琼琚,大放厥辞。富贵无能,磨灭谁纪?子之自著,表表愈伟。不善为斫,血指汗颜,巧匠旁观,缩手袖间。子之文章,而不用世;乃令吾徒,掌帝之制。

　　这就不能使青年获得真实之感。依常情说，天生我材必有用，为什么反倒"不愿为材"？中年人的这样的愤慨青年不能有，也不应该有。有了文章必然地可以"用世"；什么叫作"掌帝之制"？为什么不能掌帝之制便算不用于世？古代士大夫的这种追求和苦恼，现代青年人——以至智慧的中年人看来便只觉是无聊。所以这篇文章，我们尽管还爱读，而要使中学里十五六岁的青年，和我们一样地爱读，便只有靠天才的教师的天才的教学技巧了。

　　另外，如我们给他们讲辛弃疾《题江西造口壁》的一首词：

　　　　郁孤台下清江水，中间多少行人泪。西北望长安，可怜无数山！青
　　山遮不住，毕竟东流去。江晚正愁予，山深闻鹧鸪。

诗和词本来有形式上的困难的。但这词除声律问题以外，不用典，不用僻字，不用拗句，读起来很容易感得谐美、自然，至于它的内容，青年在想像的经验上，是可以体会的，尤其是像夏丏尊、叶圣陶那样一半讲解一半翻译地给学生说起来：

　　　　辛弃疾是南宋时代的词人，这首词作于江西造口。当时金人南侵，国难严重，宋室就从河南汴梁南迁。当南渡时，金人追隆裕太后的御舟，一直追到江西造口才停止。江西造口是从北至南的要道，人民为避金人的侵略，仓皇从这里经过的，当然不计其数。郁孤台是那里一座山的名称。宋室南渡以后，仍不能恢复。作者经过这里，想到当时避难者颠沛流离，由这里向南奔逃的情形，家国之感就勃然无法自遏了。于是做了一首词写在壁上。他说："江水里大概有许多眼泪是颠沛流离的行人掉下来的吧。要想从这里向西北眺望长安，——长安是京都的代替辞——可怜云山重叠阻隔，虽然明知道故都在西北方，可是望也望不见，莫说回到那里去了。青山遮不住江水，终于任其向东流去，犹如这造口止不住行人，行人毕竟向南奔窜。此情此景，已够怅惘，又值傍晚

的时候,江上的暮色更足引动人的愁怀,而山间又传来了鹧鸪的啼声。"

你们看,这词里的意境何等悽惋(见夏、叶合著《文心》,第 179 页)?

坦白地说,以上的观点,只是教材对于教法的迁就;而从方法上说,又只是教者对于学者的迁就。如其问:"为什么专以迁就为方法呢?"那我们只有答:这正是现代教育者的精意和苦心。原来教学是引导学生学习能力的发展的一回事。要使青年的浅的近的直接经验,渐渐增长、渐渐变化,以接近于教材所代表的深的远的种族经验,只有从浅的近的出发,由已知及于不知,已能及于不能,此外别无躐等而速成的妙法。这里,也就没有比杜威《思维与教学》里宝贵的结语更适当的结语了,他说:

> 个人对人物的直接经验与从知识传递中所得的种族经验二者的相联,可以表示近与远的平衡的必要。巨量的传递的知识,常有淹没个人的直接经验的危险,而使知识失却了它的人生的关系。教师能够使传递的知识,刺激儿童感觉行动的直接的经验,以发展更完满更有意义的人生,那才真的是人师,而不只是教匠。

初中国文之教学[*]

一

在《对于初中课程的讨论》一篇文章里，朱经农先生说："旧式中学校里面教授国文的实在情形，人人都知道的。一个教员拿了几张油印的讲义(或现成的国文课本)，在课堂上逐字逐句的讲解。下面听讲的学生真是七零八落。那种精神涣散的样子，实在叫人看了短气。坐在前面的几个学生，虽然'一心以为有鸿鹄将至'，表面上总算在那里看讲义。至于坐在后排的学生，有的在讲义旁边放着一本英文教科书，自己在那里阅读；有的低着头做他的算学题目。有的女生还在桌子下面打手工，有的偷看小说；有的简直睡着了。教员勉勉强强敷衍完了一点钟，夹着讲义去了；学生也就一哄而散。试问这样研究国文究竟有何结果？"(《教育杂志》第16卷第4号)朱先生这里所描写的是那国文教学不好的学校，不能代表普通初级中学。但是我们对于初中，如果仔细调查起来，一定也能发现许多可惊的事实。朱先生末了问，"试问这样研究国文，究竟有何结果？"现在初中国文教学，因为教材的未经组织，方法的未经讨究，比起其他各科教学来，缺乏结果，实在是无可讳言的。本国语言文字，为最重要的教育工具，此而没有结果，岂不成了严重的教育问题！

*　载于《新教育》第9卷第1、2合期(1924年9月)——编校者

二

推究到国文教学所以没有良果的原因,最普通的答案有两种:一是教师不能引起学生的兴趣,二是教师不能启发学生的思想。现在分别的说一说:

1. 兴趣说

大家知道,没有兴趣,很难有学习的动机。旧式教学,全不顾到生徒能力上的差异、心理上的需要。所以从教材方面而言,所选的读物,往往有很艰深、很古奥,而不合现代精神、不合学生心理的材料。现在初中读本,各人选材内容有不同的标准,而"浅显有趣"却为一共同的倾向。我们试将五、六年前流行的读本如商务所出许国英《国文读本评注》翻开目录来一看,他所选的是周树槐《汉高帝论》、薛福成《海瑞论》、梅曾亮《士说》、袁枚《原士》、王世贞《蔺相如完璧归赵论》、刘大櫆《焚书辨》、吴敏树《杂说》、吴敏树《说钓》、梅曾亮《观渔》、邵长蘅《渔父》、梅曾亮《游小盘谷记》、龙启瑞《病说》等等。我们再将民智书局所出孙俍工、沈仲九两先生合编的《初级中学国语文读本》第2册目录翻开来一看便大不同了。上面所选的是胡适《一个问题》、托尔斯泰原著《三问题》、孙少侯《我对于一切人类的供状》、《新青年》杂志的《宣言》、李大钊《少年中国》的《少年运动》、李大钊《由纵的组织向横的组织》、戴季陶《到湖州后的感想》、鲁迅的《孔乙己》、胡适《吴虞文录序》、仲密《祖先崇拜》、冰心女士《笑》、爱罗先珂原著《我的学校生活的一断片》等等。我们把这两种选本对比一下,便立见他们的异点。(1)旧本所选的是古代文学,新本是现代文学;旧本是文言文,新本多语体文,并且有时是翻译西洋文学作品的语体文。(2)旧选文体,多论说文,兼及记叙文;新选文体丰富,各类文艺作品、小说、诗歌、剧本都有。(3)旧选没有思想的内容,如《汉高帝论》,《蔺相如完璧归赵论》等;而新选的多现代思想上流行的问题,这种教材当然易于引起兴趣了。有了这种教材,教法自然随之变更。旧式教学,先生讲,学生听,国文课往往是最枯窘的。新的教材,有的可以讲解,有的可以讨论,有的还可以表演。教师口才好的,往往逞其雄词博辩,来宣传新主义,解决新问题,或则妙语解颐,利用小说故事材料,来破国文教室的沉闷。这是兴趣论在国文教学上已奏的灵效。但是兴趣论这样东西啊,是很容易遭人误解的。科尔文教授在《学习的历程》里说:"近几十年来,教育上的兴趣论的注重,把教学法革命了。在许多方面,它的利益是很大的,而其随伴的误解与流弊也很多……它是近来一种'柔性的教学'(Soft pedagogy)所由起。这种柔性的教学,在心理上没有根据,而在教育上是没有效力的。说要维持注意必先引起兴趣,原是不错的。但是引起儿童兴趣不单是供给儿童娱乐……须知真的兴趣,并不和严正的工作相对抗,并不和为要制胜困难获得结果而用的努力相抵触。遇必要时,在作业上含有劳苦的机械的部分,教师应绝不踌躇地要求生徒的注意。"(Colvin, *Learning Process*, p. 283)

在我们国文教学上,兴趣论也很有危险。教材上、教法上,都有故意趋易避难迎合生徒一时的嗜好与娱乐,而不顾他们永久的需要与国文教学自身目的的弊病。至于单用语体文、翻译文,来达到国文教学目的,也还是可以根本怀疑的。

2. 启发说

国文教学失败的第二原因,是不能启发学生的思想。旧式教学,偏于记忆,不重理解。在教材上,很少与学生的时代社会有关系的问题,能促起他的思想的。现在极端的一派教材,专搜集讨论现代问题的文字,如前面所引《初级中学国语文读本》即是代表。他们的意思,以为"为增加学生读书的效力计,与其叫他读《庄子》、《墨子》、《荀子》等,不如叫他读《胡适文存》、《独秀文存》一类书;因为一则难懂,一则易解;一则未必适合于现代思潮,一则可以当做现代思潮的一部分的代表。就轻重缓急论,要做一现代的人,不懂《庄子》、《墨子》等学说,却不要紧;不懂国语文提倡的理由,不懂女子解放问题、贞操问题、婚姻问题、礼教问题、劳动问题等,却是要做一时代的落伍者。"(沈仲九:《中学国文教授的一个问题》,《教育杂志》第16卷第5号)根据着这样观念,所以有簇新的以国语文为形式、社会问题为内容的教材出现。有了这种教材,所以方法上自然也废除了逐字逐句的讲解,而注重到问题的讨论。这不可谓非国文教学上一大解放。然而我以为这样的启发思想说,也多少不免一种偏见,而含有必然的危险。国文科的训练,本注重思想的形式上,至于思想的内容,是要和各科联络而受各科供给的。现在专重社会问题的讨论,是否不致反忽了形式上的训练,喧宾夺主,而失却国文科主要目的,很是一个问题。此外,还要注意的人生思想内容很复杂而很多方面的,单以这一类的问题为中心,是否不致养成偏见与武断,对十三四岁的儿童宣传社会上、政治上种种主义,是否不致揠苗助长,阻碍思想自由的发表,又是一个问题。"教育不是传布偏见,不是灌输成说,乃是解放幼年的心灵,发展他自己的判断力。换言之,教育不是给人见解,乃是帮助人得到见解"。(陶孟和:《社会学科的性质》,《教育与人生》第 34 期)在教学上宣传独断的主义,我们现在举目一看,到处有这危险,正不仅在国文教学上为然啊!

上文总结起来,即向来国文教学的失败虽然都归咎于:(1) 不能引起学生的兴趣;(2) 不能启发学生的思想。而从这两方面改革的结果,则对于兴趣尚不免一种误解,而对于启发也还有许多偏见。这种误解与偏见不能捐除,就很可以为健全的教学的障碍。据私见看来,所谓不能引起兴趣,所谓不能启发思想,还是果而不是因。为什么不能引起兴趣? 为什么不能启发思想? 其最普遍的原因还别有所在。

现代教学的精神,根本上是要生徒活动、生徒自学。好的学问不能由教师代学,正如好的肴馔不能由他人代吃。《学记》上说的好,"虽有嘉肴,弗食不知其旨也;虽有至道,弗学不知其善也"。孟子也说:"君子深造之以道,欲其自得之也。"这些话都很合教学的原则;我们国文教学所以失败,正为违反了这一个原则。向来国文课只有教师的活动,没有学生的活动;只有教师的教授,没有学生的学习,这实是国文教学失败的总原因。能引起学生的活动,指导和督促学生的学习,一定不患不能诱发兴趣与理解的。让我们本着这个见地,再进一步看看初中国文教学法问题。

三

《新学制初中国语课程纲要》里,国语科作业支配分(子)读书、(丑)作文、

(寅)写字三项。除习字专属技能暂置不论外,请分读书、作文两项来讨论。

1. 读书

《课程纲要》里所谓读书分两种。(1) 精读选文(由教师拣定书本),详细诵习研究;大半在上课时直接讨论。(2) 略读整部的名著(由教师指定数种),选用笔记,求得其大意;大半由学生自修,一部分在上课时讨论。这种教材,私意以为精读宜以中国文言文为中心,略读则除散文、诗歌、小说、戏剧外,宜分年择定一种平易的古书——如《论语》、《孟子》、《左传》等的选本——为中心。我们这里因为讨论教法,所以涉及教材,至于为何要这种教材? 理由很长,不更冗赘,以免论点纷歧,请读者参阅拙著《初中国文教材平议》(《教育与人生》第 28 期)后,指正为幸。

略读的教材,怎么样教学呢?《课程纲要》上定为大半由学生自修,只有一部分在上课时间讨论。"讨论"两字,太含糊了。这种课外的阅读,事前要有适当的指导,事后要有切实的考查。指导的事项包括(1) 读什么书? (2) 怎样读法(计划和方法)? (3) 有什么特别意义要指示的? (4) 有什么特别困难要讨论或说明的? 考查的方法,则或令学生作阅书札记,或由学生在上课时轮流提出口头报告。而我们的目的,既在养成阅读的能力,则所谓阅读的能力尤不可不明白确定它是什么,然后再问用什么方法去养成。读书的能力,分析起来,至少包括领解与敏捷两个原素。要试验这种能力则可于限定的时间内,指定篇幅令学生标点,或于限定的时间内,举行口头或文字的问答,这是课内的。如要试验课外长篇阅读的是否领解,更有一简省时间的试验法,即将全文要点分列问题若干条,命一级中学生人答一题,会合起来,全文内容已提纲挈领,显豁呈露了(Thomas, *The Teaching of English in the Secondary School*, p. 250)。各种方法本说不尽。以上所述也不过发凡起例罢了。假如每周上课时间略读占两小时,则读书指导约占一小时,而考查试验约占一小时。这样认真的做起来,略读的目的是不难达到的。

精读的材料,怎么样教学呢? 上边略读的指导和考查两层自然都是适用的。《课程纲要》定为大半在上课时直接讨论。这"讨论"两字又太含糊了。选读的教材当然要有相当的提示。这个提示却不须逐字逐句的讲解,而要将这文的背景与大意,文法上与修辞上的特点,为一个扼要的有趣味的说明,作一番有力的介绍,使学生热烈地要去读它,读了欲罢不能地要去玩索它。"精读"一个名词,大多数教师,恐怕还只有很模糊的一个观念。其实为明了正确计,不如直截了当地把它作为"熟读精思"解释,包含记忆与理解两个要素。名为精读而不能记忆,怎样能永久地欣赏与应用? 旧时读书背诵并非不好,其不好之点,乃在只能背诵而不能理解。至于已经有理解而不能背诵,则还是不能受用。现在学校各科作业中,都有一大部分记忆工夫,何以独有国文则随讲随忘,教师不令学生背诵? 这真不可解。桑代克在《教学之原理》中说:"现在痛诋记忆为知识的奴婢是很时髦的,好像在什么类化、兴趣、思考等等名词中,'记忆'连一提都不配……其实记忆有什么不好,单记忆文字而不了解内容,才不好耳……内容了解了,则愈能记忆愈好……在学业中有一大部分,生徒并不难于了解,倒是单了解了而不刻实地努力,便不会给他们享用。"(Thorndike, *Principles of Teaching*, p. 24)这几句名言,真好像为我们国文教学而发的! 有许多文章,学生看了,只须稍为指点,便已瞭然,何用逐字逐句的去讲解,白白地费了多少可贵的光阴,而学生依旧是一无所得。至于试验记忆的方法是默写,试验理解的方法是课题。默写可随时指定文章的全部或一部为范围,课题可就形式上(字法、句法、篇法)、内容上(思想、感情)出为简短问题,令学生笔答。依我浅短的经验,每星期上课时间,精读如占两小时,则所选的文章只可限一篇,以一小时提示教材,而一小时试验学习的所得,我觉得必须这样切实的读文,方能读一篇得一篇的益。

还有朗读默读的问题,这里也附带提一句。普通阅览,自然重默读,而为文章的精研,朗读也不可废。所谓"朗读者,熟练文章之习惯于口的筋肉,使此等型范的结合,容易再现于他时"(郑宗海:《修学指导》,第 48 页)也有它的价值。上课时间,可以由教师范读,学生个别的朗读则可在课外行之。

以上读书教学根本的精神是的确要使学生能读书,而不单成为教师的讲书。重的是学习,不是教授。如上所述,教师的职能,在诱起学生的兴趣,帮助他的了解,指导他的学习,督促他的努力,考查他的成功。哪里是寻章摘句、敷衍讲解便算完事？更哪里有工夫来谈故事闲话,讨论初中学生所不了解的社会问题？

2. 作文

《新学制课程纲要》上规定的共四项：(1) 定期的作文,(2) 无定期的作文和笔记,(3) 定期的文法讨论,(4) 定期的演说辩论。用什么作教材,倒没有规定。私意以为此项教材应为一种混合文典。其目的在训练学生运用文字发表思想和感情的能力。内容为文法修辞上普通规则的说明,各体文章的示范(包括应用文程式的举例),各种作文和练习,而为小学中学语文之过渡衔接计,尤须有语法和文法的比较与联络。和这种教材平行的,便有许多练习(演说、辩论、笔记、作文均在内)。单提作文出来讲,有命题的、不命题的、限时的、不限时的,可以随时的、相间的指定。而要在训练发表技能的有效,则不但注重学生的习作,还须注重教师的订正。寻常教师易蹈的错误不出二途：一是太省事,单将原文加些圈点,末了加一个很笼统的批语,就算了事。一是太认真,把原作改得体无完肤,面目全变,学生看了莫名其妙。这样作文,多作有何效力？矫正这种错误的作文次数欲多,而篇幅不妨稍短,订正则每篇要有两次的手续：第一次只用几种符号标出文中的缺点,或加眉批说明其理由。批后以原卷发还学生,令其自行研究,自行批改。有不能改的,可以详细质问。改好后,另卷誊正,再作第二次的批改,不用符号,竟为涂抹笔削,发还时再加以个别指导。(限时的作文虽在课内,而种种订正指导工夫都应在课外做的。)这里根本的精神也是重在学生的活动,与上文是一贯的。

以上几种教学方法,没有一种是新奇的,只就个人参观或实验所及,而比较认为有效力的说一说。我很感于篇首所引的朱先生那一问,那"这样研究国文,究竟有何结果"？而望依着上提的教学精神与方法,可以作一答案道："这样教学国文,或者会有点结果。"

初中读书教学法之客观研究[＊]

我前作《初中国文之教学》一文(见《新教育》第 9 卷第 1、2 期),其中所提各点,有人以为太偏于主观。我自己也很想搜罗些客观的材料,更作虚心的研究。适江苏中等学校国文教学委员会,有调查各校国文教学实施状况之举。计算截至本年 2 月止,共收到各校报告意见书等 46 份。我既很幸运的得翻阅这一部分有价值的材料,因先从"读书"一项从事整理,以成此文。文中所讨论的几个问题,介绍的几种成法,虽然大半根据着这次所调查的事实,而文字的责任应由我个人负之。这并不是委员会的报告或批评,读者幸勿误会。

按新学制初中课程纲要,"读书"分精读、略读二种,现在就依次分别讨论。

一、精读

(甲)内容 读书的第一问题便是读什么书? 精读的第一问题便是——

精读的教材是什么? 我们看江苏各中等学校精读教材,有的用现成课本,有的自编选本。总计 46 校中,用书的 16 校,自编教材的 30 校。(用书各校中,采商务印书馆《新学制初中国语教科书》的 10 校,采中华书局《初级古文读本》的 6 校)。八中的报告说:"坊间国文读本夥矣。然选材标准是否适当,排列次序是否

[＊] 载于《新教育》第 10 卷第 3 期(1925 年 4 月)。——编校者

合宜,在编者且难自信。何况学校教法贵能顺应时期;或利用偶发事项,俾生徒有直接的观察与觉悟,徒取刻板文字挨次讲授,直敷衍教室时间而已。"这很可代表自编教材者的态度。然而问题却正在此了。拿自编的教材和书局出版的课本比,选材标准便较适当吗? 排列次序便较合宜吗?

选择教材有什么标准? 我们仔细翻检各校报告,有不举选材标准的,有很概括的标准,如"以适合应用为标准"之类。有分析的标准,如中华职业学校报告里所列的:"(1) 能启发或补助智识思想者;(2) 合于民治精神及时代潮流者;(3) 有文艺价值饶有兴趣足以欣赏者;(4) 适切应用者;(5) 层次清晰组织有系统而易于效法者;(6) 合于论理者。"有综列标准与选材手续的大纲的,如下录一师的例:

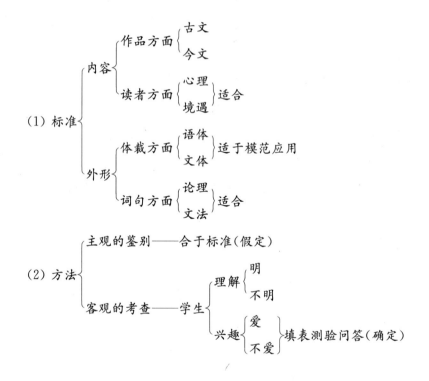

依据标准选定了教材以后,便须问——

编次教材有什么原则? 关于这点,江苏各校报告中,有并无一定排列方法的,有白话文言递进的,有依时代为先后的(如"由近代以溯周秦","依文学次序排列"之类),有依文体分类的。我们以为这是一个很重要的问题。教材编次不得当,便成为零碎的没有系统的选本。这种选本,教者学者都不会感觉什么兴趣。所以编次教材,最好分为若干单元,每一单元中,至少有一个中心的精神、贯穿的计划。我们试翻检美国通用的初中英文读本便知道了。如戴尔和布拉迪二氏合编的《文学选读》第 1 册(Dyer and Brady, *Readings in Literature*, Book I)是初中一年级用的,中间所选诗歌、小说、戏剧和散文,分几个单元。开头 48 页所选都是关于美国开国的诗歌、演说和论文,目的完全在激发学生爱国的观念的。以下按着分组选 Lowell, Holmes, Bryant, Whittier 等美国诗人的作品,每组前冠以作者一段小传。表面看来,虽也是零碎的杂选,其实散中有整,是很有计划的。又如贝克和桑代克合编的《日用古文选》第 8 册(Baker and Thorndike, *Everyday Classics*, Eighth Reader)是初中二年级用的。这一册书更自成一大单元,标明为"文学入门"(The Introduction to Literature),书中分为 8 大段:(1) 文学总论;(2) 古文学作品;(3) 中古文学作品;(4) 短诗;(5) 故事;(6) 长诗:(7) 散文。每选一篇,附着"作者小传"、"学习指导"、"问题"、"简注"等,编辑得最为精密。我们的国文教材能这样编法的还不多见。我们只可举钱基博先生在学校里所编的教材(约翰大学附中《中国文学读本》)做个例子。下列选文篇目是初中最高年级用的:

（上学期）司马谈《论六家要旨》、《老子》（节录）、夏曾佑《严评老子序》、《庄子·逍遥游》、《庄子·齐物论》、章炳麟《齐物论释序》、《韩非子·难势》、《史记·老子韩非列传》、《礼记·礼运》（节录）、《史记·孔子世家》（节录）、龚自珍《六经正名》、《易·乾·文言》、苏洵《易论》、《书·秦誓》、孔安国《尚书序》、《诗·七月》、子夏《毛诗序》、孙诒让《周礼正义序》、张尔歧《仪礼郑注句读序》、《礼记·檀弓》、孔颖达《礼记正义序》、《左传·吕相绝秦》、杜预《春秋左氏传序》、《公羊传·宋人及楚人平》、《穀梁传·虞师晋师灭夏阳》、《国策·鲁仲连义不帝秦》。

（下学期）赵歧《孟子题辞》、《孟子·有为神农之言者许行》、《孟子·墨者夷之》、《孟子·杨子取为我》、《孟子·告子章》、《荀子·性恶篇》、《史记·孟子荀卿列传》、《墨子·兼爱篇》、《墨子·非攻篇》、俞樾《墨子间诂序》、梁启超《墨子之根本观念》、《列子·杨朱篇》（节录）、柳宗元《辨列子》、《公孙龙子·白马篇》（节录）、《管子·小匡篇》、柳宗元《辨晏子春秋》、《史记·管晏列传》、《庄子·天下篇》。

钱先生的《文学读本》是依时代逆溯的。这一册是周秦文学，而中间包含着几个单元。他自己说他的编法："录太史公《论六家要旨》冠于前，《庄子·天下篇》殿其后，说明周秦学派之总关系。而每录一篇作品，又必录司马迁做的作者传详其行实，汉唐以下儒者做的作品序跋，述其旨趣，以引起读者知人论世的思想。"[1]这种方法，在原则上很可供我们的研究参考的。

教材与学级编制　还有一个问题，在这里也可以附带叙述，即是教材和学级编制的问题。我们录八中报告里的一段话为例：

学校之有年级，最感困难者厥惟国文教授。同一范文，程度深者不俟讲解即可了然；程度浅者，虽再三指示尚苦不尽领会……。本校往昔议用能力分级法，第非各科同时实施，此法终苦窒碍。况他种学科，一年级中只有一二阶级，国文则可至五六阶级，设依能力分级法延请教师，学校经济岂可担任？最近拟采用分团教授，就一年级分为若干团，由教师编配，每两月得改组一次，渐期程度齐一。其有程度特优者，则径予升级。所分各团授以不同之范文，此时在乙团者期进甲团，必深自激励，较教师督促为尤切矣。

这样计划是很有试验的价值的。

---

〔1〕　钱基博：《中学文学读本写目说明书》，载《约翰声》第35卷第4号（1924年）。——编校者

（乙）方法　关于精读的教学方法我们又可分为教授和成绩考查二项。分述如下：

精读怎样教授？我们须记得上面所述的事实,即各校2/3是自编教材,油印发给学生的。其教授的顺序,有简单讲读的,有预习讲读的,有分预习、问答、读讲、讨论、应用、欣赏等阶段的。填答的33校其教式和采用的校数统计如下表：

讲读(凡"范讲"、"讲解"、"范读"、"美读"、"诵读"等均属之)…………… 3

预习,讲读　…………………………………………………… 11

预习,问答,讲读　…………………………………………… 9

预习,问答,讲读,讨论 ……………………………………… 10

只有灌云初中于预习前加"引起学习动机"一段。只有一师于预习中分析指导事项。兹摘录一师教学纲要如下：

（1）预习　指示
- 字典辞源使用法——反切法注音法
- 辨别词性及词之用法
- 标点法
- 笔记法

（2）问答
- 订正
- 补充

（3）读讲
- 美读
- 演讲

（4）讨论
- 分析(文法章法)
- 撮要
- 推理
- 表记

（5）应用
- 命题造意
- 书　跋　｝此指记述说理文
- 摹　作

$$(6)\ 欣赏 \begin{cases} 内容美 \\ 外形美 \end{cases} 此指文艺作品$$

我们从这里看,知道现时学校里教授国文,简单的讲读已渐少了,多数是有预习问答等各段的。换言之,多数已采取自动的精神,自学辅导的原则,而同时不废讲解的。我们所要注重的有 3 点:(1) 所谓预习,教师应有相当的职能,如指定功课,引起自习动机,预免学习困难,指导学习方法等等。〔参阅科尔文:《中学教学法》,第 236—243 页(Colvin, *Introduction to High School Teaching*, p. 236)〕(2) 教授以后,教师应有相当的考查,这层下文再说。(3) 上项教式也决不是固定的程序,仍要看教材的性质如何。譬如美文欣赏的教学,要知道学生对于一种文艺的"第一印象"是很强固、很热烈的。教师要能利用这"第一印象"去激发学生的想象,引起学生的情绪。若刻板地由预习而问答而讲解,完全错过了"心理的时间",便兴味索然了。〔参阅海沃德:《欣赏之教学》第 1 章(Hayward, *The Lesson in Appreciation*)〕

精读成绩怎样考查? 关于考查精读成绩的方法,统计如下:

问答	16
背诵	15
复讲	14
测验	12
默写	11
检阅笔记	11
讨论	7

(以方法为单位,有一校采取几种方法的)

上面所列"背诵"、"默写"是考查记忆的能力的,"复讲"、"检查笔记"、"讨论"是考查理解的能力的,"问答"、"测验"是考查记忆或理解的能力的。我在《初中国文之教学》论文里有一段说:

"精读"一个名词,大多数教师恐怕还只有很模糊的一个观念。其实为明了正确计,不如直截了当地把它作为"熟读精思"解释,包含记忆与理解两个要素。名为精读而不能记忆,怎样能永久地欣赏与应用?旧时读书背诵并非不好,其不好之点,乃在只能背诵而不能理解。至于已经有理解而不能背诵,则还是不能受用。现在学校各科作业中,都有一大部分记忆工夫,何以独有国文则随讲随忘,教师不令学生背诵?这真不可解。桑代克在《教学之原理》中说:"现在痛诋记忆为知识的奴婢是很时髦的,好像在什么类化、兴趣、思考等等名词中,'记忆'连一提都不配……其实记忆有什么不好,单记忆文字而不了解内容才不好耳……内容了解了,则愈能记忆愈好……在学业中有一大部分,生徒并不难于了解,倒是单了解了而不刻实地努力,便不会给他们享用。"(Thorndike, *Principles of Teaching*, p. 24)。这几句名言,真好像为我们国文教学而发的!有许多文章,学生看了,只须稍为指点,便已了然,何用逐字逐句的去讲解,白白地费了多少可贵的光阴,而学生依旧是一无所得。至于试验记忆的方法是默写,试验理解的方法是课题。

这种主张,我现在还认为正确的。

因为学校里不注重记忆与熟练,生出许多不满意的结果。所以现在实事求是的教育家,很有极端主张读书须成诵、能默写的。兹录五中报告中的一段,以见这种趋于反动的主张之一斑:

昔初创学校时,鉴科举教学之太陋,顿辟科学多门,以授学生。学生从家塾来,略有读书习惯,迫入学校,国文进步速,科学成绩亦佳。当时亦遂据以为此学校之功也。今之学生皆陶自学校,乃每下愈况,不特国文成绩见逊,即科学成绩亦未必如前。间尝深思其故,以为诵读之工太缺略也。求学何故必须诵读,则尝考之于古人之说。列子曰,"纪昌学射于飞卫,飞卫使学视小如大。纪昌以牦悬于牖,南面而望之,三年后,如车轮焉。以观余物,皆丘山也。乃以燕角之弧,弧蓬之簳躲之,贯虱而不悬不绝"。[1] 此虽寓言,实有至理,凡物经谛视而不瞬,所见必渐审也。于文亦然,咏叹之,淫液之,趣味日深,乃习与俱化矣。庄子言女偊之闻道也,曰,"闻诸副墨之子,副墨之子闻诸洛诵之孙,洛诵之孙闻之瞻明,瞻明闻之聂许,聂许闻之需役,需役闻之于讴,于讴闻之玄冥,玄冥闻之参寥,参寥闻之疑始"。[2] 副墨,文字也。由副墨而洛诵之,乃瞻明矣,未可云已彻悟也;而需役焉,而与讴焉,乃渐洞及玄冥,参乎寥廓矣。学国文者,非仅学其文字已也。文之中有道焉,不见其道,则口无可道;口无可道,即笔无可述。文言俗语之争,徒皮毛也。欲学者能见其道,非由洛诵于讴而至于玄冥参寥不为功。《学记》曰,"君子之于学也,藏焉,修焉,息焉,游焉,夫然,故安其学而亲其师"。[3] 今之教学,徒见缚之束之驰之骤之已耳。其所学,无可以云安者,其于师也亦不亲。盖有故乎? 然则增加其洛诵于讴之工不可缓也。

这样的论调,我们知道是很得多数经验派教师的同情的。

二、略读

胡适之先生说:"从前的中学国文所以没有成效,正因为中学堂用的书只有那几本薄薄的古文读本。我们试回头想想,我们自己做古文是怎样学的? 是单靠八九十篇古文得来的呢? 还是靠看小说看古书得来的。我自己从来背不出一篇古文,但是因为我自小就爱看小说,看史书,看杂书,所以我还懂得一点古文的文法。古文的选本都是零碎的,没头没脑的,不成系统的,没有趣味的。因此,读古文选本是最没有趣味的事。因为没有趣味,所以没有成效。我可以武断现在

---

[1]《列子·汤问篇》。——编校者
[2]《庄子·大宗师》。——编校者
[3]《礼记·学记》。——编校者

中学毕业生能通中文的,都是自己看小说看杂志看书得来的,决不是靠课堂上几本古文选本得来的。我因此主张用'看书'来代替'讲读'。"[1]这话和我们精读的主张似乎相背,其实一毫没有冲突。古文读本本来不应该常是这样薄薄的,没有系统的,我们已在前面教材组织一节里说过了。至于天才生能有自己看书的能力和素养,几本薄薄的古文读本,更是可有可无。若就实际教学上论,一般中材的学生,还有这几本薄薄的古文读本而不能诵习的;能诵习了,至少读书也有了一些训练和基本,再指导课外阅书,也是很顺的。所以为大多数学生说,讲读和看书是可以并行的。初中课程纲要规定精读选文略读散文名著的折衷办法,是很妥当的。曾国藩也说过:"看者涉猎,宜多宜速;读者讽诵,宜熟宜专。看者'日知其所亡',读者'月无忘其所能'。看者如商贾趋利,闻风即往,但求其多;读者如富人积钱,日夜摩挲,但求其久。看者如攻城拓地,读者如守土防隘。二者截然两事,不可阙亦不可混。"[2]

略读有没有必要?据这次46校的调查,有略读的规定者33校,无略读之规定者13校。至于所以不规定略读的理由,有的是为了没有时间,如说"每星期国文时间只3小时,故无略读之规定"。有的是为了没有适当的书,如说:"曾旁搜可供学生略读之书,讫无善本。取古,则学生程度不能跂及;取今,则驳杂不纯,甚或虑其为累于心术,故宁从阙。"我们以客观的眼光来看,觉得前者的态度固不免将错就错,后者的态度也有些因噎废食。国文科时间,照新学制规定占32学分,每学期6学分,则一星期应有6小时。时间不够,应当使它够,况且略读原只要学生课外行之,教师只要肯任指导督促之责,所以没有时间的理由,恐怕不能成立。至于没有适当的书本确很是一个问题。但究竟不能说全没有书可供略读。古书虽然"学生程度不能跂及",然而尽有很平易的古书;新书虽然"驳杂不纯",然而纯与杂只是相当的标准,只要大纯小疵,为接引初学起见,也就可用。所以没有相当书本一层理由,我们也不敢赞同。

---

[1] 胡适:《中学国文教授》,参见欧阳哲生编:《胡适文集2·胡适文存》卷一,北京大学出版社1998年版。——编校者
[2] 曾国藩:《致澄弟沅弟(同治十年十月二十三日)》,参见梧桐整理:《曾国藩文集》,海潮出版社,1998年版,第467页。——编校者

略读用什么书？既有略读，应该指导学生读些什么呢？规定的办法各校不一。有听学生自由阅读的（如一中、一师、四师、七师、一商、奉贤农师等），有规定书目的。规定书目之中，有概括的规定的（如三中、十中、五师、三女师、第二代师、一农、二农、如皋初中、睢宁初中、江都初中、崇明县师、如皋女师、嘉定县师、吴江中学、无锡中学、中华职业、灌云初中、海门初中等），有分年规定的。分年规定之中，有在指定范围任学生选读的（如八中、八师、九师、女蚕、丹阳县师、东台县师、钟英中学等），有确定书本共同必读的（如三师指定前期一年读《论语》，第二年读《孟子》，第三年读《左传》）。

略读书目有繁有简，繁的如如皋初中开列文集诗集小说杂志 55 种，简的如一农规定"读《孟子》及《说文解字部首》"。

书的性质，依新学制初中课程纲要中略读书目举例为(1) 小说：《西游记》、《三国志演义》、《上下古今谈》、《侠隐记》、《续侠隐记》、《天方夜谭》、《点滴》、《欧美小说译丛》、《域外小说集》、胡适译《短篇小说》、鲁迅《小说集》、《阿丽思漫游奇境记》、林纾译小说若干种。(2) 戏剧：于元明清词曲内酌选其文词程度为初中学生所能了解而其意义无背于教育者，如《汉宫秋》、《牧羊记》、《铁冠图》之类；于近译西洋剧本内酌选，如《易卜生集》之类。(3) 散文各种选本。对于这个书目，我以为还不能充分达到课程纲要所列教学的目的，即使学生能看平易古书，引起学生研究中国文学的兴趣。这里既没有一本古书，而且大半是西洋文学的译本，又很少中国的文学名著。我曾主张至少加些《孟子》、《论语》、《左传》和诗词的选本进去。（见《初中国文教材平议》，曾载《教育与人生》第 28 期）虽然朱经农先生说："在初级中学里面，国文与国故不能完全混为一谈……整理国故是高等专门以上学校的责任。这一副千斤重担，初级中学的学生是万万挑不起的。"（朱经农：《对于初中课程的讨论(五)》，《教育杂志》第 16 卷第 4 号）而我们确信在初中读古书，和所谓"整理国故"，绝不相干，乃是求达能看平易古书的目的所必由的一种方法。初中学生当然绝对谈不到"整理国故"，而已经整理好的最低限度的国故，乃是初中学生所必具的一种文化常识。所以我还是主张略读里加入古书。

从这次调查上看,有略读的 33 校中,大多数是采取这样主张,酌定书目的。其中也有极端偏于小说文艺的,也有极端采取国故重要书籍的。前者如十中之规定《水浒》、《儒林外史》、《隔膜》、《老残游记》、《官场现形记》、《镜花缘》、《域外小说集》、《五十年目睹之怪现状》等书。后者如无锡中学之选择《五经》、《四书》、《四史》、《三通序》、《历代史略》、《老子》、《管子》、《庄子》、《荀子》、《韩非子》、《墨子》、《法言》、《论衡》、《说文》、《尔雅》、《音学五书》、《扬子方言》、章炳麟《新方言》、严译《名学浅说》、《马氏文通》、《文心雕龙》、《经义述闻》、《经传释词》、《读书杂志》、《国故论衡》等书(这书目是陈柱先生为旧制四年中学拟的。陈先生有《中学研究国文之方法论》,曾载《学衡杂志》)。我们很愿意知道这种略读的试验结果如何。

略读和图书设备　关于略读内容还有附带的一点,就是学校里是否有丰富的收藏可供学生的博览。五师的报告里有一段说:

> 本校书籍甚觉贫乏,学生课外修养,除少数固有图书外,几于无书可阅,此后宜增加预算,力求扩充图书,俾教者学者,胥有充足之参考品。

像五师的设备,还感到图书的缺乏,其他各校当然也有同样的困难了。这也是关于略读教学上一个先决问题。

略读怎样指导？关于阅读的书籍上面既有两种不同的趋向,所以指导的方法也随之不同。摘录两例于下:

一师略读指导法

（一）课内指导

（1）特定时间,令学生各带课外阅读之书,在课室内继续工作。

（2）学生各自阅读,遇有大意或主要思想段落等一时不能明了者,得由教师助之分解,遇有必须深究讨论者,得提出与教师讨论之。

（3）学生各带字典《辞源》及它种参考书入课室，置于中排空桌上，备同学共同应用。课毕各自带回。

（4）学生各带笔记簿。有须记录者，即时记出。

（5）发《读书汇记表》，令学生填记其一小时之工作。

（6）教师备有记录纸，分3种：① 记一小时质问讨论之学生姓名；② 记学生所问一时未能确切回答之出处意义等项；③ 即《读书汇记表》。

（7）以个别指导为准。凡质问讨论，声浪须低，不妨他人。

（8）特定指导次数，随年级递高为反比，由两周一次至三月一次。

原案云："此项教学法之试行动机：① 因观察学生自习，工作未熟，每遇困阻。② 因调查学生阅读状况，每有遇不能立时解释处，辄生厌倦。为求免除上二项之困难，乃计划得此课室内自由工作之教学法。实具道尔顿制之精神者也。"

（二）课外指导

（1）个人的 ｛ 谈话问答 ｜ 检阅笔记读书录

（2）多人的 ｛ 同一问题的讨论 ｜ 同一书籍的研究 ｜ 特组的某书研究会

（三）假期作业

（1）指示假期作业法。

（2）指定书籍令择一问题一事项研究，或听自由选择。

（3）检阅成绩之笔记读书录。

三师师读指导法

三师前期三学年中，分年指定共同必读之书，上文已经详述。兹摘录其前期第二年略读指导方法如下：

本学年每周国文课 7 小时,《孟子》研究占 2 小时。除《孟子》原本外,兼发参考及补充之讲义。每周先由教师发本周研究进程表一份,指定研究章目,并开示笔记大纲,由学生于课外修习。课堂两小时,为质疑问难共同讨论及教师公共指导之时间。其研究之进程,大略如下:

(一)孟子之事迹　　(1)游梁;(2)游齐;(3)由宋归邹至滕至鲁。

(二)孟子和同时学者之辩论　　许行,陈仲,匡章,宋牼,夷之,白圭,淳于髡,慎子,告子,及其他。

(三)孟子和诸弟子的讨论　　公孙丑,万章,及其他。

(四)孟子之性善论

指导进程表举例——孟子之事迹(1)游梁。

读本:《孟子集注》第 1 章至第 6 章;

参考书:焦循《孟子正义》,《史记·孟子荀卿列传》,《史记·魏世家》。

笔记大纲:

(1)孟子至梁以前梁之国势;

(2)孟子对梁所抱之政策。

问题:

(1)当时七国战争与现世列强交争有何异同?

(2)当时一般平民对于国家之观念如何?其生活之状况如何?能本此 6 章为之证述否?

(3)梁惠王梁襄王为人之比较如何?

读后评:

(1)试评孟子义利之辨。

(2)孟子云,"天下定于一",又云,"不嗜杀人者能一之"。其后秦一天下,非不嗜杀人者,天下亦能定。试评孟子所言是否有当。

(3)试评孟子此言,对于现世尚可援信否。

以上所举一师三师两例，各有各的长处。一师的自由阅读，易于适应学生个别的兴趣与能力。三师的共同研究，易于督促学生的进程而作有效的指导。

略读的成绩怎样考查？最后我们要问一问略读的结果怎样考查。综览各校的报告，方法的种类和采取的校数可作以下的一个统计：

检阅笔记 ·· 19

问答内容 ·· 10

测验 ·· 6

略讲 ·· 5

关于略读最紧要的一点，是检查学生读书笔记。然而这层往往不容易切实办到。教师和学生并有困难。录八中所提问题为例：

> 每读一书，随手抛置，亦随过辄忘耳！故议书必有札记。作札记有数种疑问：（1）不读书而抄书，岂非敷衍塞责？（2）生徒无暇晷作札记奈何？（3）札记体裁若何？（4）教师披阅札记与改文不同，人将疑教师之惰。以上四问，皆非有经验者不及此。然本校同人意见：第一，生徒即不读书，只抄书一遍，其脑中已未尝无书，况犹有考查方法以继其后。第二，此项札记，少则一周缴一次，多则二周或一月缴一次，以逐日阅书所得，至日曜日誊抄之，安得谓无暇晷？第三，札记以所读书籍为限，取讨论式及表解式，不取日记体裁，若阑入其他记载，未免浪费笔墨。第四，各人读书不同，所记载亦不同，教者须逐书勘验；并答其疑问；加以批评，试问更何从省力？此外若更无疑问，毅然行之可矣。

三、 教学法与教师

上面详论了精读略读的各种教学和指导的方法，读者或许有一种疑问。就是：这种国文教学和通常的国文教学观念不同；教师的职务繁重如此，可有人能胜任愉快，切实执行吗？运用方法的是人，讨论教学法当然不能不联到教师。所以本文就以"教学法与教师"的讨论作结。

第一，我们承认，以上所述各种方法实施起来，要骤然加多教师所费的时间和精力。通常对于国文教学的观念，以为它只含有讲文、改文两个原素，其中除改文要费时间外，讲文常看作一件比较轻而易举的事情，用不着多大准备、研究和成绩整理的。现在"讲文"一个原素，竟化出这么许多手续来，自然要加重教师职务的负担了。所以有人把教师的工作时间和报酬问题认为是"改进国文教学的先决问题"。(参照《中等教育》第2卷第5期，中学国文教学研究号)陈燮勋君讨论这问题时，着实有些感慨。他说："即以东大附中而论，国文教员每人担任改文至少两班，每两星期作文一次，平均每星期有学生正式作文40篇以上。每月每班尚有读书笔记，这种笔记，每人一册或两册。因此之故，终日疲于改文看笔记，有时还要看临时试验卷。这许多作文、笔记或试验卷，发了复来，来了复发，一来一去，源源不绝。又况除此之外，还要预备上课。所以弄到废寝忘餐，面无人色。各种娱乐和社会活动，几为之剥夺净尽。人常怪国文教员闭门谢客，不与人周旋，其实事实上迫到他不得不如此。左右邻人看见这样，也常惊问为什么事体做不了。唉！他不晓得这许多作文、笔记、试验卷等等，光看也不易看了，何况还要改正呢！还要批评呢！"陈君文中，还附有一个他们学校规定的教员工作表，一个他们教员共同拟定的工作标准表。录在下面，供我们的参考：

学校规定教员工作表

(1) 上课时间 ………………………………… 16

(2) 改文 …………………………………………… 24

(3) 看笔记等 ……………………………………… 14

(4) 上课预备时间 ……………………………… 32

共86小时，每天平均14小时。

拟定教员工作标准表

(1) 每周上课12小时。

(2) 作文本每班以40人为度，每周改文约需16小时。

（3）看笔记，读书录，课外作文等，每周约需 9 小时。

（4）上课预备时间，每周约需 24 小时。

共计 61 小时，每天平均约需 10 小时。

一般国文教师谅和陈君多有同感。至于他所拟的工作标准，到底是依着一校特别的情形，我们举来做个例子而已，尚不能认为普遍的"标准"。我们对于这问题的看法，一方面，学校以钟点计薪，本来很有疑问。如果必须以钟点计薪，那末，陈君文中所引"作文钟点，明白规定，另外送薪"的办法，在教育行政上，不无讨论的价值。作文这样，我们认为最重要的读书笔记，当然也应受同样的承认。而在他方面，我们深信普通人把教书看作一桩容易的、不费气力的事情，实在是一个很谬误的观念。自然呢，星期假、寒假、暑假是教师职业上"容易"的期间和报偿。然而除此以外，那每日的上课准备和课前课后的整理，非有极规律的习惯、极勤劳的工作，不会有什么成功。虽不必如陈君所说："各种娱乐和社会活动，几为之剥夺净尽"，而凡是忠于职守的教师，对于这些娱乐和活动，本须力加限制，才能"用志不纷"。戴维斯教授论教师的职务说："凡是热心外务而放弃本份的人，无论他的活动怎样可取，这样的人总是不足取的。多数教师对于自己所选择的职业，可惜还没有明了的观念。他们不晓得学校以外的活动，尽管不妨碍校课，尽管不妨碍上课的准备，但是只须妨碍了教师的正规的睡眠和休息，已经使他不能维持最高的效能了。因为兼营外务，耗费精神而致神经衰弱、易怒、健忘、没气力、欠活泼的人，实在于他的职业上为不道德。"（参照 Davis, *The Work of the Teacher*, p. 321）

最好的教学法，原是需要教师最大的努力的。子贡称孔子道："学不厌，智也；教不倦，仁也。仁且智，夫子既圣矣。"[1]不厌不倦真不是件容易的事情。在我们职业里能始终不厌不倦的人，也可以称"教师之圣"而无愧了。

---

[1] 《孟子·公孙丑上》。——编校者

初中作文教学法之研究 *

在今日初中国文教学界上，作文一课，怕要算是最没有方法，而最听受传统的习惯的支配的。教师的任务，在作文课前，只要出了题目就算完了；课后只要照例批改就算完了。此外竟很少引起动机和指导学习的方法。结果，师生把作文看作一件机械的例行的故事，不容易发生什么兴趣，呈现什么学习的效果。

作者以为命题和批改虽是作文课不可缺的手续，然而不是作文教学的完全部分。作文的教学，要引起动机，要指导练习，要批评和整理成绩。本文所研究的就是下列四项问题：

1. 作文的动机；

2. 练习的时间和分配；

3. 作法的指导；

4. 成绩的批评和整理。

现在就依着这个顺序分段讨论。

一

我们在实际生活里说话作文，本是为着有种思想和感情必要向人表白，才用

---

* 载于《教育杂志》第 17 卷第 6 号(1925 年 6 月)，重刊于《中华基督教教育季刊》第 1 卷第 4 期(1925 年)。——编校者

语言和文字的工具来表白的。倘若没有话说，而勉强说话，就没有意义。"倘若没有什么想要表白，没有什么发生感兴，就不感到必要与欢喜，就不用写什么文字。一定要有所写，才动手去写。从反面说，若不是为着必要与欢喜而勉强去写，这就是一种无聊而又无益的事。"（叶绍钧：《作文论》，第8页）现在学校里许多作文，就是这种"无聊而又无益的事"了。

刻板的命题式的作文的缺点，就在教师出的题目不就是学生表白意思的正当刺激。教育学者对于作文题目也曾作许多研究。帕克在《中学教学法》书中，即说和学生有关系的题目分五项：（1）社会共同注意的问题；（2）职业问题；（3）学生活动问题；（4）与各科内容有关系的问题；（5）关于特殊研究的问题。（Parker, *Methods of Teaching in High Schools*, p. 274）托马斯著《中学英文教学法》罗列1 079个好题目，计分七类：（1）以自我做兴趣的中心；（2）以自我代第二个人格说话；（3）自我的意见；（4）自我的疑问；（5）自我的想象；（6）自我读书所得的材料；（7）自我的观察。这1 079个题目统以学生自我做中心，要学生自然对于题目有思想和感情要表白。（Thomas, *The Teaching of English in the Secondary School*, pp. 307—335）我们在国文教学的研究中，对于作文题目也多少有相当注意。如夏宇众说："文题内容虽无一定准绳可言，然必先认定题中所涵义蕴确为该学年生徒之学识程度理解能力所能及者为主。今将不宜于中学校文题者数端，撮示于下：（1）题旨迂阔，与现时社会情形不切者；（2）题旨虽属现时切要之问题，然或侵入政治、伦理、哲学等专门学技之内者；（3）题目虽属历史上著名人物之事迹，然其人其事……有极深远极复杂之因果关系，非中学生理解力所能了解明辨者；（4）无上述三端之病，然若记事题而确无可记事实与偶发事项者，论说题太陈旧肤浅不足以瀹发学生之思想者，亦非中学校文题所宜。"（夏宇众：《中学国文科教授之商榷》，第18页）

但是实际的教学状况怎么样呢？民国十年（1921）教育部开小学成绩展览会，其中有16省区的国文成绩，有人审查那些作文题目，其最荒谬的如国民学校作文题有"《孔子世家赞》书后"、"南北和战之利害论"、"政在养民论"、"戒色论"。高等小学校作文题有"向友人借银完婚书"、"中国现在财政万分困难宜如何设法办理以图救济策"、"五柳先生宅记"、"不敬何以别乎义"、"曰古之贤人也论"。（引黎锦熙：《国语的作文教学法》，《教育杂志》第16卷第1号）这固然荒谬呵！然而现在我们试调查初中里教师所出的题目，类似这种的一定也不在少数。要使作文时有思想感情要表白，先要题目合于学生生活经验的内容。（除了教师要用同一题目测验学生个别的成绩以外，文题本不必限定一个，最好出几个题目，就让学生自由选择。）

然而引起动机，不是单靠选择文题所能成功的。在我们实际生活里，说话作文是为了有事实要记载，有意思要陈述，有问题要讨论。我们谈话、演说、辩论，我们写信、作笔记日记、新闻报告以及论文，一样都是生活上的需要。就是思想感情经了丰富化、高尚化而成为文艺诗歌的时候，在它的作者也一样感着是生活上的需要。学校作文要能供给这种生活需要，就不能专靠单调的命题式的作文，而须多方面地变换作文的方式。

本来表白思想和感情有语言和文字两种工具。我们作文，也有口语练习和写作练习两种方式。口语练习中，有演说，有辩论，有关于一问题的公开讨论，有对于一事件的个别报告。写作练习中，除了习惯的教师命题作文以外，也有记录（演说辩论的材料，讨论的结果，教师的讲话）、笔记（观察调查的材料）、书信、翻译等形式。这各种练习都是"作文"。因为他们在实际生活上有需要，所以练习起来有动机。在课内没有充分的练习机会，尽管在课外自由组织，只要教师加以指导和批评就是了。

如更求进一步的作文的生活化，就要用设计的教法。霍利氏《初中英文教学法》(Hawley, *Teaching English in Junior High Schools*)书中，叙述多种普通的团体设计，如定期刊物编辑和发行、家庭工业的调查、现代思潮的讨论等等。第一种出版的设计，须运用作文上各种形式的练习，不消说了。即如第二种家庭工业的调查，这样调查，要通信，要访问，要笔记；所得的材料，在整理前要个别报告，要共同讨论和批评；到整理时，要记录，要编次。完成这样一个设计，必须联络运用各种形式的作文练习，所以具有下列几个优点：第一，自然是因为学生感到眼前生活的需要而谋适应，所以练习起来，有动机，肯注意。第二，因为形式的变换,因需要的差异而增多,练习时易于持续注意,不感疲劳。第三,各种形式联络运用,口语和写作自然沟通,初中里语体文言过渡的困难也就容易解决了。

二

照以上所说的各种作文方式实施起来,所占的时间一定很多。学校教学作文就发生一个时间和分配的问题了。这个问题是平常所忽视,而实际却很重要的。我们从几方面来观察。

作文是一种技能的练习,是与他种技能练习适用同样的原则的。以常识而言,凡技能的娴熟,练习愈多愈好,作文当然也是如此。欧阳修说:"为文有三多:看多,做多,商量多。"原是不错的。

但是也有人以为作文的次数不必太多,多了也是没有效能的。如胡适说:"作文的时间不可多,至多二周一次。"(胡适:《中学国文的教授》)费尔普斯教授是有经验的英文教师,自己又是文学者,他就说:"贾尔特教授在哈佛教了 40 年的作文,临了得到一个很坚确的结论,就是那种作文的工作不但无益,而且是教师与学生交困的一件事情……后来温特尔教授继任去教,也从没有信他的工作为有效。兰慈白里教授在耶鲁也作同样很有价值而很有力的主张。"(Phelps, *Teaching in School and College*, p. 117)这虽是指大学作文说的,然也可供讨论这问题中的参考。

为求学习法的经济而研究到练习的时间和分配的问题的人,已得到很多有价值的材料。如派尔在所著《学习之心理》(Pyle, *The Psychology of Learning*)中,列举无意义文字的记忆、形数交替、掷镖枪、加法等试验。我们这里无须赘述那种试验的结果,而大致可说,练习的时间可以短些,而次数则不可少。如果每天有一次二次的练习,那末,短时间的练习,间以长时间的休息,是收效最大而统算起来最经济的。(可参阅廖世承编:《教育心理学》,第 9 课)对于作文,应用哪种方法来试验的,现在还没有。因为作文含有许多"心营意造"的原素在内,不像筋肉的技能、机械的记忆容易做数量的测验。然而上项原则之可以适用于作文是无疑的。所以帕克教授说：关于写作和口语的练习，每天短时期的练习，应当是很有效的。

现在学校里作文，照普通的观念，一星期一次已算多了，哪里还能有每天的练习？其实呢，每星期一次的作文，是指那教师命题的作文而言。常人把作文看作只有那一种，如我们上边所引胡先生和费尔普斯氏的话，都指命题的作文说的，所以他们不主张作文太多。若把我们上面各种形式的练习，都包在"作文"以内，那就非每天有一点练习不为功了。

从教师和学生两方面的效能上看，命题的作文若是注意集中，一星期一次够了。此外，如共同讨论、个别报告、笔记、书信等，则除了规定作文时间以外，在课内课外都有机会指导学习。这些是学生日用所需的语言文字的应用，是天天要训练的。让我们认清这一点，不要错过了时间，放弃了责任。至于演说和辩论，除有时特别在课内施行指导练习以外，应该在课外另行组织。

三

现在要讨论到作法指导的本身了。这段可分为文法指导和练习指导两大纲：

1. 文法指导

从前教作文，不教文法。文章做得通不通，没有明确的标准；教师也知其然而说不出其所以然。现在我们认为在作文教学上，文法研究的指导是决不可少的。这里所谓文法包含修辞学在内，至少有(1) 词类、(2) 句式、(3) 章法几个部分。

刘勰说："人之立言，因字而生句，积句而成章，积章而成篇。篇之彪炳，章无疵也；章之明靡，句无玷也；句之清英，字不妄也。振本而末从，知一而万毕矣。"(《文心雕龙》)要"振本""知一"，自然词类先要讨究。不过普通文法教学往往单讲词类，又不免太少实用。学生纵能背得出什么名词、动词等等的分类和定义,究竟词和词的怎样综合而成句还没有了解。句子是语言的单位,依着句子自然的发展,作修习文法的程途,这就是近来"句本位"的文法的目的。

句式的研究是向来文法所缺略的,而实是实用文法最紧要的因素。《马氏文通》[1]例言说:"是书本旨,专论句读;而句读集字所成者也。惟字之在句读也,必有其所,而字字相配,必从其类,类别而后造论夫句读焉。"他讲"句读",散见于全书各处,到底专论句读的,只占了全书很小的一部分。至于句式,《文通》上说:"原夫句之为句也,至为繁赜,要无定例之可循。今欲资为论说,试别其式为四……"。他那四种句式似乎还可分析,而且所引的例,限于古文,要适合初中学生的用,非另编而加入语文混合比较的句式不可。至于现在坊间有许多《国文作法》、《作文法讲义》、《记叙文作法讲义》、《论说文作法讲义》等等的书,很少注重句式的讨究的。单把东西洋修辞学一类的书抄了个空架子,有何实用? 陆机说:"怵他人之我先"[2];韩愈说:"唯陈言之务去"[3];将来的文法学家、修辞学家要创作一种适合学生实用研究的课本,还该注意于此罢。

讲到章法,向来更视为深微奥妙的事情,其实只是文章分段组织的法子。"若是问组织到怎样才算完成呢? 我们可以设一个譬喻,要把我们的材料组成一个圆球,才算到了完成的地步。圆球这东西最是美满,浑凝调和,周遍一致,恰是一篇独立的、有生命的文字的象征。圆球有一个中心,各部分都向中心环拱着。而各部分又必密合无间,不容更动,方得成为圆球。我们一篇文字的各部分,也应环拱于中心,为着中心而存在。而且各部分的定位列次,应是最适当的仪式……为要使各部环拱于中心,就得致力于剪裁;为要使各部分密合妥适,就得致力于排次。我们把所有的材料逐部审查,而以是否与总旨一致为标准,这时候自然知所去取。于是检定一致的、必要的,去掉不一致的、不切用的,或者还补充上遗漏的、不容少的,这就是剪裁的工夫。经过了剪裁的材料,方是可以确信的需用的材料。然后把材料排次起来,而以是否合于论理上(心理上)的顺序为尺

---

[1]《马氏文通》是我国第一部有系统的汉语语法著作,作者马建忠,出版于1898年9月。——编校者
[2] 陆机《文赋》:"虽杼轴于予怀,怵他人之我先"。——编校者
[3] 韩愈:《答李翊书》。——编校者

度。这时候自然有所觉知,于是让某部居开端,某部居末梢,某部与某部互相衔接;而某部与某部之间如其有复叠或罅隙也会发现出来,并且知道应当怎样去修补。到这地步,材料的具体化已经完成了;它不特是成熟于内面的,而且是可以照样宣示于外面的了。"以上所引叶绍钧先生的话,是很好的一段修辞原则。西洋修辞学里那些"统一"、"联络"、"注重"等点,都包含在这里了。这种修辞原则和举例,也是教学作文上所应当注重的。

向来教师指导章法,常采取模范文做度例,而且标举出什么法、什么法的名称。如王梦曾编《中学文法要略》(中华出版)书中列叙"总括大意法"、"出奇制胜法"、"贯珠法"、"击蛇法"、"迴缴法"、"影伏法"等等。旧编文法要略,论"章法",论"布局",都有这种花样。就如梁任公先生的《中学以上作文教学法》论记述文作法,也分为"侧重法"、"类概法"、"鸟瞰法"、"移进法"四种。为指引初学、随时取譬、引起兴趣和注意起见,这种教法并不算错误,不过也确有困难。第一,这样分类举例说明,至多不过是"举一反三"的手段,若视为逻辑的分类,便不能说文章组织只有这几个法式而概括了绝无遗漏。第二,这种示范容易引起俗陋的误解。如章实斋说:"盖塾师讲授四书文义,谓之时文,必有法度,以合程式。而法度难以空言,则往往取譬以示蒙学。拟于房屋,则有所谓间架结构;拟于身体,则有所谓眉目筋节;拟于绘画,则有所谓点睛添毫;拟于形家,则有所谓来龙结穴……唯时文结习,深锢肠腑。进窥一切古书古文,皆此时文见解。"(《文史通义·古文十弊》)而实在呢,章氏说,"古人文成法立,未尝有定格也。传人适如其人,述事适如其事"而已。这是用这种教学方法的人所应顾到的。

2. 练习指导

关于练习的动机和时间分配,上面均已述过了。至于临到练习的时候,应该怎样指导,再分内容、形式两项说一说。

在内容上,学生作文,第一要有材料,第二要有组织。刘勰说:"临篇缀虑,必有二患:理郁者苦贫,辞溺者伤乱……博闻为馈贫之粮,贯一为拯乱之药。"[1]

---

〔1〕 刘勰:《文心雕龙·神思》。——编校者

"博闻"就是要"有材料",贯一就是要"有组织"。

无论口语练习或写作练习,无论自择题目或教师指定题目,起草以前,先须将关于本题的事实和自己的观察聚拢起来,将思想和感情集中一点,万不可胡乱起稿,弄到没有话说而勉强说话。所谓事实和观察、思想和感情,不是为了作文而才有的,这全是平时在各科所得的知识,课外所得的经验;作文是发表的技能,是要能将这些发表出来。所以作文的时候,须先将材料收集了,才好起草。

有了材料,第二步便是要有组织。否则,凌乱不成系统,说话起来也使人不易了解而减少效力。所以作文必须将所有材料加以剪裁,加以排次,叫它有一个中心,而各部密合无间,这在上面讨论章法时已提及了。要能如此,最好训练学生于起草时,先制一纲要,把什么是中心的思想,什么是逐段的思想,什么应当注重,什么应当联络,用表解式记载下来。如其是口语练习,有时照着这纲要,就可说话,不必详精写出来了。如其是写作,那末再注意到文字的形式问题。在形式上,应注意文字的技术和机械的习惯。

同此材料,同此组织,而文章的技术高下不同。技术高的人,却能把"人人意中所有,人人笔下所无"的醋畅地用文字抒写出来。这文章的技术,在练习时不能临时教导,重在平时对于词类和句式的熟练,临时不过对于学生做一些辅导的功夫罢了。

在作文时,特别是写作练习,有几项机械的习惯是必须注意的。例如:1. 用规定的作文格纸;2. 用中国笔墨;3. 题目和作者姓名写在一定的地位;4. 每段的开始空一格;5. 用规定的标点符号;6. 写字要正确明了,勿潦草。(大意可参照 Thomas, *The Teaching of English in the Secondary School*, p. 49)这些看似没有什么关系,其实是最具体的标准,为养成写作的整齐和匀净的习惯所不可忽的。现在学校里许多学生,因为教师不作这样具体的要求,所以大家习于苟简。只要教师在作文前提起注意几次,习惯也就容易养成了。

四

最后,我们须一研究成绩的批评和整理,分下列四种的手续:

1. 自动的批评和订正

口语的练习,团体设计的结果,当然由全级学生共同批评,互相订正。关于写作,我在《初中国文之教学》里说:"寻常教师易蹈的错误,不出二途:一是太省事,单将原文加些圈点,末了加一个很笼统的批语,就算了事。一是太认真,把原作改得体无完肤,面目全变,学生看了莫名其妙。……矫正这种错误……订正时则每篇要有两次的手续:第一次只用几种符号标出文中的缺点,或加眉批说明其理由。批后以原卷发还学生,令其自行研究,自行批改。有不能改的,可详细质问。改好后,另卷誊正,再作第二次的批改……"(《新教育》第9卷第1、2合期,第75页)

2. 教师批改

这个批改,不是给学生重做一篇文章,那是徒劳无益的。批改的目的,第一自然还在订正文法上、修辞上的诸般缺点。第二就在作一番评价,判一个优劣。我们知道,在练习的心理上有一个原则,就是练习的结果好,要使发生快感;结果不好,要使发生不快感。所以评定分数、酌加圈点和批语都是可行的。分数的问题应另外研究,这里且不旁及。批语的毛病在太笼统,太机械。譬如文章好的固然是加些"气疏以达,言明且清"、"树谊必精,摛词无懦"、"理精词粹,气盛言宜"等等千篇一律的俗套了,坏的也加上"文尚通顺"、"词意稍泛"等等的滑稽语。而且不管有无特加总评的必要,总须还他一个批语,这就机械了。总之,批语是可用的,而要它有效力必先要它有意义。

3. 黑板订正

关于最普通的错误,教师可另制一表,在上课时在黑板上一一提出订正。有时可以提出一段文章,在黑板上订正,这样很可以引起全级学生的注意。

4. 优良作品的宣示

最好的成绩,可以让作者自己宣读出来,给同学听。或者将原卷揭示于教室内或相当的地方,刊印在学校的出版物里,这样很容易收观摩的功效。

讲到作文教学——尤其是作文的批改——总不能不讲到教师时间和精力的问题。如陈燮勋君在《改进国文教学的先决问题》一文里说:"以东大附中而论,国文教员每人担任改文至少两班,每两星期作文一次,平均每星期有学生正式作文40篇以上。每月每班尚有读书笔记,这种笔记,每人一册或两册。因此之故,终日疲于改文看笔记,有时还要看临时试验卷。这许多作文、笔记或试验卷,发了复来,来了复发,一来一往,源源不绝。又况除此之外,还要预备上课。所以弄到废寝忘餐,面无人色。各种娱乐和社会活动,几为之剥夺净尽。人常怪国文教员闭门谢客,不与人周旋,其实事实上迫到他不得不如此。左右邻人看见这样,也常惊问为什么事体做不了。唉!他不晓得这许多作文、笔记、试验卷等等,光看也不易看了,何况还要改正呢!还要批评呢!"(《中等教育》第2卷第5期,第3页)陈君这里所申诉的苦处,是一般忠于职务的教师所同感的。我们以上所述的各种教学方法,似乎不但不能减少困难,却还要增加教师的负担,这问题又怎样解决呢?我以为一方面这固然当在学校行政上、教师工作支配上去求解决;而一方面只应承认最好的教学法原是要教师最大的努力的。孔子自己说:"学而不厌,诲人不倦。"〔1〕子贡称道孔子也说:"学不厌,智也;教不倦,仁也;仁且智,夫子既圣矣。"〔2〕谁说不厌不倦是容易的事情?然则,在我们的职业里,能始终不厌不倦的人,也可以称"教师之圣"而无愧了。

---

〔1〕《论语·述而》。——编校者
〔2〕《孟子·公孙丑上》。——编校者

致贺麟君函*

贺君：

偶阅 9 月 28 日的《清华周刊》中有《与孟宪承先生谈话记》一则。原来你把我们今夏在南京有一天随便的不负责任的谈话记下发表了。一方我很感你爱校之切，与采纳外论的虚怀。一方我怕你的读者，定要误会我，也有一点意思，再须声述：

贺君，你记得么？我们夏天的谈话，是一个很随便的课余谈话，不是向《清华周刊》记者发表意见。〔1〕我诚有责备贤者的词气，然决没有意作近于谩骂武断的批评。我们闲谈的时候，口头总自由些，过分些，但只有闲谈罢了。我如果有具体的有条理的意见，岂能这样含糊笼统的发表呢？

那天我们随便谈话，我意识的潜伏着的，实在大半还是五六年前的清华，不是今日崭新的改造过的清华。

我回国以后，还没到过清华，哪里知道底细？道听途说的印象，本靠不住。你来问我，我就不假思索的把道听途说的印象说出来了。至于提到东大，〔2〕我不过就当时你我眼前的学校谈谈。我何尝拿东大来与清华比较而有所轩轾？所以朝威君的两层纠正很合我的本意。至于其他各点，当然格外有修正

* 载于《清华周刊》第 291 期(1923 年 10 月)。——编校者
〔1〕 贺麟当时担任《清华周刊》编辑，故孟宪承称其为"《清华周刊》记者"。——编校者
〔2〕 东南大学。——编校者

之必要。不过明日黄花，我除在这里表示歉衷和真意外，不再一一辨正。

这封信可否请你在《周刊》内发表，至感。顺祝为学努力。

10 月 19 日约翰大学

麟按：孟先生今夏在南京同我关于清华的谈话，虽然是非正式的不负责任的，但我觉得很切中清华的弊病，朝威君亦认为孟先生所说的很对，所以我便从我的日记里抄出，毅然发表了。好得在那篇谈话记的叙言里，我曾说明都是"课余偶尔谈及……"并非正式对《周刊》记者的谈话，我想读那篇谈话记的人必能了解孟先生的真意，必不会误会的。今孟先生既有信来辨正，那么，更不至于有何误会了。

附：与孟宪承先生谈话记*

贺　麟

我在东南大学暑期学校选习了孟宪承先生所授的"现代教育思潮"，因于课余与孟先生谈及清华各项问题。孟先生对于教育颇有研究，下学期将任圣约翰的国文部主任。前曾在清华当过英文教员，他对清华也是非常之关心的，从他的谈话里，可以知道本校出版的《周刊》和《消夏旬刊》他都看过的。我觉得他关于清华的谈话都是从心坎中吐出，很可以促清华当局和学生两方面的觉悟，故记其大要如下：

我刚同他提起改良清华一问题，他便说清华的学制的奇怪。既不

---

* 载于《清华周刊》第 289 期(1923 年 9 月)。——编校者

合于美国的，又不合于中国的，实有修改之必要。我问："先生那天说清华从前以养成三育兼备的人才为教育目的，是很可笑，很外行，是不懂教育的人所定的，诚然不错。清华现在的教育目的载在章程的是什么，我也不知道，不过我知道清华学校和学生两方面似乎已公认养成领袖人才为清华教育目的，先生觉得这个目的怎样？"他说："以养成领袖人才为目的是很好的。"我又问他对于清华学生有什么批评没有？他说："清华学生太肤浅（Narrow-minded），许多清华学生似乎都带了一点骄矜气，自己以为自己将来留美回国之后，一定了不起。其实回国之后，与社会隔阂太甚，也不会有多大的贡献。又清华学生似乎有点幼稚，这边的学生（指东南大学的学生）较为成熟。《清华周刊》上间或还登些争执寝室住所问题的文字，东大出版物中决无此类幼稚的文章。又许多清华学生只知道预备留美，不喜欢注意别的事。东大学生各人有他自己专习的科目，他们的竞争心甚盛，教员著书他们学生也还是要著书，不过他们的工具比不上清华；英文程度太差，图书馆也没有清华的完备。"

后谈至清华现在的教职员。他说："我听说曹云祥先生很能办事。张彭春先生我对于他是很相信的。他是个教育专家，他的英文很好，他对于哲学文学也很有研究，我相信他一定把清华办得好。

至于有些教员之不肯来清华，乃是因为清华无专门科学；他们来，不能展其所学。这边的教员，多半都是很用功的，很喜欢研究的。即如顾铁生先生，[1]他十年前，国文简直不通。现在当了国文教授，还是异常之用功。我看清华下学期新聘的国文教员倘有前清举人翰林之属，以这种旧人物来作国文教员，足见清华的国文，还没有上轨道。总而言之，清华之缺点一是学科不专，二是目的在预备留美。这两种缺点将来大学办成之后，都完全可以免掉的。——凡不以求学为目的，而以

---

[1] 时为东南大学国文系教授，科研成果在全校有名。——编校者

求学为达到某种目的的手段，这便不合教育原则。所以清华最要紧是去掉预备的性质。不过目的在预备留美，只要能够预备完善倒也很好。我看清华学生在国内时至少应有两种预备：第一预备留学美国的工具。第二预备将来回国后为社会服务。"（后略）

麟按：孟先生全篇谈话的大意，可总括如下：

（一）对于清华学生的批评：

    甲   太肤浅（Narrow-minded）

    乙   有点幼稚。

（二）对于清华学校的意见：

    甲   急宜办成大学；

    乙   国文还没有上轨道。

（三）他并未直说，但从言外露出来的意思也有两层：

    甲   清华学生应注重国文，熟悉中国社会情形；

    乙   清华的教员不甚用功。

×　　×　　×　　×　　×　　×

我看过贺君这篇与孟先生谈话记，觉得孟先生所言如清华急宜办成大学，清华的教员不甚用功——这句话当然是对西文部及国学部全体的教员说的——国文还没上轨道，及清华学生应注重国文，熟悉中国社会情形等都是很切中，很明了，并且是我们所早知道应该要改进的。至对于孟先生所批评清华学生的两点——清华学生太肤浅、骄矜气盛和思想有点幼稚。——我却有点意见要申说。

第一，孟先生说清华学生太肤浅，骄矜气盛，这的确是清华学生道德上很大的毛病。我们平常住、食、穿都很舒服，读书的机会比普通学生胜多多，自己觉得将来对国家对社会所应负的责任，也比普通学生重多多，总希望将来要在国家或社会作一个领袖，而学校方面也抱同样的希望，用种种方法来培植、鼓励领袖的人才，所以清华学生个个都自命不凡，因而生出一种骄矜之气。前几年还好，一大部分的学生虽然是自命不凡，但还很相信领袖制度，对于他们的领袖还很表示服从，不敢有轻蔑的态度，到了现在却不然了！我敢说现在的同学里对于领袖制度还未有举起叛旗的，实在是寥若晨星，我们试看科长制、室长制、班长制的取消，和级长制之改为委员制或两部制，就明白个中的消息；虽然说造成这些变迁的原因很复杂，然而我们必不能否认这些变迁是背叛领袖制度的一种表示。领袖制度好不好是另一问题，但若是个个都以为自己是领袖，都不肯承认别人当领袖，这种思想的确是很危险。存这种思想的人就缺乏团体的精神，若是将来他作不了领袖，必不能作一个槁项黄馘、甘老林泉的安分守己者；即使作了领袖也不能和别人通力合作，恐怕还要互相倾轧呢。所以这些人无论得志不得志，横竖都是中国的大不幸！我很希望同学们听过孟先生这番话以后，没有这种思想的加以勉励，有这种思想的把它去掉。

第二，孟先生说清华学生的思想有点幼稚，不如东大的学生较为成熟，并且举出《周刊》上登载争执寝室住所问题的文字来作证。这层批评，我也承认是对的，不过我不以为这是清华学生的毛病。清华学生的年龄比东大学生的年龄幼稚得多，清华中等科的同学大半是在十五六岁左右，高等科的也不过二十岁上下。年龄既然幼稚，则思想幼稚乃当然的道理，无甚奇怪。若是要童子的思想和成人的思想一样，除非是勉强，不然就是早熟。勉强与早熟是否不背于教育原理，颇费研究。我以为勉强必反乎自然，反乎自然，一定害多利少，譬如孕未满而摧之，结果必至胎落母死；至于早熟，则律以老子大器晚成之义，亦未必利。所以我说清华学生思想幼稚乃当然的道理，并不足以为清华学生病。孟先生又说："清华学生只知道预备留美，而东大学生竞争心甚盛，教员著书他们也要著书。"孟先生言外之意，似乎责备清华学生不去著书。清华学生诚然很少人著书，但这也难怪，因清华学生大半是学实科的人，并不是要著书；况且拿清华课程表来一算，则时间问题也不容清华学生去著书。这一层未正可与东大学生并论也。（朝威）

大学普通科国文教学之计画[*]

篇中计画,草拟于学期始业时,经戴梦松、陆咏沂、吴公之、钱子泉、朱佩弦诸先生共同讨论后,由普通科主任张仲述先生审议决定。兹录载《周刊》,以备览观,并俟国文教学界同志之教正焉。

凡计画任何一科之教学者,应使某科之内容与全部课程之组织精神贯通,脉络衔接,如细胞之于机体然。否则凌乱杂糅,非一科之教学,失其效能;即全部之课程,羌无意义。此从事课程编制者所公认之原则也。

按本校课程大纲,"普通训练,重综合的观察"。其学科为国文、英文、近代科学思想发达史、机械技艺实习、实验科学、历史、体育及选习之第二外国语或数学或读书。计十八单位中,国文占其二,国文之选习读书占其三。此全部课程之分配,为计画国文教学前所当注意者一。

大学普通科国文、英文等科均依学生能力分组。所以谋个性之适应与教学之利便也。国文能力经测验与甄别后,共分三类,为甲、乙、丙。每类分设二组,为甲丁,为乙戊,为丙己。甲、乙、丙三组同时上课,丁、戊、己三组亦同时上课。所以使分组后随时发现学生学力有显著之不齐者,仍得以自由升降也。此学级编制之方法,为计画国文教学前所应注意者二。

本此观察,敬提出国文教学之计画,分目标、内容、方法为三部:

---

* 载于《清华周刊》第 24 卷第 6 号(1925 年)。——编者

一、 目标

"普通训练，重综合的观察"，既言之矣。依此宗旨与所分配之单位，则其国文教学，当然注重基本之知识技能，而暂不能及精析的部分的研究。所以不循惯例，分设文学概论、文学史、散文选、诗选、词选、曲选、文字学、声韵学、训诂学等等学程者此也。所谓"基本之知识技能"者，分析首之，其目标在使学者(1) 能完成其运用文字自由发表思想情感之技能；(2) 能欣赏本国名家高深优美之文学；(3) 能了解国学源流及其研究之门径；(4) 能增进其阅读古书之能力。此凡受高等教育者所应具之国文程度也。今按学生能力分组，则各组又宜各有所侧重。丙、己二组，于运用文字工具之能力犹苦缺乏，则当注重目标(1)，先从事于发表技能之完成。甲、乙、丁、戊四组，于技能已有比较的熟练，应注重目标(2)、(3)，即高深文学之欣赏与国学源流之了解。此为教学之便利上所应分别之顺序也。至目标(4)之增进阅读古书能力，则各组当同时于选习读书科中致力焉。

二、 内容

甲、必修科(二单位)

教材准照目标而选择者也。期达目标(1)，即不可不有一种适合之"模范文选"。其编纂方法，窃取梁任公先生《中学以上作文教学法》中所列大纲，由记述文以进于论辩文，于文章组织上提出若干法式；每种示以范文，以供模楷。每篇范文必附以作者小传，简明评注及问题，以资研习之指导。此为精读之教材；至于略读，尤贵循兹法式，触类旁通，决不使学者以此"薄薄的古文选本"自画也。此种教材，丙、己二组适用之。作文即与模范文联络，每两周一次。

期达目标(2)，不可不有适合之"文艺文选"。其编法则依时代之次第，汇各家之名篇。一时代中，必举其特殊的文学焉。(例如楚骚、汉赋、六朝文、唐诗、宋词、元曲，以及隋唐之翻译文学、元明清之小说等是。)一家之中，必取其代表的作品焉。

其作者传略、评注、问题等,则体例与"模范文选"同。将使学者于文艺欣赏之外,于历代文学之作风及流变,亦具有充分之知识焉。实一部具体的文学史也。

复次,期达目标(3),不可不有适合之"学术文选"。兹附录钱、朱、吴诸先生所订定之教目,以明其内容:

(子)小学   许慎《说文解字叙》、章炳麟《小学略说》、江声《六书说》、章炳麟《辨惑论》、姚华《说文古籀补补序》。

(丑)经部   龚自珍《六经正名》、章学诚《经解》、魏源《两汉经师今古文家法考序》、姚文枏《六朝经师宗派并所著经注经说考》、胡培翚《诂经文钞序》。

(寅)子部   《庄子天下篇》、《史记·老子韩非列传》、《史记·孟子荀卿列传》、俞樾《墨子闲诂序》、汪中《吕氏春秋序》。

(卯)史部   袭自珍《尊史》、刘知幾《六家二体》、郑樵《通志总序》、马端临《文献通考总序》、姚文枏《拟汇刊宋人及国朝人补历代表志序目》、梁启超《论中国过去之史学界》。

(辰)集部   章学诚《文集篇》、恽敬《大云山房文稿通例》、张惠言《七十家赋钞序》、李兆洛《骈体文钞序》、曾国藩《经史百家杂钞序目》王士祯《古诗选序》、沈曾植《疉邨校词图序》、王国维《论元剧之文章》。

(巳)通论   《汉书·艺文志序录》、《隋书·经籍志序录》、章学诚《校雠通义》(宗刘互著别裁辨嫌名校雠条例)。

以上二种教材,甲、乙、丁、戊四组适用之。作文与文选教材联络,每两周一次。

乙、读书选习科(三单位)

选习读书分两类:丙、己组为补充的性质,暂规定《论语》、《孟子》、《史记》、《经史白家杂钞》数书。甲、乙、丁、戊等组学生之选习读书者,当从事较专门的研究。随学者之兴趣,任选下列之一组:(甲)文艺的——(子)《诗经》、《楚辞》、《文选》;(丑)《文心雕龙》、《诗品》;(寅)《韩昌黎集》、《欧阳文忠公集》。(乙)学术的——(子)《老子》、《周易》;(丑)《礼记》、《孟子》、《荀子》;

(寅)《管子》、《商君书》;(卯)《墨子》。

三、 方法

教学之根本精神,在学生能为"自发的活动"。教师之参加此教学之活动者,乃所以鼓舞之,指导之而已。《记》[1]曰:"虽有嘉肴,弗食不知其旨也;虽有至道,弗学不知其善也。"学者之活动,固不能以教师为之代也。孟子谓:"君子深造之以道,欲其自得之。"古之善教者,盖如是也。而以吾年来考察一般地方中学之国文教学则不然。往往有教而无学,只有"教授"之活动,而无"学习"之活动。其完全采取胡适之之主张,"用看书来代替讲读"者,又常以缺乏教师积极之指导,而其学习之活动亦等于零。故教者虽亦竭其寻章摘句之能,而学者终不获深造自得之益。不知教室集会之功用,止于启发兴味,指示途径焉耳。若学生仅于课时随班听讲,而课后则束书不读,斯学与不学等,何效果之可期乎?今欲矫正斯弊,必注重学生方面自动的学习,又必由教师以积极的负责的态度指导之。演讲讨论,以引起其学习之动机;检阅笔记,以督促其学习之努力;课题问答,以考核其学习之成功。务使习之熟,悦之深,日进而不能自己。教者则宁感机械琐屑之烦,毋贻"怀柔教法"(Soft pedagogy)之诮。本科各组担任之教师不一人,各人所采用之教式当亦不一致,而此根本之精神,则共愿悬鹄以赴之者也。

> 记者按:近年来校中当局及同学方面均鉴于国学之重要,思欲救清华过去轻视国学之弊,故时有改良国文教学之计画,见于本刊。但大都视为具文,换汤不换药,学生仍多存忽视之心,终无何效果之可言。今大学新立,得孟宪承先生订此精瞻切实之计画,目标、内容、方法均能顺应时代潮流,适合同学需要,若能准此而实行之,真清华大学国学前途之幸也。望大学部职教员及诸同学共勉之,勿再踏从前之覆辙也可。

---

[1] 指《礼记·学记》。——编校者

高等教育的新试验[*]

　　从教育演进的历史上看,凡课程方法的新试验,都从低级学校做起。到现在,一大半教育革新的讨论,还集中于小学和中学。至于大学,则好像有一成不变的标准似的,没有人敢轻易去改弦更张。

　　可是现在的大学,在理论上、实施上已充分完善,无可改进了吗? 却大不然。单提一两点来说:在课程方面,大学里各学科,多半因袭着习惯的标准,分"科"分"系"。现代知识的总量愈增,分科也愈密。学生要有专精的学问,非分途致力,从事专攻不可。然而人生是整个的,文化是整个的,断片的分类,只为学习的便利罢了。若是学生对于文化没有一种概括的了解,分科太早,所习太窄,便容易犯"只见树木不见森林"的毛病。结果只得些片断的、机械的知识、技能,而失却它们在人生上的意义。就以应用而论,这样的学生,一到实际生活,也必感受困难。这是大学课程上一个很大的问题。在方法方面,大学里的教学,除实验科学以外,还是偏重讲演,而缺乏学生的自动研究和教师的个别指导。这现象,在中国今日的大学里格外显明。因为阅读外国文书籍,先有文字的障碍;往往到了大学三四年级,学生还只会"听讲",不会"读书"。自动研究的习惯,既没有养成,工具也没有完备,怎样能谈到高深学术?

　　如要解决这种问题,关于第一点,大学课程——至少前期的课程——应注

＊　载于《新教育评论》第 1 卷第 26 期(1926 年 5 月)。——编校者。

重综合的组织;关于第二点,教授的方法,应注重学习的指导,都是无可疑的。只因为习惯的束缚,难得有自由试验的机会,这种问题遂成了没法解决的问题。

去年张仲述先生在清华学校办大学,就抱着这种改造和试验的精神。他所定的课程,把大学分为"普通训练"、"专门训练"两期,前期二年,后期二年或三年。前期课程的精神,即在使学者对于文化得到一种概括的了解,到后期才开始专门知识和技术的传习。教法方面,他竭力倡导英国大学的"导师制",设法使师生间有个人的接触和讨论。在作业时间表上排着每周四时的功课,实际却给教师以支配的自由。这四小时,用来和全班谈话也好,用两小时作"堂课"、两小时分组指导也好,甚至全用作阅读、研究,而仅有一小时"堂课"也好。在大学一年级里,张先生自己担任一门功课,名为"修学目的及方法",更是一种学习的总指导。这种种办法,都合着我上面所说大学教育改造的理想。可惜办了半年,全部试验方在进行,而张先生便离开清华,不能始终其事。真是可惜得很。

清华的大学部,因为初办,所以还容许这种新试验。至于一般大学,各有历史的遗传,环境的拘束,哪里有大胆试验的自由?国立各校,终年在经济恐慌中,维持现状还不易,哪里有改造的可能和机会?

最奇的,就在国外,大学教育,也绝少革新的尝试。愈是有名的大学,愈有长久的历史,愈爱墨守旧章,愈不肯顺应时代趋势。以为只有墨守旧章,可以保持中古大学的模型,严守智识阀阅的壁垒,这也可说是"夏虫不可以语于冰,曲士不可以语于道"了。

最近美国 *New Republic* 杂志(4 月 14 日)出了一册教育增刊,专讨论大学教育的改造的,中载 Amherst College 校长米克尔约翰(A. Meiklejohn)一文,题为《新大学》(*A New College*)。米氏深感现在各大学受着环境和习惯的束缚,绝没有自由试验的可能,因此拟出这新大学的计划。他理想中要创建的新大学,学生以 250 人为限,教授以 25 人为限,不再扩大。人数既少,师生的关系自密,可以朝夕论思,同做学问的生活。课程分二期,前二年为普通期;后二年为专门期。不分"科"、"系",虽然有文史哲和自然社会科学两类,教授虽各自为专家,但教育目标,趋重人类文化整个的精神和各种学术和人生的总关系。米氏说得好,"知识是指导人生的",零碎的、断片的知识,要有对于人生的概括了解,才有个系统出来。大学应当做一个"有组织、有秩序的学术中心"(A coherent orderly place of learning)。所以二年普通期是有它特殊的功能的。对于教授管理,这新大学里,应完全充满着师生自由研究和提携的精神。讲演式的"堂课"自然不占重要地位,就是普通机械的限制,也要设法避免,总要给学生以自由创辟和探讨的机会才好。

米氏自己是一个老大学的校长,能有这样新眼光,真是难得。他所说的话,实在也不是他一个人的主张,而是近年高等教育上一种新思潮的表现。原文所列计划,很是具体。或者将来真会有个财团供给一宗基金,来做这个试验,也说不定。我们给他祝福了。

这篇短文写完了,又见梁漱溟先生致北大同学书中,有一段说,他对于今之教育界抱有深痛。他说:"非决然舍去学校形式,无从揭出自家宗旨。学校制度以传习知识为本。无论招学生、聘教员,所以示人者如此,而人之投考也,应征也,所以应之者,何莫非如此。而溟宗旨所存,则以在人生路上相提携,为师友结合之本。人生之可哀,其谓极易陷落躯壳中,而不克自拔,非兢兢焉相提携,固莫能超拯也。此师友所以为人一生所独贵,而亦即教育意义之所寄也。"[1]梁先生的意思,当然不止——也不同——上述米克尔约翰氏所云云,但关心大学教育改造的人听了,也一样可以深深地感印脑际,并录于此。

---

〔1〕 梁漱溟:《致〈北京大学日刊〉函》,参见《梁漱溟全集》(第4卷),山东人民出版社1990年版,第800—801页。——编校者

今后留学的目标*

"出洋一年,胜于读书五年,此赵营平百闻不如一见之说也;入外国学堂一年,胜于中国学堂三年,此孟子置之庄岳之说也。"[1]这是三十年前张之洞奖励留学的话。三十年来,社会对于出国留学,始而奖励,继而失望,终则予以严厉的批评。什么是留学的目标? 以前没有明白的共同了解;以后出国的人,总不能不审量一审量了。

最初派遣留学,原是因为对外军事外交几次失败之后,感觉自己知识技术的不足,张惶补救,急急的派人出外学习。需要最急的,在所谓武备和洋务,所以那时注重的,就是"舆图、算法、步天、测海、造船、制器诸科",兼及"交涉、公法等事"。光绪末叶,始渐趋重于法律政治。近年思想又一变,好像出国所探求的,是西方文化的源泉,所以什么科学、哲学、文艺、工商组织、社会思想,都得研究。三十年间,潮流虽有变迁,而大家始终看得留学是国内智识饥荒的救急法,是向他国寻求学术,供给自己需要的一种教育企图。

留学生负了这紧急的使命,着实受社会的奖励。可是等到人数多了,机会滥了,公私费学生,一年年的出去,一队队的归来。原来的使命,反而淡忘,留学成了一个特殊阶级的教育机会。"舶来"的知识技术,又不见都可以解救国内的困难,适应社会的需要。于是,社会失望之后,继以批评了。〔参看《中华

---

* 载于《清华周刊》25 卷第 16 号(1926 年 6 月)。——编校者
〔1〕 参见张之洞:《劝学篇·游学第二》。——编校者

教育界》(留学问题号)〕我相信以后出国的学生,至少应当专攻一种学问,的确够供给社会一种需要,能在国计民生上发生一点影响,无论在工、商、政治、经济、教育,哪一方面能直接间接解决若干具体的问题,才算完成了他的使命。所以留学第一个目标,可说是,专攻学术,以解决国计民生上具体问题。

留学既是智识饥荒的暂时救济,决不应视为一国高等教育的常轨。自己国内学术的基础,应当急急的建设起来。因此,留学生不但应当专攻一种国内需要的学术,并且应当于研究这种学术的工具和方法,得到充分的熟练。归国以后,能自己独立的研究、传习;能应用已证明的原理方法,来处理我们所有的事实和问题。这样,中国自己的学术,才有建设成功的一天。否则长此模仿、裨贩,一个国家,学术不能独立,还希望什么政治和经济的独立呢?所以留学第二个目标,我说是,求得研究方法和工具,以促成国内学术的独立。

这两个目标假定了,可以进一步问:哪一种学术,和它的研究方法和工具,是我们文化里所没有,而西洋文化之所特长的呢? 我答道:科学。

任鸿隽君说得好:"言近世东西文化之差异者,必推本于科学之有无。盖科学为正确智识之源,无科学,则西方人智,犹沉沦于昏迷愚妄之中可也。科学为近代工业之本,无科学,则西方社会,犹呻吟于憔悴枯槁之途可也。科学又为一切组织之基础。无科学,则西方事业,犹扰攘于纷纭散乱之境可也。吾人纵如何情殷往古,而于近代智识、工业及社会组织之进步,不能不加承认。吾人纵如何回护东方,而于西方智识,工业,及社会组织之优越,不能不加承认。"〔1〕然则我们所要向西洋文化去探究的,除了科学,还有什么更重要的?

这样,我们可以得到如下的结论——

今后留学的目标,在注重各种科学的专攻,以解决我们国计民生上具体的问题;在注重科学方法的熟练,以促进国内学术的独立。

---

〔1〕 任鸿隽:《中国科学社之过去及将来》,参见樊洪业、张久春编:《科学救国之梦——任鸿隽文存》,上海科技教育出版社 2002 年版,第 281 页。——编校者

关于大学*

中国在很早的时候已有大学。但现在所谓的大学,其制度和一切内容,已全取法于欧西各国,与古代的大学已截然不同,今将现代的大学情形,分三点来说:

一、大学的名词及制度之概况　大学制度,各国不同。我国的四年制,是取法于美国;但实际上也不和美国的完全相同。欧洲各国的大学,都不限年数,并且它的程度,也不一定即在中学之上,因在中学之上还有大学预备学校。其课程有七年的,有九年的。所以他们在入大学以前修业的时间,比美国长得多。但法国中学毕业即称学士,大学毕业称博士;在美国则大学毕业后始称学士。这就是因为美国中学课程短,而大学(College)里所读一部分的书,还是预备课程,美国大学中的一、二年级的课程,完全为预备科,直至三、四年级始行分科教授,至于大学本科的一部分,是列在研究院(Graduate School)中的。有人说美国大学较欧洲大学差二年程度,就是因美国将大学最后的二年课程归入研究院之故。现在中国的大学,四年课程是仿效美国的;但自大学一年起已分别院和系;四年之中须把大学本科课程完全修毕;这是与美国不同的地方。就这一点看,中国的大学,却比他国的大学难了。

以上是各国大学制度的大概。至于大学的名词,则普通称大学都称为

---

* 原为在振华女校的演讲辞,由范琪和姜桂侬记,载于《振华季刊》第 1 卷第 1 号(1934 年 3月)。——编校者

College。大学以上的研究院和各种专门学校称 School。英国大学称 University College,是因为他们的中学称为 College 之故。

二、大学的目的　大学之设立,有三大目的。其重要性依次递减：1. 智识之发现,2. 智识之保存,3. 智识之传授。能适合第一个目的者为头等大学,能适合第二个目的者为二等大学,否则是三等大学。大学教授能作智识之发现者为头等教授,否则是二等或三等教授也,如以上目的。因此,大学教授所竞争的,是智识的发明。仅口才好或教授法好,并不能算是好教授。能作智识之发明者,虽不擅长谈话教授,仍不失其为最好的教授。德国大学中任用教授,十分严格。一个大学毕业生,仅可当助教。他的工作,是帮助教授拿东西、查参考书等等。空余的时候,就自做各种研究——试作智识的发明。在二三年中,如能发现一些学理或其他,即可发表,给教授批阅。若能得教授的赏识,便有被提携为讲师的希望。但讲师并无一定的薪水,他的收入,全靠在听他讲的学生。所以当讲师的人,必须具有杰出的见解,使听者服膺,而常去听他讲书。待他的学说很有成就的时候,始有任为正式教授的资格。否则决不能当教授,因为教授不能由个人荐举,必须由已任的教授选举的。

至于美国任用教授的条例,就不如以上所说的那样严格,我国任教授更宽,那是事实如此的。他国大学教授都是年老的人,我国却很多青年,并不是为了我国的天才多,却正为了任用条例上严宽的关系。

欧洲大学,在中世纪的时候,都由僧院设立,教授由僧侣担任,所以至今他们的教授还是僧侣式。有几个大学,甚至限制教授,不能有家室。这情形使教授们可专心于他们的研究工作,没家庭的琐事要他分心。我国自古大学的先生就是官。所谓士大夫,官和学者是不分的。所以至今大学教授都是官僚派,家室是当然有的。这也是我国教授的成绩不及他国的成绩的原因。

三、升学问题　关于中学毕业后的升学问题是很重要的,现在也分做三点来说：

1. 不必进大学　现今一般人的意见以为中学毕业后应该立刻进大学,否则就不能有什么作为。这种意见,是一种误解；我们该知道自古以来顶伟大的人物,不一定是大学毕业的。做人的根本,是在于"德"。有德的人生,才是光荣的人生。能牺牲了自己的利益,为国家为社会谋幸福的人,才是值得景仰的人。对于"智"的一方面能有所成就的人,固也值得崇赞,但这"成就"是不容易的。他须要敏捷的脑力、坚强的耐心、健全的身体,因为他一定要一天到晚地在实验室里工作、研究。脑力、健康、耐心中缺一样便能使他的工作失败。单是工作失败,倒也罢了;最坏的是这种研究会把他身体等等原有的基础,一起摧残,甚至于死。这时候不要说对于国家社会没有一点贡献,就是自己的性命都丧了。所以,从大学的真正目的上看来,没有相当的能力和决心的人,还是不要进大学为妥。不进大学的人,并不算耻;而且所谓不进大学,也不是说不要学习。不进大学,尽可进各种专门的技术学校,如看护、医生、图书、美术、音乐、园艺等学校,对于个人的性格和将来的生活,都有校正和调济的功能。他若护士学校,那对于社会服务更有贡献。所以我们不如进这等学校,使我们的将来,都有成就,都能为国家社会做一点事。

2. 要进大学,必须有充分的预备　我们若有力进大学,并已下了决心进大学,那末就要有一番准备的工作。智识上的准备是自然必须的。其次我们须认明哪一个学校的课程最与我们个人的兴趣和志愿相合,然后进去。若是随随便便的进了一所学校,以后才觉得那里与自己不适宜,那对于自己的学业,是很有坏影响的。

3. 要进大学,必须进头等大学　以上已说过,大学的最大目的在于智识的发明,能作智识的发明的大学,才是头等大学。我们必须进这种学校,因为那里我们能发展我们的才力,达到我们的目的。可是,这里所谓的头等,是以大学教育的目的为标准的。这标准侧重在智育,一点不讲"德"。有许多大学,生活方面很有规律、礼貌,也很周到,但不能作智识的发明,这就不是头等大学。有许多学校,生活方面是散漫到极点了,但他能作智识的发现,就算是头等大学。总之,我们的观点是放在"智"上的。只要那一个学校能发现智识;那里的课程适合我们个人的志愿,我们便可去投考,决心加入。若不考取,宁可下年再考,不要进别的学校。考不取也和不升大学一样,不算羞耻的。只是,我们在选择学校的时候,既不以"德"的标准,那末我们进入的学校,也许是很散漫,道德很低落的。在这种环境之下,要永保持自己已有的美德,不为世俗转移,那全在乎自己的努力与坚持了。

我国大学教育[*]

校长,诸位先生、同学:

今天来到贵校还没有参观贵校的情形,周先生[1]定要叫我先来和诸位讲几句话,周先生大概不知道兄弟的习惯:第一,我从没有对着像这种济济一堂的人讲过话,虽然我教书有 15 年,只是对几十个学生小规模的谈谈话而已,今晚到这个地方,真觉得有点害怕。第二,平常我就是演讲,总是先把稿子预备好了,然后才敢讲,假使不这样,深恐听众减少兴趣使人家失望。今天方到这里,非常的仓促,一点也没有预备,这样讲起来,一定会叫诸位不高兴的,所以先得希望诸位先生和诸位同学原谅!

我在这十几年当中,有十年多是服务大学教育的,在中学校里教书仅仅只有四年,所以对于办中学教育的经验很少,对于中学的青年很少接触,不过对大学的情形稍觉得明了点,所以今天想拿大学的教育情形来和诸位讲讲,尽管在座的有一部分是不想上大学的,但是对于熟悉大学校的情形,却也是很有益处的事。

我一进贵校看到这个树人堂的建筑,便连带的想到这种建筑很可以代表国家的状况,象征教育的制度,这座礼堂是这样一层一层的建筑起来,就好像我们进学校,由小学,而中学,入大学那样一级一级的向上升。可是我要问诸

---

[*] 原为在江苏省立扬州中学的演讲辞,载于《江苏学生》第 6 卷第 3 期(1935 年 6 月)。——编校者
[1] 指周厚枢,字星北,时任扬州中学校长。——编校者

位,你说像这座礼堂,哪一层房屋是最有价值,最可以代表这整个建筑? 是顶上的一层吗? 那不见得的,尽管它的位置是那样高,可是它的地位狭小,实用方面,或者还不如这底下层来得宽大、坚固、耐用呢! 正如我们说,大学并不是整个教育的代表一样,尽管大学的地位是很高,可是它的价值,并不见得比中学、小学来得更大些。我这时候提大学,并不是讲它的地位,只是把大学里的情形,对诸位讲一讲:

大学教育的目的,首先我要问诸位,为什么要进大学? 这个问题,不仅是将来升大学的人要晓得,就是不作升学准备的人,也应当要知道。普通总以为进大学和爬楼梯子一样,是希望上升的,求深造的,假使这样的来回答这个问题,那就错误了。我们平常在社会上做事,可以求深造;我们要求深造,可以进专科学校,为什么一定要进大学去求深造呢? 这话不很对。那么为什么要进大学呢? 诸位要晓得进大学是负有一种特别任务的,目前的大学教育,是含有两种很紧要的目的:

第一是关于教学方面,这点和普通学校差不多相类,就是同是上课读书,不过所学的课程,要比较来得高深,这个目的便是希望进大学的,求得丰富学识的。

第二是关于研究方面,这是和其他学校不同的,"教学"只是学习那已有的学术。研究是要发明那未有的新知识。假使这点不能做到,那就不能称做大学。所以大学的目的,最紧要的,是要发现新的学术、增加新的知识,至于人格的修养、道德的训练,这是各个学校共同注意的事,也是全社会所应注意的。

青年入大学是为的求得高深的学问,走上研究的大道。这就是为什么进大学的一个答复。假使进大学的学生,只是为的修满学分,毕业以后既没有获得丰富的学识,更不知道研究,那他就白白的把四年光阴、金钱、精力空费了,这是很可惜的事。人学的性质既是这样,所以不必人人皆进大学。诸位先要度量自己是预备将来替社会做点工作,还是想研究些抽象的学问,再看看自己的兴趣怎样,以及自己的经济能力和时间是否充足,然后再决定要不要进大学。适才周校长带我参观贵校的女子生活学级,看了以后,心里非常的赞成,觉得这种训练,是最需要的,诸位同学在这里受过三年训练以后,能够获得丰富的技能,将来的生活是安定,不像普通科的同学还要跨踌着进大学呢!进大学有很多的困难;不进大学吧,毕业后又怎办呢?你想哪能抵得这班女子生活学级同学们来得安定平稳。总之,除非对大学有特殊的嗜好和富有研究兴趣的,否则我劝不要他勉强的去尝试,上大学不是必须的事。

其次我要讲的就是大学有何困难。当然啦,进大学的有困难,要晓得办大学的亦复有不少的困难,这困难是什么?最显著的就不是能把我以上所说的两种目的达到。倘是诸位有这么一个问题来问我,说中国哪个大学最好,居第一等的地位?那我一时真答不起来。不过我可以告诉你们,批评大学好坏的方法。我们现在先把全国各大学分做三个等级,就是大学的两种目的皆未做到的是第三等;只做第一种目的是第二等;两种目的皆能做到的第一等,实际上在中国第一等的大学是极少的。你想青年们费许多的金钱、时间、精神,上不到好的学校,求不到好学问,这是多么懊恼的事。然而你要晓得在中国其所以不能有第一等的大学,有两种很大的困难:

第一是制度的困难。诸位都晓得小学的制度是六年,中学的制度也是六年,大学的制度几年呢?只有四年,你想大学的功课是比中小学来得高深的,为什么最难的学校,反而修业的期间来得短,这不是疑问吗?贵校没有师范科,诸位对于世界大学教育的情形或许不大留神,要晓得世界大学的制度,像我们国家的简直没有,不过从形式上看起来,有点像美国。因为美国有一部分的大学是四年制的,其他如日本、德国、法国,他们的大学修业期间还不得四年,只有三年就毕业,但是在未进大学以前预备的期间却很长。他们并不是六年中学毕业后就马上入大学,要作好几年的准备,我适才说美国的大学制度,并不是完全和我国相同,他们四年的制度,只有大学的一部分。而我们则是全部的,美国的大学一、二年级是不分系,到了三、四年级才分系的,大学在英文里面有两个字,一个叫 University ,一个叫 College,代表整个大学的叫 University;代表大学一部分的叫 College。像美国的 Harvard University,它里面有 Harvard College,是中学毕业以后,进 College 修业四年,期满再入 School,

就所谓研究院啦,如 School of Education, School of Mining 等等,像它这样才统名叫 University。诸位将要毕业的同学们,你们现在已经是难得很了,忙毕业考试啦,毕业会考啦,还有升学啦,但是到你们进大学以后,还要觉得更困难,你想人家五六年学完的,要我在短短的四年中把它学完,而且在外国他们读的书本是本国文字,我们的书本,还是外国文字,时间已经嫌短了,又加上文字的麻烦,你看在这种情形之下,要想求得高深的学问,是多么的不容易。这是制度上的困难。

第二就是师资上的困难。因为要达到以上的第一个目的,先要请到好的教学教师,要达到第二个目的,就要有从事于研究而有发明的教授,可是啊,这两种全才在中国是极少极少,诸位不要以为我说诳像,在大学教书的先生,恐怕有的不如中学、小学的教师教书来得得法呢!这是什么道理呢?为什么中小学能请到好教师,而大学的教师待遇是那样的丰厚,还不能请到优良的教师呢?要晓得大学是特别的教育,当然要有特别的教授。可是在中国,大学教育才仅仅有三十多年的历史,处如此短促的期间中,如何造成特殊的人才呢?怎能够赶上外国像他们大学有几百年的历史,教授皆是有广博的经验与学识呢?所以中国的教授只好请所谓在外国留学的博士、硕士,你想这些刚才学得回来的,怎么能便马上做起教人的先生来呢?在欧美的国家,做一个教授,是最不容易的事,拿德国来讲,在大学毕业以后,第一先要做四五年的助教。譬如说你将来是想教物理,那你得先和物理教授在一起研究和工作。到了四五年以后,教授觉得你工作还勤劳,研究有心得,并且有论文发表,于是教授便指定某一个教室,给你去演讲,便是做讲师。拿听讲人纳的听讲费做讲师的薪金。经过这种关节,很有点利害关系,譬如你讲的学科等等的智识,假使引不起听众的兴趣,不独拿不到薪金,并且做教授的目的也绝望了。反过来说,假使你讲的学问很丰富,有新颖的见解与发现,能引起很多的人信仰,那便可以进行以后的工作,以后在一班老教授们面前经过一番考询认为审查合格后,便可升为大学教授的候补者,遇着缺就递补,或者做额外的教授。

你看在德国做一个教授,是这样困难,要经过这许多关头,要有这多年的研究。所以到教授,总是年纪很大的,经验丰富的。除非极少数的天才,做教授年纪是很轻的,那是例外。总之,绝不像中国的教授,是这样容易,这样年纪很轻的。就是在美国,虽然 College 的教授和中国差不多,然而在 University 里的教授,那就不同了,总是年纪高大、学术高深的人。加之中国的教授都是不大安心的,教几年书以后,就想爬上政治舞台去做官,既然没有丰富经验与学术又不能有恒心,怎么会为优良的师资养成呢?怎样会使大学办得好呢?这是师资的困难。其他如经费的支拙、校舍的简陋、设备的不完善,这些还是小问题,最大的还是制度和师资的困难,因为制度不善、师资不良,总是不能达到第一、第二两个目的的。

所以,诸位要投考大学的话,就要注意以上两个困难,要据以上的目的,做选择学校的标准,升大学应有的准备。再次,我就要谈升大学,怎样准备的问题,可分做三点来讲:第一是知己;第二是知彼;第三是学问的准备。谈到知己就是评判自己的学识能力,这我在前面已约略讲过。譬如你想做个图书家、工业家,你尽可以入专门去研究。倘使你喜欢谈抽象的知识,偏重于理论的探讨,那你可以进大学。假使你没有这兴趣,你最好不要作这种思想,这并不见得就表示的不高尚。你要想学农业,你可以去做点农人实际的工作,不必上农业大学。一个农业大学的毕业生,他的种田方法及收成,或者远不如经验丰富的农夫呢!而且做着实际工作,于国家社会有莫大的利益,所以在未进大学以前,先要审察自己的兴趣怎样。所谓知彼者,就是选择学校,这个我在上面已说过,而且贵校的校长是很知道的,我可以不必多说。

提到学问的准备,有两种:第一是工具的准备;第二方法的准备。“工具”英文叫 tool,譬如文字就是一种工具,不独要精通本国的文字,并且要对于外国的文字,也要懂得透彻,你在读原文物理的时候,再来翻英文字典查生字,那你进步就太慢了。算学也是工具,学大代数的时候,一点也觉不到有什么用处。可是到你升进大学以后,读到物理就晓得需用大代数了。倘使你不把它研究得明了,到做到物理题目,而关连到代数的性质,那你就茫茫然了。因为大学的教师,是不像中学的教师那样逐步指点你的,诸如此种工具非得要在中学里运用自如，把学问的基础要在中学里打坚固，假使你的英文、算学在中学没有学好，想到大学里去重行努力，事实是不容易做到的。

第二是方法的准备，求学的方法首先要专心，对于学习功课、研究科学要专心一致的，不疏忽、不惮烦，才能探得学问的真妙。其次要恒心，在一种学问上做工夫，要能始终如一，不厌烦、不疲倦，倘使心志不坚定，不长久，是不会求到学问的。最后要细心，在英文所谓 Accuracy，无论是平时的练习簿、实验报告书以及做化学、物理等实验，总要细心的去做，仔细的结果才会得准确。就从实际的利害上说，倘使你的练习簿、报告表，因为不细心，有错误了。所以，求学要专心才能领悟学问的深奥微妙处；有恒心才能获得学问的成功。能细心，求得的学问才正确，才不错误。

今天没有多大的预备，讲得没有什么系统，请诸位先生诸位同学原谅！

教育学科在大学课程上的地位[*]

胡先骕先生在《甲寅》14 号里发表一篇《师范大学制平议》。文中纵论美国教育的流弊,从学制谈到詹姆斯、杜威的实验哲学,从哲学谈到"某大学女学生未婚前与男子性交"！议论很丰富,很有趣味。可是对于本题扼要的话,只有几句。他是不赞成设独立的师范大学的。他以为"苟欲以师范为职业者,除普通大学训练外,再须加授某种特殊之训练,于是不必立骈枝之学校,而师范教育自可提高。"胡先生似乎不很了解师范大学特殊的职能,也不问国内大学有几个加授某种特殊之训练的,是否已能适应现在中等教育上的需要。这几点还没有论证,胡先生却对于教育学科和担任教育学科的人,开始一个总攻击。所以我也就姑舍师范大学制的问题不谈,而提出"教育学科在大学课程上的地位"问题来讨论一下。

胡先生的意思,好像说,不但中国学制上,师范大学不能存在,简直连师范教育里几种学科,也还没有完全成立呢。他说:

> 以教育为专门学科,而加以精深之研究者,当首推美国。在欧洲英、德、法诸邦,教育学只为文科中附属之课程,不但不能为之立一独立之大学,且每每不得成为大学中之一系。所谓教育哲学、教育心理学,

---

*　载于《新教育评论》第 1 卷第 1 期(1925 年 11 月)。——编校者

亦不得为大学中独立之学科。而此数邦之教育，迥不落美国之后。……即就美国而论，著名学校中，亦无号称"师范大学"者。赫赫有名之哥伦比亚大学师范院，亦只为大学内之一部。其他赫赫有声如哈佛、耶鲁、加利福尼亚各大学，教育只为文理科中之一系。而美国第一大批评文学家哈佛大学比较文学教授白璧德，且谓美国大学中所不为同僚重视者，厥为教育学与社会学教授焉。如是观之，教育学在欧美诸先进国，尚视为幼稚而未达于成立之时期。其诸教授所主张之学说，亦未尽为国人所信仰。

请得就胡先生这番话，稍加分析。第一，胡先生说："以教育为专门学科，而加以精深之研究者，当首推美国。"这从历史的事实上看，却并不然。最早以教育为专门学科而加以精深的研究的，实推德国。1810 年赫尔巴特（Herbart）就在 Königsberg 大学设教育研究院，后来赫尔巴特一派学者，如 Stoy, Rein 等在 Jena 大学，Ziller 在 Leipzig 大学相继设教育研究院。这都在他国之先。在英国，R. H. Quick 于 1879 年在剑桥大学始讲教育学；在法国，M. H. Marion 于 1883 年在巴黎大学主教育学讲座。至于美国，真是后进。它的教育学前辈多半还是德国留学生；它在教育研究上有特殊成绩不过近几年的事罢了。

胡先生却说："在欧洲英、德、法诸邦，教育学只为文科中附属之课程，不但不能为之立一独立之大学，且每每不得成为大学中之一系。"好像在欧洲大学里，教育学不得占课程上什么地位似的。这话也很容易给人错误的印象。就事实而论，法国在 19 世纪百年间，中学师资，靠着独立的高等师范学校（Ecole normale Supérieure）为策源地，到后来才和大学合并，成为大学的一部分。这不过是办法上利便的问题，何尝把教育学降为"文科中附属之课程"？在英国许多大学里，教育系（或单是教育学讲座）确是属文理科的，然而专门培养中学师资的机关，另外还有与大学同等程度的"训练学院"（University Training College），也就是为师范科"独立之大学"。在德国，情形又不同。关于教育理论的课程是在大学里讲习的，而实习的课程，却常另外由最优良的中学校组织"研究科"（Seminar），由大学指定学生到那里去学习。看似大学里教育课程不很多，实在却因为理论与实践分途致力，正是竭力求师范训练精密的缘故。至于美国，胡先生说："著名学校中，无号称'师范大学'者……赫赫有声如哈佛、耶鲁、加利福尼亚各大学，教育只为文理科中之一系"，这也不可不稍为辨正，师范教育，是公家的事业，不是私立大学的专有责任。所以美国师范大学多是省或地方经费办的，称 State Normal College 或 Normal University，在一省一地方中等教育上，处于很重要的地位。不过既是单科的大学，又系后起的组织，在一般高等教育界，当然不比哈佛、耶鲁等几百年老校的著名。这不仅师范大学为然，即最好的工科、农科、商科大学，也无不然。然而美国东部赫赫有声的私立大学，也逐渐设立教育的专科了，哥伦比亚的师范院不用说，就是哈佛，也设有教育的研究科（Graduate School of Education）。胡先生最推崇哈佛，岂有不知道的？这可见养成中学师资，指导中学教育，连私立大学，也有不可放弃的责任了。

总之，现代国家，没有一个不把教育看作国家的命脉，没有一个不尽力从事师范的培养；为改进中等教育计，没有一个不在高等教育里，供给师范的训练。不过各国、各地方、各大学情形不同，需要各别，办法当然也不一律。从一个大学说，学生中有准备出去当中学教师的，便应叫他们于主科的学识技能以外，能了解中等教育的问题、教学法的原则、青年的心理等等，所以便应设一个教育学的讲座或教育系，来讲授这些课程。如果这大学的目的，于养成中学各科的教师以外，还要训练办学或教育研究的专家，和学务指导和行政的人才，那便应扩大范围，而设立一个教育科。从一国或一地方的行政区域说，因为中等教育的急须改进，中学师资的急须养成，如果这区域已有公立的大学了，在适当的情形之下，可以责成那大学开设一个教育科，也可以另用一宗经费，来开设一个独立的师范大学，范围的大小、科目的多寡，都看目的如何，需要怎样。没有确定的目的，连大学文科内的教育学程，也不必"附属"；有特殊的需要，就于大学教育科以外，另立单科的师范大学，也不算"骈枝"。这和教育学科自身的价值，哪里有丝毫关系？我们怎好从这里便笼统的断定"教育学在欧美诸先进国，尚视为幼稚而未达于成立之时期"呢？

至于胡先生引美国什么第一大文学批评家、哈佛大学比较文学教授白璧德的话说："在美国大学中所不为同僚重视者,厥为教育学与社会学教授焉"。这位大文学批评家说出这句话,就很奇了。在学术上看,大学各科的学问,只要有忠实的精深的研究,都一般应当"重视"。个人感情上的重视与否,与学问本身的价值,并无关系。而且"同僚"为谁,"教育学与社会学教授"是什么人,都须分别观察。我们何能听凭一人之言,作全称的判断呢? 更何从证明"其诸教授所主张之学说,亦未尽为国人所信仰"呢? 就使一种学说,未尽为国人所信仰,于那学说的成立与否,又有什么必然的关系呢?

如前所述,欧洲在百年前已经"以教育为专门学科,而加以精深的研究"了。在中国今日,教育学的确还很"幼稚"。好容易引起一点研究的新兴趣,培植一点师范教育的新生命,已经费了许多人的气力。我深恐胡先生的话,或者会使这些努力的人,感着很大的失望和不平,所以不敢苟同,分辨如此。胡先生或也很愿谅解的。

此外,胡先生文里,还针砭今日担任教育学科者的浅学,因而又归咎于哥伦比亚课程的不好。他说:"哥伦比亚大学教育院之课程,分目极细,参考书虽众多,然皆千篇一律,举一足以反三。分目既细,遂至学教育者,于各种教育,无鸟瞰之识见。加以平日于中西学术,绝无根底,故除墨守师说,如鹦鹉学舌外,别无他能。"哥校的参考书,是"千篇一律",不知胡先生何所根据。至于学教育者根底浅薄,却是个人的问题,不能以部分来概全体,并且也和哥校课程没有什么相关。学教育者不尽学于美国,学于美国者不尽学于哥校,学于哥校者未必尽无鸟瞰之识见和中西学术的根底。归罪于哥校课程,是冤枉的。学得好不好,绝对和学科本身的价值没有关系。批评学教育者的幼稚浅薄,尚须加以分别。至于否认教育学科在大学课程上应有的地位,在胡先生没有更充分的论证以前,我是不能同意的。

关于高师教学问题 *

我想把个人对高师教学问题的一些体会,在这里提出来请大家批评。我的发言,分三个部分。

一、 所谓高师方向问题的提出

1957 年 4 月份《人民教育》登载:近来,对高等师范教育中存在的重要问题曾有争论。《人民日报》于 1956 年 8 月 11 日发表了北京师范大学董渭川的《师范大学往那里去》,以后又发表了翁世盛、王绍岳、钟子翱等共同写的《高等师范教育的方向有没有问题》(见《新华半月刊》1956 年第 18 期及 1957 年第 4 期),这两篇文章的意见是针锋相对的。引起争论的问题主要是,有些人感到高等师范院校教学计划中四个组成部分——政治学科、教育学科、专业学科和教育实习分量的比例不够合适,影响到学生的专业水平、学习负担以及教师的教学负担、科学研究等,因而主张改变现行教学计划,归并政治学科,减少教育学科和简化教育实习。董渭川是不同意这种看法的。他认为,几年来我们的师范教育比之旧中国已有本质方面的改变,不应该再使师范院校向综合大学的方向发展。现行教学计划中的四个组成部分既不许可粉碎,也不许可把专业以外的其他任何

---

* 原为 1957 年 5 月 22 日小组座谈会发言稿,后载于《华东师范大学学报》(教育科学版)1987 年第 4 期。——编校者。

一个组成部分,缩小或者简化到不能对于培养新型人民教师起它应该起的作用的程度。……翁世盛等则认为,在高师总的方针指导下,适当调整四个组成部分之间的比例,并不会使高师教育走上另一个方向的。

最近林砺儒副部长的发言中曾说到:"综合大学不培养中学师资是全世界所没有的,在世界教育史上一向是大学培养中学师资的。高师始于1808年,但即使有高师,综合大学还是负有培养中学师资的任务。苏联高师300多所,但综合大学50％的毕业生还是当中学教师的。"我听说,目前苏联有些师范院校,不但改为五年制,还有与综合大学合并的办法。

照我个人的理解:

1. 就培养中学师资的任务来说,高师与综合大学的一大部分并没有绝对的区别。大学是最高学府。由它来培养中学师资,原是很好的。

2. 但为了师资的迫切需要,大学以外还不得不另设高师,今天高师和大学,在我国,在修业年限,专业设置,科学研究的条件等方面,还是有显著的相对的区别的。

3. "高师向综合大学看齐",如其指我们向大学看齐,是从提高教学质量与提高科学水平而言,则不能即认为是迷失高师方向的。

二、 旧中国高师专业设置的回顾

过去,我们在培养中学师资的工作上,不是一点经验都没有的。曾经有过两次独立设置高师,一次在1912—1922;一次在1938—1948。第一时期的高师,不能说没有成绩。当时四年制(包括一年预科),预科学习英语、中文、数学。英语每周多至12小时,国文4小时,数学4小时,还有些零星的课。本科三年,分六个学部(相当于系):国文、英语、数理、理化、史地、博物。平均每星期上课27小时,课程门类不多。各个学部有几门共同必修课:伦理学2小时,体育3小时,教育(包括心理学)2小时,英语5小时。国文部国文每周12小时,中国史3小时,国文包括讲读、语法、修词、作文、语言文字学、文学史等。当时全国设六所高师,十年以后,都改成为大学。

第二次试办独立高师,改为五年制,比大学多一年,课程实际上四年结束,第五年学生到中学去做实习教师,一年检查及格后,再发毕业证书。分为八系,与六部差不很多,即中文、外语、史地、数学、理化、博物、教育、公民训育(这一系没有几年就撤销了),采取学分制。170个学分毕业,分配如下:专业课100学分;共同必修课70学分,这包括两类,一类是政治、体育、教育,一类是中文、英语、文化史、自然及社会科学等基础课。

总结旧中国高师的特点:

1. 一般采取两个学科合并成一专业的办法。这是因为学生分配到中学去,口径很难相对,也不能单教一门课。苏联目前也在这样做的。

2. 专业课比重很大,但课程的门类不多。

3. 着重基础课,特别要学生掌握中文、外语的阅读能力,以及理科方面,如数学计算、制图、实验、采制标本等基本技能。

三、 对今后教学计划的四点建议

1. 增加专业课(包括基础课)在教学计划中的比重。过去专业课只占54%,等于四年中只学习了两年半,综合大学是五年,质量就难与综合大学相比了。

2. 适当减少公共必修的教育学科与教育实习的时数。这决不是轻视教育科学,而是受时间的限制,在目前是不得已的。

3. 简化教学过程。凡消耗教师、学生时间太多的环节、形式,要精简一些;但书面作业,如习题、习作,读书报告,学年论文等,还需要更多的提倡。

4. 赢得一切时间来加强专业的基本训练。

目的在于:巩固科学文化基础,例如一门外国语,是各系都要学好的;掌握自学的工具;培养继续独立钻研能力。我们的主要任务,是培养中学师资。没有独立工作能力,不能自动钻研的中学教师,是没有发展和提高的可能的。

最后,还有一点补充意见。如果以上建议,不够符合高师的总的方针,或不尽切合目前的实际情况,那末,可否考虑于必要时设置若干五年制专业。一种必要,是指中文、数学、物理等最基本的学科;另一种必要,是指除原有各系的专业不动外,另增加若干复合的专业,如中国文史、史地、生物化学等,以适应今后中等教育发展的方向。笼统地提改四年制为五年制,是必须十分审慎的。

　　(孟校长声明,他的意见是只对本校一个学校的情况、条件而言,而不是泛指一般高师院校的。这只是他个人的意见,不是代表我校行政的。)

成年补习教育问题 *

一、所谓成年补习教育——包含各种不同的阶段、目的和内容

现代各国所施行的"成年教育"——或专就它具有学校形式的一部分,而名为"补习教育",包含着很不同的阶段:(1)有失学成年的补习阶段,如苏俄、土耳其的识字运动,十九世纪初英国的许多日曜学校、成人学校皆是。这在今日欧美,除行于被统治民族或移民以外,已罕见了。(2)有受了初等教育以后相当于中等教育的补习阶段,各国自义务教育普及以后,多进一步对于已就业的青年施行一种补习教育,更进一步而谋规定这种补习教育的强迫,早的如德国,迟的如法国 1917 年的"维维亚尼(Viviani)计划",英国 1918 年的《费舍(Fisher)法案》中一部分皆是。(3)有相当于高等专科教育的补习阶段,如北欧的民众高等学校(丹麦、挪威称 Folkehojskole,德国称 Volkshochschule),英美的"大学推广"事业(University Extension),美国纽约著名的库珀学社(Cooper's Union)皆是。

各种补习教育的目的也很不相同。(1)最早英国的教会和慈善家办的成人学校,仅在帮助失学者识字,使他们能自看《圣经》,参与选举。(2)各国政府规定的补习教育,目的多在公民教育的完成;所授学科,除了职业补习学校以外,都是关于一般文化和公民生活的常识的。(3)有专为职业训练的补充

＊ 载于《教育与民众》第 1 卷第 4 期(1929 年 11 月)。——编校者

的，普通的，如各国都有的艺徒班、职工班、职业补习学校；特殊的，如美国的库珀学社。(4) 有专为文化的增高的，如"民众高等学校"和"大学推广"运动。(5) 此外产业发达以后，劳工团体起来自办学校，则专为自谋利益，充实劳工运动的力量的。稳健的如英国工人教育会(Worker Educational Assoiation)的各种事业，美国的工联学院(Trade Union College)；激烈的如英国的劳动学院(Labor College)，美国纽约的工人大学(Workers' University)：它们的目的和动机是很纷歧复杂的。

各种补习教育目的不同，内容也因而截然各异。就课程说，识字学校是简单的。普通或职业的补习学校，和中等程度同类的寻常学校，也差不多。"民众高等学校"和大学推广则简直采用一部分大学的课程。至于劳工团体所设的学校，激烈的，仅系社会主义、劳工运动、经济问题、工团组织、合作组织等的研究宣传机关，它的课程是特殊的。就学业期间说，识字学校是短期的。各种补习学校，期间视学科而不同，有长有短，凡规定强迫的，便有每年授课若干小时的规定。民众高等学校以五个月为一学期，大学推广以每学程若干次讲演、若干次讨论为一班，都是自由就学，没有期间的限制的。就场所设备说，有并无固定校舍的，如英国的成人学校、大学推广班等，有规定借用寻常学校的校舍设备的，如强迫的补习学校；有特殊建设校舍的，如民众高等学校、劳动学院等；有自建校舍而有很讲究的设备的，如库珀学社；办法也是很参差不齐的。

二、中国成年补习教育——应就最低的阶段，认定增进生计的目的，以职业补习为主要的内容

在中国，我们义务教育至今还没有开始厉行。四千余万学龄儿童中没有就学的，依教育部约计，尚有 3 719 万。成年失学在 50 岁以下、精神健全的竟达 20 243 万。失学的人数这样众多；教育的程度这样落后。在这经济状况之下，单办到初级小学教育的普及，已是一件至艰极巨的事情。再要侈谈成年补习教育的普及，外人不惊为空想，也要疑为空话。所以我们如谈到成年补习教育，只容许

在最低阶段上着想,那是毫无可疑的。

最低阶段的补习教育,应该以识字——在这高唱训政声中,尤其应该以公民训练做惟一的目的了,为什么反认定增进生计的目的呢? 我的答复,有下列三项依据:

1. 依据民生需要　这时国内人民生计的穷蹙,物力的凋残,且不必说。我们试想象那来受补习教育的民众,少年、中年、男的、女的、农夫、工人、小贩、苦力、无业的,固然是救死不赡,求生不得,就是有业的,也谁不是终岁勤动,才免饥寒? 他们生活上感觉到的需要,是谋生呢? 还是求学? 就使他们明白了求学即所以谋生的道理,他们又哪里能得到充分的暇豫时间? 识字和公民的训练自然很是重要,但在这民穷财尽的时候,社会的安宁和秩序还不容易保持,一般失学的成年,谁还想靠文字取得知识,或靠公民训练取得"四权"? 反之,如果人人相当地满足了衣食住行四大需要,生计问题有了相当的解决,自然会有较高的知识欲求和较健全的公民活动的。

2. 依据教学原则　再说,施教要有效力,必须受教者先有学习的动机,要受教者有动机,先要他能充分感觉到学习的需要。此时民众只感到谋生的需要,而没有能感到求学的需要。已如上述。我们以前办的平民学校或民众学校没有多少效果,一部分也未始不因为没有能先引起民众学习的动机。近来听到实验民众教育的人说,民众茶园比民众学校容易办且容易收效,我想,这就是因为一则顺应民众娱乐的动机,一则不能适合民众生计的需要。一位教育家说得透彻: "不错,读书、吸收知识、做公民,是人类生活不可少的要件;那末、穿衣、吃饭,是不是人类生活的要件呢? 不具公民的程度和资格,诚然不可以做人,但是他没有衣穿,没有饭吃,先不能保持他的生存,虽想做人,试问又从何处做起呢? 平心而论,我们对于不识字、不明理的饱食暖衣一类人,劝导他去读书,勉励他去做好公民,这是千该应、万该应、无丝毫疑惑的事;若是对于饮食不饱、衣裤不完的人,不管他生活怎样,只一昧督责他去读书,去做公民,纵然他勉强答应你,能有效么?" (江恒源:《富教合一主义》,见《教育与职业》第 108 期)这也已经"慨乎言之"了。

3. 依据已定方针　(1) 中华民国教育宗旨,开头便说:"中华民国之教育,根据三民主义,以充实人民生活,扶植社会生存,发展国民生计,延续民族生命为目的。"其《实施方针》第三条又说:"社会教育,必须使人民具备近代都市及农村生活之常识,家庭经济改善之技能……"(2)十七年(1928)全国教育会议议决《确立教育方针实行三民主义的教育建设以立救国大计》案第一章第三节说:"社会教育之目的虽有多种,而增加一般人民之生活智识及技能亦为主要目的之一。盖必使人民生活改善,乃可以言治,所谓'仓廪实而后知礼节'也。我国以农立国。农村人口占全国人口80%以上,欲谋改善人民生活,当自谋推广农业始。《建国大纲》第二条有'政府当与人民协力,共谋农业之发展,以足民食'之规定;民生主义有'增加农业生产方法'之提倡;国民党政策有'改良农村组织,增进农民生活'等项;而就实施之道言之,农业推广一事最足以改良农业,增进农民生活。"(见《全国教育会议报告》乙编第47页)又议决《农工商补习教育案》和《实施劳工教育案》。(见《会议报告》乙编,第408、413页)我们现在来规划实施成年补习教育的方案,当不能不假定上列各案的继续有效;且看下文,便知不但假定,简直是已经肯定了。(3)本年农矿、教育、内政三部会同公布了一个《农业推广规程》,工商部又颁布了一个《工人教育计划纲要》,大旨都是根据着上项决议案而定的。我们以后的成年补习教育,当然要和这种《规程》《纲要》相协动、相策应,而共趋赴于一个目标。本文主张以增进生计为目的,理由如此。

目的已认清,内容也就跟着决定了。条举起来,如:

(1)成年补习教育,乡村注重农业补习,县市注重工商业补习。

(2)按照民众的需要和环境的便利,农业补习可分设农作、园艺、饲畜、酿造、农具、除虫等班。工业补习分设各种机械工、土木工、手工、粗工等班。商业补习可分设商算、簿记、店员训练等班。各班以训练一种应用技能为单位;就学期间,或长或短,视各科性质而定。

(3)识字训练,各班一律附带施行,或合组识字班施行之。

(4)公民训练,于集团生活中施行之。

附注 此文草成后,见报上发表教育方案编制委员会修正的《成年初步补习

教育计划》,概要如下:

(原则) 1. 成年补习教育分国民识字训练及职业训练两种。国民识字训练应于二年内使之普及……二年以后应注重职业训练。2. 国民识字训练应用最少金钱,最短时间,使全民族达到标准。3. 国民识字训练先从集团人民办起,逐渐推广到散居人民;先从富庶地方办起,逐渐推广到贫疏地方。4. 国民识字训练,不但不识字者须负学习之义务;即识字者亦须负教人之义务。5. 国民识字应行最严密之考核。

(办法) 1. 教材:编印《三民主义千字课》一部,俾常人能于四个月,每天一小时修毕。2. 编制组织:分国民识字学校及国民识字处两种。家庭、小店铺及其他组织中之分子,如有不识字者,可由家内、铺内或本组织之中识字者,分任指导,不必取班级上课形式。3. 考核:训练国民识字警察二万人……分配各地,从完全强迫之日起,手持《三民主义千字课》,抽验来往行人,不识字者,罚'愚民捐'铜元一枚……又识字成人不愿教人者罚'不爱国捐'一角;识字学生不愿教人者,罚'不爱国捐'铜元一枚[见十八年(1929)11 月 10 日《申报》]。果真能在最短的时间中(用)简便的教材教法,达到识字训练的普及,那是没有,以伟大的行政力量,人不欢欣踊跃的;上文所说的职业补习教育,等到二年后识字教育强迫完成后再施行,当然也可以的。

三、成年补习教育机关的组织——应集合教育、建设、民政各行政机关和学校,以及其他教育、建设的团体

普及于二万万的失学成年,影响于全民族的生计和教育——这样的大事业,不是任何小组织所能负担得起来的。从学校的立场上说,我们早就唱着"学校的社会化",早就想谋学校和社会的联络、沟通。陶知行先生论乡村教育,就说:"教育要与农业携手……更须与别的伟大势力携手:教育与银行充分联络,就可推翻重利;教育与科学机关充分联络,就可破除迷信;教育与卫生机关充分联络,就可预防疾病;教育与道路机关充分联络,就可改良路政。总之,乡村学校是今日中国

改造乡村生活之惟一可能的中心，它对于改造乡村生活的力量大小，要看它对于别方面势力联络的范围多少而定。"（陶知行：《中国乡村教育之根本改造》）我们知道英国乡村里的一组织，称为 Rural Community Council 的，就是联络各种机关而成立的。

再从农业或其他事业的立场上说，也同样有和教育携手进行的需要。即以"农业推广"来说，《农业推广规程》第二章，规定三种可能的组织如下："（1）国立或省立专门以上农业学校与省农政主管机关，会同有关系之机关、团体，组织农业推广委员会，管理关于该省内农业推广事务。（2）国立或省立专门以上农业学校内设一农业推广处，管理该省内之农业推广事务。（3）省农政主管机关内设一农业推广处或推广委员会，管理该省内之农业推广事务"。除第（3）种外，明明白白，是农校和农政机关共同负责的。再以农民经济事业来说，例如江苏省有了很好的农民银行，银行有了很多的资本，只因为农民合作社，不易组织起来，所以业务不曾扩大，利益还没有普及。江苏省农矿厅因此又组织了一个合作事业推导委员会，专事劝导农民，注意合作事业，逐渐推广组织，这便是施行合作补习教育了。如果与乡村学校、农民教育馆联合起来进行，一定有许多便利和经济的地方。农业是这样，工商业也是这样，不过中国工商业不发达，而一般厂主、店主，也还没有见到补习教育，能增高工人或店员的效能罢了。

大规模的成年职业补习教育，不只是一个教育问题，也关系全国人民的生计问题；因之，就是一个重要的政治问题。这样重要的一种政治设施，应该集合了全部有关系的政治机关、社会机关、教育机关来共同计划，共同执行。在行政组织方面，似乎应该有下列的几种：

1. 成年补习教育中央委员会，以行政院、教育、农矿、工商、内政各部，国立大学以及其他全国教育或建设的团体联合组织之。

2. 成年补习教育省委员会，以省政府、教育、农矿、建设、民政各厅、省立学校以及其他全省教育或建设的团体联合组织之。

3. 成年补习教育县委员会，以县政府、教育局、建设局、县立学校、县立民众教育馆以及其他全县教育或建设的团体联合组织之。

如此类推。上届全国教育会议议决案,原有组织民众教育设计委员会的一项(《会议报告》乙编,第385页)。这种委员会是合议、计划、指导的机关:计划好的事项自然由各主管部分去执行。有了这种组织,成年补习教育至少成为各部分政治上的一种共同责任,共同事业;没有,则始终把艰巨的事业推在力量薄弱的教育机关或学校身上,让"教育界"声嘶力竭,别人只是袖手旁观。

在学校组织方面,上文所述各种职业补习班、识字班可以有下列各种设置法:

1. 民众(或农民)教育馆附设(以民众教育馆做实施补习教育的总机关);

2. 各级学校附设;

3. 农场、工厂、商店附设;

4. 独立设置(借公共场所或特建场所)。

总以利用已有的师资设备为原则。

关于经费也可以附带一说。教育部社会教育司计算识字训练、普及所需的经费,根据从前江苏平民教育促进会每人占费2元5角的估计,二万万成年人的教育,便需五万万二千五百万元(525 000 000 元)!如更办职业补习,经费又不知道要增加几倍。自然,我们不能因无钱而不办——本来职业教育范围可大可小,经费也就可多可少。但是,要认真的、大规模的举办起来,非有极巨额的经费是决不成的。借个先例来说,美国教育是各州各办,经费各州各定,中央政府不去过问的。独有对于农业推广和职业教育,中央政府特别依合作的原则(州政府出一元,中央也出一元),对于各州有极巨大的补助。1914年,美国国会通过有名的《史密斯—利弗合作农业推广法案》(*Smith-Lever Cooperative Agricultural Extension Act*),每年由中央补助各州金额480 000元,为印刊物之用;又4 100 000元,为推广农业家事教育之用。1917年,国会又通过《史密斯—休斯职业教育法案》(*Smith - Hughes Vocational Education Act*),自那年起,拨国库补助费1 860 000元;递增至1925年,为7 367 000元,永为定额。其补助方法,也是依合作原则,中央和州政府各任一半的。补助费的用途,为(甲)农业教育范围内教师和指导员的薪金;(乙)工业和家事教育范围内教师薪金;(丙)上项教师和指导员的训练。以美国各州教育那样普及,职业那样发达,生产那样繁荣,而中央政府犹年负这样巨额的农业推广和职业教育补助经费,这是很值得我们注意的。

四、成年补习教育师资的培养——应注重职业技术和指导才能的训练

成年补习教育的师资有两部分:(1) 识字的师资,这和义务教育的师资不必分开,也无须特殊训练。况且凡是识字的人都有教不识字人的义务,师资的范围是很广的。虽然,人数也还不敷的很(参看《成年初步补习教育计划》中"师资培养"一节)。(2) 职业补习的师资便须特殊训练了。要能做各种职业补习班的指导员,非具有职业的技术和指导的才能不可。这种师资的来源可以有下列几种:

1. 农、工、商业专科学校附设职业指导训练班;

2. 中等职业学校或中学的职业科;

3. 乡村师范学校附设农业指导训练班;

4. 特殊设置的训练机关;

5. 特殊补助的试验机关。

以上第 1 项专科学校,因为它的人才和设备能担负培养指导员的师资,招初中毕业生予以相当期间的训练,是最适宜的。第 2 项职业学校,以前它的毕业生最苦没有出路,社会没有各种职业补习指导员的需要,而它也没有对准这目标而施行训练,以后自然会改变它的目标的。第 3 项乡村师范学校,各地方才开始设立,能因它的环境和教育的便利,兼训练农业指导员,也是很适的。关于第 4 和第 5 两项,下面略加讨论:

特殊设置的训练机关,指像有好几省已设或将设的民众教育学院、民众教育专修学校、民众教育师资养成所或训练所一类的学校。成年教育既注重在职业补习,那末,这类学校所要养成的,当然不仅是识字学校的师资,而是各种职业补习的指导员和推广人才;训练的目标不仅是具有民众教育的常识,而要在有职业

的技术和指导的、推广的才能。这类学校可以有下列几个主要部分：(1)民众高等师范科，招收高中职业科、职业学校或高中师范科毕业生，施以一年期的教育的或职业的训练。(2)民众职业师范科，招收初中毕业生，施以相当年期的职业的和教育的训练。(3)短期训练班，招收相当程度的学生，或调回服务民众教育人员，为特殊的需要，(如某种职业指导，或如社会教育中的图书馆、体育场管理人才)施以很短期的训练。(4)实验民众(或农民)教育馆和附设各种成人补习班，这不但为学生实习的场所，也应当为全省成年补习教育的试验中心，是很紧要的。训练的方法应当着重在技术实习和生活陶熔，完全采取陶知行先生所谓"艺友制"的精神，"教学做合一"的原则(参看陶知行：《中国教育改造》)。设校的地点，因为成年失学，以农民为尤多，先其所急，以设在乡村，先办职业补习教育为宜。因为人才、设备都不容易得，暂时各省不必都设，为集中力量、增高效能计，有的省份可以资送学生，到邻省的民众教育学院去就学(如现在江苏民众教育学院，就有他省来附学的学生)。

特殊补助的试验机关，指民众教育、乡村教育、职业教育、试验得有相当的结果、已受或应受公家补助的机关。例如北平中华平民促进会和它在定县的试验区已经有详细的计划，在做长期的研究和试验；南京晓庄学校和它的许多小学已经成为乡村师范教育试验的中心；上海中华职业教育社和它的职业学校、职工补习学校、乡村事业等，已经对于职业和职业补助教育有许多的试验和成功。我们决定了培养成人补习教育师资的计划以后，最好能就它们的专家、设备予以补助，加以扩充，委托它们办理一部分这种师资训练的事业，比较没有人才、设备而贸然地新创起来，一定是事半功倍，经济而有效得多了。

一八(1929)，一一，一〇，杭州

民众需要的是什么教育[*]

教育上有很简单的定义，就是"生活需要之适应"，含义甚深，无论什么教育都不能逃此定义之外。小学教育、中等教育、职业教育、休闲教育……等等，都可适用此项定义。因此，我们可以说，"教育即生活，但须使之适应"，那末，谈到民众教育又能例外么？当然是使民众能适应其继续不断的生活了。如《中华民国教育宗旨及其实施方针》第三条上说过，"社会教育必须使人民具备近代都市及农村生活之常识，家庭经济改善之技能，公民自治必备之资格，保护公共事业及森林园地之习惯，养老恤贫防灾互助之美德"，就可以明晓。但是民众受教育不仅如此简单，应当把人民全部的生活加以分析及具体的研究，方可知道，哪几种技能、习惯、态度、知识才是他们所必须要的，然后再定施行教育之目标，才不致涉入歧途。

以我个人的意思，先假定第一步施行民众教育目标有下列七点：一、要识一千个常用的字；二、要会加减乘除的算法；三、要知道衣食住行进化的大概；四、要有个人和公共卫生的知识和习惯；五、要懂得"民权初步"，会练习应用；六、要了解党和政府的组织和权能；七、要……等等，如上边所举之假定民众教育的目标，仍不免简单或错误，但无论如何定此目标时，必须具有客观的态度，去详细研究人们全部实际生活之情形，方能达到较美善的境地。至于其中

---

* 原为在江苏省立民众教育院的演说辞，由孙恭记，载于《民众教育月刊》第 2 卷第 1 期(1929 年 11 月)。——编校者

心论理，尤当加以讨论。如现在失学的成人，即为施行民众教育之对象。但是什么是客观的方法？什么是主观的方法呢？客观的方法，就要亲自到民间去，与他们的生活一处，切实调查他们所需要的到底是什么东西，略加主观见解而选择整理，调查所得之事实，共同定出一个目标。这就是施行民众教育目标，是由调查民众实际生活而定出来的。但是民众教育的对象是很复杂的，如农工商学兵以及无业游民都包括在内。他们当中失业者及有职业者，大部生活非常痛苦，仍得不到满足的生活，其大部分时间，多为工作，其极小部分时间，始可休息或睡眠。在这种情况之下，怎样施行教育呢？外国人民，规定工作游息之时间是实行三八制的，所以人民均有闲暇之时间，精神身心都可得到安慰。总之在现在中国，办民教是一件难事。虽然，我们因此而不办么？要知道教育学曾经告诉我们说，"应当引起动机，而后施教，才有效力而经济"，因此就当使学者能感觉到求知欲，方可施教。但是一班民众天天忙着工作，都是为的生计问题，除工作外而得短时间之休息。现在替民众着想，应有二件事要特别注意，一、提高生计；二、满足娱乐。西谚所谓"工作即游戏"（Work and play），那末，人生的乐趣增加，而后施教，其效率是如何的伟大。现在我可以说："实施民众教育的中心理论就是提高生计，满足娱乐，这就是民众切身的需要。"这种观察对否？尚希诸位加以研究。

总理曾经讲过："我们中国人爱好自由，而自由之真意义不甚了解。常闻人言恭贺发财，而不言恭贺自由。"征实言之，即可知民众之动机怎样，需要怎样了。进一步讨论，我们有什么方法可以解决生计教育和娱乐问题呢？此种问题，非常困难，这不是教育的力量可以完全解决的，实在算是政治上的问题。若政治上了轨道，交通便利，工业发达，新经济组织改善……生计即可解决，那末娱乐问题亦可解决。虽然，我们办教育者应当负起我们责任去解决此等问题。征引黄炎培在职业教育的理论和方法上曾讲过："最近政府发表首都人口统计总数 497 526 人，其中不识字的倒有 363 794 人，占了 72％，而无职业的倒又有 269 182 人，占了 56％，试问，解决了失学问题，还有失业问题是不是可以不管？而况一般平民的心理，总以为'书是有钱的人读的'；他们的眼光总认谋生是第一,求学是第二。又况事实上,他们许多青年所以失学,就为是生计压迫早早谋挣钱的原故。所以我们认得清楚,要推广平民教育定要从他们生计问题上着手,更认得清楚,要解决一切平民问题,定要从职业教育上着手。"[1]我们从事民教的人应当注意上述的意义。现在就可以知道解决民众的生计问题,是很关重要的。怎样解决生计问题呢,简单的说,就是职业教育问题。怎样增高农工商的经济呢,就应当研究农人的害虫、水利、选种、施肥以及合作制度等等,但是有许多人怀疑新法,用新机器的新法,尤其是中国农人最痛苦的莫若害虫与旱灾了,还有种桑养蚕亦需研究,气候如何、出产怎样,此项问题与丝织的工人生活上有密切的关系。要解决此等问题,均非科学(Science)不可。其他的事业之改进恐怕也逃不了科学范围以外。要谈到解决生计问题,我想除了用科学之外,实在没有第二个方法了。要知道我所说的科学,并不是实验室的科学,乃是普通的科学,用科学的方法而解决职业教育,这就是我的解答。

现在讲到如何解决娱乐问题了,而娱乐问题在民众教育上有何重要呢?我们看现在的一般农夫工人,实在没有正当的娱乐,并且没有相当的时间与机会允许他们娱乐。正在工作时,怎能去享乐?在晚间休闲之时,而施行种种娱乐教育,应含教育于娱乐中,如此办法,或有实现的可能。要知道不正当的娱乐不但影响个人之名誉及个人之生命财产,还要影响社会之安宁。我们在施行娱乐时间内,可以观察民众的好恶及其趣尚,再施行教育而改善之。若是从消极方面讲,可以影响社会之改进,从积极方面讲,就是民众教育的中心理想。但是做人的态度是怎样得来的呢,要知道个人的人生观是从平素交际,或与朋友谈论,或在工作余暇看小说听故事,熏陶渐染,日久而形成其人生观。如民间的《三国志》、《水浒》、《红楼梦》、《西厢》……等都足以影响个人之人生观,吴佩孚因《三国志》而有怪僻之言行。现在新思潮澎湃,一班青年对于文艺、政

---

〔1〕 黄炎培:《我来整理整理职业教育的理论和方法》,参见田正平、李笑贤编:《黄炎培教育论著选》,人民教育出版社1993年版,第220页。——编校者

治、恋爱等问题，各人的欣赏不同，其人生观亦异。因此，我说娱乐问题很为重要，实在超过生计问题。至于娱乐的种类，如京调、新剧、国技，及民众音乐会……等，均可引导其有高尚之思想与习惯。最后我们要记着，就是"用艺术的手腕"而引导民众到娱乐世界去。

关于实施民众教育的具体办法怎样呢？第一，要看实施民众教育的机会，如民众学校、民众教育馆、中心茶园、职业补习学校……等。第二，要看实施的方法，是用强迫教育呢，还是用设计教育呢？抑使民众知道求知欲而后施教呢？譬如我家有佣妇每月工钱四元，对她说："现在教你识字记账及普通烹饪技能，只用四月时间，即可使你到他处工作，每月有八元之酬金。"她听后，当然肯去读书。还有南京的洋车夫，对他们说："现在京都日臻繁盛，拉洋车每日所得之资不如汽车夫，你们可到汽车技术学校补习数月，以后即可为汽车夫。"他们也乐意去就学，诸如此类事项，利用之而施行教育，则其收效宏大。所以我们办民众教育的人，应当注重实际环境。我再把外国成人教育事业片断的举例如下：(1) 英国百余年前始创工人讲习所，为科学家伯克贝克博士(Dr. Birkbeck)在苏格兰所开创，专讲应用的科学知识和技术，后来各地方仿办，迫工人程度提高，此项讲习所，不足餍其求知之欲，遂逐渐扩充，成为今日之工艺补习学校。(2) 丹麦民众高等学校最著称，亦百余年前所始创，其领袖格隆维(Grundtvig)自始即着重民俗歌谣、民俗舞蹈、音乐、文学、历史，以陶铸平民的国家思想，促起其自觉的精神。(3) 大学参加民众教育运动的创始于英国，约50年前，剑桥于1873、伦敦于1876、牛津于1878，先后有大学到民间去的运动。初只有推广演讲，后渐有导师班等比较完备的组织。所以我国应急于振作精神，磨练志气，凡办民众教育的同志，应反省以往的错失。第一点，实施教育时是否引起动机，而革除教者谆谆，听者藐藐之弊端；第二点，是否补助其生计之增加，而改良无产阶级之经济解放；第三点，是否补助其娱乐之趣尚，而增进新道德观念。总之，现在少数办民众教育者与研究民众教育者均应当反省的。不过，要想事业日臻进境，须上至国府下至庶民，应有一贯精神与毅力，促进民众教育，在中国将来可以直接造成教育的解放，间接造成政治与经济的解放,而准备明日的社会。陶知行在中国教育改造上曾说过:"活的教育,不是教育界或任何团体单独办得成功的,我们要有一个大规模联合,才能希望成功,那应当联合中之最应当联合的,就是教育与农业携手……教育没有农业,便成为空洞的教育、消耗的教育;农业没有教育,就失了促进的媒介。倘有好的乡村学校,深知选种、调肥、预防虫害之种种科学农业,做个中心机关,农业推广就有了根据地、大本营,一切进行,必有一日千里之势。所以要教育与农业携手,那应当携手的虽是教育与农业,但要求其充分有效,教育更须与别的伟大势力携手。教育与银行充分联络就可推翻重利;教育与科学机关联络,就可以破除迷信;教育与卫生机关联络,就可以防疾病;教育与道路工程机关充分联络,就可以改良路政。总之,乡村学校是今日中国改造乡村生活之惟一可能的中心,它对于改造乡村生活的力量大小,要看它对于别方面势力联络的范围多少而定。"[1]照上所述之真义而言,我们办民众教育者,不能看作民众教育是一件寻常事,或是一种奢侈品,敷衍塞责了事而已。应当尝用我们的心思,并且运用我们的毅力,而完成训政时期的民众教育。我们最要注意的,就是不能专靠少数机关而能成功的。民众教育在中国尚在萌芽时代,将来事业,一方面要看我们的努力,另方面仍须政府的助力如何了。前天江苏省政府主席钮惕生先生莅院演讲民众教育之重要及本省民教发展之计划,甚为详尽,我认为是一个好消息,是民教前途的曙光,因为政府与民众渐渐的认识民众教育是做什么的了。

最后解答我今天讲的问题的意义,可用陶知行先生的两句话,"从野人生活出发,向极乐世界探求",再加以修正,就是——

从生计娱乐出发,

向科学艺术探求。

此即我对于办民众教育者的见解。

---

[1] 陶行知:《中国乡村教育之根本改造》,参见华中师范学院教育科学研究所编:《陶行知全集》(第1卷),湖南教育出版社1984年版,第654页。——编校者

怎样做民众教育的试验？[*]

一　什么是教育的试验

试验一名词在现代教育上是很习用的了。但它的意义，分析起来，却有两种：一是整个教育事业的开辟和试办；一是某项教育问题之科学方法的研究。有人称前者为实际的试验(Practical experiment)；后者为科学的试验(Scientific experiment)。(见 Crawford, *The Technique of Research in Education*, p. 29.)

在前者的意义上，凡对于教育有一种新的主张，新的方法，不拘于常规，不限于功令，另辟蹊径地实现出来，总称为试验。例如德国利茨(Lietz)的乡村学园(Landerziehungsheime)，凯兴斯坦纳(Kerschensteiner)的劳动学校(Arbeitsschule)，美国杜威(Dewey)的试验学校，以至哥伦比亚、芝加哥等大学附设的中小学校，比国德可乐利(Decroly)的学校，日本小原国芳的玉川学园等，都代表一种思潮，对于教育方法上各有许多新的贡献。这种教育事业的试验，价值是很大的。

而在后者的意义上，试验另有一个更狭窄、更谨严的技术(Technique)，必须认定一个问题，在控制着的固定情境下，变更那情境中的某条件，以测验结果有怎样相当的变更，因而得到一条正确的结论的，才谓之试验。这种试验，应用科

*　载于《民众教育季刊》第 1 卷第 1 号(1930 年 12 月)。——编校者

学实验室的方法,必须注意到"情境的控制"(Control of conditions),使除试验的某项条件(Experimental elements)以外,其他情境中各条件在试验期内完全相同;必须有"结果的测量"(Measurement of results)和"正确结论的取得"(Drawing of accurate conclusion)。麦考尔的《教育试验法》(McCall, *How to Experiment in Education*)就是关于这种科学的试验的一本重要著作。

二　谁在做民众教育的试验

自十六年(1927)国民政府定都南京后,中央和各省党部、政府和社会,在法令上、事实上,对于民众教育都亟亟地在推进。本年第二次全国教育会议,又订定了改进成年补习教育、社会教育两个方案。各地方民众学校、民众教育馆陆续地举办起来。而致力于试验和研究的机关,据我们所知道的,主要的还只有下列的三处:

1. 中华平民教育促进会　这是最先倡导民众教育的一个组织。总会在北平,成立于民国十二年(1923)。十五年(1926)在河北省定县设华北试验区,试验事业分农民教育、卫生教育、生计教育、平民文学、平民艺术、社会调查各部;另有一训练师资的机关,称为平民教育学院,现有师范班一班。事业经费,十八年度(1929)16万元,工作人员116人。

2. 江苏省立教育学院　在江苏无锡,成立于民国十六年(1927),初名民众教育院。后来遵照《大学组织法》改今名。现分民众教育、农事教育两系和专修科。外有实验民众教育馆(城市)、实验区(乡村)。各项试验另有报告(《黄巷实验区报告》,出过第2集)和刊物(《教育与民众》月刊)。事业经费本年度14万元,工作人员80人。

3. 浙江省立民众教育实验学校　在杭州,本年[1]才成立。分设专修科和师范科、实验民众学校、实验民众教育馆,事业经费本年度6万元,工作人员35人。

―――――――――――

[1]　即1930年。——编校者

以上三个机关，第一个以农民教育、农业推广为事业的主干。第二、第三个都是训练和培养师资的机关，同时进行着相当的试验事业。

三　民众教育上已做了什么试验

近来从事民众教育的人们所着眼、着力的，不外文字、公民、职业三方面的训练。在这各方面的试验可以概括地举例来说一说：

1. 文字　怎样教全国三万万四千万文盲能识字，这是最急迫的问题。在事实上，前清末叶，已有人注意到这问题了。光绪三十四年(1908)学部曾议编一部《简易识字课本》，采取常用字1 600个，编成读本，约一年读毕，这是没有实现的。民国初年，上海董景安氏选了600个常用字编成课本，又有毕来思者，编了一部《由浅入深》。八年(1919)，晏阳初氏在法国拣日常用字自编书报，教留法华工。后东南大学教授陈鹤琴氏，用长期间检查民众读物，根据精确统计，成《语体文应用字汇》，这是一个很大的贡献。十一年(1922)，全国青年协会有《平民千字课》的刊行。十二年(1923)中华平民教育促进会成立，又另编成一部《平民千字课》，以后，《民众千字课》、《三民主义千字课》、《民众识字课本》等等，大致都依据这常用字的假定编辑的。平民教育运动初开始时，简单的口号是：四个月，一千字。"年来国内千字课销售的数目，只就商务印书馆及青年协会两处报告，据说已达三十万册。其他各书局出版之千字课，以至最近两年的各书局的销数，还没有算入。十八年(1929)8月才出版的《识字课本》(商务版，沈百英编)，到十九年(1930)一月便九版，快得足以惊人。"足见《千字课》早成了民众教育上一个极大的工具。但我友庄泽宣先生就觉得千字课有许多缺点，如(1)千字之中有许多字只见一次，学了不会认识；(2)内容漫无系统；(3)词的应用完全不教，认了若干单字，毫无用处(见庄泽宣：《如何使新教育中国化》，第99页)。最近广州中山大学徐锡龄氏更做了一个很有价值的研究。他详细分析统计五种千字课的内容，得到几条重要的结论。如(1)全书中心点在识字，至于文学的应用尚少顾到；(2)识字速率，每日十二三个——这是硬将千字分配成96课必然的定率——据他在中山大学教育系附设的民众学校测验的结果,断定民众学习不能这样的快。庄先生新编了一部《基本字汇》(民智馆局出版),根据六种字汇,将普通字分为常用、备用、罕用三部。傅葆琛先生也在做"基本字"的研究,不久也必有很好的结果发表。

2. 公民　以前施行民众的公民训练,不过编印几种标语挂图,或举行几次群众活动。这种训练的效力,一无考查,也无从考查。近年才渐渐注重具体的集体生活的训练。在教育方法上,也可说是设计原则的应用。比较有些成绩的,就是所谓乡村改进的试验。十六年(1927)晓庄乡村师范学校创立的时候,就很致力于乡村改进的事业。十七年(1928)起中华职业教育社在江苏昆山徐公桥办了一个乡村改进会,做发展农村自治,增加农民生产,推广农民教育,改造农村生活的中心,以"野无旷土,村无游民,人无不学,事无不举"做最后的鹄的。实施的结果,详见中华职业教育社出版的《徐公桥乡村改进事业试验报告》。

3. 职业　近年许多人认定增进民众生计是民众教育的中心问题。但是职业补习教育,经过多人的倡导后,虽有许多方案的议决,因为现时民众教育只有很少的经费和人才,不能做大规模的事业,终于是"决而不行,行而不动"。比较有成绩的,只有农业推广一项。农业推广需要专门的技术和设备,本是农业行政机关和农业学校应办的事情。以前东南大学和金陵大学农科都曾做过许多试验。国民政府于十八年(1929)颁布过一个《农业推广规程》,推行的结果如何,我们现在还没有可据的报告。民众教育方面,对于农业推广最努力而最有效的,要算中华平民教育促进会华北试验区冯锐氏所做的试验了。此外民教机关,如江苏省立汤山农民教育馆等,也在就小范围内进行试验。

四　我们计划中的一个试验

上述许多试验事业的例子中,除一小部分是应用严密的科学方法,做很有耐心的工作,已经有或可以有详细的报告以外,大部分都是篇首所谓实际的事业的试验,而不是科学的问题的试验。

我们认清民众教育,必须根据民众生活的需要。民众生活上实际需要的是什么,虽然我们还要用谈话(Interview)、问卷(Questionnaire)、调查(Survey)等方法去证明。而笼统地说,不外增高生计的知能、满足娱乐的兴趣两项。在我们乡村试验场所没有筑成,经费和工作人数没有扩充以前,我们不能做比较有规模的事业的试验。我们现时在杭州新民路所设的实验民众学校、民众教育馆,维持着合理的效能,得到了相当的信用。以后便将集中精力,用严密的方法,做一点科学的问题的试验工作。试举下面的计划为例:

(一) 问题

1. 民众学校的编制,单式好还是复式好?

2. 民众学校的教材,《市民平民课》好还是《识字课本》好?

说明:1. 各地方办理民众学校,常感着师资和场所缺乏,生徒众多,程度不齐,常不得不采取复式班级。成人比儿童学习的动机多,注意力强,或者也可以用这经济的编制。可是效率如何,到底还没有试验的证明。所以提出这一个问题。2. 教材既已有好几种,到底哪一种最好,也不应单凭主观去鉴别。现在假定经过多种标准评定以后,以中华平民教育促进会编的《市民千字课》和商务印书馆编的《识字课本》为比较的适用,我们想以试验来决定哪一种更好。这试验完了以后,我们希望以自编教材,再和那两种中的一种,从试验上来作一个比较。

(二) 方法

1. 用轮组法(Rotation-group method)试验编制。

2. 用等组法(Equivalent-group method)试验教材。

说明:1. 要试验单式、复式编制哪一种好,我们至少须有三个试验班,Ⅰ、Ⅱ、Ⅲ。Ⅰ为复式班,包含 a、b 两组,Ⅱ与Ⅲ各有 a^1b^1 一组。我们控制的条件,是在试验以前,先施行编组测验,叫各组学习能力能够相等,在试验的时候,叫各组教学的程序、方法,差不多能够相等,学习四个月后,再施行测验,比较那 a 和 a^1, b 和 b^1 哪一组的成绩好。这是简单的等组试验法。但是这里最大的问题,是怎样能控制各组教师的能力、态度、精神等等,叫它们也能够相等。这几乎是不可能。要减除这困难,所以不得不用轮组法。就是把四个月分成两期,所有复式班和单式班在两期中,由各个教师轮替。先教复式的,后教单式;反 之,先教单式的,后也教复式。因这关系,我们须有四个试验班(假定每班 30 人,共 120 人)Ⅰ、Ⅱ、Ⅲ、Ⅳ;四位教师,赵、钱、孙、李;学生六组 a、b、a^1、b^1、a^2、b^2(a 代表高组,b 代表低组,a、b、a^1、b^1 各组,每组 15 人),每班学习成绩,第一期为甲、乙、丙、丁,第二期为戊、己、庚、辛,得下式:(＊符号下面说明)

第一期	班别	教师	组别	成绩
	＊Ⅰ(复式)	赵	$(a+b)$	甲
	Ⅱ(单式)	钱	a^2	乙
	＊Ⅲ(复式)	孙	(a^1+b^1)	丙
	Ⅳ(单式)	李	b^2	丁
第二期	＊Ⅰ(单式)	赵	$(a+a^1)$	戊
	＊Ⅱ(单式)	孙	$(b+b^1)$	己
	Ⅲ(复式)	钱	$\left(\dfrac{a^2}{2}+\dfrac{b^2}{2}\right)$	庚
	Ⅳ(复式)	李	$\left(\dfrac{a^2}{2}+\dfrac{b^2}{2}\right)$	辛

试验后测验所得成绩的比较,如下:

甲+丙+庚+辛——乙+丁+戊+己

2. 为经济时间和精力计,在这四个月中,同时也要试验教材。就在上列编制中,凡 a、b、a^1、b^1 各组,都用《市民千字课》,凡 $a^2 b^2$ 各组,都用《识字课本》(上表内班别上有星号(＊)的用《市民千字课》,没有符号的用《识字课本》)。

教学后测验所得成绩的比较,如下:

甲+丙+戊+己——乙+丁+庚+辛

(三) 试验前准备

1. 试验教师:赵、钱、孙、李四位教师要预先约定,并且因为教材的试验还是用的等组法,至少希望赵、孙二先生和钱、李二先生在学历、经历、教学能力、态度各项上差不多相等。试验者要做这长期耐心的工作,不但对于这种试验的意义与价值要感觉充分的兴味；对于测验的运用、分数的统计尤须有相当的熟练。所以最好先有一个研究时期。

2. 被试验学生：因为要试验复式编制，a、a¹、a² 各组的学生都是受过一个月的教育的，也要先事储备。

3. 测验：凡试验前后的各种测验（Initial and final tests）要详细计划和编制。

（四）结果

这试验的主要结果，自然是所提试验问题的正确的解答。而附带的结果也有同等的价值。一则，这全部试验报告是民众教育上应用科学方法的一个很好的例证，可以供研究家的参考。二则，试验者因此而得到许多经验，可以继续试验自编教材和教授指南。这赵、钱、孙、李四位先生，四个月的辛苦，不但不是徒劳，于民众教育上还有大功哩。

一九(1930)，一一，一五，杭州

民众学校的三难*

日本一位民众教育者木村盛氏当东京劳动学校主事,努力多年,曾倡"劳动学校七难论"。他的所谓"七难",就是：学生难；教材教法难；教师难；校舍难；设备难；维持难；征收学费难。他说,这七件难事,如果无法解决,日本工人学校很不容易办得成功。他的议论引起我们办理民众学校的人们一种共同的感想。这七件难事,后面四件——校舍、设备、维持、征收学费——都是经费问题,学校本身不能解决。这里单就前面三件难事,就是学生难、教材教法难、教师难,就我们研究经验所及,分别地讨论一下。这篇短文,即标题为"民众学校的三难",内容是一些也和木村氏的原论没有关系的。

一　学生难

我们要办一个民众学校,第一是招生。学生招到了,第二便是留生,民众学校的学生和小学生不同,不是全部时间就学,而且因为人事的繁忙,往往自由地来去。所以留生问题也是很难的。

1. 先说招生问题罢! 一个民众学校办理已有信用,和当地民众发生了好感以后,招生是没有多大困难的。但在新办的一个民众学校,对这问题是应当很郑

---

* 载于《浙江教育行政周刊》第 2 卷第 17 期(1931 年 3 月),重刊于《民众教育季刊》第 1 卷第 4 号(1931 年 6 月)。——编校者

重的。西谚说：Well begun is half done.（起头起得好,一半成功了。）所以凡事要慎之于始。我们去年初办实验民众学校的时候,对于招生,做了很周密的准备。我们第一调查民众聚集的地方——如工厂,如茶园,如热闹街市等,做我们活动的对象;第二,我们编制了《招生答问》(见附录),做我们活动的程序;第三,我们贴招生广告,引起民众的注意;最后自己到民众中间去宣传、去招募。结果是使我们很满意的。这些事情本很寻常,并不需什么特殊的研究的。可是把它们忽略了,我们民众学校便办不起来了。

2. 再说留生问题。我们相信,只要学校办得好,不愁学生留不住。民众求知的欲望,在我们实验学校里充分地表现了出来。民众不上学,根本上不是不晓得识字读书的好处,实在是事务繁忙,抽不出天天上学的时间来。所以这里第一点应注意民众学校上课时间。农村里办民众学校自然最好是冬季。城市里,不分季候,普通在夜间,以为是工余之暇,其实我们社会上并不施行工作 8 小时制,夜间也还是有人做工;上海职工晨校,在夏季是很好的办法。外国小学生,先卖报,先做工,再上学。同样 我们民众可以先上学,后做工。这点我们还没有试验。其次,留生问题要注意的,便是维持求学兴趣。在一般民众学校,师生涣散,漠不相关,招了的学生容易陆续散去。我们要学校社会化,造成学校的空气。例如去年我们感觉学生缺席多了,我们的教师便按着名次,到他们家庭去访问,他们看见教师光临,不胜荣幸,就不好意思多缺席了。我们也要不时举行成绩展览会,叫他们互相观摩,互相比较。我们也要开几次同乐会,叫他们一堂相聚,感觉到友谊的热情。这些都是稍有民校经验的人所知道的。除此以外,最要紧的,还是后面教材教师两大难题的解决,只须教材合他们的要求,教师得他们的信仰,他们没有不乐意来的。我们实验民众学校,在阴历新年,为提倡民间遵行国历不放假,初三以前,每夜学生出席数有 2/3,以后便恢复常态了。这使我们更加相信只要教材、教师有办法,留生问题是可以迎刃而解的。现在接着讨论第二难题,就是教材教法难。

二 教材难

在现代教学法的研究上,我们认教材教法是一致的。就如设计法、道尔顿制,根本上都是教材的改组。民众学校的教材有国语、算术、常识、唱歌、手工等。姑以国语教材为例,分字汇、字典、课本、补充读物四项作个讨论。

1. 字汇　我们教民众识字,到底识多少字,识什么字呢? 说要识一千个字,那也是假定的,只要有时候教,稍多也学得了的。至于应识哪一千字,这就到了选择的问题。美国研究选字工作的,如 Ayers、Thorndike 所用的方法,最先仿用于汉字的是陈鹤琴先生三千字的《语体文应用字汇》。近庄泽宣先生根据陈氏的研究,以及其他五种字汇,做了一部《基本字汇》,分常用、备用、罕用三部,常用字二千八百多个。傅葆琛先生也在做选字的工作。马祖武先生最近定了一个研究的程序,正在进行,他想从五个方面来选择出基本字:就是——

(1) 从民间应用文件、簿册、读物中找次数最多的字;

(2) 从各字汇(如陈、庄)字典(如《平民字典》) 找次数最多的字;

(3) 将《平民字典》的字请许多人以主观的判断圈出重要的字;

(4) 从民众识字测验教材中找出次数最多的字;

(5) 从民众学校教本中找出次数最多的字。

这个程序做起来当然是十分繁重的。我们希望这种工作完成,选字的困难,一部可以解决了。不过我还有一个主张,就是:字无论怎样选,民众识字不应该有数目的限制。我们教的千字课只是一个初步,我们的教育目的,在民众能自己教自己识字。教育的究竟,只是更多的教育,所以自修的工具,是很重要的。我向来对许多朋友谈,民众字汇要紧,民众词典更要紧。

2. 词典　现在如商务的《平民字典》只有单字,而没有联成的词,其实词的用处很大。马祖武、季禹九二先生已在着手编制一部民众通用的词典。

3. 课本　其次,便是课本的问题了。已出版的千字课、识字读本等,已经有20 余种,到底哪一种最合用呢? 办理民众学校的人不能不有个选择。我们实验部同人曾经做了一点研究的工作,将几种课本最通行的,拿来比较、分析、估量一下。这几种书是:

(1)《市民千字课》
(2)《农民千字课》 ⎫(平民教育促进会)

（3）《识字课本》
（4）《民众教育读本》⎫（商务印书馆）

（5）《平民千字课本》——（中华书局）

（6）《民众千字课本》——（世界书局）

（7）《民众读本》——（江苏省立教育学院）

（8）《三民主义千字课》——（新时代教育社）

（9）《平民千字课》——（青年协会）

比较分析估量的工作，约分五部，即：

（1）基本字的统计；

（2）单字反复次数的统计；

（3）材料分量的比较；

（4）内容的估量；

（5）形式的估量。

这种工作做完了以后，我们希望能自编一部教材出来。

4. 补充读物　民众识了字，而没有书报可看，又有什么用呢？我们教完了千字课，训练了运用字典的能力，跟着便须有多量适当的读物供给他们。可是我们试一调查，就知这种读物很少，能恰合民众程度和需要的更少。民间传诵的还是许多图画小说、唱本之类。我们一要尽量将自然社会科学的常识，用民众已识的字介绍于他们，一面对于民间占着很大势力的小说、鼓词、唱本之类，也须加一番整理。张钟元先生已经费了很多时间，搜集了新旧各种读品，单是杭市民间流行的小说、歌谣、唱本等已有一千八百种。我们逐一把它们检查出来，用卡片做成一个提要。不久有文章发表其结果。将来第二步工作，便是要选择、整理，从教育的效力和民间文学的本质两方，订定标准，逐一估量。以前许多学者研究中国民间文学，或从历史语言学的眼光看，或从民俗学的眼光看，以教育的眼光来估量的，我们知道还不很多。

三　教师难

以上一切的方法，没有相当的教师，还是所谓"徒法不能以自行"。现在各处办理民众学校,附设小学内,由小学教师兼任,这原是不得已的办法,但根据我们的经验,白天教儿童,夜间教成年,是不可能的。1929年国民政府教育部颁布《民众民校办法大纲》第14条说:

> 民众学校师资,得由各省及特别市设立专校培植之。

十九年(1930)全国教育会议,估计全国16岁以上60岁以下应受识字训练者,二万万零二百余万。几占全人口之半。又估计须要教师共十三万五千人。在《改进全国教育方案》第2章第4节第34项说:

> 为训练各县市民众学校师资的师资起见,得由各省设立这种师资训练机关。
>
> 各县市民众学校的师资,得专设训练学校。

所谓各省训练民教师资的师资机关,如江苏省立教育学院,如浙江民众教育实验学校。此外,各省虽偶有社教服务人员养成所之类,比较大规模的训练机关还不多见。至于各县市训练机关,最近教育部又有通令设立,而我们还没有听到什么地方已经设立。根本上,省立师资训练机关,是些师资的发源地,省立机关犹且寥寥,各县自不必说了。我们今天所说教师的难题,倒不是说这种经费和校数的问题,我们所要注重的,还是教育者自己所应解决的困难。这种师资的训练,困难在于什么地方,我认为有两个问题,一是知识技能;二是态度。

1. 知识技能 这种训练与普通师范无异,不过要有专供实习试教的一个附属民众学校。深望各地方小学教育界优良的教师,认识民众教育,在全部教育上,还是一块有待于开垦的荒地,能移其固有的专门技术应用到成人教育来。

2. 态度 民教师资最紧要的训练是态度的训练。这与小学便不相同。

小学生在未成熟的童年易受指导,易于服从。成年的民众在人事的许多经验上,和教师相等,教师只要态度上稍为轻浮、躁急或傲慢,他们便立刻感觉了。教师非具有平等的精神、民众化的态度,必难得到学生的信仰。同时我们所最感到鼓励的,也就是具有专业态度的教师,所得到学生的信仰和爱戴。要知道我们一切教育上教材教法的讨论,一切研究设计的苦衷,民众是不会了解的;而我们的努力却博得了他们的敬爱,我们不应盼望人家的了解,而只应以人家的敬爱,为我们莫大的报酬。Palmer 说,"It is better to be loved than to be undersrood",(我们宁可人家爱,不必人家懂)从来的伟大教师都是如此,民众学校的教师,尤应有这种的态度。

如果能对于知识技能,对于教育态度方面,都有了适当的训练,那末教师的难题也就可以解答了。

当然,凡事说来容易,做去却难,我们所提出的三难中间又各包含若干问题。但教育的技术,就在能战胜困难,人生一切企图的意义,也就在战胜困难。我们应有这点信仰和勇气,才能担当民教艰巨的工作。

成人教育与儿童教育*

在学校教育的演进上,先有成人的学校,而后有儿童的学校;先有大学,而后有小学和幼稚园。初期的儿童教育,不过成人教育的缩影;它的目的,它只是做成人生活的预备而已。卢梭以后,教育者的目光才渐渐地转移过来。儿童的时期,认为有它本身的价值。儿童教育的理论和方法月异日新,成了教育研究的主体。这样,儿童教育的特重,不免又把成人教育的重要忽视了。直到大战争终了以后,这十余年来,世界上才听到成人教育的有力的呼声。

今日教育学者,对于成人教育研究上,最有贡献的,不能不推桑代克和哈特二氏的著作。这篇短文,就想扼要地介绍二氏关于成人教育与儿童教育的比较和关系的一些理论。

一 桑代克氏说

一般人在以前把学习看作儿童期——或和青年期——内专有的活动,至少把学习看作在儿童期内为最有效力。我们中国,就有"少壮不努力,老大徒伤悲"的谚语。在《礼记·学记》里,有"时过然后学,则勤苦而难成"的格言。美国心理学泰斗詹姆斯氏还这样肯定地说:

---

* 载于《民众教育季刊》第1卷第3号(1931年4月)。——编校者

除了在他专力的业务以外，一个人在 25 岁以前所得的观念，便是他一生所有的观念了。他不会再学习什么新的东西。他的好奇性没有了，思想的窠臼固定了，吸受的能力消失了。（James, *Principles of Psychology*, Vol. Ⅱ, p. 402.）

成人学习是否可能和有效，是成人教育上的根本问题。桑代克氏的研究把这问题解答了。

美国卡内基基金团(Carnegie Corporation)曾资助成人学习的试验和研究，结果便是 1928 年桑代克等 4 博士所出《成人的学习》一书（Thorndike, Bregman, Tilton & Woodyard, *Adult Learning*, MacMillan, 1928）。这书已有人介绍过，且有杜佐周、朱君毅二先生的译本，不久可以出版，这里只简述他们的大意。

书中前二章，综叙以前心理学者对于本问题已做过的试验和已得到的结论。第四章以下，叙他们新做的试验，如用左手写字、学习世界语和画线等等。关于年龄与学习能力的关系，他们说：

学习能力的最高点约在 20 至 25 岁间。自此以至 42 岁，其间学习能力的减退，约不过 13％至 15％。在一般学习能力上，25 至 45 岁间的时期，优于儿童的时期，而等于或优于青年的初期（14 至 18 岁）。（见 Thorndike, *Adult Learn-ing*, p. 147.）

在事实上，25 至 45 岁间的人，学习的确比 5 岁至 25 岁间的人少得多。但这不单是因为学习能力的减退，还有健康的渐减，学习兴味的淡薄，学习机会的稀少，都是主要的原因。

书中第十三章，讨论到把教育集中在儿童时期还是分布在成人时期的一个问题。因为桑氏后出的《教育原理》中第九章，也讨论这个问题，很是详尽，所以以下就照后书节述。

把教育集中在儿童的时期,有许多理由,如:

(1) 幼稚时期,依赖性多,可型性也富。幼儿的反应,杂乱而少效力,但同时也易于变换。他的生长和成熟,既需时期,最适于施行教育。

(2) 早年学习是后来学习的基础,所以更加重要。

(3) 如能学习得早的,应用的时间较长。

(4) 幼儿较服从、卑顺,所以较易施教。

(5) 幼儿做劳动的工作,危险多而结果少,本没有生产的能力。

但是青年期乃至成年期以后,在教育上也有同等的重要,这也有许多理由,如:

(1) 依赖、服从并不是学习上最好的条件。自动、表现、创辟、自信等,尤其是要紧。而这些特性,却都要到青年期以后,才得发展。

(2) 因为有了早年学习的基础,后来的学习更易成功。

(3) 依生长的程序,凡筋肉动作的敏捷、耐劳、思想能力、学习方法等,14岁以后与年俱进,到 20 岁左右达到最高度。此后维持同样程度,到 25 岁或稍后,慢慢地减退,每年约减退 1%。所以 20 岁至 30 岁中间的十年,学习能力较一生任何十年间为强。就是 40 至 50 岁中间的十年,学习能力也不较十四五岁的时期为弱。

(4) 现代生活需要学习的总量增加。

(5) 这种学习的难度又不适于 14 岁以下的年龄。所以青年期以后的教育日见重要。

桑代克说:

> 人类学习的能力和生活的需要,都显示着人们自出世到衰老间,每一年龄的学习,有很大的——几乎是同等大的——可能和重要。教育的功能之一,在于及早教人能充分地、永久地自己教育自己。教育的开始不嫌其早;而它的继续也不厌其长。人生应该是一个继续不断的学习。学习愈有效,生活便愈丰富。

儿童期以后的教育应该继续,既是这样,而系统的学校训练,若无限地延长,却也有下列的危险:

(1)增加负担,减低生产;

(2)教育易与实际生活隔离;

(3)因服从、灌注,而思想反易窒塞;

(4)易养成经济的依赖性。

要避免这些危险,一方面教材、教法应有适当的变更,如注重生产的活动、采用设计的课程等;一方面桑氏主张:

> 与其把教育集中在14岁后的几年中,不如把它分布在一个较长的时期,在这时期内,每年课业所占的时间递减,而实际工作所占的时间递增。或者竟把课业和工作时间,相互更替,直到成年时期。(Thorndike and Gates,*Elementary Principles of Education*,Chapter Ⅸ)

二 哈特氏说

因为对于儿童教育的特别的侧重,研究教育和社会问题的人,也常有对于儿童教育的过分的信仰。社会学者常这样说:"成年的人受了现在的风俗习惯的熏陶染化,就安于故常,不易改变,也不易看出改变的好处。所以成年的人常是顽固保守,要求有效的改革,要在学校里改变幼年人的习惯、思想、理想。学校是制造社会的习惯风俗最重要的机关。我们要造就什么样的风俗习惯,就应该说从儿童下手,搜集相当的教材去教育他们。"(见陶孟和:《社会与教育》,第126页)我们要在学校里改变幼年人的习惯、思想,是不错的。但成年人的"顽固保守",是否可以听其这样,不设法去改变?如果不改变成年人的习惯、思想,幼年人的教育会不会受着影响?这实在很有问题。哈特博士在所著《成人教育》(Hart,*Adult Education*,Crowell,1927)里,关于这问题,有很精辟的评论。

哈特氏说,在西洋中古时代,只有大学,没有小学。这有人以为中古的所以为"黑暗时代"者因此，而有人以为它发展了许多奇才异能，终于造成了"文艺复兴"者也未尝不因此。近代小学普及是教育上一大进展；但同时又引起了一大误解，一般人渐把儿童看作教育的全部的对象，以为把儿童教育好了，将来的社会理想也便好实现了。这个误解，可分两层来辨正。

1. 旧时代的小学教育，不脱成人习惯的羁绊，固然不能希望产生社会的新理想。新时代的小学教育，以儿童为中心，崇尚自由、活动和兴趣；把儿童时期划出于成人社会，抑若等到现在的儿童成年了，新社会也成立了。不知儿童到 12 岁，他们的现在生活——环境和活动——已随在显露出和将来生活的不相当。到了 14 至 18 岁中间，在他们生活上是最紧要的关头，而感到成人生活的高压也更迫切。无论升学或就业，他们总须适应社会所定的标准，他们是逃不出成人社会的。就是 8 至 14 岁中间，儿童一律就学的，但他们有 1 小时在校中，至少有 5 小时在校外，我们试想，1 小时教育，怎能比 5 小时生活的效力为大呢？总算未入学前的日子，在学中 5/6 的时间，离学后长久的岁月，我们又哪里能盼望小学教育能改变成人社会的生活呢？儿童既不能外于成人社会，我们要企图儿童教育的彻底成功，必须先把成人社会变成一个教育工具。否则像现在学校生活和社会生活，时间长短既这样的不均，已有"一日曝之，十日寒之"的情形。加以学校理想和社会理想各不相谋，甚至互相抵触；社会还只奖励积聚资财，掠夺权势，没有十分理会学校所要培养的批评的精神、创造的智慧，那更合着古语所谓"一齐人傅之，众楚人咻之"的结果了。旧教育的目光，专注在成人生活的预备；新教育却要谋儿童现在生活的满足。但事实上，我们已知道成人生活还没有能和儿童教育的理想相调和，则旧教育固犯了过重将来的弊病，新教育也不能彻底地置将来于不顾吧！所以要贯彻新教育的理想，我们不能专向儿童努力，而还要向成年社会进攻。

2. 更进一步说，学校课程本代表着社会的经验，原不应和实际社会隔离的。如果儿童所获得的始终只是说明经验的观念(Explanatory ideas)，而并没有参加的经验（Participatory experience）；那末，他所获得的便只是些文字符号(Verbalism)，而并不是真的教育。我们试想，儿童一入学，平均以修习 4 学科计算,每天1学科学习5项新名词、新事实,便是20项了;每周5日,便是100项了;每年40周,总数便是4 000项了。知识只是改组经验的原则,有了这4 000次改组的压力(Reorganizing pressures),都并没有多少具体的经验可以改组。结果呢,所有知识也并不能在儿童心中生根苗芽,只是些混乱的、模糊的、记着便忘了的印象而已。观念譬如工具,经验譬如材料,有工具而没有材料,怎样能建筑呢?不但不能建筑,工具还常被误用。小孩子拿了斧头,不去建房子,却去捣器物,那更危险了。所以儿童教育是不能和社会经验隔离的。经验世界在成人的掌握之中,成人如其永远是"顽固保守",儿童哪里会有真正的自由呢?所以要儿童教育的成功,成人教育是不能不注意的。

民众教育的新途径[*]

一

中国民众教育的事业进行了不止十年;但越进行越发现它的途径的众多和歧异,以至到了最近,反回过头来讨论"民众教育的意义与范围"了。[1]这算是民众教育失败了吗?不,这正是成功以前所必经的尝试和错误的步骤。说民众教育还幼稚倒可以的,但这也是充满着无限发展的可能的幼稚。

和我们所谓民众教育大致相当的欧美的 Volkserziehung 或 Adult Education 的定义是什么呢?依德专家 Erdberg 说:

> 成人教育,包含以加广加深成年者的经验和知识的一切教育活动。青年的中等教育或生产训练,原不在内。但每个国家的成人教育,倘若从它的全部教育分离出来,而当作一个独立的现象,那是无从理解的。因为成人教育的目的、内容以至方法,是受着许多因素的支配的。第一,它的范围被决定于每个国家的全部教育的程度。例如,在一个文盲很多的国家里,成人教育就得包括初等的识字教育了;如果它的人民还

---

[*]　载于《政治季刊》第1卷第2期(1934年3月)。——编校者
[1]　高践四、陈礼江、马宗荣、陈剑脩诸先生,见《教育与民众》第5卷第1、2期。

很缺乏生产的训练,成人教育也就得设法供给这个需要了。[1]

我们十年前的"平民教育",的确就只是一种成人识字教育而已。

五四运动中各学校学生所办的平民夜校之类,主要的是教识字。民九(1920)晏阳初先生发起的平民教育运动,也只是识字教育的宣传。后来,正式组织中华平民教育促进会,目标也不外乎此。十六年(1927)以后,平民学校改称为民众学校,大约为的是表示中国并没有与平民相对的贵族的存在,并且更加遵行总理遗嘱里"唤起民众"的意思的缘故。但变换的只是名词,学校的内容和以前还是一样。

教育部于十八年(1929)公布《民众学校办法大纲》,而且据那年的统计,全国民众学校已有 28 383 所,学生 887 642 人了。

到了十九年(1930)全国教育会议通过的《实施成年补习教育计划》里,便说:"目标在使全国青年和成年失学的民众得受一种补习性质的短期学校教育。这种补习教育很为重要,但在我国学制系统上没有占一定的地位;为便利起见,简称为成年补习教育。成年补习教育本兼含识字训练,公民训练、职业训练三种。初步计划,拟尽先完成识字训练和公民训练的重大工作。"施行的原则定为:"一、用最少金钱,最短时间,使一般民众识字读书,具有运用四权的能力;二、先从集团的人民办起,逐渐推广到散居人民,先从富庶的地方办起,逐渐推广到贫瘠地方;三、受训练的年龄应从 16 岁起,到 60 岁止;四、训练应有很严密的考核;五、训练基础既立之后,应有继续长进的机会;六、识字训练,不但不识字者负学习的义务,识字者也须负教人的义务。"关于增加校舍、培养师资、编辑教材、筹措经费、考核成绩、计划中均有详细的规定,并且限定民国二十五年(1936)底强迫识字教育完成。关于强迫的办法,在初起草的时候,倘使我记忆得不错,还有什么设置特殊警察、征取"愚民捐"等条,虽没有被会议采取,也很可表示那时一部分人对于强迫识字教育是如何地热心了。[2]

──────────

[1] Erdberg, *International Handbook of Adult Education*, 1929, p. 163.
[2] 《改进全国教育方案》,十九年(1930)教育部印。

这计划明白确定：成年补习教育兼含识字、公民、职业三种训练，而初步实施只以识字和公民训练为限。但就在那时，也不是没有人提出过不同的意见。我自己就私自主张，中国的成年补习教育，应认定增进人民生计的目的，以职业训练为主要的内容。那时曾这样写：

在中国，义务教育至今没有开始厉行。四千余万学龄儿童中，没有就学的，依教育部约计，尚有 3 719 万。成年失学在 50 岁以下精神健全的，竟达 20 243 万。失学的人数这样繁多；教育的程度这般落后：在这时经济状况之下，单办到初级小学教育的普及，已是一件至艰极巨的事情。再要侈谈成年补习教育的普及，外人不惊为空想，也要疑为空谈。所以我们如谈到成年补习教育，只容许在最低的阶段上着想，那是毫无疑问的。那末，最低阶段的补习教育应该以识字——在训政期中尤其应该是包括着公民训练——为唯一目的了，为什么反须认定增进生计的目的呢？我的答复，以民众生活的需要，也就是以教学的原理为依据。这时人民生计的艰难，物力的凋敝，且不必说。我们试想象那应该受补习教育的人们，少年、中年、男的、女的、农夫、工人、苦力，他们过着怎样的生活。无业的，固然是救死不赡，求生不易；就是有业的，也谁不是终岁勤动，才免饥寒？他们生活上感觉的迫切需要，是谋生呢，还是求学？即使他们明白了求学正为谋生的道理，又哪里来充分暇豫的求学时间？……教学要有效力，必须受教者先有学习的动机，即先感到学习的需要。此时民众只受着生计的威胁，而没有能感到求学的需要，已如上述。难怪我们以前办的平民学校或民众学校，得不到多少效果。[1]

这是民众教育途径的初期的一点讨论。

[1] 孟宪承：《成年补习教育问题》，载《教育与民众》第 1 卷第 4 期。

二

民众教育的途径,由单一而趋于纷歧,第一步,是它和所谓社会教育的混合。

欧美所谓"Sozial pädagogie"或"Social education",原和我们所说社会教育不同其意义。我们现在惯用的社会教育是什么呢?有人说:"可解释为学校系统以外之教育活动及机关。"[1]从教育部社会教育司所掌理的事务来看,则有公民教育、民众教育之一类,有博物馆、图书馆、文献保存、美化教育之一类,又有公共体育、低能、残废等特殊教育之一类。

话又说回头了:以大多数在艰难的生存的挣扎中而又没有文字的工具的人民,显然的,不会有接受和使用博物馆、图书馆,美术、文献的能力。所以,又不得已而求其次,这时各地方进行的社会教育事业,就集中在所谓民众教育馆——在乡村也称为农民教育馆——的一类机关。照规程,民众教育馆举办讲演、阅览、健康、生计、游艺、陈列、教学、出版等等的事业,其中的教学就指所设一个或几个的民众学校了。

民众教育馆比起民众学校来,其成绩更加经不起检阅,这并不能都归咎于担负这种工作的人的不称职或不尽心。以少量经费、少数人员做这样茫无边际的事业,根本上是难能的。因此,除省立民众教育馆,已经有些规模和影响,农民教育馆做些农事指导、合作组织等事而外;县立的,恐怕还只有其所设的民众学校,是切实有用的。而几年来,所费于装饰、布置以及印刷的章程、报告和民众不很看得懂的图画、小册的金钱和气力,真的也不算少了。

民众教育馆的难办和办不好,据有经验的人说:

> 一般民众教育馆有几种通病。第一种是,民众教育馆的教育,不用人格的感化,而凭物品的展览。民众教育馆请了许多职员,叫他们管理

---

[1] 常导之:《教育行政大纲》,第十六章。

许多图书、仪器、模型、标本。职员的工夫完全用在这许多东西上,只要布置整齐,不使损坏,便算尽其能事;而对人的工夫完全没有。因此,民众教育馆只是随意游览的地方,教育的功效并不能深入于社会。第二种是,民众教育馆只教人家听,只教人家看,只教人家读,而不教人家做。我们深信:在做上教,在做上学,是最有效的教学法。要宣传地方自治,不能只凭空说,须在实际的乡镇自治事业上做起。要改良农业,也不能只凭空谈,须在农家的田里做起。这样,民众教育才会在社会上发生具体的功效。第三种是,民众教育馆的教育活动,多随意做去,想做什么就做什么,并无系统的规划。……第四种是,民众教育馆对于施教的区域和对象,没有规定和限制。省立民众教育馆,以一省为区域,以一省的人民为对象;县立民众教育馆,以一县为区域,以一县的人民为对象。但一个民众教育馆的职员是有限的。以三五人或七八人教千百万的民众,这怎么办呢? 因此,民众教育馆的职员,竟不知在何地施教为最当,教何人为最要,只是开着大门,听民众们自来自去,来者固不拒,去者也不追,进了民众教育馆的大门,看了一遍,领受了些什么,也无从查考。[1]

知道了社会文化机关多数是这么一回事。这是不能对任何个人苛求或抱怨的。我们的问题,在于这时所急需的民众教育,应该不应该采取这样的所谓社会教育的途径?

三

民众教育的途径的纷歧,最后,是由于它和乡村教育乃至整个乡村改进运动的混合。

再从识字教育问题说起。文盲当然以乡村居民占最多数。按照中华平民教

---

[1] 甘豫源:《民众教育》,第七章。

育促进会的估计,中国文盲的成分,城市中为 60%,而乡村为 90%。所以,倘若真的要强迫施行识字教育,则民众学校是非遍设于乡村不可的。

中国乡村教育最先是着眼于乡村小学,其次着眼于培养小学教师的乡村师范学校,最后则想做一个整个乡村生活改进的尝试。几个进步的乡村师范学校,在这目光转移中,自然就给乡村成人教育也开了先路。但所谓整个乡村生活的改进,包括文化、政治和经济的各方面;在这严重的农村经济崩坏的过程中,经济的方面,尤其引起了普遍的注意。乡村改进当然又不是简单的识字问题了。

中华职业教育社于十七年(1928)在昆山徐公桥、十九年(1930)在镇江黄墟先后成立了乡村改进试验区。在后者,起首就着重种树、育蚕、改良棉麦等辅助农业生产的设施。他们的主张仿佛是:

> 今日中国办理乡村改进,其真正目标应在教育上、政治上、经济上三方谋充分的发展,尽可因办理人之学识、旨趣、责任种种关系,不免稍有偏倚。但专司教育者,断不能忘怀于农民之组织,漠视夫农家之生计。以推广新农业为目的者,亦必借学校及讲演以开通智慧。若专注意于政治方面,舍却生计与教育者,亦岂不嫌其空疏?……是以"富"与"教"宣合为一,"富"、"教"与"政"尤宜合为一。[1]

顶值得深切注意的是原来以扫除文盲,办理平民学校为主旨的中华平民教育促进会,自十五年(1926)起,也已经在定县翟城村设了华北试验区,开始社会调查、农业改良、农人教育三部分的工作。梁漱溟先生参观了定县后,有这样的记载:

> 据我们从前所闻,平民教育只是一种平民识字运动,何以转变成乡村改进运动呢?仿佛听冯、陈诸先生的说明,大概是这样:平民教育运

---

〔1〕 江恒源文,载《教育与职业》第 127 期。

动在原初诚然只是单纯一种成人识字运动,尤其是多在都会地方提倡。但我们后来觉察单纯作识字运动是不行的,而且中国不识字的平民大多数在乡村而不在都市。我们每在一个地方鼓吹识字时,很容易招致许多人的同情,作出大规模热烈的游行表示。来愿求识字的,一时可有许多人。但不久人数渐渐减少,大概开首一千人,末后能卒业的不过200人。虽然我们每天不过要他们挪出一点钟功夫,竭力想不妨碍他们的作事或生业;继续的期间不过四个月,竭力想避免他们或有的困难与减少他们的不耐烦。然而在兴趣与需要上,似乎总不能使他们有卒业的忍耐与努力。即此能卒业的二百人,亦很难由此得什么效用;每每因不常应用,而把所识的字忘了。本来文字符号是劳心的人所需用的,而劳力者较不需要。然在都会中的劳力者,其接触文字的机会较多,需用之时亦还有;若乡下种地的人,其接触文字的机会,需用文字的时候可云太少太少。而在中国不谈平民教育则已,谈平民教育,便当先的是乡间大多数的农民;于是单纯的识字运动在平民教育里的不够和不行,更明白了。大约中国社会的缺欠,是整个的文化低陋;每个人的缺欠,是整个的程度能力不足。单纯识字运动既不足为补救,而且遗却其他方面为片面的识字运动亦实在无法可行。因此,掉转方向到乡间农民身上,扩充平民教育的内容……就成了整个乡村改进运动了。[1]

这段文字正触着本篇讨论的中心,所以不避冗长,引在这里。

至于梁先生自己对于乡村改进的观察是怎样呢?又不能不再引他的话:

乡村建设事项虽多,要可类归为三方面,经济一面;政治一面;教育或文化一面。虽分三面,实际不出乡村生活的一回事。故建设从何方入手,均可达其他两面。例如从政治方面入,先组成乡村自治体,由此

---

[1] 梁漱溟:《北游所见纪略》,见《中国民族自救运动之最后觉悟》。

自治体去办教育，去谋经济上一切改进，亦未尝不很顺的。或从教育入手，由教育去促成政治组织，去指导农业改良等经济一面的事，亦可以行。但照天然的顺序，则经济为先。必经济上进展一步，而后才有政治改进、教育改进的需要，亦才有政治改进、教育改进的可能。如其不然，需要不到，可能性不够，终是生强的作法。[1]

现在，许多民众教育实验区、乡村改进试验区，所根据的理论，约不外如上所述。

起于识字运动的民众教育经过了这么几年的多方试探，途径虽若十分歧异，而在认识上倒趋于共同了。十九年(1930)全国教育会议所定先完成识字训练而后再行职业补习训练的原则，没有哪一个人再固执着了。前次国际联盟的教育考察团来，也给了我们的民众教育一点刺戟：他们的报告书里说："关于成人教育之改进，可得而建设者只有一端，即此种教育应更趋实际化并求更接近日常生活是也。即由今日之成人教育观之，大都为一种知识上之消遣与游戏，而非改造社会生活之因素。然而鉴于中国社会经济状况急需近代化之迫切要求，民众教育之主要目的，应即指示达到此近代化之途径。"[2]总之，民众教育必须根据民众在实际生活中所感觉的需要，而其需要尤以经济状况的改善为最迫切。在这点上，大家的认识总可说是殊途同归了吧。

四

最近教育部召集的第一次民众教育委员会的会议又通过了陈立夫先生等起草的《民众教育之实施途径》如下：

民众教育为补助学校教育之不足，以达社会建设之目的。建设之

---

〔1〕 梁漱溟：《山东乡村建设研究院设立旨趣及办法概要》。
〔2〕 《中国教育之改进》，国立编译馆，第123页。

首要在民生,民生问题之内含凡四:一曰人民之生活;二曰社会之生存;三曰国民之生计;四曰群众之生命。是则民众教育之目的,显为充实人民之生活,扶植社会之生存,发展国民之生计,延续群众之生命。换言之,民众教育之重心在民生,宜从民生着眼,从民生入手,以达民权、民族之进展。今欲求人民生活与国民生计之改进,必有待于生活力之充实;欲求社会生存之保障,必有待于组织力之培成;欲求群众生命之光大,必有待于民族自信力之发扬:故生活力、组织力、自信力之培成,实为目前从事民众教育者所应努力以赴之者也。

为求民众教育之进展,须先使学校教育所培植之人才均具有达上述目的之技能,而能成为社会之实际服务者与指导者;然后国家多一受教育之人,即社会多一民众教育者。否则民众教育非社会所有,亦不能为社会本身问题求解决。故欲求今后民众教育问题之解决,仍宜以根本改善学校教育之方针与方法为先决之条件。为治标计,吾人应根据社会客观条件与社会教育主观条件,拟订其目标与方法如次:

一、目标 从民众生活之迫切需要出发,积极充实其生活力,从而培养其组织力,并发扬整个民族自信力,以达到民族独立、民权普遍、民生发展之教育宗旨。

二、方法 各种民众教育机关应供给实际生活之组织、工具与技术,并尽量举办实验区及其他实验事业,逐渐推行,使民众于参与组织、运用工具与技术之中,由做而学,由行而知,因以获得其生活必需之技能与知识。

民众教育事业要循着这个途径进行,当然还要有比较具体而细密的计划。虽然有人顾虑规程、标准之类的偏于形式与机械,或者反而束缚了自由的、特殊的发展;但尝试和错误的浪费,能够节省,才得节省,经过深切考虑的计划总是不可少的。不过这种计划要由有远大的识见而又有实际的经验的人来商量,决不是徒于一个人执笔作文的时候所够能悬拟。以下想提出制定计划前所要考虑的几个问题,这也是大家所想得到的几点,不过在这里先陈述自己的所感罢了。

1. 机关　当前的问题便是由哪几种机关来施行上述的民众教育? 民众教育实验区是基本的;各地方没有设立的,要不要就以民众教育馆的组织来略加改变? 民众学校是不是照旧样而道行? 职业补习学校要不要跟着赶快地添设? 这各机关分工协作的关系是怎样? 这还仅仅说到教育行政管辖下的机关而已。现在民众教育既从整个民众生活着想,则凡县自治区的组织、农业指导和推广机关、农民银行、合作组织等的助力,是绝对的必要的。这些机关和民众教育机关的互相联络的关系是怎样? 而这些机关和教育的密切联络,单靠教育方面的人的呼号又不会成功;则在政府机关方面,先要有政治、教育、生产的统一合作,似乎又是不可少的。

2. 事业　关于民众的生产技术、政治训练、教育文化各方面,能够做哪些具体的事情? 要使民众在参与组织、运用工具与技术之中,由做而学,由行而知,先要问,我们能够供给些什么组织、工具和技术? 凡为"知识的消遣与游戏"或徒饰社会的观听的许多展览、印刷出版等事,怕要省掉许多;而为民众日用生活所必需的技能、设备,是要大大的增加的。像民众教育馆那样机关,其内容和活动要不要重行规定一下? 现在民众教育实验区,还不曾有公布的规程;至如民众教育馆和民众学校、职业补习学校的规程,要不要再审慎地经过一番的检讨?

3. 地方　机关和事业都要适应地方的个别的情形。从上面的论述,已可概见城市和乡村的民众教育事业,显示趋向的极大的不同。单纯的识字运动的行不通,是到了乡间后才显著的。现在,民众教育实验区既已集中于乡村改进事业了。就是省立民众教育馆,据一位馆长说:"深入乡村中,做唤起民众与建设乡村的工作,才是民众教育馆的出路。像一般的县立民教馆,能够有新的方法放在乡村里实验更好。如果限于某种条件,尽可不必标名曰实验区,只要划定区域,从事实验,或者拿人家实验的办法来推广,也就可以。"[1]这样把民众教育的事业推行于乡村,是值得赞美的。但城市呢? 当然也不能说放弃了不管。而且几个

〔1〕 董渭川文:载《教育与民众》第5卷第2期。

都市里已经有些成绩的识字运动,当然还是要设法开展,以竟前功:全国普遍的强迫识字教育暂时虽然行不通,而在行得通的地方却是很应该彻底试行的。还有几处工人教育的事业,如铁道部所办的职工学校等,更加希望其继续发展,并且希望别的国营企业也都有这种职工教育的设施的。这些事业和乡村的民众教育办法不会相同。这种地方的个别的情形,计划时也都应顾及。

4. 人 提起谁去担负这民众教育的工作,大家立即想到要设立特殊的学校去培养人才。像民众教育实验学校的机关,好几省也已经有了。可是,民众教育上每次有一新试验,就要训练一班新成员,不但办不到,不是也来不及吗?现在民众教育几以整个民众生活的改进为其内容了,则凡中学、职业学校以至大学、专科学校所培养的人才,不就是为服务于民众的吗?这次决议案中,有几句很重要而为前此所不很说到的话:"为求民众教育之进展,须先使学校教育所培植之人才,均具有达上述目的之技能,而能成为社会之实际服务者与指导者。然后国家多一受教育之人,即社会多一民众教育者。否则民众教育非社会所有,亦不能为社会本身问题求解决。"这表示关心于民众教育的人们,对各级学校训练学生的方针方法,有着怎样殷切的祈愿。尤其是大学和专科学校为一切最高知识与技术的泉源,而它们的学生,向来对于民众生活和民众幸福还不免有多少的隔膜,像国际联盟教育考察团对于它们的批评,"青年一入大学,即成特殊阶级之一员,对于本国大众生活茫然不知,对于大众生活之改进毫无贡献"[1]。是尤必期求其幡然改正的。至于专为训练民众教育人员的学校,最初多数因袭了师范学校或教育学院的体制。今后要向着新的途径而迈进,则其学生所需的训练的内容,也当然不止一点教育的常识、几项教授的技能;而尤其要授予生活上精切实用的知识与技术,引导其对于整个民族和社会问题的理解,并唤发其为民众教育服务的兴趣与忠诚,这也是没有疑义的。

二三(1934),二,一〇

---

〔1〕《中国教育之改进》,国立编译馆,第175页。

北夏实验区的最近[*]

一　实验的倾向

在乡村里开辟一个试验民众教育的园地,我们只感觉自己的能力的薄弱和工作的头绪的纷繁;一想到要普及教育,而农人的生计,立即引起了我们的焦心;才想到改善经济状况,而农人的自治组织以至一般政治的问题,又迫促着我们的注意。在这相互错综的许多问题中,我们仍只有从教育问题出发,先使我们的工作能够配合现时乡村的情境;跟着培养农人的力量,使他们能够以自力更新这乡村的情境;所愿不止于此,而所能就限于此了。如果国民经济的建设能够展开;民族的意识能够充分表现;那么这乡村里,自然透露了新的光明。到了那时,我们更可以确定范围,集中劳力,在民众教育的编制、内容以及方法上,一项一项试探出具体的途径来。

二　成人教育

在民国二十一年(1932),我们开始北夏实验区工作的时候,就分区设立了 5 个中心民众学校,以下,划人口 240 户为一个施教区,各设一个民众学校,另就各

---

[*]　与马祖武合写,载于《教育与民众》第卷第 10 期(1937 年 6 月)。——编校者

村原有的小学给予补助,设立若干合作民众学校;希望这样乡村里成人的最低限的基本教育,可以渐渐普及起来。二十五年(1936),江苏省颁行全省公民训练办法,各县就自治区设立中心民众学校,以下设乡镇民众学校。北夏,是无锡县的第二自治区,我们在东亭镇的中心民众学校,即改与县教育局合办;原有其余的中心民众学校,同时变更编制。现在东亭中心民众学校,一方面照省颁办法,施行自卫训练,而一方面关于公民训练的教材方法,以及壮丁救护班、妇女救护班、少年团等组织和活动,我们仍在尽力地进行试验。

为加紧我们扫除文盲的工作,本年就三蠡乡与县教育局合设一个强迫识字教育实验区,按乡内各保,征集16岁以上30岁以下不识字的男女,分期训练;第一期,先征集400人,成立强迫识字班八班。经过我们以往的一点努力,区内文盲和人口的比率,原已只有54%了。在三蠡乡,我们估计一年以后,照教育部规定的强迫识字教育年龄以内,将没有一个不识字的人。

我们所了解的成人教育,决不止于识字。我们相信:真实的教育,必须在农人的实际生活里进行。只有把握住他们的实际生活问题,帮助他们逐渐满足生活的需要,由做而学,由行而知,才能够显现教育的功效。在北夏,我们很早就组织了乡村改进会,以扶植乡村自治的初基。凡指导农事、提倡合作、建筑村路、整理村容等等,力之所及,无不黾勉为谋。可是我们的能力是有限制的;关于这方面已有的一点事业,下面再详细另述。而对于农人应有的最低限的基本教育,我们是必以全力促成它的普及的。以下是现在民众学校及识字班的一个统计:

学校或班级	地 址	就学人数	编 制
中心民众学校	东亭镇	234	公民训练一班、妇女救护队一班、男女少年团各一班
王岸圩民众学校	王岸圩	120	识字班男女各一班、手工艺传习班一班
查家桥民众学校	石埭桥	170	公民训练一班、识字班一班

学校或班级	地 址	就学人数	编 制
三蠡乡民众学校		194	公民训练一班、男子救护队一班
大同桥合作民众学校	粉皮糖桥	39	
隔墙合作民众学校	隔墙村	42	
吼东合作民众学校	河庄桥	40	
石城合作民众学校	客船巷	45	
白丹合作民众学校	白丹山	38	
版村合作民众学校	马家里	40	
蠡新合作民众学校	蔡巷上	37	
周钦合作民众学校	北俞巷	44	
蠡峰识字班	蠡 峰	100	男女各一班
南钱识字班	南 钱	100	男女各一班
象斗树下识字班	谢 巷	100	男女各一班

三 青年教育

要想培养农人自己的力量,以更新这乡村的情境,我们不能不先着力于教育一部分乡村中优秀的青年。他们是将来乡村改造的中坚,也是现在我们工作的后劲。过去,我们民众学校已受学的青年分子和乡村改进会的有力会员,已发生继续教育的需要。同时,区内儿童毕业于小学者渐多;无论乡村里还没有中等教育的形影,即以现制初级中学课程来说,也岂能适合这时乡村生活的情形?怎样能够适当地供给这一阶段的教育,以提高乡村青年的技能知识的水平,而加强他们的组织的力量?为这问题,在我们中间,不知经过了多少次有时耐心、有时热烈的论辩。最后,才于二十五年(1936)的冬天成立了一个青年学园。

这青年学园的特点是：(1)每年农闲季节自十月至五月的八个月为就学期，学业可以一期结束，也可以继续到第二期。(2)课程分两部，一部是学科，一部是劳作；这两部的课程都要配合青年在实际生活上的需要。(3)学校生活注重师生的共同求知，共同操作；场舍自理，膳食自炊，不借助于一个工友。就在这劳作中养成纪律、友爱中发生忠诚。(4)男女青年从生产劳作中获得技能知识的训练，同时希望以自己劳力的所得，供给求学中生活的所需。生产劳作，在农艺方面分耕作和饲育各组；在工艺方面分金木工、编制、纺织、缝纫各组。

第一期学生 44 人，现在已将结束他们的学业了；其中最大多数还要求继续第二期。第一期的生活日程如下：

时　间　活　动　星　期	一	二	三	四	五	六
5:30			起　身			
5:30—6:00			整洁　盥洗			
6:00—6:30			集合升旗及早操			
6:40—7:25	纪念周	农村社会	农艺	农村社会	合作	国文
7:30			早　膳			
8:00—8:45	合作	音乐	国文	国文	国文	国文
8:50—9:35	算术	生物	算术	地理	算术	地理
9:40—10:25	生理	生物	公民	音乐	农艺	图画
10:40—11:40			劳　作			
12:00			午　膳			
12:30—1:30			静　息			
1:30—5:00			劳　作			
5:30			降　旗			
6:15			晚　膳			
7:00—8:30			自　习			

这四十多个青年在愉快地、刻苦地过着他们的新鲜的一段求学时期,而在我们啊,却严肃地感着这进行中的教育试验的责任。成功或失败,这时还不能预期。整个学园是一个尝试。教学和生活的训导没有一项不是尝试。而我们所最苦于无法解决的难题,是因为物力的限制,农场和工场至今还没有一点规模,这使我们生产劳作的计划不能够如期的一一实现。现在所有的农事和饲育的活动,只可算一个小小的起点而已。青年们的活跃的反应,引起我们的苦思,引起我们的同情的奋勉。

四　儿童教育

假使义务教育能够依限完成,我们在乡村民众教育里,便用不着再分散精力于小学所应担负的工作。无如以北夏论,区内公私立小学所收儿童总数,还不到全区学龄儿童总数的1/3。儿童失学的严重的情形,很早就要求我们的注意。历年就在民众学校附设儿童班,而合作民众学校原是就小学来推广的,它们的儿童班更竭力在增加就学的人数。以下是这些学校儿童班人数的统计:

学　　　　　校	儿童班人数
王岸圩民众学校	49
大同桥合作民众学校	56
隔墙合作民众学校	51
吼东合作民众学校	52
石城合作民众学校	67
白丹合作民众学校	42
版村合作民众学校	57
蠡新合作民众学校	39
周钦合作民众学校	62
总　　计	475

为了适应区内儿童就学的需要,也为了造成一个乡村儿童教育的中心,以供集中的试验,最近我们把以前的蠡埻中心民众学校,改组为一个儿童学园。

我们想象里的乡村儿童学园,要有富于伸缩的编制:要有二年制的短期小学、四年制的小学、六年制的小学;要有切合乡村生活的课程和教材;要有充分有效的教学的方法。可是我们的儿童学园还在初创,物质和师资的限制还无法避免。现在勉强成立了四个教室,计二年制短期小学一级、四年制小学一级、六年制小学单式编制一级、复式编制一级,总共儿童二百余人。在教材方面,我们正在四年制的一级进行混合课本的编制的试验,目的在以简约的教材、增加的学习时间、经济的学习方法,于四年之中达到六年制的标准。(这一试验,与惠北实验区联合进行,在本院[1]另有设计委员会负责计划)

儿童学园的成立,使得我们在这乡村的教育上,从成人、青年以至儿童的各阶段,具有一个全部联系的结构的雏形。然而当前的困难是很多很多的,学级是逐年要添加的,校舍怎样能够敷设? 师资怎样能够补充? 教育的内容是试验的对象;教材怎样能够精审? 方法怎样能够优良? 这种种问题,或者不是我们所仅有的能力所能解决,而没有坚决忍耐的信心,没有不绝的努力,是终于不能解决的。

五　乡村社会的各种活动

除以上主要的各种教育试验以外,历年以来,我们更竭其余力,使教育的工作渗透到乡村社会的实际问题里面去。

乡村改进会初组织的时候,区内保甲制度尚未完成。我们以这种农人自动的结合,来推广学校、改良农事、提倡合作、建筑乡道、协助保甲编查;而顶紧要的,是以这种集体的力量来革除乡村中腐旧的残余的势力。例如合作完粮等事,农户的获益殊多。近来乡镇公所已能依轨进行,而它们自愿地接受我们的指导,

---

〔1〕 即当时的江苏省立教育学院。——编校者

也无非显示教育的活力。公民训练办法施行以后,区内又组织受训公民同学会,凡遇劳动服务,千百人一呼立集。现有乡村改进会计 19 处,会员 320 人;而受训公民同学会,则已有二千余人了。关于乡村公益的举动,农人都能踊跃参加;即以已成的乡道而论,自东亭至西仓,自蠡塅至鸭城桥,自北钱至王岸圩以及其他支道,总计也有三十余里了。为了确立乡村自治的基础,最近又划定三蠡乡为模范乡,王岸圩为模范保,以从事保甲教育的试验。

关于生计教育的设施,我们设立一个区农场主持区内农业推广、农事指导、合作组织、副业提倡等工作;并做一些作物园艺的地域性试验。我们又特划定石埭桥附近九保为生计教育的中心区域。在这中心区域及其他区内各村现有的事业如下:

名　　称	地　点	数量	说　　　明
信用生产合作社	大同桥・大西园	2	二社现有社员共 25 人,社股 25 股,股金 50 元,大西园社兼营有消费合作事业。
稻蚕生产供销合作社	壤西村・石埭桥	2	二社现有社员共 34 人,社股 40 股,股金 80 元,壤西社有公积金 90 元。
养蚕合作社	东周巷・花朵园・堰下・石城・隔墙・三蠡・荷花池	7	内除三蠡、隔墙二社在筹备组织外,其余合计现有社员 68 人,社股 68 股,股金 136 元。
农村工艺品产销合作社	大西园・北俞巷・薛家里・张公桥	4	与本院农场合作组织提倡编制草地毯,现有社员 97 人,最近出品每月平均 542 方。
利用生产合作社	王岸圩	1	该社拟利用电力从事磨面、灌溉等生产工作,现已集得股金 450 元,尚在筹备进行中。
手工艺传习所	王岸圩	1	该所专以传习织毛巾织袜等手工业,已在王岸圩觅得相当房屋,现正进行招收学员。

续　表

名　称	地　点	数量	说　　明
流通农村金融	全区各村巷		计分农本、畜本、蚕种本及农仓储押抵借本等四种放款，债户信用均佳。
养蚕指导	蠡垟·东周巷·堰下·壤西·石城·荷花池	6	除蠡垟由本区直接指导外，其余均与无锡县蚕桑模范区合办，现共有育蚕户586户，本年饲育蚕种1412张。
指导鲜茧运销	各指导所地点		截至去年秋蚕止，计办理鲜茧运销4次，共计参加运销茧量835担69斤，每担比市价扯高4元，获益2542元余
造林	东亭·吼山·白丹·亭仓区道	4	历年曾指导民众植树计6410株，本年在亭仓道植树1100株。
垦殖合作社	吼山	1	现有社员30人，共50股，股金100元。
特约麦田	蠡垟·查家桥	2	民众对于已往推广之金大26号及美白等麦种均甚信仰，故自本年度起特约农家38户，分金大26号、美白及锡麦1号等优良麦种，面积共计35市亩。
治螟试验区	查家桥	1	已划查家桥分区为实施中心区，曾举行大规模治螟宣传运动2次，该区低田中均灌水以灭螟，现正筹办合作秧田。
小麦繁殖区	蠡垟	1	现有麦田5亩3分。
育兔试验	蠡垟	1	现有盎格拉兔12头，正在繁殖中。
合作讲习会	蠡垟	1	抽调区内各合作社社员加以训练，每届30人。

　　在卫生教育上，我们就蠡垟设立卫生所，在东亭、石埭桥设卫生分所，此外在人口50户以上的村落设有简易药库。除为民众治疗疾病外，主要的工作还在医

药常识的灌输和卫生运动的指导。因此,运动会、清洁运动、防疫运动、健康比赛等,也常在区内轮流进行。

在文化和休闲教育上,我们在蠡埠新设一个民众图书馆,藏书已有 3 150 册,以供给青年学园、儿童学园及各成人班级的师生与附近民众的阅读的便利。又在区内隔墙村、王岸圩、查家桥、南钱等十处,设立巡回书库。在图书馆和巡回书库流通处,又分别组织儿童、青年、成人等读书会,以增厚民众阅读的能力和兴趣。此外,我们对于民众音乐的提倡是向来重视的,除组织各地的唱歌队外,我们还设立了蠡埠、北钱、查家桥等处的民众茶园。又在东亭、石埭桥,设立了民众俱乐部。为了从事电化教育的尝试,电影不时在区内巡回放映。最近在每个较大的村落上,也都有无线电的装置了。

六 北夏的展望

北夏的实验,现在已是第五年了。全区的面积有 138.5 方里;人口有 25 392 人。历年把工作一再密集,到最近更以三蠡乡和它的周围为实验的中心。工作同人计本院讲师 3 人,实习同学 8 人,干事 14 人。本年经费计 8 712 元。力薄愿宏,怎样能够自炫什么成绩呢?虽则所辛勤播种的不能说竟没有一颗一粒的收获,而一展望这年年培护着的园地,依然还是一片的荒芜。

可是任何实验,都不过是根据一些假设而进行的尝试。假设能够证明,尝试便算有了结果;不能够,则或者再耐心进行,或者根本变更假设。所以在实验工作里面,我们需要时时作自我的批判和校正;更需要关心于这种工作者,给予我们以同情的批判和有效的校正。

现代教育上两大思潮[*]

在社会上各项职业中,教育的职业向来最平淡、单调;然近年新教育运动发生,在短期中,改革学制,变换教材教法,编造和试行测验,作大规模的教育调查,以极平淡之教育界,变成很热闹,加上很丰富的色彩,沉闷的顿然变了很活动,单独的顿然变了很复杂,这是很乐观的一件事。但此也恐非教育界的常态,语云:"其进锐者,其退速",[1]假使单赶热闹,没有根本上的了解,仍系盲目的进行,那末,它的运命,恐不能长久,从这里讲来,教育就不无危机! 今天讲的现代教育的两大思潮,就是关于根本原理方面的。

现代教育学说,和时代思潮很有影响,时代思潮分理想主义与实用主义,教育上也有两大流派。我先举代表的学说,然后再加批评。

一、理想主义

德国耶拿(Jena)大学教授倭铿(Eucken),为现代理想主义的代表。他是个哲学家,并非教育家。但是他的门人颇多尽力于教育的,所以他的哲学思想于教育很有影响。他的弟子有布德(Budde)、林德(Linde)等。倭铿的哲学,提纲说起

---

[*] 原为演讲辞,由沈炳魁、王芝瑞、胡镕成和张炳坤记录,载于《时事新报·学灯》第5卷第12期(1923年12月)。——编校者
[1] 语出《孟子·尽心上》。——编校者

来,可以"精神生活"四字做他全部哲学的中心。精神是一切生活和存在的本源。我们同具有精神,如各人能把它扩充发挥出来,就是可以把个人的人格发挥出来,他的宇宙观、人生观都是表示"精神生活"的。布德、林德二氏为理想派教育的健将。

1. 布德　布德主张教育的唯一任务就是陶冶各个人的"精神生活"。何谓"精神生活"? 总括有四大元素:

(1) 宗教;

(2) 道德;

(3) 科学;

(4) 美术。

何以教育要特别陶冶"精神生活"呢? 可听以下的说明:

(1) 宗教——宗教在中国似不很重要,而西洋人谓"精神生活",全恃乎宗教维持。不平凡之生活,精神上有安慰扶助之必要。在实际生活上,谁不感着痛苦? 如果对于宗教上有了信仰,那么在无论什么时候,都有安慰。人格伟大的人,往往要宗教上的训练。

(2) 道德——道德二字,闻之久矣。何谓道德? 它是社会对于个人的律令。倘使要遵守道德的律令,便要牺牲、克己、服从,这些德性,非内心中经过一番奋斗不可。

(3) 科学——科学与人生有什么关系? 科学不但是知识技能,科学是须把各个的事业,归纳成原理、成系统的组织。换句话说,就是从小的琐碎的事实中,提纲挈领的归纳成功普遍的原则。最高尚的精神,也要能做这样的生活。

(4) 美术——美术可以发展想像力,想像力可以超出一切现实生活。由不完全状态,而达于美满的境界。换句话,就是把最高的最远的东西,引到最近的最低的意境中来。所以要提高"精神生活",必须要有美术的陶冶。

以上四种,是布德先生所说的:教育是什么? 依布德的意思,教育是完全"精神生活"的惟一任务,所以要好好地培养以上四种,四种培养好了,"精神生活"就完满了。

2. 林德 林德以人之本质,分作两方面——物质与精神。但精神应该超过物质。设使不能,或物质反而压迫精神,那末,生活就要堕落了。林德说,学校教师与学生,教育者与被教育者,都应有精神统驭物质的能力。总之,林德很注意于人格陶冶。他对于人格陶冶,有以下的四个条件:

(1)热诚能感 林德把人格建立在感情上,是很可注意的。无论在哪个时候,有恳切精神的人,就可以担负大任;而且能感动别人。这种主张,中国儒家的学说,仿佛相类。子思作中庸说"诚者天之道也,诚之者人之道也"。[1]孟子传子思之学,又说"至诚而不动者,未之有也;不诚,未有能动者也"。[2]这许多话,却与林德氏暗里吻合。这是陶冶人格的第一要素。

(2)个性显明 人的特性愈显明,那末,人格愈坚定,所以个性显,为陶冶人格的第二要素。

(3)生动独创 凡要有新事业,先要有敏捷的创造力。假使没有这种能力,那就不能有伟大的人格。所以知识很强,有创作力,是陶冶人格的第三要素。

(4)操守巩固 上面的第一项,是属于情的方面的;第三项,是属于知的方面的;现在所说的,是属于意的方面的。吾人要有坚确不易的意志,先要克己,制欲,不为外物所动。有此操守,方有泰山岩岩,壁立千仞之概。这是陶冶人格的第四要素。

知、情、意各方面,都有必具的要素。教育的任务,就是陶冶这四条件的。

这四位先生的学说,都是理想主义派倭铿的说素。现在我们可以略加批评。照我看来,有长处也有短处。长处是什么?(1)在现代物质发达极盛的时候,不但注意知识,独能注意到锻炼意志和陶冶感情;(2)精神训练,能包有宗教、道德、艺术上的修养,对于功利化、机械化的教育,可以痛下一针砭;(3)提出训育上、教学上人所不注意的元素——人格感化。对于现在教育界,只讲数量的增多,不讲品质的高下,也可作一个纠正。短处是什么?(1)不讲方法,单讲目的。教育固当以人格为中心,但实际上,教育并非简单的历程,必预具有详细的方法;

---

〔1〕《中庸》。——编校者
〔2〕《孟子·离娄上》。——编校者

（2）重视情意，不重启发理解力。对于感情萎缩的民族，固是对症下药；而像中国人的头脑不清、理知糊涂，确不可不加以斟酌。

二、 实用主义

实用主义的代表，就是杜威（Dewey）。杜威这个人，恐在坐诸君，也有看见他过的。他的学说，想大家都已知道。杜威说，"教育即生活"，"教育就是改造经验"……等等。谁也知道的。但是要彻底的、有系统的明瞭他学说的人，恐怕还是少数。他的学说总括起来有四项：

1. 教育假使不能在人生经验上发生效果，教育就是无用。照他的眼光看来，教育的工夫，只要在生活经验上起改组。

2. 人生经验，不外是应付环境，倘有人一刻不能应付环境，或制驭环境，就是一刻不能生存。

3. 怎样应付环境？全靠思想。所以教育中心，就为思想的训练。

4. 思想训练好，环境能应付，教育即影响于经验。所以教育即生活，学校即社会。社会趋向平民主义，教育的理想，也应该守着德谟克拉西（Democracy）的精神。

以上四项，能够牢牢的记忆，就能得杜威学说的纲领。那么，无论他哪种著作，如《学校与社会》（*School and Society*）、《思维术》（*How We Think*）、《平民主义与教育》（*Democracy and Education*）等等，都可一以贯之！

杜威是个实行家。他在1898—1903年的时候，在美国办试验学校，实现他的教育理想。至今美国教育，无不受其浸润。同业中如桑代克（Thorndike）等，都用试验的态度，在教育测验课程方法上大放异彩，这都是他实验主义的表现。

我们现在约略知道杜威学说的大概，再把他来批评一下，照我个人意见，他的优点有：

1. 对于思想糊涂、侧重文字的人民，很有益处。所以对于我国的教育界，不啻下一针砭。

2. 整理思想方法，很清楚而有条理。

3. 他重试验态度，故于方法上，多所发明。

现在有好多人非议杜威，这大概不明杜威学说的缘故。非议杜威之病，确为宣传者的过。然他的短处似乎也有：

1. 太偏实用方面，吾人于最高文化、学术上，要重无所为而为的精神，不可专问效果。如作图画作诗，确无在用处，然而它的价值，不能以效果两字去估量它。杜威自己原说，人生要丰富美满，他并不排除教育中文化的分子，而他的学说的末流，往往是轻视文化，趋重实利。

2. 注意现在的社会环境，不能超过现代生活，没有高远的思想，社会化可善可恶，以社会为理想，会切近，不会高远。

以上所讲的，是现代的两大思潮。实在都很肤浅。此刻要把它来统括比较一下：

理想主义是主情意的，实用主义是主知的。理想主义重高远的目的，实用主义重切近的方法。以东方学说作譬，理想主义是儒家，而实用主义是墨家。儒家之说，如子思、孟子以诚为人格中心，前已说过。而《中庸》说"惟天下至诚，为能尽其性"孟子说，"万物皆备于我矣，反身而诚，乐莫大焉"[1]所谓"尽其性"，岂不是发展人格；所谓"万物皆备于我"，岂不是如倭铿所谓人具普遍的精神？不是我好附会，东西学说，原尽有偶然暗合的地方。至于墨子所谓"言足以迁行者常之，不足以迁行者勿常"[2]，学者久认为是现代实用主义的表证。儒家墨家长短的优劣，理想主义与实用主义的长短优劣，不是匆促间所能评定，"而要归于时代与社会，使教育理想斟酌时势、适合国情。近年新教育运动，实在是偏于实用主义的，这大家必定承认。而这运动，不是没有反响。即就教育界文字观之，如刘伯明先生之《以哲学眼光批评近今教育趋势》[3]、汪懋祖《我国现时教育之

---

〔1〕 语出《孟子·尽心上》。——编校者
〔2〕 语出《墨子·耕柱》。——编校者
〔3〕 连载于《吴江中学校校友会汇刊》第 8 期（1923 年）和第 10 期（1924 年）。——编校者

弊病与其救治之方略》[1]、李璜《国民教育与国民道德》[2]，均有偏于理想主义之倾向。照我的愚见以前说过了，在现代的中国，思想糊涂，行事敷衍，实用主义，是一个救时良药。至于培养人格，磨砺精神那些话头，我以为最好不要犯作空谈爱唱高调的老毛病，只要保存我们儒家躬行实践的态度，多致力于人格上的感化，这和实用主义不必抵触，而应当并行不悖，否则就是再揭橥理想主义出来倡导宣传，还是空谈，有何实益。而反动的论调，或足以动摇新教育极薄弱之基础，所以提出这些问题来贡献诸君，错误的地方，请诸君指正。

一九二三(1934)，十一，四，于一师。

附注 这稿已经孟先生改正，所以很正确，并很能代他负责任。

---

[1] 载于《教育丛刊》第 4 卷第 4 期(1923 年)。——编校者
[2] 连载于《中华教育界》第 12 卷第 12 期(1922 年)和第 13 卷第 2、3 期(1923 年)。——编校者

麦克门*

最近《伦敦时报教育副刊》(*The Times Educational Supplement*)上说,麦克门氏(Nornan MacMunn)于去年 10 月间在意大利逝世了。麦氏有名的教育试验——迪脱黎学校(Tiptree Hall)——国内谈起的人绝少。他的著作,《儿童到自由的路》(*The Child's Path to Freedom*),又因为早缺版,不很流传。在英国教育书里,引到麦氏的话,也只是东鳞西爪。我久想取全书来一看,也还没有能得到。现在只能照《伦敦时报教育副刊》上记载的,作一个简短介绍。

麦氏从牛津大学毕业后,先在新闻界里做事。12 年前,他开始在诗人莎翁[1]的故乡 Stratford-on-Avon 中学里,试验他理想的教学法。他是主张教学上完全的自由的。他让学生依着各人兴趣自由学习。废除班级,让学生自行分团,自作教师,互相教学。他的学校像一个研究会,自己不过是会里的一个导师。后来他的学生和学生的父兄,敬爱他,感谢他,捐金给他独创一个新校,就是迪脱黎学校,作为他自己教育理想一个试验的场所。当时正在欧战中,这学校暂时就供给战死者孤儿的义务教育,凡 18 个月。后来经费告竭,改为收费的私立学校。但氏对于教学法的试验是始终不辍的。直到去年,他因病移居意国[2]San Remo 地方。因为学生有跟他去的,他本想连学校也跟着搬过

---

* 载于《新教育评论》第 1 卷第 8 期(1926 年 1 月)。——编校者
〔1〕 莎士比亚。——编校者
〔2〕 意大利。——编校者

去，到 10 月里竟病殁了。

氏的学校，与其说它是一个"作业室"（Work room），不如叫它一个"游戏室"（Play room）。因为他和学生表面上看去，只是终日游戏着，精神上是十分自由活泼的、友爱的、愉快的、有诙谐的趣味的。就有时候大家集中注意地、静默地工作，氏指导学生的谈话里总是庄谐间出，不时有很适宜的笑话，叫学生自然不会感着疲劳的。

氏的学校不分班级，但让学生自由地合"伴"（Partnership）、分"团"（Group）。两人合一伴，五六人组一团。同伴有相互友爱的教导的关系，每团有随时认定的活动。他的组织法，据亚当斯说，是"道尔顿制的初阶，也可以作道尔顿的替代。"（见 Adams, *Modern Developments in Educational Practice*, p. 148）

学校里没有功课时间表。大概每天上午，大家做数学三刻钟，以后便自由作业。有的写他们的故事，有的绘他们的画图，有的看书，有的谈话。到十二点一刻，大家在一块吃饭，先生和学生说说笑笑，很快乐的。一点半钟继续工作。四点以后，便是足球、游戏、跳舞、手工的时间了。

氏的教学法，全部可说是一个大"设计"（氏自己当然不用这名称的）。他的教具是一部小"百科全书"。他同学生有一个共同的嗜好，就是喜欢从各种图画、美术风景的明信片、报章、杂志、书籍、字典、百科全书中，去搜寻关于感着兴趣和需要的材料，剪下来聚集在一起，黏在纸片上，编列起来，放在匣子里，成为一部"纸片的百科全书"（Card encyclopedia）。氏自己做的一部，是全体学生的公共教科书，共有画片、读物约 50 000 片，分储 144 匣。学生做的，多少自然各人不同，程度性质也不一律，看各人的能力、兴趣怎样了。

凡是到迪脱黎学校参观过的人，没有不欣羡、赞叹他们那种自由、快乐的学校生活。去时怀疑的，看了便也悦服了。有一次，Cardiff 大学教授斯科特（Scott）氏去参观，他看见学生那样随便嬉游，于学业上必毫无所得，很不以为然。他看着一团学生，大家坐在草地上，一个学生正在讲一段历史上的事迹。有的人似乎注意，有的只像看了园里的花鸟出神。一会散了。斯氏故意跟他们到室内,看他们忙着开匣子、觅参考材料,便对着一个学生问道:"你们到底忙的什么?"那学生开出麦先生的百科全书匣子,检出刚才所谈的一段事实,高高兴兴指给他看道:"先生,你看这不是我们找的材料么?"史氏和他一谈,才知道他对于学科的知识,原来十分充足。很是叹服。临别对麦氏说:"麦先生,我以前误解了你和你的方法。现在我知道你是很对的。我看你的学生那样快乐,我知道这于他们将来终身的生活,有重大影响的。"

麦氏死后,英国新教育试验上,少了一个可爱的、有趣味的人格。他的同志、他的学生,纪念他,正酿资给他重印那部《儿童到自由的路》的书,并且设法把他的教具——"百科全书"——陈列在适中的教育机关,供人们的观览。

商戴克讲学二十五年纪念[*]

学过心理和教育的人没有不知道商戴克(Edward L. Thorndike)[1]的。了解现代教育之科学化的潮流的人更没有不了解商戴克的地位的。西肖尔氏(Seashore)说:"现在没有一个学校,一种人文科学,不受商戴克的影响的。"

商氏在哥伦比亚大学师范院任教授,到今年2月,满了25周年了。在这百年1/4的时期中,他讲学、著书、指导、实验的结果,直接间接训练了无数的教师和研究家。他的师友和弟子都想给他一个热烈的、适当的纪念。2月里,趁着美国全国教育会教育局长组在华盛顿开大会的时候,许多心理学者、教育学者都在那里,大家发起一个宴会。商氏的先生卡特尔博士(J. M. Cattell)、同学吴伟士教授(R. S. Woodworth)、哥校师范院院长拉塞尔博士(J. E. Russell)即席都有演说。他的弟子从各方来会者数百人。欢然道故,奉觞上寿,好一个盛大的庆祝,接着《师范院月刊》(*Teachers College Record*)又出一本《商戴克纪念号》,由商氏门下的博士弟子执笔。将他的著作,从1898到1925年,制成一部编年式的目录和提要。又把他对于动物心理、遗传、学习、儿童心理、个别差异、智力、教育行政、统计、测验各类的学说和贡献,每类作一篇简明扼要的论文。这样举动,也可算一个学者能享的殊荣了。

---

[*] 载于《新教育评论》第1卷第23期(1926年5月)。——编校者
[1] 商戴克今多译为桑代克。——编校者

商氏生于 1878 年。[1] 卡特尔说,据他统计的研究,天才儿的父亲多半是宣教师;詹姆斯(James)兄弟是大家知道的一个例,现在商氏兄弟,又是很好的一个例(商氏兄弟 3 人,都是哥伦比亚的名教授)。商氏毕业于卫斯理大学。入哈佛,受学于詹姆斯,得硕士。于 1898 年在哥伦比亚得博士学位,出去当了一年教员。于 1899 年,由哥校师范院聘任心理学教员,1910 年以后为教授。近年氏专任教育研究所(Institute of Educational Research)主任之职,已不兼普通讲课了。

氏的著作,这次编目的,共 296 种。除了杂志上散见的论文以及各种测验量表并为重要的贡献外,其最有名的著作,略举如下:

1.《动物的智慧》(*Animal Intelligence*)(MacMillan),1898 年初版,1911年增订再版。

2.《心理社会测量原理》(*An Introduction to the Theory of Mental and Social Measurements*)(Science Press),1904 年初版,1913 年增订再版。

3.《心理学概要》(*Elements of Psychology*)(A. G. Seiler),1905 年初版,1907 年增订再版。

4.《孪生儿测量》(*Measurement of Twins*)(Science Press),1905。

5.《教学原理》(*Principles of Teaching*)(Seiler),1906。

6.《个性论》(*Individuality*)(Houghton Mifflin),1911。

7.《教育概论》(*Education: A First Book*)(Mac Millan),1912。

8.《教育心理学》3 卷(*Educational Psychology*)(师范院),1913—1914。

9.《教育行政》与 Strayer 合著(*Educational Administration*)(Mac Millan),1913。

10.《教育心理学大纲》(*Educational Psychology*)(Briefer Course)(师范院),1914。

11.《商氏算术》(*The Thorndike Arithmetic*)(Rand MacNally),1917 年初

---

〔1〕 应为 1874 年。——编校者

版,1924 年修正再版。

12.《英文基础字表》(*The Teachers' Word Book*)(Mac Millan),1921。

13.《算术心理》(*The Psychology of Arithmetic*)(Mac Millan),1922。

14.《代数心理》(*The Psychology of Algebra*)(Mac Millan),1923。

15.《智力之测量》(*The Measurement of Intelligence*)(师范院),印刷中。

我们不问别的,单从上表上看,也可以知道商氏的学问,是(1) 从动物心理入手;(2) 到教育心理;(3) 最后注力于智力学力的测量了。

《动物的智慧》是商氏 24 岁时的一篇博士论文,而后来成为这种学问上的大贡献的。氏在学生时代,即从事观察小鸡、猫、狗的本能的和学习的反应。他在哈佛时,寓所主人看着他的一群小鸡、许多试验器具不胜其扰,请他把实验室搬到别处去。他没法,还幸而詹姆斯他老先生把自己住宅的底层,给他用了。后来到哥伦比亚,卡特尔教授最爱重他,把 Schermerhorn Hall 的顶层统给他做实验室,他又从猫狗试验到猿猴。他在试验上所发明的工具如"迷津"(Maze),如"谜匣"(Puzzle-box),如"符号反应试验"(Signal reaction experiment),都是后来研究家无数回试验里用的。从动物试验的结果,他的有名的"学习律"——预备律、练习律、效果律——便形成了。

拉塞尔于 1899 年请商氏到哥伦比亚讲教育心理学。他说:"那时'教育心理学'的名词和内容还没有创造出来。不过我觉得,对于教育的理论和实践上这样重要的一门研究,在师范大学里,应当占一个相当的地位的。商戴克呢,我知道他是在研究猿猴的心理;我觉得,那是研究儿童心理一个很好的初步。"这样说教育心理学今日的地位,可以说大部分是商氏所造成;他那《教育心理学》3 卷,便是这门学问创造的记载。其中除上述"学习律"一部外,最重大的贡献恐怕要算"个别差异"一卷。这"个别差异"的一个原则,是他最早在所著的《教学原理》和《个性论》里所反复说明,也是他后来在许多测验里所反复应用的。

商氏曾说:"一切存在的事物,存在于数量里。"(Whatever exists, exists in some amount.)他的弟子麦考尔在所著教育测量书中给他下一转语道:"凡存在于数量里的事物，皆是可测量的。"（Anything that exists in amount can be measured. ）教育所以逐渐由思辨的哲学成为严密的、正确的科学，大半由于测量的运动。这运动的灵魂，便是商戴克。斯特雷耶（Strayer）氏说："最先应用统计于心理学的是卡特尔；最先应用统计于人类学的是博厄斯（Boas）；最先应用统计于教育学的是商戴克。"这话决非虚誉。麦考尔计算近年教育测验上 30 项贡献中，至少有 24 项是商戴克和他的学生做的。

商氏在教育上的贡献，可以简括地说，是：用科学方法研究教育，把教育化成科学。他在哲学上是一个唯物的一元论者。他对于社会政治问题的态度，卡特尔有句妙语："在商戴克里，'商戴'（本义为"堤防"，以喻保守）比'商'（本义为"刺"，喻破坏急进）要更为显明。"（The dike in Thorndike is more in evidence than the thorn. ）他早年为学习效力转移问题，和伦敦大学斯皮尔曼教授（Spearman）有一次论争，已引起全欧陆心理教育学者的注意。他的研究和著作现在已翻译成好几国的文字。他不止是美国教育上一大权威，他是世界教育学者中一领袖。

一位大师半生研究的成绩是可惊的。岂只他的师、友、学生，我们中间，谁赞美创造的智力，谁尊敬科学的天才的，谁都不能不赞美、尊敬商戴克！我们慰劳他 25 年间辛勤的成功；我们祝望他再有 25 年更丰富的收获。

近代教育思潮*

内容

    （一）最近各国教育制度的变迁

    （二）最近各国教育上科学方法的应用

    （三）最近各国教育上哲学思想的根据

近代教育思潮，应由具体的事讲起，然后及于抽象的理论。现在为讲述便利起见，分为三方面：一是最近各国教育制度之变迁；二是最近各国教育上科学方法的应用；三是最近各国教育上哲学思想的根据。今天先讲第一项最近各国教育制度的变迁。

一、 最近各国教育制度的变迁

我们为时间所限，专就英、美、德、法四国讨论他们最近教育制度变迁的大概情形，现在先看德国是怎样：

1. 德国

德国教育制度是双轨制，就是人民生活上两种阶级的子弟所进的学校；换句

---

* 原为演讲辞，由芮麟记，载于《武进教育月刊》第 80—81 期(1934 年)。——编校者

话说：就是在双轨制度下的国家，小学和中学并不互相衔接，平民阶级只许入小学，而贵族阶级则可进入中学，小学毕业后也不得升入中学的。

(1) 小学　德国小学是八年制，儿童自 6 岁起至 14 岁止，毕业后或去就业，或另入补习学校四年至 18 岁毕业。所以儿童到 6 岁时，以资产的多寡而入小学或中学，他一生的命运便被判定了。

(2) 中学　中学是九年制，儿童 6 岁起，便可进中学的预科三年，9 岁入本科至 18 岁毕业。毕业后即可入大学或其他专门学校。这种制度直至西历〔1〕1918 年欧战告终为止。

这种制度是很不平等的，1918 年德国革命以后，一般教育家即设法改革为单轨制，就是把教育上小学和中学平行的制度改为互相衔接的非平行的制度，凡 6 岁的儿童，无论贫富均入小学读书，打破平民和资产的阶级观念。在 1920 年法律上并规定基本学校(Grund Schule)的办法——无论什么阶级的子弟，自 6 岁至 10 岁四年间，必须进这种基本学校。毕业后或入小学而再入补习学校或中学，中学的三年预科就此取消。现在全国自 6 岁至 10 岁之儿童，最低限度必须受四年的基本教育。这是平民主义发展的好现象，也就是德国革命后教育上最可称道的一点。

(3) 强迫教育　德国强迫教育战前规定为八年，战后仍是八年，并无更动。战前那些入中学轨道的子弟，毕业后或升大学，或入专门学校，其所受教育时期，决不止八年，当然不成问题；最感痛苦的便是那般入小学轨道的。现在却各人均有受相当教育的机会，待先受普遍的同等教育以后，各就个性之所近，深入研究。这又是战后德国教育上可以注意的一点。

(4) 补习教育　八年小学毕业后无力升学者和没有找到职业或虽找到而知识技能不敷应用者，规定可入四年补习学校，那种学校的目的有二：一是普通知识的补充；二是职业技能的熟练。儿童 14 岁至 18 岁，战后并规定为强迫教育期，在这时期内的儿童，无论有否职业，均须受一定分量的强迫教育在日里夜里或星期日。

---

〔1〕 "西历"是我国对国际公历的旧称，又称为"阳历"，以别于"夏历"之称的"阴历"。——编校者

我们可以总结一句说：德国教育在最近的趋势有二大特点，一是平民主义发展，各人均有受相当教育的机会；一是适应需要，提倡个别的教育。

2. 法国

法国是世界上民主政体实现得很早的国家，但最奇怪的教育上仍是采用的双轨制，就是小学和中学是并行的，入中学的不必入小学，入小学的不能入中学的制度。现在一项项分述于后：

(1) 小学　法国小学是七年制，儿童自 6 岁起至 13 岁止，毕业后可入高级小学三年或四年或入职业学校。这是一轨，就是平民教育的系统。

(2) 中学　儿童 6 岁至 10 岁，入中学预科四年，本科系七年制，自 10 岁至 17 岁，毕业可入大学或专门学校。这是另一轨，另一教育系统。

这种制度的弊病正与德国同，最近法国教育家正在参照德国的办法，设法要把双轨制改成单轨制，把小学和中学重新编制，改小学六年为公共学校，凡 6 岁以上 12 岁以下的儿童均入公共学校。但一般教育家虽有这种运动和计划，几经提出国会讨论，至今尚未实行。这个可算是由双轨制改成单轨制的动机。

(3) 强迫教育　6 岁至 13 岁共 7 年。

(4) 补习教育　14 岁至 17 岁，无论有否职业，必须进三年补习学校。现拟将补习教育期限延长至 18 岁，但尚未成功。

3. 英国

英国教育也是双轨制，但限制得没有德、法那么严。于小学毕业后举行一考试，成绩最优良的学生即由政府代缴应缴各费，入中学读书。

(1) 小学　英国小学是七年制，儿童 7 岁至 14 岁，毕业后不得入中学而入高级小学四年。

(2) 中学　六年毕业，12 岁入中学至 18 岁。3 岁至 9 岁在家请人教，9 岁后可入中学预科三年至 12 岁入本科。

(3) 强迫教育　欧战前规定强迫教育年龄为自 5 岁至 12 岁七年。1918 年费舍尔(Fisher)在国会中提出议案，规定正式教育系统，开英国教育上的新纪元。因前此学校皆是根据于习惯法办理，并无正式规定。新系统里面对于强迫教育自 5 岁起延长至 14 岁,共 9 年,世界各国强迫教育期限之长,没有过于英国的,而经费充足的地方,还可酌量延长至 15 岁。

(4) 补习教育　英国强迫补习教育至 19 岁。

4. 美国

美国教育是单轨制,就是由小学而中学而大学,都是互相衔接的,所以美国教育制度于世界各国,比较的最为简单。小学八年,就是强迫教育期,中学四年,称为八四制,概不收费。对于补习教育,并不如英、法、德各国那么注重,因为中学校均有相当的职业训练,并且美国是世界上最富的国家,是职业最发达的国家,劳动者往往可变成小资产阶级,小资产者往往可变成大资产阶级,只要你能勤劳,而小学中学又都是免费的,所以除非穷得出不起书籍费的,都无需乎补习教育。

现在美国虽然还有许多地方采用八四制,但大部分已改为六三三制,这里面有三个原因:一是因从前美国强迫教育期限是 8 年,毕业后虽然中学是免费的,但许多为金钱所引诱或压迫的人,急乎出去就事赚钱,不愿再入中学,因为中学毕业出来,并不会多赚多少钱。二是现在既改小学为 6 年,对于强迫教育的期限还不足 2 年,就可以初中毕业的资格,引诱学生多读 1 年,这是无形中提高教育的标准和效力。三是因小学课程于前六年都已可结束,七、八两年,已可开始中学课程,但因无中学程度的小学师资,和到中学时的仍须重复教授,并不开始中学课程,于是把小学的七、八两年,白白地虚过了。现既改为六三三制,无形中可以充实课程的内容。

我们现在统看各国,可以得到两个结论:就是一、各国教育上最近平民主义发展,都有废双轨制而采用单轨制的倾向和趋势。二、各国强迫教育的年限逐渐延长。这是值得我们注意的。

二、 最近各国教育上科学方法的应用

近代教育除上述平民主义、发达,足为我们称道外,还有应用科学方法,以增

高教育效能的一点。现在为讨论便利起见,分儿童研究、教育心理研究、智力学力测验和教育调查四项。

1. 儿童研究

教育于科学方法的研究上,第一步是儿童研究。从前许多人每以成人的眼光去看儿童,以教授十七八岁儿童的方法去教授七八岁的儿童,以儿童为成人们的预备,而不知儿童有儿童的生命和个性,他们的兴趣、能力、思想、习惯等都与成人异,所以每有成人们认为很有兴趣的事,而儿童丝毫感觉不到兴趣的。所以我们可以大胆的说一句:从前的教育完全是失败了。自用科学上严密的方法到教育上后,便把儿童看作一件东西,如动植物一样,毫无成见的去研究他的种种方面。最先注意到这点的便是英国生物学家达尔文,他于 1876 年发表一篇《婴儿的传记》,这是研究儿童作品的第一篇。至 1878 年法人柏莱发表一篇论文,叫《婴儿的前三年》,这是儿童研究第二篇重要的作品。到 1882 年德心理学家托回尔著一专书,叫《儿童心理》,这三种书是最早研究儿童的生理和心理的重要著作。

其实大规模的研究儿童的运动,还是由美国大科学家霍尔(G. S. Hall)开始的,他终身从事儿童教育的研究。到 1893 年开国际教育会议于美国芝加哥,霍尔就竭力宣传儿童研究的重要,各国代表返国后,大家组织儿童心理研究会来讨论种种儿童问题。所以最近四十年来,研究教育者没有不重视儿童心理的,这个可说都是受霍尔的影响。

教育上自应用科学方法,注重于客观的事实之搜集记载和实验,然后求得原理的结果,深知教育应以儿童为本位,打破儿童是成人具体而征的见解,于是教育上各方面都有突飞的进步。这是教育上应用科学方法的第一点。

2. 教育心理的研究

这是研究在施行教育事业的时候,必须注意儿童的心理。教育心理是专门学问,今天略讲教育心理研究的趋势。

教育心理的研究第一个值得我们注意的霍尔(Hall)对于儿童心理上最有贡献,他用发生的方法(Genetic Method)研究人类生理上、心理上一步步发育历程的经过,证明儿童并非成人的缩影,诚为儿童心理研究辟一新纪元。第二个是机能派心理学的领袖詹姆斯(James),他在《心理学原理》一书上,对于教育上本能习惯游戏和训练等问题都有很精密的讨论。第三个是桑代克(Thorndike),他是研究教育心理学的创始者,也可以说是集大成者,以前研究心理学,都用内省的方法,是偏于主观的思想的,他则用外观法,就是以客观的事实为根据的。他最著名的是三大学习律:(1) 准备律(Readiness):学习前心理上必先要有准备状态,学习时方易发生效力,倘使心理上不准备,学习时便不易引起注意,结果必致徒劳无功,这是我们所说的引起动机。(2) 练习律(Exercise):学习本是刺激反应的联结,反复的次数愈多,就是刺激反应的联结愈多,则其印象愈不易消失。(3) 效果律(Effect):倘刺激获得的反应是不正当的,便发生不愉快的联结,正当的便发生愉快的联结。结果正当的刺激愈奖励而愈巩固,不正当的刺激愈斥责而愈减少,凡所有刺激,均属正当的了。所以教育心理学到桑代克,已脱离了内省的主观的思想的偏见,变成外观的客观方法的研究了。

科学上一切的推测,都是根据统计;桑代克研究心理学的方法和他人不同处,便是用客观的方法——教育统计学。从前往往同一个学生,在这个先生看来是很好的,但在另一个先生看来便很不好了,那完全是没有客观的标准所致。桑代克认定世界现象,均得数量表示,要定某种现象之未来,必先统计其过去情形以推断之。人类的智力学力,亦须定一客观的标准,以度量之,和度量物的轻重长短一样。

3. 智力学力测验

(1) 智力测验　测验遗传的禀赋,可分个别测验和团体测验二种:个别测验系法人 Binet 及 Simon 二人编就智力测验表,1911 年 Binet 逝世,美人 Termen 修正其量表,推行于世。但此项量表只适用于个人,并且费时很多,于是就有团体测验。这种测验费时较少,主试者不必多讲,欧战时美政府曾用此种测验选征军士,效力很大。

(2) 智力测验的效用　现代教育最重要的是教育机会均等和施行个别教育。班级教育,智愚同班,则教材的选择和教授的方法,决不能适合全班学生的需要,智者觉进行太慢而感不到兴趣,愚者还觉进行太快而跟不上他人,结果两者都不得益,今用智力测验分班,则此弊可免。

(3) 学力测验 这是测验教育的效果的。汇集各科成绩而统计之,制成量表,以断定儿童的学力。

(4) 学力测验与普通考试的区别 普通考试于品定儿童成绩时,全凭主观的眼光;学力测验则必有客观之标准,而其成绩又可与他级他校相比较。

4. 教育调查

根据统计与测验所得之客观标准,调查学校的设备、教育的设施及儿童之成绩,以备参考,此种调查,名之教育调查。我们就可根据这种调查的报告,作改善教育的方针,或经济增减的标准。

教育上应用科学的方法,全在增高教育的效果;我们从此以后,应当绝对尊重儿童的个性,打破儿童是成人缩影的谬见,教育方能达到真正增高效果的地步。

三、 最近各国教育上哲学思想的根据

哲学思想上实有两派:一是理想主义,二是实用主义。哲学的理想主义的教育注重超出于物质,以为教育是精神事业。英国派可以罗素、沛·西能、芬特莱为代表;大陆派可以秦梯利、施普兰格尔、纳托普为代表;美国趋重实用主义,以为教育是应付环境的工具,可以桑代克和杜威二人为代表。

1. 理想主义的教育论 注重精神陶冶。

(1) 英国派 英国哲人多主个性自由,其主张介于大陆派理想主义与实用主义之间。

罗素(Russel)是哲学家而非教育家,他在教育上主张尊重儿童自由。在《社会改造之原理》一书里说人类有两种冲动:一是占有冲动,乃取之于人,占为己有的冲动,现代社会制度如私有财产、国际战争和国家制度等,都是占有冲动的结果;二是创造冲动,乃自我创作,贡献于人的冲动,如理想的社会,为建立于人类创造冲动的结合,所以罗素谓教育是解放个性之自由,使社会逐渐建筑于创造的基础之上的。他最近又在《教育与人生》(*Education and Good Life*)一书中提出教育四大理想:1. 强健;2. 勇敢;3. 锐敏;4. 智慧,罗素注重个性主义,谓教育的目的,就在培养此四种美德。

沛西·能(Nunn)是一个尊重个性主义者,他以为个人活动的改革,便是世界进步的原因。所以教育决不可摧残各人的个性,虽然在现代教育制度之下,还免不了团体教授,但最低限度,应以不压迫个性为原则。

芬德利(Findlay)最近在《教育之基础》中谓教育唯一的目的,便在人类精神生活的培养,已经稍偏于理想主义了。他谓人类精神生活分四种:一是身心,系指身体而言,因为身的作用离不了心的作用,就是中国所谓体育;二是艺术,系人心创造的活动,就是中国所谓美育;三是道德,系人生行为的习惯,就是中国所谓德育;四是智慧,就是中国所谓智育。他以为不可偏重哪一方面,应调和四种活动,使平均发展,便是人类精神活动受到适当的训练了。

(2)大陆派 完全是理想主义,反对美国的功利主义。

秦梯利(Gentile)提倡新理想主义,实在主义主张客观世界有实际之存在,理想主义则谓事物皆吾人精神之创造,并无客观之存在。他相信教育的内容就是文化,教育的使命就在使人人得人类应有的文化。文化不是物质的,而是精神的,所以文化不存在于书本中或博物馆中,存在于书本中的、博物馆中的是过去的文化,是已死的文化,文化是存在于精神活动中的。秦梯利是当今意大利的教育总长,现在意大利的教育特重精神科学如艺术、宗教等,便是秦梯利教育学说的表现。

纳托普(Natorp)在《社会教育学》分人生活动为三种:一是欲望,表现于社会组织的便是经济制度;二是意志,表现于社会组织的便是政治组织;三是理性,表现于社会组织的便是文化事业。他谓理想中之个人,为能以理性的活动制驭其他活动之个人,理想中之社会,为能以文化为政治经济的主宰——重文化的领袖。故教育自个人言之,当尊重理性之活动;自社会言之,当负发展文化的职责。

施普兰格尔(Spranger)是理想主义中最重要的代表。他以为教育革新的原动力有三：一是自由,尊重个性,俾可自由发展。二是平等,教育机会均等。三是博爱,教育以爱人为出发点。文化有六种形式：(1) 科学;(2) 艺术;(3) 经济;(4) 社会;(5) 政治;(6) 宗教。由三种原动力的推动,使各种文化的形式调和发展,就产生出一种新教育。

2. 实用主义的教育论　注重生计训练,以教育材料为应付环境的工具。

桑代克应用科学方法,使教育效率增加。

杜威(John Dewey)是比较注重物质的,他的哲学与理想主义不同,而产生于科学上实验的方法,根据进化论高等机体由低等机体进化而来的原理。

(1) 杜威的哲学　是实用哲学,可分三点：① 工具的真理论,凡理论之得满意应用于事实者曰真理,事实以环境状况而变异,故真理非绝对的而是相对的。② 进化的人生观,人生的内容,为对于环境之应付,适应环境之活动就是经验。运用经验,全恃思想之作用,所以思想就是应付环境的工具。经验为继续生长的活动,所以人生内容亦必随着进化。③ 平民主义,人生一律平等,无政治、经济、社交上的阶级,因人类和其他动物同在一级次(Slsieo)之上,凡属机体,都有相同的作用,所不同的,仅在次序的先后,并非种类上有什么分别。

(2) 杜威的教育学说　可以分二点：一是生长说;二是平民主义。① 生长说(Growth),可分四项说明：第一何谓教育? 教育是经验继续的改造,经验为对于环境的适应,亦即生活之内容故,教育即生活(Education is life),即经验继续不断的生长。第二何谓学校? 学校为儿童自然生活之地,换言之,学校就是一社会,以集中影响于儿童生活的势力,使儿童享受生存的幸福。第三何谓课程? 把儿童时代所应有的经验,搜集排列而编制之,就是儿童的课程。第四教学的方法,旧法纯为教者的活动,所谓教授法者是,不知学习为一种感应结合,教学为儿童教师对于改造经验的共同活动也。故真正的教学法,为教者学者共同参加的组织经验的历程。② 平民主义,就是在政治上不分治者和被治者,在资产上不分贫民与资本主,教学训育上俱宜平民化。

(3) 杜威的教育试验　1896 年开始在芝加哥大学设一试验学校,收受 3 岁以上 13 岁以下的儿童,以实施其主张。第一步即改造课程,以工作为中心,注重纺织、缝纫、烹饪、木工,而以唱歌、游戏、算术、阅书等辅之。这种教育与职业教育不同,职业教育仅注意某种生活技能的获得,而他则要使儿童于适应环境时,得切实的知识,晓得知识的重要,与养成社会生活的习惯及工作的习惯。

3. 结论

19 世纪迄今,为科学战胜哲学和宗教的时代,实用主义为科学的产物,其迎合潮流、适应需要,自非理想主义可比,所以杜威的思想,能占到现代很重要的位置呵。

附注 本篇记于民国十七年(1928)4 月 7 日,内容或与今日略有出入。原文未经讲者审阅,文责由记者自负。

哈沃特制*

沛西·能(T. P. Nunn)教授说:"教与学的中心问题,是教师与学生间权力和责任的怎样分配。"对于这个问题,同时有不相谋的几个答案。完全侧重学生的自动和责任,而置教师于辅导的地位的,是道尔顿制;把教师与学生之权力和责任均分支配的,是哈沃特制(Howard Plan)。

在现代中等教育上,假设有一个固定的课程(英国官立或政府补助中学校,课程都遵照法令。其大学入学标准,自系固定,更改之权也不操自中等学校),而仍使学生能各自量着天资之高下、学力之快慢,随着兴趣之深浅有个别自由的发展,那就很是一个教学组织的问题。对于这问题,同时有不相谋的几个答案,完全废掉上课时间表,减少团体教授至最小限度,但指定功课的范围,而辅助生徒自由学习的,是道尔顿制;改组时间表,保留团体教授,采取一部分自学辅导,使生徒个别的选择学科,支配学习次第的,是哈沃特制。

道尔顿制,国人已给它介绍了。哈沃特制,比较是后出的,且还没有专书,兹就阅览所及,略述梗概如次:

三年前,英国克拉普顿女子中学校(County Secondary School, Clapton)校长哈里斯博士(O'Brien Harris),对于上列问题之解答,作一个大胆的试验。她觉得寻常照年龄程度而分的班次,在学生智力上、社会生活上均不满意。她的

＊ 载于《申报·教育与人生》第 6 期(1923 年 11 月)。——编校者

计划——哈沃特计划——即是以"院"(House)和"级"(Stage)的区分,来替代向来班次(Forms)的区分。

所谓"院",乃社会生活的组合,是学生自由结合而成的家庭般的一个团体;所谓"级",乃学力的组合,是每学科中程度均齐的一个教授团体。在克拉普顿学校里预科两年(Form Ⅰ & Ⅱ)终了以后,每个学生即于全校五院中任择其一,继此四五年中,即为该院之一员,做那院中共同社会生活;一面依着她自己修学能力之迟速,按照学科的纲要去修习中学的课程,而满足大学规定的入学标准。于上课以外,有若干自由时间,任她怎样用法,她可以在图书室里读书,或在"院室"(House room)里自习,或在"科室"(Subject room)——如门首时间表上,哪一时间,该室是可用的——作自由的或指导的学习。在学院里,她可和"院教师"(House mistress)或同院生问难切磋;在科室里,她可向"科教师"(Subject mistress)质疑或受业,也可应用该科特置的图书、标本、仪器之类。

现在再说明这制度的实施,例如某生 11 岁入校后,将各科的第一、第二级(预科)在两年中修毕了(两年不够可另以一学期补足之),她就有一张修学记录片,这片为她学校生活的完全记载,在这片上,用红线、黑线及其他符号表明她在每科已达到的级数和成绩的高下。预科完毕后她即应在五院中(每院约六十人)择定一院,并说明选择的理由。学校如认为可能的,对于她的选择总是许可的。在她以后四年五年的学校生活中,那个院教师就是她的良师挚友。凡关于她以后课程的选择、时间先后的分配,院教师就凭着她的修学记录片,审查她的智能和学力,同她细细的商量决定。

至于各科的分级,究竟怎么样呢?其法,以预科课程当新制的第一、第二两级,而以中学三年(学生年龄 12 岁至 15 岁)之课程分为五级即作为第三级至第七级。学生不必同时兼修各科,并不必限定某学期完毕某级。如在第一学期,她或者修习英文、数学、生物、地理、外国语等之第三级,而缓习历史混合理科等。总之,她所修习的,既是自己所选定的学科,就容易有敏锐与深入的兴趣。她对于院室、科室、图书室、试验室等时间的分配,也会有审慎的预算。

在她选择功课中,院教师的任务是要帮助她计划全部的功课,免得她为了自己一时的好恶和各科教师过分的感兴,而有所畸重畸轻。教师的任务在考查她对于哪一科上的需要,而指点她最适宜的学程。

某生的学程决定了,如在地理科,她就同着其他地理同级学生到地理科室里去(它科仿此),那科教师,给她那一级地理的学程纲要,指导她应用的书籍、学期中分配时间的方法。并给她若干纸片,中间印着修学方法、图书检查法、应解答的问题等等。也示她该科那一级的上课时间表——因为在哈沃特制下,团体教授依旧保存,并且依旧视为最经济的、最有感兴的教授方法;但上课次数很有限制,大半每科每周二小时,而上课时,也并不教授功课的全部。这样她以后就按着时间到科室里来上课,不上课的时候也或来研究,其余时间,她可在院室里自习,或到图书室、试验室里去作业。她把一级修习终了的时候,受一个试验,及格了,更进一级。

这个制度,保存时间表与团体教授,而具下列优点:(1)学生能按照能力和兴趣,作个别的发展。(2)自由选定功课、分配时间、养成责任心。(3)学生有最多的团体生活之刺激、奋兴和协作。因为除了同院的学生结合以外,各科同级的学生,也常常会合。

这制度最大的困难,自然是时间表的排列。在原则上,要使每个学生能自由选择所最要的功课,例如某生学地理很快而学数学很慢,即应能同时修习第三级的数学和第七级的地理。而在实际上,因为这样时间表的排列,是不可能,还是多少有些限制。但是克拉普顿学校这三年来,每学期总寻求出一个折中的办法来,而对于这问题的解决,每学期总有一点进步。这个详细事实,哈里斯博士备著于《向着自由去》(*Towards Freedom*)一书中,可惜还没有发表(将由伦敦大学出版)。这书一出,所谓哈沃特制,必将引起教育界更大的注意;而以那样富于保守性的英人,对于这种谨守成规而苦心辟一些自由途径的哈沃特制,其特具同情,殆无可疑的。

最近德国教育的趋势[*]

这是一篇整理过的"读书札记"。篇中材料,大半从最近出版的哥伦比亚师范院《世界教育年鉴》(*Educational Yearbook of the International Institute of Teachers College, Columbia University*)里德人莱曼(R. Lehmann)的两篇论文中得来。有依据他书的地方,也特别注出,以便检查。至于那一本《世界教育年鉴》,我们还应当另外作一文给它介绍。

从欧战以后,德国这几年间,因为政治上、经济上的大变迁、大压迫,教育自然不容易发展。但它于教育制度、理论、方法各方面,也着着趋向于平民化、生活化的潮流,而竭力谋革新。兹分述于下:

1. 分制 战前德国的学制,大家知道是双轨的。平民子弟,6 岁入小学校(Volksschule),8 年毕业,这就是义务教育的年限。毕业以后,再进补习学校,受职业的训练。中级以上的社会,他们的子弟,却不进小学校,而直接入中学校的预备学校(Vorschule),3 年升入中学。中学校的种类和名称,很是复杂。大别有二: (1) 九年制,毕业可入大学的,有 Gymnasium(文科须习希腊、拉丁等古文字的)、Realgymnasium(实科须习拉丁文,但不习希腊文而以英文代替)、Oberrealschule(实科不习古文字,专注重现代文字及科学),共三种。(2) 六年制,也同样的分为 Progymnasium、Realprogymnasium、Realschule 三

＊ 载于《新教育评论》第 1 卷第 4 期(1925 年 12 月)。——编校者

种。六年制中学,是乡村或小城市无力办完全中学而开设的。它的学生,也多数是无力进九年制中学的,不过毕业后要进完全中学而升入大学,当然仍可转学的(参照 Sandiford, *Comparative Education*,第二章)。照这种制度,平民不得进中学,而中上级社会的子女不进平民的小学;教育就成了阶级社会的一个永久保障。所以这是德国革命以后首先必得改造的。联邦政府于 1920 年颁行一"公共学校律",规定小学的前 4 年为全国国民的"公共学校"(Grundschule),无论哪一级社会的子弟,都得到这里来受国民共同的基本教育。无力的学生,在这里毕业了,继续进小学校 4 年,再入补习学校;其中天才生也可以转入中学。至于有力的学生,从"公共学校"进中学,问题就复杂了。因为以前中学的预备学校 3 年,完全中学 9 年,共 12 年;现在"公共学校"却已占了 4 年,那末,还是中学修业年期缩短 1 年呢,还是"公共学校"有时可以减少 1 年呢? 各邦的办法还不一致,正在辩论和试验中。此外,于上述六种中学以外,现在又添了两种:一是九年制的 Deutsche Oberschule,不习古文字,专为发扬德意志民族精神和文化的;一是六年制的 Aufbauschule,收受乡村里小学校的天才生,预备升入大学的。这是最近德国学制变迁的大概。

2. 教育学说 现在德国教育思潮支派虽多,而共同趋向则一,就是,教育的生活化。大家认教育目的,不在知识的传授,而在儿童全人格的发展;大家认教学方法,不能对于十几岁的学生,灌输系统的、论理的知识,而要能依照他们心理的需要,组织教材,叫他们能由"行"而"知",由活动里去学习。"活动教学"(Arbeitsunterricht)、"活动学校"(Arbeitsschule,旧译"勤劳学校"不妥)是今日德国教育上最流行的标语。在学说上有特殊贡献的,可举下列四位教育家:

(1)凯兴斯泰纳(Kerschensteiner) 凯氏是最早提倡"活动学校"的一个人。他的"活动学校"里,特别注重手工;要使儿童从筋肉的活动——纸工、木工、简单的金工等类——得到一切必需的知识、技能和审美的好尚。他看得教育历程,只在使儿童感觉到有目的的活动的兴趣,自己去找出活动的方法,自己去从错误中发现出真理来。

(2)高迪希(Gaudig) 高氏以为活动不限于筋肉的活动,心的活动尤其重要。其实高氏是偏重知识教育的。他说,手工作业,不过是引导到知识作业的一个途径,并不就是终的。学校里,应当给学生系统的训练,使他们能对于求得知识,有自发的活动。求得知识的活动,可分五步:① 认定一种作业的目标;② 搜寻和选择活动的方法;③ 分析它的步骤;④ 按着步骤去做工作;⑤ 试验和批评工作的结果。高氏把学习活动,化分这样的一个系统,难怪有人说他的系统,和赫尔巴特的五段教法差不多了。

(3) 赛弗特(Segffert) 赛氏主张"创造的学习",折衷以上两说。他以筋肉的活动为学习的起点,心的活动为学习的成功。知识离不了客观的事实和活动;所以手工活动,是知识学问的先导。他看得学校是一个有组织的合作社会,儿童在那里从手工、游戏、家事、园艺等活动中,渐渐达到为学问而学问的鹄的,了解人生的价值和个人对于社会的责任。

(4) 斯普朗格(Spranger) 斯氏虽然也主张"活动教学",但他的论据,不在儿童心理,却在一种精神教育的理想。他以为教育是一种意力,是愿意为儿童牺牲而使他得认识人生价值并且能创造人生价值的一种意力。目前诸般零星的改革,他看作不很重要。真的教育改革,他以为有三个原动力:① 自由(教育机会的普遍和享受它的自由);② 平等(平民的共同教育);③ 博爱(教师学生的共同生活和合作)。他的教育理想,包含耶稣之圣善、歌德之优美、普鲁士民族对于自由与天职之调和的三个质素。所以他实在是一个人文主义者,他对于美国的功利主义,是排斥不遗余力的。

以上四人,是现时德国教育学说上的权威,而斯普朗格的信徒尤众。此外,几年前风行的纳托普(Natorp)、伯格曼(Bergmann)等的社会的教育说,与美国所谓"教育社会学"一派,最近影响反比较小些。

3. 课程与教法 德国人向来分科的观念最深,系统的训练最重。小学课程的组织,虽然有"圆周说"、"文化时期说"、"中心统合说"等原则,而论理的排列很严(参照 Alexander, *The Prussian Elementary School*, 第 13 章)。自从"活动教学"说盛倡以后,旧法编制的课程,自然不适用了。现在多数教育家,主张采取"混合教学"(Gesamtunterricht),完全以儿童经验为教材组织的中心,废止以前那种断片的分类的形式。如奥姆斯氏(Ohms)新出的课程编制论中,小学第五年以"家庭的性质"做教材中心;第六年"人类的起源和它的历史与文化";第七年"人类怎样征服自然界的势力";第八年"人类怎样征服它自己和精神遗传的来源",是一个很好的例。这和美国学者所谓"学习之大单元",名异而实同了。这种课程的教法,当然也不能采取传统的形式。上面所说"活动教学",虽只述它的理论;而它的实际,也不难推见。教师的职能,在儿童自发的活动的指导和辅助。在需要的时候,他可以用示范、讲话、试验等特别引起儿童的注意;在平时,他只是儿童一个年长的朋友罢了。上课的"时间表"、"摇铃",也有废掉的。教室的布置,也不像以前的机械,现在是一半像家庭,一半像实验室了。

4. 试验学校　除了公立试验学校,是上述理论方法的源泉以外,德国还有许多热心的教育家,为实现特种的新信仰、新理想,而私人设立的各种试验学校。最有影响的,有下列三种:

(1)"乡村学园"(Landerziehungsheime)　这是利茨(Lietz)等所倡,实行教师学生的共同生活,学校如家园,从生活里教导知能,陶冶品性。这种学校,多建设在乡村的环境中,是带一点自然主义的色彩的。

(2)"社会学校"(Gemeinschaftsschule)　这是汉堡市一班热心的教育家,本着坚定的信仰和忠诚创设的。这种学校,合教师学生以及学生的家长为一大社会,从事互助合作的活动。学校以内没有固定形式的课程,而采取生活的教学法,不必说了。在外,师生常常同到远处去旅行,同做一种长期的工作。学生家属呢,每逢星期或休假日,必得到学校里来帮同修理房舍,点缀园庭,以工作增进学校的幸福。那一种助人自助的精神,谁看了都要感动,宜乎信从的人多了。

(3)"工作学校"(Produktionschule)　这种完全注重工艺的活动,叫儿童从真实的、健全的劳动环境里,得到人类经济生活的知识技能,养成对己、对社会的责任心。主倡这派学校的人,以为必如此才谈得到杜威所谓"教育即生活,不单是生活的预备"。

这种"社会学校"、"工作学校",是和社会主义的精神很融合的。但德国马克思派共产主义的教师,还认为太守旧。他们主张教育和物质的生产,要完全联合起来。他们看学校是雏形的工厂,所谓教育只是现代工业文明的了解和参与。就是读书、写字、算术,也不应该单独教学,而应当从工业中学习得来。但是,莱曼说得好:"现在德国大多数的教育家,只把学校里工业活动,看作教育的方法。若利用这种活动去直接生产,这种教育,要让苏俄去试验了。"

世界教育年鉴[*]

Educational Yearbook of the International

Institute of Teachers College, Columbia

University, Mac Millan, 1925.

这书是哥伦比亚师范院国际教育社的出版物。所谓国际教育社,组织于1923年。社中基金用于三种事业:(1)对于师范院外国学生之补助与指导;(2)外国教育状况与趋势之调查;(3)调查结果之刊布。这社的总干事,便是前任师范院教育科主任的孟禄氏。这书编者坎德尔氏(I. L. Kandel),是师范院比较教育学教授,也是社中干事之一。

这书计划每年出版一次,内容分两部分。一部分是各国教育现状,其中凡世界各大国,每次都有调查记载;其余各国,则每次选载几国,约计五年可以轮流一周。还有一部分是一种问题的讨论,如在这一卷里,便汇列英、德、美三国教育学者关于"方法问题"的论文。

这第一卷里所有各国教育状况的调查,共12篇,它们的国别和撰述人名如下:

澳洲	P. R. Cole
保加利亚	C. Stephanove

---

[*] 原为书评,载于《新教育评论》第1卷第5期(1926年1月)。——编校者

加拿大	W. E. Macpherson
中国	陶知行
捷克	E. Lippert
英	W. H. Perkins
法	C. Richard
德	R. Lehmann
意	Ugo Spirito
挪威	Einar Sigmund
南非	C. T. Loram
美	W. C. Ryan

从这目录看,便可见这样一本书,适应教育界一个很急切的需要。研究比较教育的人,都嫌桑迪福德的本子(Sandiford, *Comparative Education*)太旧了,然又苦无以易之。就如近出的罗曼的《欧洲的新教育》(Roman, *The New Education in Europe*)也总觉零碎不全。现在有每年出版的《年鉴》,便不愁没有最新的材料补充了。至于一般读者,凡关心各国教育文化发展的人,得此书,也可供很有价值的参考。

我翻阅以后,有几种感想:

(1) 各国教育的竞进 书中每篇,叙述一国教育行政系统、教育经费、初等教育、中等教育、高等教育、职业教育、成人教育、教师训练、学校卫生事业等项最近的设施;篇末附那一国教育新刊物的目录。虽然不一定每篇有完全的统计,可以作数量上的比较,而我们所得的一个总印象,便是,各国在这几年中,无形的在教育上竞争着改进、扩充,是无疑的。编者也说:"国际的争胜,虽然应当减少;但教育上的竞争,可以说是健全的。"

(2) 各国教育问题与方法的不同 同在教育上努力,而各国所应付的问题却不同。譬如德国革命后,竭力设法破除旧时双轨制的阶级教育,颁布"公共学校律"(Grundschulgesetz),规定全国儿童应受四年的共同教育。这法律施行起来,当然有诸般困难,也有和小学中学发生的许多适应和衔接的问题。这种问题，是德国独有的。如意大利，有名的秦梯利改革案(Gentile Reform)，全在廓清教育行政上涣散、冗滥的积弊，用最高权力，集中行政系统，厉行种种裁减和考核的办法，这又是一种问题。又如新兴的捷克，它于捷克以外，包含Bohemia、Moravia、Silesia、Slovakia[1]四区域。其中有地方是用战前奥国[2]的教育法律的；有沿袭匈牙利法律的。现在捷克的教育家，便汲汲的要制定一种统一的法律，为新国家生命的基础，这又是一种问题。各国的问题不同，所采取的方法也不一。这是凡研究比较教育的人所应当注意的。

（3）教育与社会政治情况的关系　如上列这样的问题，各有它的社会政治背景，而且它的解答，也无一不受社会政治情况的限制。德国联邦政府尽管颁行"公共学校律"，但各邦实施起来，很有出入。社会上阶级的偏见依然，富家子女，还是不屑与平民共校读书，有时竟可以由医生证明体格柔弱而免除入校。秦梯尔的改革案是成功了，然而不是靠墨索里尼法西斯党内阁无限的权威，哪里能贯彻？捷克是夸美纽斯的故乡，在教育上有特殊深厚的根基，加以新兴国家的精神，它的教育问题，是不难解决的。以上不过从书中许多例子，偶举几个，其余可以类推了。陶知行先生在中国篇里，开头便说："教育是一个社会事业和历程，它常常受政治、社会、经济、自然环境等种种势力的影响和支配。这种种势力，于教育的发展，或适宜，或不适宜；或可以增进它，也或可以阻碍它。"(原书，第93页)这话一点也不错的。像我们中国的教育问题，我看，一大半非等到政治、经济情况稍好的时候，怕也没有什么根本解救咧。

---

〔1〕 波希米亚、摩拉维亚、西里西亚、斯洛伐克。——编校者
〔2〕 奥地利。——编校者

最近英国教育的趋势*

　　"我们和其他许多好人一样,同是为着希求人生的'进步'而合,又为着各人眼光有限、见解不同而分。既然没有共同承认公式,教育者又何必定要寻求这种公式? ……我们若真能完全了解什么是'进步',我们也不做'人'而可以做'神'了。所以持中或调和的态度是不可少的。各种制度没有一种能贯彻它原来的薪望的;我们果能显明它们差异的所在,也就可以在适当的情境中,采取合作的计划。这种计划当然也不是绝对的,不过是'进步'的一阶段罢了。"这是英人芬德利氏(Findlay)最近的教育论〔见所著《教育之基础》(*The Foundations of Education*),第 30 页〕。他所说的"持中或调和的态度",很可以代表英国人的思想习惯。他们很富于保守性,但对于新的领域也肯努力探求。结果呢,旧的根上会发出新的萌芽;新的内容也往往仍藏在旧的形式里。我们对于一切英国的教育设施和方式,都可以这样看法。

　　最近一二年来,因财政的短绌,工业的低落,政治的变迁——工党内阁的起伏,英国教育上并没有很重大的改进。特里威廉氏(Trevelyan)任了工党内阁的教育部长,原有许多新政策,但终于没有能实施,还是守着前任部长费舍(Fisher)的成规一年而去。保守党组阁,便由珀西(Percy)长部了。在这期间内,教育行政上重要的问题,要算义务教育年龄的延长和初级中学的添设两

＊　载于《新教育评论》第 1 卷第 6 期(1926 年 1 月)。——编校者

项。要说明这种问题,最好先略述英国的学制。

1. 学制　英国教育,向来由私人自由经营,它的办法全视事实上的需要怎样。学校的种类很繁,一学校的内部组织也常很复杂。并没有整齐划一的学制系统。到 1918 年,国会通过了有名的"费舍法案"(Fisher Act),全国学校才算有一个组织大纲,稍微具系统的形式。概括的说,英国的制度,初等教育与中等教育是平行的,不是连续的。在这点上,很像德国以前的双轨制,但英国小学校学生,有比较充裕的机会,可转入中学,却和德国不同。现在分两段来解释:

(1) 初等教育　"小学校"(Public elementary school)是劳动阶级子女读书的地方。修业年龄,自 5 岁到 14 岁(5 岁至 7 岁为幼稚教育;7 岁以上,小学分七级),这是义务教育的年限。学生到 11 岁时,受一种甄别试验。最优秀的学生可于这时取得免费学额,升送中学。稍次的也可以转入"高级小学校"(Higher elementary school),这种高级小学,三年或四年毕业,寻常小学生 14 岁出校的,到这里便可以延长修学期间一二年,受较高的训练(如数学、科学、外国语等科),这种高级小学,也有注重职业科的(工业和商业),就称为"中央小学校"(Central School)了。至于 11 岁甄别后没有升入中学或这两种小学的学生,自然继续在寻常小学校里肄业。学生在小学毕业后,可以入职业,或再进各种"补习学校"(Continuation School),或同时做职业而入"半课"的补习学校读书。

(2) 中等教育　中产以上阶级子女,是不进小学校的。他们直接从家庭教师,作考入中学的预备。大约 12 岁至 18 岁,为中学修业年期;然而在英国,这修学年龄是很活动而有伸缩的。中学大别为四种:① Public School,译为"公立学校"。这是顶有名的中学,校数很少。名为"公立",其实是只有富家子弟能进去;学费很高,最有贵族的色彩。课程系旧式,偏重古文字。学生一律寄宿。② Grammar School,译为"文法学校",这种学校,初创于文艺复兴时代,教授拉丁文法的,所以有这名称。但现在是很新的中学校了,英国教育里,沿袭旧名称而改换新内容,往往如此。这一种学校,学费稍廉,校数较多,课程很新,学生一律走读。③ High School for Girls,"女子中学校",课程和教法都新,学生走读。④ Municipal or County Secondary School,"市立中学校"。以前三种,多是私人社团设立的,政府至多给予补助;第四种才是市政府办的学校,最像美国所谓"公立中学"。课程系新式,学生男女同校。凡是教育部承认的中学,都须有全学额25％的免费学额,供小学里优秀学生的升入。这是英国学制的大概。看来越不整齐,越没关系,其实在彼是越有弹性,越能适应各种不同的需要。至于新旧种类的混淆,便是它们保守与调和性的表征。

2. 义务教育年期问题　在工党当国时候,国会里有一位哈维氏(Harvey)提出法案,拟规定地方政府得延长义务教育年限至16岁。这案未能通过。同时,费舍氏主张"半课"的补习教育,应定14岁至16岁为强迫期间,也因为经费关系,不能实行。这一个问题,是年来英国教育界讨论的一焦点。

3. 初级中学试验　从上面学制看,英国十一二岁至十五六岁的学生,不是有的在小学里、有的在高级小学(或中央小学)里、有的在中学里吗？近来从教育与心理上研究,大家认这段期间是一个特殊的教育期间,学生应各依个别的材性,得到身心的发展,不应当早早限定一种专业的训练。所以有人主张在小学校里,添设一个四年制的"初级中学部"(Junior secondary course),正式的中学教育,展缓到16岁以后开始。在实际上,以前的"中央小学",早就具初中的性质,不过太偏于工、商两科罢了。最近的试验有两个方面:(1) 小学校添设初中部;(2) 各地方推广"中央小学",而改善它的课程(名称是不改的)。这两种试验,都有相当的成绩。

4. 教育方法　英国人没有整齐划一的学制系统,更没有整齐划一的教育方法。沛西·能教授(Nunn)尝说,英人在教育方法上有两种发明:一是"公立学校";一是"童子军"。这两个组织,都是陶冶青年人格的教育机关。那历史的"公立中学",向来是不重书本知识,而重学校生活的。那里的教师学生,生活上最注意的,是一种君子的态度(Good form)。这态度是怎样,也没有一条抽象的原则可说出来。大致如会做户外游戏、能读古文学、洗冷水浴等,统算是他们的好态度;如背后说人闲话、撒谎、怒骂、游戏犯规则、失败时显出不快的样子,在他们中间,便算失态。他们不是不读书,但他们学校的精神表现于外的,却在游戏或社交活动上的多,在书本知识上的少。总之,这种学校根本上不是灌输知识的地方,是范成人格的生活组织,这是它的特点。至于巴登-鲍威尔将军(Baden-Powell)所创的童子军,更是利用野外团体的活动,施行公民的训练。那是世界风行了,不须赘说。讲到教室以内的方法,英人是喜欢自由的。美国盛倡的设计教学法,他们也非正式的、折衷的采用;不过他们拿来变化方式,适应自己情境怕是不能再称为设计法了。柏克赫斯特女士的道尔顿制,他们很欢迎,同时有哈里斯夫人(Mrs. O'Brien Harris)在 Clapton[1] 市立中学,单独创始一种"哈沃特制"(Howard Plan),也是采取自由学习,解决班级教授的困难,和道制不谋而合的。此外,库克氏(Caldwell Cook)在佩思中学(Perse Grammar School)试验的"游戏教学法"(氏著有 *The Play Way* 一书),也很著闻于世,不过英国人既那样尚保守,喜调和,多数教师就于方法上有点心得,也是推陈出新之意多,标奇立异之意少,所以也没有怎样去宣传。沛西·能氏说:"大多数英国教师是忠于所业,并且乐其所业的,他们真能以最高的知识品格来尽力于教育。但他们有一种脾气,不喜欢向外人多谈教育。所以他们越有价值的贡献,世界上知道得越少。就如桑德森氏(Sanderson)那样于教育的天才,把小小的一个昂德尔学校(Oundle),造成现代教育上新理想新方法的一个结晶,而氏到死的时候,他的事业的伟大,外间知者还绝少。世上的教育者,哪里能人人盼望有文豪如威尔斯(H. G. Wells)给他作传呢?"(按:威尔斯为桑氏作传,著 *The Story of a Great Schoolmaster* 一书,很风行)。英国近来大部的教育著作,除了沛西·能、芬德利、亚当斯几家以外,还是寥寥可数,就是这个缘故。

5. 教育心理研究　就是在教育心理学上的研究,他们也不像美国那样热烈;他们也没有以心理方法为可解决一般教育问题的信仰。但心理专家,如斯皮尔曼(Spearman)、巴拉德(Ballard)、伯特(Burt)、迈尔斯(Myers)、汤姆森

---

〔1〕 克拉普顿。——编校者

（Thomson）等，所已发表的实验结果，却都有世界的价值。智力学力测验的应用也在逐渐推广，小学生在 11 岁受甄别试验时，也兼用测验了。1924 年教育部咨询委员会延聘上述诸专家，讨论测验问题，编成一本很精密详细的报告（*The Report of Consultative Committee of The Board of Education on Psychological Tests of Educable Capacity and Their Possible Use in the Public System of Education*），不但可以代表英国教育界对于测验的意见，也可以当作一本测验的教科书看。关于测验的编造方法，有博伊德氏（Boyd）《作文、拼法、算术测验》（*Measuring Devices in Composition，Spelling，and Arithmetic*）一书，也是英国对于测验上最近的贡献。

现代教育鸟瞰[*]

即使我们真的能够像鸟一般高飞在天空,俯瞰这教育的大地,恐怕所看到的,也不过是几座最巨大、最特异的建筑物和几片最美丽的平原,其余,只是一个很模糊的印象。而且,本来就飞不高的鸟,瞰也瞰不远呢。这篇内容的偏而不全,读者会同情地原谅的。

一

现代教育上最引人注目的,有两件事实:

1. 人民教育机会的普遍;

2. 国家教育支出的巨大。

试一览现代几个国家的学制的图形,它们虽然显出十分参差而复杂,但轮廓却是大致相同的,即是:

(1) 初等教育　全国儿童都在幼稚园和小学里。

(2) 中等教育　满足小学学业的儿童或青年,分别在普通的或职业的中等学校里继续修业。但大多数必须加入生产的劳动了,可是也还受着一部分时间的补习教育,以完成法律规定的义务。

---

* 载于《教育与民众》第 6 卷第 2 期(1934 年 10 月),重刊于《中华教育界》第 22 卷第 8 期(1935 年 2 月)。——编校者

（3）高等教育　中等学校修了的青年，可以升入大学或训练级技术的专科学校。

（4）成人教育　脱离了学校生活的人们，还有许多进修的机会，而能够利用图书馆、博物馆，以及许多特设的教育与文化机关。

如果这还不够说明人民教育机会的普遍，我们再拿义务教育的法律来说一说。义务教育的年期是不断地加长的。所以，以前的看法，是把小学教育当作义务教育的；现在到中学以及补习学校里的青年，还在完成其法定的义务。让我们看下面的一个简表：

国　　别	强迫就学的年限	
	全部时间	一部时间
英	5—14	14—18
法	6—13	13—18
德	6—14	14—18
美	6—14	14—18
意	6—14	
俄	8—12	
日	6—12	
奥	6—14	14—18
丹	7—14	
瑞典	7—14	14—16
挪	7—14	
荷	7—13	
比	6—14	
瑞士	6—15	15—18
西班牙	6—21	

　　国家除担负这强迫教育的经费以外,还要担负中等、职业、师范、高等、成人各部门的经费,其支出之总额,常是巨大的可惊的。如美国在1928年的估计,便有29.49亿美元。现在,再看各国教育支出在国家总预算中所占百分比的简表:(所根据的是1928至1930年间的统计)

国　别	百　分　比
英	9.8
法	7.7
德	15
美	19
意	6.2
俄	10.9
日	17
奥	9.5
丹	11
瑞典	16
挪	14.2
荷	21.3
比	9.5
瑞士	15.9
西班牙	3.7

　　有人说,除国防经费以外,多数国家,教育经费便是一项最重大的支出;而在若干国家里,国防经费归中央政府担负,而教育费则归地方政府担负其大部分,在这

些国家里,教育费怕是国家最重大的支出的第一项了!

各国学校制度以及教育行政制度怎样,我们在这里瞰不到,那要看比较教育一类的书籍,我向读者介绍两本好书吧:

Hans, *The Principles of Educational Policy*. 陈汝衡译:《教育政策原理》,商务版。(原书 1933 年版,已加职业教育、成人教育两章,译者根据旧版,以致遗漏了,很是可惜。)

Kandel, *Comparative Education*. 罗廷光译:《比较教育》,商务"万有文库"二集,尚未出版。

二

国家担负着这么巨额的经费,进行着这么大规模的教育事业,为什么的呢?

依历史来说,没有现代的旺盛的民族的国家,本来不会有奋迅地推进人民普遍教育的力量;没有人人得参与政权的民主的政治,也不会有人民教育机会均等的迫切的要求。国家为求民治的健全发展,或民族生命的充实和光大,非先教育其国民不可。国家教育的理想,实在就是她的自身的理想的反映。这种理想不外乎:

1. 民治主义的理想;

2. 民族主义的理想。

所谓民主政治,是一种保障个人自由的政制,在这种政制之下,国家只行使宪法所赋予的有限的权力,而个人保留着很多的所谓自由权的。国家如欲伸张其权力或限制人民的自由,则须依照一定的制宪程序,那是以多数人的意见表示为准的。

杜威所主倡的民治的教育,所指的并不限于这政制的外形,而重在它们含着的一个社会组织的原则。看给述杜威学说最力的波特(Bode)怎样说:

平民主义是社会组织的一种原则:其目的在增进个人与人人、团

体与团体间基于利益之互认的合作。什么是"利益之互认"呢？平民主义是社会组织之逐步的人本化。平民主义决不是已完成的东西，它继续趋向于更广的利益之互认的适应。我们现在社会，有团体与党派的分裂，有厂主与劳动组合，制造家与农人，铁道与航运，矿业木业与毛织业的利益的各各矛盾。我们有一切因人种颜色、宗教、政党、职业等不同而发生的利益的冲突。其结果，人生大部分是许多互相冲突的利益之哗闹、纷争。制造家要高率关税，劳动组合要提高工资，铁道公司要增加票价，教师要改善待遇。各人要应付他生活费用上的困难，对于自己团体的立场和论辩，是很容易了解的。但对于自己团体或职业以外，非受过适当的教育，就不会有适当的了解，易流于偏执与顽固，而不能调和种种利益的冲突。我们国家的安全，系于国民的智慧。所谓国民的智慧，就指对于一个问题，会了解其各方面，而谋合于共同幸福之处理的一种能力和态度。（Bode, *Modern Educational Theories*. 孟宪承译：《现代教育学说》，第9页）

这样，民治主义是一个调和个人自由与社会秩序的原则。照他的理想，在一个民治的社会里，个人依社会而获得自由的发展，社会就同时因个人发展而保持秩序的安宁。这样一个圆融理想的实现，其需要于增进"国民的智慧"的教育之殷切，正如波特所苦口地说的了。

另一个国家的理想，却以民族尤其是统一民族的国家为中心。

照德国唯心主义者黑格尔（Hegel）的典型的学说：个人的自我之上有一个真实自我，即国家；个人的意志之上有一个真实的意志，即国家的意志。国家是个人和一切团体的统一的组织，是"全体的社会"，国家不是为达到个人目的的工具，而是自己有自己的目的的。反之，个人要体现他的真实的自我，便只有服从国家的指挥，只有屈抑个人的自我，才是自我向上的方法，寻常被人误认为自由的放纵，妨害真实的自我的自由，只有裁制个人的自由，才是得到真实的自由的途径。

做过墨索里尼政府的教育部长、唯心主义者秦梯利（Gentile）更这样说：

> 所谓自由主义，其实有两种：一种以自由为权利，另一种以自由为义务；一种的自由是发展，另一种是争取和胜利；一种是平等，另一种却有阶级之分。

> 前一种自由主义，把个人与国家对立起来：只为了个人的幸福才建立公众的秩序，国家是工具而非目的。这种主义没有内在的价值……而且是虚伪的、不彻底的。这是英国的思想，已经为马志尼所批判过了。

> 后一种是意大利和德国的思想：它非笑着个人与国家的假想的对立。它以为个人只有在国家的目的上体现，自由只有在共同的目的上争取。国家与个人，这样是合一的。政治的技术，即是使个人目的成为公共目的，使最大量的自由与最大量的公共秩序并存的技术。自由与统制，不但是并存，而且是互依的……

照民治主义的看法，国家仿佛是为个人保障自由而有的一种社会组织；国家而外，个人同时从属于别的社会组织，如家庭、教会、工厂、公司之类。每种社会组织各有它的特殊职能，非与个人自由有所侵犯时，国家不必去干涉。学校也就是社会组织的一种了，它没有一定要受国家干涉的理由。英、美国家至今对于教育，还多少保存着放任的政策的。

可是照民族国家主义的看法，就不同了。国家是统一一切社会组织的组织，是全体的社会，它有绝对的意志，个人非服从这意志原来就不会有所谓自由。则个人自由的被限制，国家权力的扩张，那是十分合理的了。这样的国家，对于教育的积极的统制，也是当然的事。

现代教育事业操制于国家，国家政策的不同，引起许多制度、目的、方法上的差异，这里也无从细说了。读者如对于这些教育理论感兴趣时，可以看下列几种的名著：

Russell, *Education and the Social Order*. 赵演译:《教育与群治》,商务。

Dewey, *Democracy and Education*. 邹恩润译:《民本主义与教育》,商务。

Gentile, *The Reform of Education*.

Pinkevitch, *The New Education in the Soviet Republic*.

Kilpatrick and others, *The Educational Frontier*.

三

国家管制着很大的教育事业,而受教育的是全体的人民。人民的最大多数,必须是直接生产者;其全体,必须是合于国家自身的理想的公民。所以现代国家,不论它的理想怎样,教育政策怎样,其对于人民的教育,所最感迫切的问题,是:

1. 生产的训练;

2. 公民的训练。

生产的训练,本来是从实际生产劳动中获得的。农业、手工业的训练都是在农田、作坊里进行的。工业革命以后,工厂里的工人,不复像作坊里的徒弟,可以得到师傅的个别指导。同时,新的生产工具和技术应用着很多科学的知识,没有系统的教学,也无法能够使工人了解。这样,徒弟制度的被淘汰,而所谓职业学校代兴了。

儿童时期,身心的发展没有达到成熟,体力也决不胜实际生产的劳动,为保护儿童的幸福和执行儿童就学的强迫,各国禁止童工雇佣的法律都是与强迫就学的法律并行的。因为儿童全部强迫就学的年限是在许多国家里定为 14 岁,所以国联国际劳动局提议以 14 岁为儿童雇佣法定准许年龄,曾为这事订了一个国际公约,有许多国盟员已批准签字了的。因此,所谓生产训练或职业训练,许多国家是只以施行于 14 岁以上的青年,和小学是没有关系的。

职业教育的初起,原是适应工业革命以后生产上的实际需要的。生产事业,无论是工业或农业,那时都是私营的。受了训练的工人,固然可得到工资的增加;而企业者尤其因为他们而可得到利润的扩大。在理,提倡职业教育最力者,应该就是企业家,而在事实上,如英国1823年所开始的工人讲习所(Mechanics Institute)的受着企业家的热烈的倡导,也证明其确是如此的。为了扩大私人利润而行的一种教育,这里面,不需要什么远见和深谋。而民治的国家,政府也可以不必去干涉。至于国家既不经营工业和农业,它的对于这种教育的不很关心,也是当然的。

可是,到了现代国家意识着它自身的经济的基础,到了它把生产事业看得和民生国计息息相关的时候,情形便大不同了。像俄国,企业都是国营,不必说,就在别国,国家也以全力来发展人民的生产训练了。我们且举自诩为生产力最高的美国和正在以高速度增加生产力的俄国,对于一般人民生产训练的办法为例。

说来奇怪,美国联邦政府没有教育行政机关——所谓联邦教育局,只是一个搜集调查报告的机关——也向来不问教育的事,独有关于职业教育,却在1917年国会里通过了史密斯—休斯法案(Smith - Hughes Act),复于1929年通过补充的乔治—里德法案(George - Reed Act),为执行这法律,联邦政府于1917年就设立了一个联邦职业教育局(Federal Board for Vocational Education),这是一个很有权力的行政组织。现在归这局所分配的国库职业教育费,每年为736.7万美元;依法,各州请求国库补助的,先要自筹同额的经费,可是依近年的估计,各州自己担负的经费,实在已经超过国库补助费两倍以上了!这种经费限于支给工、农、商、家事教师的薪金及其训练。职业学校,限于14岁以上的青年、大学以下的程度的各级学校:包括全日、半日、夜间授课的各类编制。受这职业训练的青年,占14岁至18岁间总人口数的1/3。这可就很可惊了。

俄国人民的生产训练,与别国所谓职业教育,意义上又不相同。在它,受教育者都应该是直接生产者,教育上没有文化与职业之分,全国生产机关又都是国营的,生产训练只是生产组织的一部,所以教育与生产的密切的联系,是用不着以什么理论来主张的。所有学校,除四年制及七年制的小学(即所谓劳动学校)以外,都成了生产训练的机关。共分为七类:(1)理或工学院,训练从事实验研究的技师和科学者的;(2)专科学校,训练专门的技师的;(3)工业管理学校,训练生产上组织和事务人员的;(4)技术学校,训练国营大工业,集体农场等的技术干部的;(5)中级职业学校,训练低级生产上组织人员的;(6)工厂学校,训练熟练工人的;(7)初级职业学校,训练一般工人的。以上前三种,在别国是属于高等教育的阶段,在俄国,学生也要先受过七年小学和三年技术学校的教育才进得去。次三种,是建立在七年制小学之上,而末一种则只是建立在四年制小学之上的。在整个经济计划里,政府每年精密地计算生产各部门所需要的技术、组织和劳动的成员的人数,分配于所有的教育机关去训练:这种严密的、机械的统制,在别的产业私营的国家里,实在是不容易做到的。这真是现代教育上一个奇特的现象。

现在,我们转移视线到公民训练的问题上。

所谓公民训练,施行者并不以学校为主,只有国家才是施行公民训练的最高权力;它的全部法律、制度,是发生公民训练的效力的。人民对于国家的观念,参与政权的习惯,爱国的情绪,执行义务,舍己为国的精神,是在整个国民生活中陶冶出来的。不过,国家对于所设的学校,自然也从来没有忽视过它们应负的公民训练的责任,而学校也证明过很能够担负这责任。1815年滑铁卢之役,威灵顿说"是在英国伊顿学校的球场上战胜的";1870年普法之役,毛奇也曾归功于普鲁士的小学教师:这些是早成了教育上的"口头禅"的。

学校所施行的公民训练,虽然也脱离不了口语和文字的工具,可是学校生活的组织和活动,当然是更有效的方法。对国旗的敬礼,对民族英雄的崇拜,种种庄严的集会、纪念、仪式,是各国学校里都举行着的。

比较特殊的组织和活动,如英国"公学"的以游戏、竞技、宿舍制度(House system),养成所谓"绅士"(Gentlemen)的风度、公平竞胜(Fair play)的习惯、国民自治的精神,是早就有名的。美国学校生徒的课外活动尤其多,竞技与社会服务占着主要的成分。至于英国人鲍威尔(Baden Powell)所创始的童子军,利用儿童的野外生活和友爱情操以训练公民的正当习惯的,在各国也都已采行的了。

造成现代学校公民训练上的奇特现象的都不是那些,而是像意大利和俄国那种政治性质的青年团体,有着紧密的纪律,积极宣传政治的信条,有时还表现也军队的姿容的。这些,我们不能不特别看一看。

意大利于 1922 年开始组织的青年团,称为 Gruppo Ballila (Ballila 是 1746 年对奥战争中一位青年英雄 Perasso 的别号),这是 8 岁到 14 岁的儿童和青年团体。14 岁以上,团员得加入 Avanguardia Fasasta 和这两种相当的少女团体,称为 Piccole Italiane 和 Giovani Italiane。全国总团部 Opera Natienale Ballila 于 1929 年归国民教育部管辖。青年团照军队单位和阶级的编制,其官长就是中小学的教师。团员有很夺目的服装,行着古代罗马的敬礼,参与种种宗教的、文化的、武术的、娱乐的活动;也像童子军一样,有种种远足、露营、竞技以及象征的仪式(一本书和一支枪,Iibro emuschetto 是他们的象征的标帜)。团员到 13 岁开始受军事的训练,18 岁以庄严的宣誓加入义勇军团。国民教育部于 1927 年以教令劝告全国教师,应指导儿童加入青年团的组织。照估计,每年完成训练而为党员的学生,约九万人。

这种组织在俄国还有先例,俄国所谓十月团(Octoberists),见以 6 岁至 14 岁的儿童为团员的。先锋团(Pioneers)构成的分子,年龄在 10 岁至 17 岁间。青年团(Komsomol)则年龄为 14 岁至 23 岁,正式成为党员也是定为 18 岁的。这各团团员年龄上的复叠,是使他们互相联锁,凡是政治上的重要问题,可以为年龄不同的青年们共同了解,这种团体在学校以内,统一了学生的组织和活动,和意大利一样。

这种公民训练的方法,开了教育史上的新纪录。为避免叙述的繁冗,还是介绍几本专门的书籍吧:

Board of Education (England), *Trade Schools on the Continent.*

Sears, *The Roots of Vocational Education.*

Schneider, *Making Fascists.*

Harper, *Civic Training in Soviet Russia.* 后两种书,是美国芝加哥大学几位教授所编的"公民训练丛书"(Studies in the Making of Citizens)中的两种。这丛书有一部概论是 Merriam 教授著的 *The Making of Citizens* 也值得介绍的。

四

看了那几十万有着高耸的烟囱的工厂,里面有无数青年工人运转产业的车辆;看了那几千万武装的青年国民在广大的场地上表演着战斗的姿势以后,我们该有些紧张而疲倦了,在这教育的大地上,还有几片很闲静的、美丽的园林,却可以再看一看。因为,在国家发动着雷霆万钧的力量,急急地推进生产和公民教育的时候,世界上这一角、那一角,还有几个儿童教育者,正在耐心地追求着个性自由的、发展的理想,而进行着教育自由的试验呢。一切自由的试验学校,照拉格(Rugg)在《儿童中心学校》(*The Child-centered School*)中所说,牢守着下列的信条:

1. 以自由反制裁;
2. 以儿童自导反教师主导;
3. 以自动反被动;
4. 以儿童兴趣为课程中心;
5. 注重创造的自我表现;
6. 个人发展与社会适应并重。

看清了末了一点,便知道无论怎样自由,这些学校并不真和社会秩序以至国家教育政策相矛盾。只是罗素(Russell)的学说,却容易引起误会,他说:

> 教育应该训练良好的个人呢,还是训练良好的公民呢?我们不妨说,良好的公民与良好的个人之间并无冲突之可言,尤其是黑格尔之徒,亦必这样主张。因为良好的个人,即系谋全体福利之人,而全体的幸福,则由诸个人的幸福组合而成。这是一种最后的形而上学的真理,我不拟加以攻击或拥护。可是在实际生活上,把儿童看做个人所得的教育结果,和把儿童看作是未来公民所得的教育结果,却是截然不同的。就表面观察,个人的精神的培养和有用公民的造成,并不是一件

事。例如就公民的效用一点而论,歌德当然不及瓦特,但仅论个人,却不能不承认歌德较高一筹。在事实上,真有一种个人的幸福,和社会幸福之一小部分,是有区别的。……我们不能不承认个人的陶冶与公民的养成,是截然不同的两件事。(赵演译:《教育与群治》,第2页。)

这样一讲,"儿童中心"的理论,立刻要引起"民族中心"的理论的反抗了。其实,只有相当地容许个人自由的社会,才有为个性自由发展的教育,以下所说的许多试验学校,都是政府容许之下私人所苦心经营的。如其国家不容许,则教育者先已没有了试验的自由,哪里还有试验学校呢? 所以上述理论的对抗,在事实上并不存在。而且教育始终是一个引导个人参与社会的过程,没有哪一个教育者——连罗素在内——不于发展个性中同时培养群性的,不过社会或国家的理想,各各不同罢了。事实上,没有单发展个人而不培养公民的教育。"儿童中心"并不是等于"个人中心"的。

现在,让我们来瞰视世界上几个重要的试验学校吧!

杜威于1894年在芝加哥所创的试验学校,自己说,依着下列三个原则:

一、学校的主旨,在训练儿童做合作的、互助的生活。

二、一切教学的出发点,在儿童的本能的态度和活动,而不在固定的课程。

三、这些本能的活动,应组织、指导以成合作的生活;利用他们,使迎合于儿童程度的成年社会代表的作业。有价值的知识,只有从创造的行动中获得。(刘衡如译:《学校与社会》)

从这试验学校被世界所注视之后,"教育即生活"、"学校即社会"、"由行而知"、"由做而学"等等的几步,竟高唱入云。杜威的影响,实在不限于哪一国。

同时,也尽有许多试验教育者,毫不为世界所注视的。即如荷兰的雷脱哈特(Jan Ligthart)这位孤单的、和蔼的教育家,也从1899年在海牙主编《学校与生活》(*School en Leven*)的小小刊物,自己在海牙办了一个小小的试验学校。可是做过了荷兰皇后的师傅,却淡薄地在儿童教育上耗完他的一生,他的名声恐怕也就限于他的学校了。像道尔顿制主倡者柏克赫斯特女士(Miss Parkhurst)、文纳特卡制发起者华虚朋(Washburne),都享受了我们的欢迎、赞美的。而雷脱哈特的名姓,有许多人从来就没有听到。然则教育者的为人知道或不为人知道,原也有幸有不幸。其不为我们所知道的,是他们的不幸,却还是我们自己的不幸呢?我有心再说几段欧洲试验学校的故事。

在欧洲,第一所试验学校或称为"新学校"的,是雷迪(Cecil Reddie)于1889年在英国所创的 Abbotsholme 学校。雷迪受了卢梭的影响,把学校远远地设在这个乡村。学校是真的社会化了的,不过不是一个民治的社会,因为他自己是这里面的开明君主,而学生是受治的人民。至于学生的活动、创造、劳作、互助,那是和别的试验学校没有两样的。

被雷迪感动了的一个青年,巴德利(J. H. Badley),就于1893年变卖了自己的产业,在英国一个最美丽的山乡买了150亩地,设立 Bedales 学校,而且从小学起,办到中学。这学校,至今是英国试验学校的领袖,巴德利也还主持着。

另外被雷迪感动了的一个青年,德国人利茨(H. Lietz),却于1898年在德国一个美丽的乡村建设了他的"乡村学园"(Landerziehungshime)。在他的领导之下,这种"乡村学园"的试验,一时成为一种运动,而开设了好多所。

但是利茨的前驱的事业,却被他的朋友维内肯(Wyheken)和格希勃(Geheeb)的所谓"自由学校村"(Freie Schulgemeinden)的后劲所掩盖了的。维内肯的学校,在 Wickersdorf,格希勃的学校在 Odenwald,都是1910年左右创始的。这两年,很感受希特勒统治的威力,但自由试验还进行着,关心试验学校的人们都在祝他们无恙。

此外,比利时德可乐利(Decroly)的自动学校,俄国沙汶基(Shatsky)的莫斯科教育试验区,法国德摩林(Demolins)的 Des Rockes 学校,多少也已经有人介绍过了。

1921年,许多国的新教育试验者集会在 Calais,组织了一个国际新教育协会,决定每 2 年开大会一次,各国各以自己的文字出版新教育的杂志,从此,世界上这里、那里的自由教育者,可以不再感着寂寞了。下列是有关系的数种书籍:

Washburne, *New Schools in the Old World*.（唐现之译:《欧洲新学校》,中华。）

Boyd, *Towards a New Education*.

Ferriere, *The Activity School*.

Woody, *New Minds*, *New Men?*

五

看到这里,我们这俯瞰着现代教育的鸟,该"倦飞而知还"了吧。可是,临了,我们得再看一看世界上许多教育学者在忙些什么事,我们得说一说,

教育之科学的研究。

这是始于德国哲学家赫尔巴特(Herbart)的。他在百年前,便想从心理学与伦理学的基础,建造一个教育科学的体系出来,不过在他的时代,心理学与伦理学的自身还没有很多的科学的材料,所以他的教育方法论虽风靡一时,而他的教育理论依然没有脱掉思辨哲学的窠臼。然而赫尔巴特到底是教育科学的先导了。他的弟子分成两派:一派如斯托伊(Stoy)、莱因(Rein)等,继续着教学方法的推阐;一派如冯特(Wundt)却开了实验心理学的纪元,美国儿童心理的最早研究者霍尔(Hall),就是在冯特的实验室里受了训练的。

我们就从儿童心理学的研究说起。霍尔于 1904 年发表了他的巨著《青年期》(*Adolescence*)。在这书里,他要说明儿童从小学以至中学的各时期中生理心理的生长和变迁。他取材于许多儿童的父母和教师;只因为这样的访问法,所得答案未必都有科学的根据,所以后来有许多人怀疑他的真实的贡献,像今日施特恩(Stern)、皮亚杰(Piaget)等的成就,固然是他所未能,但是儿童心理的科学的发端,他却有磨灭不了的功绩。

与他同时,法国心理学者比纳(Binet)于 1905 年完成了他的智力量表。比纳

为要发现儿童学习快慢的原因，从而注意到他们的智力的差异。他找出儿童每一年龄的平均智力，而称这为智力年龄。美国推孟(Terman)又采斯特恩之法，改成智力商数(IQ)的计算。现在智力测验种类和方法的繁多也不复是比纳当时所能想见。但他却是最早发明的一人。

用测验的方法以估量儿童的学习的成绩的，最早是美国的赖斯(Rice)，他于1897年、1901年先后发表关于测验拼法和算术成绩的结果。后来桑代克(Thorndike)于1910年制书法量表，艾尔斯(Ayres)于1915年制拼法量表，从此各科学力测验，渐渐地完成了。

学习心理的实验，是以1897年布赖恩和哈特(Bryan and Hevrter)测量电信收发学习的进步为始(Progress of learning)，同时，关于学习的迁移(Transfer of learning)也有很多人做着实验。桑代克综合这许多细密的实验结果，又根据自己的动物的学习的研究，于1913年发表了《教育心理学》的著作。他的学习的基本观念，是把它当作一种"尝试与错误"(简称"试误")的过程。这种试误的学习，他给它规定出若干原则，谓之"学习的定律"。但华生(Watson)一派的行为主义者，则以为学习只是一种"制约的反射"。近来考夫卡(Koffka)等完形主义者，又以为学习中有极大的"领悟"的作用。为了基本观念的不同，学习的原则也就因而各异。学习心理的研究，至今许多专家在不断地努力着呢。

应用观察、调查、统计等方法于课程的分析的研究，有美国查特斯(Charters)、博比特(Bobbitt)等人，以客观的方法确定人生的需要的知识、技能、理想、态度的项目，从而编制全部课程的目标的，又引起了美国教育者所谓"教育社会学"的研究。

上述各种科学的研究，把现代教育的内容和方法整个改变了面目，而与前代教育截然地不同。这种研究怎样影响了儿童生长的培育和引导，学校班级的区分，课程的安排，教材的选择，教科书的编著，教学方法的采用，学习成绩的考查，以至整个教育行政制度的批评和比较，那是现代教育学上几个主要的课题了。

有些人不承认教育可以成为或称为一种科学，表面上也有他们的理由。即如本篇前面所述许多现代国家里教育机会的普遍、教育经费的巨大，以及国家对于教育所要实现的理想和所采行的政策,这些,都根于现代经济和政治演变的事实,而不是凭科学的智慧所决定的。这些问题也还没有能够放在实验室里来做客观的试验和研究。可是,我在别的地方说过:

> 教育的活动,可以说和人类生活同时开始的;但把教育当作一种学问来研究,却是很近的事情。学者于运用严密的方法发现自然、控制自然,得到相当的成功以后,才想用同样的方法,以发现和控制社会。可是于经济、政治、教育一类的问题,能够放弃偏见和信仰而一律以客观方法来解决,这希望恐怕还很辽远;并且有许多学者并不承认这些问题可以用客观的方法来解决的。以教育来说,说有许多科学专家,只以他为简单的教授技术,而不能和化学、生理学等同"科"。可是人类的进步,必然地会以科学的方法控制自己的社会,决不会永远把教育的事情,当作超出于自然的定律以外。任何科学,无不起源于人生实际的活动,在没有成立以前,总是只有技术而没有原则的。化学最初只是炼金的法术,生理学起于疾病的医疗。今日教育的研究,至少已不是炼金时代的化学可比吧。(《教育概论》,第 168 页)

我们相信,教育的科学,会随着别的社会科学而前进。

本节参考书:

Judd, *Introduction to the Scientific Study of Education*. 郑宗海译:《教育之科学的研究》。

McCall, *How to Measure in Education*. 杜佐周编译:《麦柯尔教育测量法提要》。

Sandiford, *Educational Psychology*.

Peters, *Foundations of Educational Sociology*.

Dewey, *Sources of a Science of Education*.

《中国古代教育史资料》第三章修订工作总结*

本章是两千年教育史的缩影；这以前史料缺乏，这以后史料繁多而易检了。

修订历时五个月，收获与欠缺约如下：

(一) 优点

1. 尽可能搜集了些民间学塾以至课本、通俗读物的史料，虽然还不够。

2. 官学制度，在今天已无现实意义，而且枯燥烦琐。已经尽可能简括了，特别是删去了科举部分。

3. 与叙述制度同时，着重介绍了出色人物。例如唐之韩愈、郑虔、张说，宋之胡瑗、程颐，元之许衡、孛术鲁翀，明之李时勉、湛若水，清之阮元的活动。遂觉丰富多姿，有了一点故事兴趣。唐代官学，写得较好。

4. 同时，也不忘教育内容变化的主流。例如汉之经学，唐之辞章，魏晋之清谈，两宋之理学，清之所谓汉学，都至少有了所映。

5. 我国过去在东亚以至世界文化史上的地位，给以应有的尊重。

因此，这一章绝非烦琐的制度史可比了。

(二) 缺点

1. 历史发展的动力是矛盾，尤其是经济基础内在的矛盾；本章对于经济

＊　载于《华东师范大学学报》(教育科学版)第 4 期(1987 年)。——编校者

基础,完全没有说明。至于上层建筑中,教育与政治的矛盾,虽有一些,也很不够。

2. 人民群众的教育,或被剥夺教育,没有鲜明的描画。这是用"正史"材料的必然的毛病。

3. 对封建领主、地主阶级的教育,在揭露其黑暗、腐朽的一面,很不够。丰富生动的东西,还必须有所批判。

4. 选材范围,限于物质与时间,也限于学力,还是狭窄的。除了"全唐文"杜淹文中子世家一篇以外,"集部"用得极少极少;不管古人今人著述,多是"史部"的。从无限丰富的集部去寻史料,在我国原还是有待于勘测的新道路。

1958 年 4 月 4 日

编校后记

经过反复的搜集、遴选和编校,《孟宪承文集·论文选》历时逾两年,终于完稿。

孟宪承先生一生出版著、编、译十多种,发表论文、译文、演讲以及学术通信百多篇。迄今所见他发表最早的论文,是在圣约翰大学求学时,作为校刊《约翰声》主笔而撰写的《伍子胥申包胥合论》(《约翰声》第 23 卷第 9 号,1912年 12 月),而所见发表最早的教育论文则为《民国教育制度概念》(《约翰声》第24 卷第 8 号,1913 年 10 月),生前最后正式出版的成果为《中国古代教育史资料》(人民教育出版社 1961 年版),其著述活动长达半个世纪;而其遗作发表最晚近者是《教育哲学三论》[《华东师范大学学报》(教育科学版)2007 年第 3期],著述发表则跨越近一个世纪了。

此次编纂、出版《孟宪承文集》,先生的十多种著、编、译中的代表作,以及讲课、谈话录,分别入选其他各卷,本卷的任务主要是汇集和选择所著各种单篇教育论文。先生的著述情况,前人做过一些研究工作,成为我们今天的工作基础。但其著述刊发和出版状况究竟如何,仍然是一个有待深入探究的课题。尤其是作为《文集》中的论文卷,如要成卷,前提似乎是将其已刊和未刊的学术论文尽量搜罗,不使遗漏。但其发表的论文数量究竟有多少,又各有哪些类?要回答这些问题,对我们着实是巨大考验。由于时日相隔已久,先生的著述又堪称宏富,而其论文又是散见于当时的诸多杂志与报端,工作的困难程度可想而知。自 2007 年 6 月起,我们开始了探查的旅程。我们通过各种渠道获取信息,北上、南下,探访当年先生工作和执教地的图书馆、档案馆,访问知情人,对其已经著录的论著目录一一核实,同时搜寻其尚未为人所知的著作和文章篇什。有时,"望尽天涯路",却一无所获;有时,"蓦然回首"却见那文章就在眼前——在一次次失望、一次次惊喜之中,"孟宪承主要著、编、译目录"上的篇目在不断增加,迄今为止,已达一百九十余种(篇)。虽不敢说网罗无遗,却自信已经大体不失了。

先生的著述,涉及文、史、哲、教等多个领域。经过认真研读和反复斟酌,我们从中挑选了六十余篇教育论文,分为教育哲学、教育原理、中小学教育、大学与高师教育、民众教育、外国教育、中国教育史等七大类,同时每类又加以"别群"。挑选的标准主要有三:一是专业性。先生是以教育理论家名世的,为充分体现他的专业贡献,入选的论文仅限教育专业,其他诸多文学、史学、哲学文章不入。二是代表性。即使在教育领域,他的建树也涉及诸多方面,因此,入选的文章力求能够反映他在这些领域中所取得的成就。三是完整性。先生对诸多研究领域,凡一涉足,即有收获,教育哲学、教育原理、中小学教育、民众教育、大学教育、教育史,无不如此。本卷选文力求体现其研究某一学术领域的完整过程。

本卷的选文几度更张,编校几易其稿。本卷是由一个小团队承担的:吴小玮负责民众教育部分,吴文华负责中小学教育、外国教育两部分,其他部分则由张爱勤负责。全卷统校,由张爱勤完成。在这一过程中,瞿葆奎先生、杜成宪老师给予了全面、细致的指导,程亮老师也提出了一些建议。在此深致谢忱!

尽管我们戮力以赴,编校必仍有疏谬,敬希指正!

张爱勤　吴小玮　吴文华
2009 年 3 月 20 日于华东师大

图书在版编目（CIP）数据

论文选/孟宪承著. —上海：华东师范大学出版
社,2010.5
（孟宪承文集；1）
ISBN 978 - 7 - 5617 - 7732 - 9

Ⅰ.①论… Ⅱ.①孟… Ⅲ.①教育学—文集
Ⅳ.①G40 - 53

中国版本图书馆 CIP 数据核字(2010)第 086609 号

孟宪承文集·卷一

论文选

主　　编　瞿葆奎
副 主 编　杜成宪
著　　者　孟宪承
责任编辑　陈锦文
责任校对　张爱勤
装帧设计　储　平

出版发行　华东师范大学出版社
社　　址　上海市中山北路 3663 号　邮编 200062
网　　址　www.ecnupress.com.cn
电　　话　021 - 60821666　行政传真 021 - 62572105
客服电话　021 - 62865537　门市(邮购)电话　021 - 62869887
地　　址　上海市中山北路 3663 号华东师范大学校内先锋路口
网　　店　http://ecnup.taobao.com/

印 刷 者　江苏常熟华通印刷有限公司
开　　本　787×1092　16 开
印　　张　26.75
字　　数　367 千字
版　　次　2010 年 12 月第 1 版
印　　次　2010 年 12 月第 1 次
印　　数　1—2 100
书　　号　ISBN 978 - 7 - 5617 - 7732 - 9/G·4472
定　　价　78.00 元

出 版 人　朱杰人

（如发现本版图书有印订质量问题,请寄回本社客服中心调换或电话 021 - 62865537 联系）